LIN Yutang

L'Importance de vivre

Traduit de l'anglais par J. Biadi

Préface et répertoire de Pierre Kaser

Éditions
Philippe Picquier

DU MÊME AUTEUR
AUX ÉDITIONS PHILIPPE PICQUIER

Un moment à Pékin
I. Enfances chinoises
II. Le Triomphe de la vie

La Sagesse de Confucius

L'Impératrice de Chine,
poche n° 11

Titre original : *The Importance of Living*

Mas de Vert
B.P. 20150
13631 Arles cedex

www.editions-picquier.fr

En couverture : Lü Shoukun, *Pierre personnelle du maître Zhuang*, 1974 © Hong Kong, Museum of Art

Conception graphique : Picquier & Protière

Mise en page : Ad litteram, M.-C. Raguin – Pourrières (Var)

ISBN : 978-2-87730-922-6
ISSN : 1251-6007

Sommaire

Les mots suivis d'un astérisque font l'objet
d'une notice dans le répertoire en fin de volume.

LIN Yutang
(10 octobre 1895-26 mars 1976)

Préface

« Qu'est-ce qu'on attend pour être heureux ? »

Au risque de me vanter, je dirais que, de mon point de vue, Père est un véritable écrivain. *Quand il écrit, c'est comme si le royaume que constitue la maison était sien, et personne, sinon les vendeurs de rue, n'oserait le déranger. Cela vaut la peine d'être vu. Son cabinet de travail est simple mais confortable. Ses murs sont couverts de rayonnages de livres. Dans un coin un peu retiré se tient son bureau – toujours aussi ordonné. Père travaille généralement la porte fermée. Quand il l'ouvre, un nuage de fumée flotte dans l'air et on peut sentir l'odeur du tabac*[1].

Ce fumeur de pipe entouré de livres, ce père au bureau toujours bien rangé même dans l'effervescence de la création décrit ici par sa fille, c'est Lin Yutang (1895-1976). Au moment où elle écrivait ces lignes, le statut de son père en tant qu'écrivain de premier plan n'était pas encore assuré. Celui-ci

1. Adet Lin, *Our Family*. New York : The John Day Company, 1939, p. 24, cité par Ryan M. Murray dans un court essai non publié intitulé *Lighting a Candle and Cursing the Darkness. A Brief Biography of Lin Yutang* (1999) auquel nous empruntons de nombreuses informations sur Lin Yutang, sa vie et son œuvre.

n'était après tout qu'un intellectuel chinois, fraîchement émigré aux Etats-Unis après avoir enseigné la littérature anglaise dans différentes universités chinoises. Les années qui allaient suivre devaient conforter son jugement et faire de son père un auteur à succès, propulsé du jour au lendemain au-devant d'une scène dont il deviendra, pour un temps au moins, la référence pour tout ce qui touchait à la Chine et à sa culture.

Force est de constater que le temps a été terriblement injuste à l'égard de ce passeur de cultures car à deux ans de distance du trentième anniversaire de sa mort, son nom reste quasi inconnu du public français qui n'a, en tout et pour tout, en ce printemps 2004, que deux titres de son œuvre à se mettre sous les yeux [1].

Qui se rappelle encore qu'en 1975, Lin Yutang a failli ravir au poète italien Eugenio Montale (1896-1981) son prix Nobel de littérature, ce qui aurait fait de lui le premier Chinois à décrocher cette prestigieuse distinction, mérite qui ne reviendra au Français d'origine chinoise Gao Xingjian (1940-) qu'en l'an 2000 [2]. Si l'on se fie aux remous causés en République populaire de Chine par cet événement, la reconnaissance de Lin Yutang par l'Académie suédoise aurait sans doute causé de violentes réactions de la part des autorités chinoises encore engluées dans une Révolution culturelle

---

1. On peut lire de lui *L'Impératrice de Chine* (C. Kontler, trad.), dans la collection Picquier poche n° 11, et *La Chine et les Chinois*, dans la « Petite Bibliothèque Payot ».

2. Cf. Noël Dutrait, *Petit précis à l'usage de l'amateur de littérature chinoise contemporaine*. Arles : Picquier, 2002, p. 95-103.

assassine et sclérosante ; gageons que ce choix n'aurait fait qu'accentuer l'ostracisme dont Lin Yutang était déjà victime. Celui-ci ne tenait pas seulement au fait que Lin Yutang quitta la Chine en 1936 pour n'y retourner qu'épisodiquement, lui préférant les Etats-Unis, puis Taiwan et Hong Kong où il meurt à l'âge de quatre-vingts ans, le 26 mars 1976, trois mois après Zhou Enlai (1898-8 janvier 1976) et quatre avant Mao Zedong (1893-9 septembre 1976). Bien sûr, Lin Yutang avait pris parti pour le frère ennemi contre le communisme dont il avait deviné les dangers. Mais le rejet de l'homme et de l'œuvre repose aussi sur sa personnalité et sa nature.

Pour mieux comprendre pourquoi l'œuvre de Lin n'a pas été appréciée à partir de 1949 jusqu'à ces toutes dernières années dans la terre qui l'a vu naître, il n'est que de lire ce que Gao Xingjian, lequel sait de quoi il parle, rappelle fort pertinemment : « La catastrophe de la littérature chinoise vient de ce que les jugements à son égard sont déterminés sur la base de mesures politiques, orientations, lignes, principes, règles, modèles, du vrai ou du faux, des courants principaux ou pas, de ce qui n'entre pas dans le courant principal et de ce qui entre dans le domaine de la critique, de l'élimination, du balayage, de l'inspection, de la destruction[1]. »

Or bien avant son départ déjà, les idées qu'exprimait Lin Yutang, l'esprit de liberté dans le respect

---

1. « Ne pas avoir de -isme », dans Gao Xingjian, *Le Témoignage de la littérature*. Traduit du chinois par Noël et Liliane Dutrait. Paris : Le Seuil, 2004, p. 21-22.

des valeurs humanistes qu'il personnifia, avaient déjà été critiqués par ceux qui deviendront les maîtres à penser de la Chine d'après 1949. Balayé l'œuvre d'essayiste novateur du Shanghai des années trente [1], catalogué réactionnaire le travail de remise en perspective des écrivains de la riche et longue tradition littéraire chinoise, effacée des histoires de la littérature sa contribution à l'avancée des idées réformistes, rayé son nom des réécritures de l'aventure intellectuelle de la première partie du XXe siècle, effacée jusqu'à la mention de l'amitié [2] que lui porta Luxun* (1881-1936), lequel fut son plus brillant contradicteur.

Qu'on le voie sous l'angle du philosophe défendant un hédonisme mesuré, de l'érudit héritier d'une sagesse plurimillénaire, ou simplement sous celui du « maître de l'humour » grand romancier, dès lors qu'on s'est débarrassé des a priori accolés à son nom par un demi-siècle de critique orientée, Professeur Lin éveille un irrésistible élan de sympathie.

Auteur d'une œuvre importante, avec sa moisson d'essais, d'articles, d'ouvrages savants, d'écrits autobiographiques et quelques bons romans [3], mais aussi signataire d'un grand nombre de traductions

---

1. Le lecteur curieux de cet épisode particulièrement productif de la création littéraire chinoise devrait lire les pages que Paul Bady lui a consacrées dans *La Littérature chinoise moderne*. Paris : PUF, coll. « Que sais-je ? » n° 2755, 1993.

2. Cf. Simon Leys, « L'oie et sa farce », *Images brisées* dans *Essais sur la Chine*. Paris : Robert Laffont, coll. « Bouquins », 1998, p. 550-551.

3. Les Editions Philippe Picquier ont republié en septembre 2004 *Un moment à Pékin (Moment in Peking)*, dans la traduction de François Fosca de 1944.

marquantes grâce auxquelles les principaux monuments de la pensée et de la littérature chinoises (Confucius, Zhuangzi, Laozi, Su Dongpo entre autres) ont pu être lus et appréciés au-delà de leur aire culturelle, Lin Yutang laisse avant tout l'image d'un infatigable passeur de cultures, qui, en pédagogue averti, sut susciter l'intérêt du plus grand nombre, éveiller la curiosité des plus blasés, retenir l'attention des plus récalcitrants.

Ce fut aussi un touche-à-tout imaginatif, linguiste polyglotte auteur d'un volumineux et toujours apprécié dictionnaire bilingue anglais-chinois (*Chinese-English Dictionary of Modern Usage – Dangdai Han-Ying cidian*, 1972), et inventeur malheureux d'une machine à écrire qui devait, selon lui, « révolutionner le travail de bureau et d'édition [1] » mais qui lui fit perdre cent mille dollars et le mit littéralement « sur la paille ».

Septième des huit enfants d'un missionnaire presbytérien, né le 10 octobre 1895 dans une bourgade proche d'Amoy (Xiamen, province du Fujian), Lin Yutang fut élevé dans le goût de la nouveauté, la curiosité pour l'Occident et l'amour de la lecture.

Il fit des études pour devenir pasteur comme son père, mais son passage au prestigieux St. John's College de Shanghai (1911-1916), où il apprit l'anglais, le détermina à abandonner la religion. Il se tourna alors vers la culture de son pays et la vie

1. Cf. « New Typewriter Will Aid Chinese », *New York Times* du 22 août 1947.

d'enseignant. Son premier poste le conduisit à Pékin où il enseigna pendant trois ans à l'Université Tsinghua (Qinghua) (1916-1919). Il se marie à vingt-trois ans avec Liao Ts'ui-feng (Liao Qiufeng) avec qui il part poursuivre des études à l'Université de Harvard (1919-1920), études qu'il doit prématurément écourter faute de moyens financiers. Avant de se rendre en Allemagne, à Leipzig, il enseigne même un temps des rudiments de chinois écrit à ceux de ses compatriotes que les conflits armés de la Première Guerre mondiale avaient conduits en France au Creusot. Un doctorat de chinois de l'Université d'Iéna en poche, il rentre en Chine pour y passer les treize années suivantes, d'abord à Pékin où il enseigne à l'Université de Pékin (1923-1926), puis à Amoy et Hankou (1926-1927), avant de s'installer pour un temps à Shanghai (1928-1936). Là, il développe une intense activité éditoriale, créant et animant, dès 1932, plusieurs revues. Sa volonté affichée de défendre son libre arbitre et de faire vivre une tradition de pensée qui puise ses bases dans la Chine ancienne, lui valut de devenir la bête noire des intellectuels gauchistes, mais aussi d'être apprécié d'un nombre grandissant de lecteurs[1]. Le secret de son succès reposait, selon lui, sur sa capacité à se rapprocher de son lecteur qu'il prenait pour « confident » et avec lequel il dialoguait « comme il le ferait avec un vieil ami[2] ».

1. Cf. Paul Bady, *op. cit.*, p. 26.
2. Lin Yutang, *Memoirs of an Octogenarian (Mémoires d'un octogénaire)*. Tapei : Mei Ya, 1975, p. 69.

Ces écrits et ce style si particulier suscitèrent l'intérêt de Pearl Buck* qui l'encouragea à écrire en anglais. Durant l'été 1934, il compose *My Country and My People* qu'il publie à New York à la fin de l'année suivante. Cet ouvrage, qui sera rapidement connu en France sous le titre de *La Chine et les Chinois*[1], allait immédiatement assurer sa renommée aux Etats-Unis. Pour la première fois, un auteur chinois inscrivait son nom en tête de la liste des best-sellers du *New York Times* qui en recommandait chaudement la lecture : « Elle devrait lever tous les doutes concernant l'assertion de Confucius selon laquelle "tous les hommes sont frères[2]" ». Cet accueil enthousiaste décida de la tournure que devait prendre la deuxième partie d'une vie déjà bien remplie et Lin, âgé alors de quarante ans, s'installe avec sa famille aux USA pour une période de dix-huit ans entrecoupés de voyage en Europe et en Chine.

Dans la foulée, il compose, toujours en anglais, un nouveau livre. Il l'achève à la fin du mois de juillet 1937, il paraît à la fin de la même année. *The Importance of Living*, tel est son titre, est un succès encore plus retentissant et durable, mais en raison de références particulièrement désobligeantes à l'encontre d'Hitler, l'ouvrage ne connaîtra pas à l'étranger l'accueil du précédent opus. Interdit en Allemagne ainsi qu'en Italie, il faudra

1. La traduction de S. et P. Bourgeois fut publiée dès 1937 par les éditions Payot qui l'ont conservée à leur catalogue : « Petite Bibliothèque Payot », (1997) 2004.

2. R. Emmet Kennedy, « The East Speaks to the West », *New York Times* du 12 août 1935.

attendre cette fois 1948 pour en lire une version française – c'est cette traduction parue sous le titre de *L'Importance de vivre* (Buchet-Chastel/Corréa) que nous présentons aujourd'hui[1].

Malgré la modestie affichée dans son introduction par Lin, lequel le présente comme un « témoignage de sa propre expérience de la pensée et de la vie », le projet est ambitieux. Au risque de passer pour un « philosophe de foire » (*market philosopher*), Lin Yutang présente à un Occident en pleine mutation, qui se tourne résolument vers la rentabilité et la technicité et qui a déjà érigé la science comme norme, une façon tout à fait originale et décalée d'envisager la vie, une philosophie sans système – sans *-isme*, pourrait-on dire –, une vision du monde et un art de vivre qui récusent les notions sur lesquelles se bâtit la société moderne occidentale, pour leur préférer les plaisirs simples de l'existence. Certes, l'Occidental cultivé d'alors y retrouvait certains des jalons de sa propre culture philosophique de Socrate à Nietzsche, et l'Américain des années trente des points de repère dont certains nous échappent ici et maintenant. Mais il fallait à Lin Yutang un optimisme solidement vissé aux tripes pour aller à contre-courant d'une société fière d'elle-même, déjà arrogante, pour avancer seulement armé de son simple sentiment personnel forgé au contact d'une tradition lettrée combattue sur sa terre de naissance, inconnue au-delà de ses

1. Nous nous sommes contenté d'actualiser les transcriptions en utilisant le système *pinyin* et d'ajouter un répertoire afin d'en faciliter la lecture au public le plus large.

frontières et qui puise sa sève aussi bien chez Zhuangzi, Tao Yuanming ou Li Yu. Il ressort de ce plaidoyer en faveur de l'indépendance de jugement, de l'affirmation de soi à travers les plaisirs de la vie, un texte d'une grande fraîcheur et d'un enthousiasme communicatif. S'il s'organise méthodiquement en quinze stations savamment agencées, le discours est teinté d'un humour léger, avec son lot de formules piquantes pleines de sagesse et de vitalité qui nous font apprécier comme des évidences les propos d'un sage quadragénaire. Il est de plus ponctué de traductions inédites tirées des œuvres d'une poignée d'iconoclastes et d'originaux chinois dont certains fort peu connus[1]. Ce sont autant de bouffées de bonheur qui renforcent l'expression d'une sagesse dont notre époque à encore beaucoup à apprendre.

Certes, on pourrait se demander si cette quête du bonheur n'était pas quelque peu déplacée alors que se profilait déjà l'horreur qui allait envahir le monde.

Mais lorsque les Collégiens de Ray Ventura en sont encore à chanter « Qu'est-ce qu'on attend pour être heureux[2] ? » qui semble faire écho à la quête du bonheur de *L'Importance de vivre*, Lin

1. Il arrive que Lin Yutang ne prenne pas même la peine de présenter l'inconnu qu'il sort du néant, sinon en utilisant une formule du type « un poète chinois », « un écrivain chinois », qui ruine toute tentative d'identification.

2. Sur une musique de Paul Misraki, André Hornez écrivait : « Quand le bonheur passe près de vous,/Il faut savoir en profiter/Quand pour soi, on a tous les atouts,/On n'a pas le droit d'hésiter/Cueillons toutes les roses du chemin,/Pourquoi tout remettre à demain/Qu'est-ce qu'on attend pour être heureux ? »

Yutang met déjà entre parenthèses son aspiration à la paix intérieure et au bonheur. C'est que, pendant que l'Allemagne impose sa loi destructrice en Europe, le Japon a envahi la Chine ; le 13 décembre de la même année (1937), son armée montre sa cruauté en massacrant des milliers de Chinois à Nankin : la Chine a plongé dans le chaos et l'horreur. Lin Yutang prend fait et cause pour son pays où il se rendra à deux reprises, d'abord en février 1940, puis pendant quatre mois de la fin 1943 au début de l'année 1944. La teneur des écrits de Lin Yutang va en être changée. L'« hédoniste raisonnable » se transforme en porte-parole des souffrances d'un peuple. S'il dénonce avec la même virulence l'agression japonaise (*Moments in Peking*, 1939), il s'en prend aussi aux communistes dont il stigmatise les méthodes et les techniques comme étant celles « d'un régime totalitaire, copie du modèle russe » sans pouvoir se résoudre à imaginer qu'ils pourraient finalement l'emporter (*Vigil of a Nation*, 1944). Il n'hésite pas non plus à critiquer l'attitude de l'Occident dont il prédit la chute si sa civilisation n'accède pas à une nouvelle philosophie spirituelle, seule garante de la paix universelle (*Between Tears and Laughter*, 1943). Cette mise en cause aura pour conséquence de brouiller son image auprès de ses anciens admirateurs anglo-saxons qui regretteront le « bienveillant petit homme qui, usant d'un style aussi charmant que courtois, écrivit sur son pays et son peuple, avec tant de tolérance et d'humour qu'il conduisit des milliers d'Américains à regretter de ne pas être né chinois et membre du peuple le plus civilisé qui puisse exister[1] ».

Passé la guerre, Lin abandonne le ton de l'homme en colère, mais la suite de son séjour aux Etats-Unis n'aura pas le brillant de ses débuts. Il y reviendra pourtant après une expérience aussi rapide que décevante à la tête de l'Université Nanyang de Singapour en 1954. Lin y retrouve la foi (*From Pagan to Christian*, 1959), puis il va s'installer à Taiwan où il restera jusqu'au suicide de sa fille aînée Adet, avant de rejoindre Hong Kong où il rédige ses mémoires (*Memoirs of an Octogenarian*, 1975) qui constituent son dernier ouvrage.

C'est « le poète, le romancier, l'historien et le philosophe qui n'avait pas son égal pour faire comprendre à l'esprit occidental les coutumes, les aspirations, les peurs et les pensées de son peuple et de son pays, la Chine, ce grand et tragique pays[2] » que salua le *New York Times* dans sa notice nécrologique, et que l'on va retrouver dans cette réédition de *L'Importance de vivre*.

L'Importance de vivre est sans conteste le meilleur témoignage du Lin Yutang d'avant ce long et terrible épisode pendant lequel le monde cessa de tourner rond. C'est pour nous une chance qu'il ait pu trouver la quiétude nécessaire pour coucher par écrit sa synthèse de ce que la pensée occidentale et la pensée chinoise ont produit de plus fascinant. Malgré quelques pesanteurs dues

1. Orville Prescott, « Books of the Times », *New York Times* du 4 août 1943.

2. Cf. l'article du 27 mars intitulé : « Lin Yutang, 80, Dies ; Scholar-Philosopher ».

principalement au travail du temps – plus de soixante-dix ans nous séparent du moment où Lin l'écrivit –, il s'agit d'un livre dont le message nous touche encore. Considéré par beaucoup comme le prototype du *self-help book*, c'est un livre de vagabondage, le compagnon de ceux qui ne mettent pas de frontière entre les cultures, ni de frein à leur curiosité, de bride à leurs goûts, de borne à leurs interrogations et de limite à leurs expériences. Ce livre, dont le titre chinois est *L'Art de vivre* (*Shenghuo de yishu*), a tout pour devenir un excellent compagnon de voyage (réel ou intellectuel) ; il en a la saveur, la variété, la simplicité, la spontanéité, la légèreté, la profondeur. Nous souhaitons qu'il le devienne et invitons le nomade qui sommeille en chacun de nous à faire un bout de chemin avec Lin Yutang, pour un temps au moins, car comme il l'écrit si joliment, il y va dans le domaine de la lecture comme en amour, « après quelques années, le charme est épuisé, [le lecteur] est quelque peu fatigué de son amour et en cherche d'autres ». Les pistes que nous ouvre Lin Yutang laissent présager pour chacun d'entre nous des voyages aussi nombreux que riches d'enseignement et de joie [1].

Pierre Kaser,
15 juin 2004.

---

1. Bon nombre des auteurs et des textes chinois cités par Lin Yutang ont depuis été traduits en français. Les notices qui les concernent dans le répertoire fourniront au lecteur désireux de poursuivre la route toutes les références bibliographiques nécessaires à sa quête.

Ce n'est pas la vérité qui grandit l'homme, c'est l'homme qui grandit la vérité.

CONFUCIUS

Seuls ceux qui considèrent avec légèreté ce que les gens prennent au sérieux, peuvent prendre au sérieux ce que les gens considèrent avec légèreté.

ZHANG CHAO

Introduction

Ce livre est un témoignage de ma propre expérience de la pensée et de la vie. Il ne prétend pas être objectif, ni établir des vérités éternelles. En fait, je méprise plutôt les prétentions à l'objectivité en philosophie ; le point de vue est la chose importante. J'aurais aimé l'appeler « Une philosophie lyrique », en employant lyrique dans le sens d'une vue hautement personnelle. Mais c'eût été un trop beau titre, j'ai dû y renoncer par crainte de tromper le lecteur et parce que le principal élément de ma pensée est une prose positive, d'un niveau plus facile à atteindre parce que plus naturel. Je suis très satisfait de me traîner sur le sol, d'être parent des herbes. Mon âme s'ébat confortablement sur le sable et s'en trouve heureuse. Parfois lorsqu'on est grisé par cette terre, l'esprit vous paraît si léger qu'on s'imagine être au ciel. Mais finalement on s'élève rarement à plus de six pieds au-dessus du sol.

J'aurais aimé écrire le livre entier sous forme de dialogue, comme Platon*. C'est un genre qui convient admirablement aux révélations personnelles faites par inadvertance, à l'introduction des trivialités significatives de la vie quotidienne, et par-dessus tout aux flâneries dans les champs de la pensée douce et silencieuse. Cependant, je ne l'ai pas fait. Je ne sais pas pourquoi. Par crainte, peut-être, que cette forme littéraire, peu en vogue aujourd'hui, ne m'enlève des lecteurs. Un écrivain, après tout, désire être lu. Et quand je dis dialogue, je ne pense pas aux réponses et aux questions comme dans les interviews des journaux, ni à ces explications mises en courts paragraphes, je pense vraiment à de bons, longs et paresseux discours s'étendant sur plusieurs pages de suite avec de nombreux détours et des retours au point de départ par de brèves coupures à l'endroit le plus inattendu, comme un homme qui rentre chez lui en sautant la barrière, à la surprise de son compagnon de route. Oh ! que j'aime arriver chez moi en sautant la haie et me promener dans les sentiers écartés !

Je ne suis pas original. Les idées exprimées ici ont été dites et redites par de nombreux penseurs de l'Orient et de l'Occident ; celles que j'emprunte à l'Orient sont des vérités banales. Ce sont cependant mes idées ; elles sont devenues une partie de moi-même. Si elles ont pris racine dans mon être, c'est parce qu'elles correspondent en moi à quelque chose de primordial. Quand je les ai rencontrées pour la première fois, mon cœur leur a donné un assentiment instinctif. Je les aime en tant qu'idées, et non à cause de celui qui les a exprimées. En fait, j'ai suivi des sentiers écartés aussi bien dans mes lectures que dans mes écrits. Beaucoup des auteurs cités ont des noms obscurs et peuvent confondre un professeur de littérature chinoise. Si certains sont très connus, j'accepte leurs idées, uniquement parce qu'elles reçoivent mon approbation spontanée, et non parce que leurs auteurs sont célèbres. J'ai l'habitude d'acheter des éditions bon marché de livres anciens et inconnus pour voir ce que j'y peux découvrir. Si les professeurs de littérature connaissaient les sources de mes idées, ils seraient stupéfaits. Mais il y a un plus grand plaisir à découvrir une petite perle dans une boîte aux ordures, qu'à en regarder une grosse dans une vitrine de joaillier.

Je ne suis ni profond ni instruit. Si on l'est trop, on ne sait plus que le juste est juste et que le faux est faux. Je n'ai pas lu Locke*, Hume* ou Berkeley*, et n'ai pas suivi de cours de philosophie. Techniquement parlant ma méthode et ma formation sont absurdes, parce que je ne m'inquiète pas des philosophes, mais de la vie toute chaude. Cela n'est pas conforme aux conventions, donc incorrect. Mes sources : Madame Huang, une amie de ma famille, qui a toutes les idées nécessaires à la bonne éducation d'une femme chinoise ; une marinière de Suzhou à la langue fleurie ; un conducteur d'autobus à Shanghai ; ma cuisinière ; un lionceau du zoo ; un écureuil du Central Park à New York ; un garçon de café qui fait une juste remarque ; cet auteur d'un article sur l'astronomie (mort il y a dix ans) ; toutes les nouvelles des procès ; et tout écrivain qui ne tue pas notre sentiment de curiosité pour la vie, ou qui ne l'a pas tué en lui... Comment pourrais-je les énumérer toutes ?

Ainsi dépourvu de formation académique, je suis moins effrayé d'écrire un livre de philosophie. Tout paraît plus simple et plus clair. Je doute que cela soit une compensation aux yeux de la philosophie orthodoxe. Je sais qu'on se plaindra que mes paroles soient trop brèves, que je rende les choses trop faciles à comprendre, et finalement que je manque de prudence, que je ne chuchote pas et ne m'avance pas à petits pas dans la demeure sacrée avec des manières craintives comme j'en devrais avoir. Le courage semble être la plus rare des vertus chez le philosophe moderne. Mais j'ai toujours marché hors de l'enceinte de la philosophie et cela me donne de l'assurance. Il y a une certaine façon d'en appeler à sa propre intuition, d'exprimer ses idées, de former son jugement et de les confesser en public avec une impudence enfantine, qui amènera toujours dans quelque coin du monde, des âmes sœurs à être d'accord avec vous. Celui qui forme ses idées de cette manière sera souvent étonné de découvrir qu'un autre écrivain a dit exactement les mêmes choses, senti exactement de la même façon, à cela près qu'il s'exprime peut-être plus facilement et plus agréablement. C'est alors qu'il découvre l'auteur ancien qui lui sert de témoin, et ils deviennent pour toujours des amis dans le domaine de l'esprit.

C'est pourquoi j'ai des obligations envers ces auteurs, spécialement envers mes amis chinois. J'ai pour collaborateurs dans ce livre une compagnie d'âmes géniales qui, je l'espère, m'aiment autant que je les aime. En vérité, j'ai connu, grâce à elles, la seule forme de communion spirituelle que je considère comme réelle, celle où deux hommes séparés par le temps ont les mêmes pensées, éprouvent les mêmes sentiments et se comprennent parfaitement l'un l'autre. Certains de mes amis m'ont spécialement aidé par leurs contributions et leurs conseils : Bai Juyi* du VIIIe siècle, Su Dongpo* du XIe, toute la grande compagnie des esprits originaux du XVIe et du XVIIe – le romantique et volubile Tu Long*, le joyeux et original Yuan Hongdao*, le profond, le somptueux Li Zhi*, le sensible et compliqué Zhang Chao*, l'épicurien Li Yu*, l'hédoniste Yuan Mei*, le bouillonnant, badin, effervescent Jin Shengtan* – tous avec des âmes originales ; des hommes au jugement trop indépendant, ayant trop le sentiment des choses pour être aimés par les critiques orthodoxes, des hommes trop bons pour être « moraux » et trop moraux pour être bons aux yeux des confucianistes. Certains d'entre eux peuvent ne pas avoir été cités, mais ils sont avec moi dans ce livre. Leur réhabilitation en Chine n'est qu'une question de temps. D'autres dont les noms sont peu connus, n'en furent pas moins les bienvenus par leurs remarques judicieuses. Je les appelle mes Amiel* chinois – gens qui parlent peu, mais toujours avec sentiment, et je respecte leur bon sens. Je n'oublie pas ceux qui appartiennent à l'illustre compagnie des « Anonymes » de tous les temps et de tous les pays, et qui, dans un moment d'inspiration, ont dit quelque chose de plus sage qu'ils ne le croyaient, comme les pères inconnus des grands hommes. Enfin les plus grands, ceux que je regarde plutôt comme des maîtres que comme des compagnons spirituels : leur compréhension sereine a quelque chose à la fois de divin et d'humain, leur sagesse paraît produite sans effort parce qu'elle est devenue parfaitement naturelle. Tels Zhuangzi* et Tao Yuanming*, dont la simplicité d'esprit fait le désespoir des hommes plus petits. J'ai parfois laissé ces âmes parler directement au lecteur afin qu'il puisse les connaître, d'autres fois j'ai parlé en leur nom, alors que je semblais le faire pour moi. Plus ancienne est mon amitié avec elles, plus ma dette envers leurs idées est devenue d'un type familier, insaisissable, invisible, comme l'influence des parents dans une bonne éducation familiale. Il est impossible de définir le point de ressemblance. J'ai également choisi de m'exprimer comme un moderne et non seulement comme un Chinois, de donner ce que j'avais personnellement absorbé, et de ne pas agir en simple traducteur respectueux des anciens. Cette manière de procéder a ses inconvénients, mais, dans l'ensemble, elle permet d'être plus sincère. C'est pourquoi les choix, aussi bien que les refus sont strictement mon fait. Il ne s'agit pas ici de la présentation intégrale d'aucun poète ou philosophe, et il est impossible de les juger à travers le témoignage de ces pages. Je conclus cependant par la phrase d'usage : le mérite de ce livre, s'il en a un, est dû largement aux suggestions de mes collaborateurs, cependant que je suis seul responsable des inexactitudes et des déficiences de jugement.

Lin Yutang

林語堂

30 juillet 1937.

Chapitre I

Prise de conscience

I. LES ABORDS DE LA VIE

Dans ce qui suit, je présente le point de vue chinois parce que je ne peux pas faire autrement. De la vie des choses, seul m'intéresse ce que les meilleurs esprits de la Chine ont exprimé dans leur sagesse populaire et leur littérature. Je suis pleinement conscient qu'il s'agit d'une philosophie nonchalante issue d'une vie oisive qui s'est développée à des époques diverses. Mais je ne puis m'empêcher de penser que cette conception est essentiellement vraie, et, puisque, la couleur de la peau mise à part, nous sommes tous semblables, ce qui touche le cœur humain dans un pays peut le toucher partout. Je présenterai la vie telle que l'ont sentie les poètes et les lettrés avec leur bon sens, leur réalisme, leur sentiment de la poésie. Je tenterai de révéler un peu de la beauté du monde païen, un sens du pathétique, de l'effroi et de la comédie humaine, tel que l'a exprimé un peuple très sensible aux limites de notre existence, mais aussi à sa dignité.

Le philosophe chinois rêve avec un œil ouvert, regarde tout avec amour et une douce ironie, mêle son cynisme à une aimable tolérance, parfois s'éveille du songe de la vie, puis se rendort. Le rêve plus que l'état de veille lui donne l'impression d'exister, il revêt dès lors ses états de conscience des caractères d'un songe. Un œil fermé, l'autre ouvert, il voit la futilité de tout ce qui l'entoure, et de son propre comportement ; mais il conserve tout juste assez le sentiment de la réalité pour s'en accommoder. Rarement désillusionné parce que sans illusions, il n'est pas non plus désappointé parce qu'il n'a pas d'espoirs extravagants. Dans ce sens, son esprit est émancipé.

Après une longue exploration de la littérature et de la philosophie chinoises, j'arrive à la conclusion que leur plus haut idéal a toujours été un homme détaché *(daguan)* de la vie et sagement désenchanté. Cette sagesse engendre une certaine hauteur de caractère qui donne la possibilité à chacun d'avancer dans l'existence avec une ironie tolérante, d'échapper aux tentations de la gloire, de la richesse, des exploits, et finalement d'accepter les événements. De ce détachement découlent aussi le sens de la liberté, l'amour du vagabondage, de l'orgueil, de la nonchalance. Car seul le sens de la liberté et de l'oisiveté permet d'atteindre la joie de vivre intensément.

Il est pour moi sans intérêt que ma philosophie soit jugée valable ou non pour les Occidentaux. Pour comprendre la vie occidentale, il faut la regarder comme un Occidental, avec son tempérament, ses attitudes corporelles et ses nerfs. Je ne doute pas que les nerfs américains puissent supporter beaucoup de choses que ceux des Chinois ne tolèreraient pas et réciproquement. Il est bon qu'il en soit ainsi, que nous soyons tous nés différents. Cependant tout est relatif. Je suis bien sûr que dans la hâte et l'agitation de la vie américaine, il y a une grande part de regret et du divin désir d'être étendu sur l'herbe à ne rien faire. L'existence de cris tels que « Eveille-toi et vis » est pour moi le signe certain que la partie sage de l'humanité américaine préfère passer son temps en rêvant. L'Américain après tout n'est pas si mauvais. Peut-être est-ce le mot flâner qui le gêne dans un monde où chacun fait quelque chose ; cependant je suis persuadé qu'il aime parfois détendre ses muscles, s'étendre sur le sable, les jambes confortablement croisées et un bras sous la tête en guise d'oreiller. Il n'est donc pas très différent de Yan Hui* dont Confucius* admirait malgré lui la nonchalance. Alors qu'il soit sincère et qu'il affirme à la face du monde qu'il aime une chose quand il l'aime, et que ce n'est pas quand il travaille dans son bureau, mais lorsqu'il est couché paresseusement sur le sable que son âme proclame : « La vie est magnifique. »

Nous allons donc examiner une philosophie et un art de vivre qui reflètent l'esprit chinois. C'est un truisme de dire que la culture de chaque nation est le produit des esprits qui la composent. Par conséquent, là où se trouve un esprit national différent, nous sommes en droit d'attendre d'autres réponses aux problèmes de la vie, ou mieux, d'autres méthodes d'approche, ou mieux encore, d'autres façons de poser les problèmes. Nous connaissons certaines des vertus et des déficiences de cet esprit, tel, du moins, qu'il s'est manifesté dans le passé. Il a un art glorieux, mais une science méprisable, un bon sens magnifique, et une logique enfantine, d'admirables bavardages sur la vie, mais pas de philosophie scolastique. On admet généralement que l'esprit chinois est fortement pratique, positif; certains amateurs d'art le tiennent pour profondément sensible; et un plus petit nombre de gens, pour essentiellement poétique et philosophique. Du moins on accorde aux Chinois de prendre les choses philosophiquement; c'est dire d'une autre manière qu'ils ont une grande philosophie et quelques grands philosophes. Pour une nation, avoir peu de philosophes n'est pas si exceptionnel, mais prendre les choses philosophiquement est terrible. Il est évident cependant que les Chinois sont une nation plus philosophique qu'active; s'il en avait été autrement, ils n'auraient pu survivre à la haute pression sanguine d'une vie intense durant quatre mille ans. Aucune nation n'y résisterait. Ce fait a d'importantes conséquences: alors qu'en Occident les fous sont si nombreux qu'on les met dans des asiles, en Chine, ils sont si rares qu'on les vénère; quiconque connaît la littérature chinoise peut en témoigner. Oui, les Chinois ont une philosophie légère, presque gaie, qui est la meilleure preuve de leur tempérament philosophique.

II. UNE FORMULE PSEUDO-SCIENTIFIQUE

Commençons par examiner le composé mental qui produit cette philosophie de la vie: un grand réalisme, un idéalisme insuffisant, un sens de l'humour très développé et une haute sensibilité poétique.

L'idéalisme et le réalisme semblent être les deux grandes forces qui constituent le progrès. L'argile humaine est rendue douce et souple par l'eau de l'idéalisme, mais la matière qui lie le tout est bien l'argile, sinon nous nous transformerions tous en Ariels. Les deux forces luttent dans toutes les activités de l'homme, et le vrai progrès est rendu possible par leur juste mélange, de sorte que la glaise soit souple, plastique, ni humide, ni sèche, ni dure, ni difficile à manier, et ne tombe pas en poussière. Les peuples les plus sains, tels les Anglais, ont un juste dosage de réalisme et d'idéalisme : comme l'argile qui ne durcit pas, car elle deviendrait impropre au travail de l'artiste, ni qui est trop humide, car elle ne retiendrait pas la forme. Certains pays sont entraînés dans de perpétuelles révolutions parce que dans leur argile a été injecté quelque liquide composé d'idéaux étrangers qui n'est pas encore bien assimilé.

Un idéalisme vague et sans discernement se prête toujours au ridicule, trop d'idéalisme peut être un danger pour l'humanité et la conduire à la poursuite futile de buts imaginaires. Dans un peuple qui aurait trop de visionnaires, les révolutions seraient à l'ordre du jour, car il serait comme un couple instable, changeant de résidence tous les trois mois pour la simple raison qu'aucun endroit n'est idéal, et que celui où l'on n'est pas semble toujours préférable, uniquement parce que l'on n'y est pas. Par bonheur, l'homme est également doué du sens de l'humour dont la fonction, telle que je la conçois, est d'exercer la critique sur ses rêves et de les mettre en contact avec la réalité. Il est important que l'homme fasse des rêves, mais il est tout aussi important qu'il puisse en rire. C'est un grand don, et les Chinois en sont comblés.

L'humour paraît étroitement lié au sens de la réalité.

Si celui qui se moque est souvent cruel en faisant perdre ses illusions à l'idéaliste, il remplit néanmoins un rôle essentiel, en lui évitant de se cogner la tête contre le mur de pierre de la réalité. Il apaise aussi doucement la tension de l'enthousiaste exalté, et lui permet de vivre plus longtemps. En le préparant à la désillusion, il lui évite finalement une plus grande peine, car un humoriste est toujours comme un homme chargé d'annoncer de mauvaises nouvelles à un mourant. Parfois il arrive que ces doux avertissements sauvent la vie du patient. Si l'idéalisme et la désillusion vont nécessairement ensemble dans ce monde, disons que la vie est cruelle plutôt que ne l'est l'humoriste qui nous en rappelle la cruauté.

J'ai souvent pensé à des formules qui exprimeraient le mécanisme du progrès humain et les changements historiques. Elles pourraient être les suivantes :

La Réalité – les Rêves = l'Animal
La Réalité + les Rêves = un Mal de cœur
(habituellement appelé Idéalisme)
La Réalité – l'Humour = le Réalisme
(aussi appelé Conservatisme)
Les Rêves – l'Humour = le Fanatisme
Les Rêves + l'Humour = la Fantaisie
La Réalité + les Rêves + l'Humour = la Sagesse

Ainsi la sagesse, ou le plus haut type de pensée, consiste à atténuer nos rêves, ou notre idéalisme, par le sens de l'humour, appuyé sur la réalité elle-même.

En nous risquant dans des formulations pseudo-scientifiques, nous pouvons essayer d'analyser les caractères nationaux de la manière suivante. Je dis pseudo-scientifique, parce que je me méfie de toutes les formules mortes et mécaniques, pour exprimer les choses qui se rapportent aux affaires et aux personnes humaines. Mettre les affaires humaines en formules précises semble indiquer un manque du sens de l'humour et par suite de sagesse. Cependant ces sortes de choses existent. C'est pourquoi nous avons aujourd'hui tant de pseudo-science. Quand un psychologue peut mesurer le Q.I. d'un homme, c'est l'indice d'un bien pauvre monde, où les spécialistes sont parvenus à usurper la science humaniste. Mais si nous admettons que ces formules ne sont que des moyens graphiques pour exprimer certaines opinions, sans nous prévaloir du nom sacré de la science pour vanter nos biens, il n'y a pas grand mal. Celles qui suivent sont mes formules pour caractériser certaines nations ; elles sont entièrement personnelles, et ne peuvent pas être prouvées ou vérifiées. Chacun est libre de les discuter, de les changer, ou de les remplacer par les siennes, pour autant qu'il n'ait pas la prétention de prouver ses propres opinions par des statistiques et des figures. Représentons par R le sens de la réalité (ou réalisme), par I les rêves (ou l'idéalisme), par H le sens de l'humour, et, ajoutant un élément important, par

S la sensibilité. Ensuite représentons par 4 un degré anormalement haut, par 3 un haut degré, un passable par 2, un bas par 1, et nous avons les formules pseudo-chimiques ci-dessous. Les êtres humains et les peuples se comportent alors différemment suivant leurs différentes compositions, de même que les sulfates et les sulfites, ou les oxydes de carbone et les anhydrides de carbone. Pour moi, la chose intéressante est toujours de voir comment les communautés humaines réagissent différemment dans des conditions identiques. Ne pouvant pas inventer, à la façon des chimistes, des mots tels que « humoride » ou « humorate », nous procéderons ainsi : 3 grains de réalisme, 2 grains de rêves, 2 grains d'humour et 1 grain de sensibilité font un Anglais.

$R_3I_2H_2S_1$ = Les Anglais
$R_2I_3H_3S_2$ = Les Français
$R_3I_3H_2S_2$ = Les Américains
$R_3I_4H_1S_2$ = Les Allemands
$R_2I_4H_1S_1$ = Les Russes
$R_2I_3H_1S_1$ = Les Japonais
$R_4I_1H_3S_3$ = Les Chinois

Je ne connais pas assez les Italiens, les Espagnols, les Hindous et d'autres, même pour tenter une formule à leur sujet, car je réalise que les précédentes sont suffisamment faibles telles qu'elles sont, assez en tout cas pour attirer sur ma tête un ouragan de critiques. Il est probable qu'elles sont plus provocatrices que revêtues d'autorité. Je me suis promis de les modifier graduellement pour mon propre usage à mesure que je connaîtrais de nouveaux faits ou subirais de nouvelles impressions. C'est toute leur valeur actuelle, un document sur les progrès de ma science et sur les brèches dans mon ignorance.

Certaines observations peuvent être nécessaires. Je considère le sens de l'humour et la sensibilité des Français comme très proches de ceux des Chinois ; cela ressort avec évidence de la manière dont ils écrivent et se nourrissent, cependant leur caractère volage provient de leur plus grand idéalisme, de leur amour pour les idées abstraites (rappelez-vous les manifestes de leurs mouvements littéraires, artistiques et politiques), R_4 pour les Chinois en fait le plus réaliste des peuples ; il rend compte, jusqu'à un certain point, de la stabilité de leur genre de vie. Le haut degré que j'attribue à l'humour et à la sensibilité des Chinois est peut-être dû à ma trop proche parenté et à la vivacité de mes impressions. Quant à leur sensibilité, elle n'a pas besoin de justification, toute l'histoire de la prose, de la poésie et de la peinture chinoise la proclame. Les Anglais me paraissent dans l'ensemble la plus saine des races : leur R_3I_2 contraste avec le R_2I_3 des Français. Je suis pour cette dernière qui annonce la stabilité, $R_3I_2H_3S_2$ me paraît la formule idéale, car trop d'idéalisme ou de sensibilité ne sont pas une bonne chose. Je donne S_1 à la sensibilité anglaise, peut-être est-ce trop bas, mais qui en blâmer, si ce n'est les Anglais eux-mêmes ? Comment savoir s'ils ressentent jamais quelque chose – joie, bonheur, colère, satisfaction – quand ils paraissent si maussades en toutes occasions.

Nous pouvons appliquer la même formule aux écrivains et aux poètes. Pour prendre quelques types bien connus :

Shakespeare* = $R_4I_4H_3S_4$
Heine* = $R_3I_3H_4S_3$
Shelley* = $R_1I_4H_1S_4$
Poe* = $R_3I_4H_1S_4$
Li Bai* = $R_1I_3H_2S_4$
Du Fu* = $R_3I_2H_2S_4$
Su Dongpo = $R_3I_2H_4S_3$

Ce ne sont que des suggestions impromptues. Mais il est clair que tous les poètes ont une haute sensibilité, sinon ils ne seraient pas poètes du tout. Je sens que Poe est un génie très sain en dépit de ses dons étranges d'imagination. N'aimait-il pas à « ratiociner » ?

Ma formule pour l'esprit national chinois est donc :

$$R_4I_1H_3S_3$$

Nous commençons par S_2, ce qui implique une façon proprement artistique d'aborder la vie, même la philosophie, et explique le vif amour que les Chinois ressentent pour la première. Leurs philosophes la conçoivent essentiellement comme des poètes, leur philosophie s'apparente à la poésie plutôt qu'à la science, contrairement à ce qui se passe en Occident. Cette haute sensibilité aux plaisirs et aux peines, aux flux et aux reflux de l'existence est la seule base possible d'une philosophie gaie. Le sens du tragique de la vie découle de cette perception sensible d'un printemps qui s'en va, et la tendresse, de cette pitié pour les fleurs fanées qui hier fleurissaient. Au début la tristesse et le sens de la défaite, ensuite le réveil et le sourire du vieux philosophe malin.

R_4, d'autre part, signifie un vif réalisme, c'est-à-dire l'attitude de celui qui accepte le monde tel qu'il est, préférant un oiseau dans la main à deux dans un buisson. Ce sentiment renforce dans l'homme la certitude d'une vie passagèrement magnifique, il l'empêche également de s'y soustraire. L'Idéaliste dit : « La vie n'est qu'un rêve » ; le Réaliste réplique : « Très juste, mais laissez-nous le vivre aussi splendidement que nous le pouvons. » Ce réalisme est celui du poète et non de l'homme d'affaires ; le sourire du vieux malin n'est plus celui du jeune homme qui s'en va en chantant vers le succès, mais le geste d'un vieillard passant son doigt dans sa barbe fleurie et parlant d'une voix douce et basse.

Mais la principale fonction de ce sens du réel est l'élimination de tout ce qui n'est pas essentiel au maintien de la vie sur la terre par crainte que les ailes de l'imagination ne l'emportent dans un monde imaginaire, peut-être magnifique, mais irréel. Car la sagesse consiste à réduire les problèmes tout juste à quelques-uns : la jouissance du foyer (les relations entre un homme, une femme et des enfants), de la vie, de la nature et de la culture, et à rejeter toutes les futilités. Les problèmes, pour le philosophe chinois, deviennent ainsi étonnamment peu nombreux et simples. L'activité humaine, que ce soit l'acquisition de la science ou celle des choses, doit être immédiatement soumise à l'épreuve de la vie et de son utilité pour des fins vitales. Mais là encore, et cela est caractéristique, le but n'est pas quelque entité métaphysique, mais la vie elle-même.

Pour le Chinois, doué de ce sens du réel et d'un profond mépris pour la logique et l'intelligence, la philosophie devient l'objet d'un sentiment direct et intime de la vie même et se refuse à tout système. Car il y a un sens vigoureux de la réalité, un véritable sens animal, un esprit de modération qui surpasse la raison et rend impossible tout système ferme et fixe. Les trois religions de la Chine, le confucianisme, le taoïsme et le bouddhisme, sont de magnifiques constructions et cependant un robuste bon sens les dilue et les réduit toutes au problème commun de la poursuite d'une existence heureuse. Le Chinois d'âge mûr est toujours un être qui refuse de penser trop profondément et de croire vraiment à une idée, à une foi ou à une école de philosophie. A un ami lui disant qu'il réfléchissait toujours trois fois avant d'agir, Confucius répondit spirituellement : « Deux fois suffisent. » Un disciple n'est qu'un étudiant en philosophie, mais un homme est un étudiant ou peut-être un maître de vie.

En Chine, par comparaison avec l'Occident, l'homme est plus près de la nature et de l'enfance, des instincts et des émotions qui se donnent libre cours et prennent le pas sur l'intelligence ; l'ensemble forme une étrange combinaison de dévotion à la chair, d'arrogance de l'esprit, de profonde sagesse, de folle gaieté, de haute satisfaction, et de naïveté enfantine. Je dirai donc que la philosophie chinoise se caractérise ainsi : un don d'envisager la vie comme un art, un retour conscient à la simplicité, un idéal de modération. Le résultat, tout étrange qu'il paraisse, est une vénération du poète, du paysan et du vagabond.

III. LE VAGABOND COMME IDÉAL

Pour moi, fils spirituel de l'Orient et de l'Occident, la dignité de l'homme réside dans les traits suivants qui le distinguent de l'animal : une curiosité désintéressée et une tendance naturelle à explorer la connaissance ; la faculté de rêver et de posséder un idéalisme élevé (souvent vague, confus, prétentieux, mais néanmoins digne d'estime) ; la capacité (très important) de neutraliser ses rêves par le sens de l'humour et de freiner ainsi son idéalisme par un réalisme robuste et sain ; enfin la possibilité de ne pas réagir mécaniquement à ce qui l'entoure, mais de déterminer ses réactions et de transformer ce qui l'environne au gré de sa volonté. Il reviendrait au même de dire que la personne humaine ne peut pas se réduire à des lois mécaniques ; l'esprit est pour toujours intangible, insaisissable, imprévisible, il échappe aux lois uniformes, à la dialectique matérialiste que des psychologues fous et des économistes célibataires essayent de lui imposer. L'homme est donc une créature curieuse, rêveuse, humoristique et fantaisiste.

Bref, ma foi dans la dignité humaine plonge ses racines dans la croyance que l'homme, sur cette terre, est avant tout un vagabond et non un soldat obéissant, discipliné, enrégimenté. Le vagabond est donc probablement le type humain le plus glorieux, comme le soldat en est le plus bas. J'espère réussir à le prouver. A une époque pleine de menaces pour la démocratie et la liberté individuelle, il est probable que seul l'esprit du vagabond nous évitera de devenir des unités numérotées dans les masses de manœuvres, disciplinés, obéissants et enrégimentés. Il sera le dernier et le plus redoutable ennemi des dictatures, le champion de la dignité humaine, l'ultime résistant. La civilisation moderne repose entièrement sur lui.

Le Créateur devait savoir en créant l'homme qu'il produisait un vagabond, brillant il est vrai, mais vagabond tout de même.

En tant que Chinois, je ne pense pas qu'une civilisation mérite ce nom tant qu'elle n'a pas passé de la sophistique à la non-sophistique, et fait un retour conscient à la simplicité de pensée et de vie ; je n'appelle pas sage un homme qui n'a pas progressé de la sagesse de la science à celle de la folie, qui n'est pas devenu un philosophe souriant, éprouvant d'abord la tragédie de la vie, ensuite sa comédie. Car nous devons pleurer avant de pouvoir rire. De la tristesse sourd la conscience, et de celle-ci le rire du philosophe, avec la bonté et la tolérance pour tous deux.

Je crois le monde beaucoup trop sérieux, c'est pourquoi il a besoin d'une philosophie sage et joyeuse. L'art de vivre chinois mérite certainement d'être appelé le « gai savoir » si ces mots de Nietzsche* peuvent s'appliquer à quelque chose. Seule une philosophie gaie est profonde, et les graves penseurs d'Occident n'ont même pas commencé à comprendre ce qu'est la vie. Pour moi, leur tâche est de nous enseigner à la prendre plus légèrement et plus gaiement que ne le fait la moyenne des hommes d'affaires, car un homme d'affaires qui ne se retire pas à cinquante ans, s'il le peut, n'est pas à mes yeux un philosophe. Cela n'est pas un paradoxe mais un point de vue fondamental. Le monde ne deviendra un lieu plus pacifique et plus raisonnable, que lorsque les humains seront imbus de la gaieté légère de cet esprit. Nos contemporains prennent la vie trop au sérieux, aussi le monde est-il rempli de troubles. Ce n'est donc pas perdre son temps que de rechercher l'origine de cette attitude qui rendra possibles une vraie jouissance de notre séjour terrestre et l'éclosion d'un tempérament plus pacifique, plus raisonnable, moins bouillant.

Tel me semble être le rôle de la philosophie chinoise, plutôt que celui d'une autre école. Car elle est plus grande que Confucius, plus grande que Laozi*, elle les transcende, eux et les anciens philosophes ; elle puise en eux ses pensées, les accorde en un tout, et, des contours abstraits de leur sagesse, elle a créé un art de vivre charnel, visible, palpable et compréhensible pour le commun des hommes. Envisageant la littérature, l'art et la philosophie de la Chine comme un tout, il est devenu pour moi pleinement évident que la doctrine d'un sage désenchantement et d'une solide jouissance de la vie constitue leur message et leur enseignement commun, leur thème le plus constant, le plus caractéristique, le plus persistant.

Chapitre II

Conceptions de l'humanité

I. CHRÉTIENS, GRECS ET CHINOIS

Il y a plusieurs conceptions de l'humanité : la traditionnelle conception théologique chrétienne, la conception païenne grecque ; et la conception taoïste-confucianiste chinoise. (Je n'y inclus pas la bouddhiste parce qu'elle est trop triste.) Si l'on dépasse leur sens allégorique, ces vues, après tout, ne diffèrent pas tellement l'une de l'autre, surtout si on les interprète largement en s'appuyant sur de meilleures connaissances biologiques et anthropologiques. Mais ces différences existent dans leurs formes originales.

Pour la traditionnelle conception orthodoxe chrétienne, l'homme avait été parfait, innocent, étourdi, heureux et nu dans le jardin de l'Eden. Vinrent la connaissance et la sagesse, puis la chute à laquelle sont dues les souffrances, notamment le travail à la sueur de son front pour l'homme et les douleurs de l'enfantement pour la femme. Contrastant avec l'innocence et la perfection originelles de l'homme, un nouvel élément fut introduit pour expliquer l'imperfection présente, et ce fut évidemment le Démon – qui s'attaque principalement au corps, sans que l'âme cependant le laisse indifférent. Quand « l'âme » fut-elle inventée dans l'histoire de la théologie chrétienne ? Je ne sais, mais elle devint une certaine chose plutôt qu'une fonction, une entité plutôt qu'une condition, elle sépara fortement l'homme des animaux qui n'en ont pas. Ici la logique s'arrête, car l'origine du Démon devait être expliquée. Quand les théologiens médiévaux, avec leur esprit scolastique, s'emparèrent du problème, ils aboutirent à une impasse. Ils pouvaient difficilement admettre que le Démon, qui était un non-Dieu, vînt de Dieu, ou qu'il fût éternel comme lui. En désespoir de cause, ils le déclarèrent un ange déchu, ce qui était plutôt une pétition de principe (car il devait y avoir eu un autre Démon pour tenter cet ange déchu) et peu satisfaisant ; mais ils ne purent qu'en rester là. Néanmoins, toute la curieuse dichotomie de l'esprit et de la chair, conception mythique encore puissante aujourd'hui et qui affecte notre philosophie de la vie et du bonheur, découle de là.

Vint ensuite la Rédemption qui se rattache à l'idée courante de l'agneau immolé et d'un Dieu qui aime l'odeur des viandes rôties et ne pardonne rien. Elle ouvrit la voie au pardon de tous les péchés et à une nouvelle perfection. Comme cela se produit durant toutes les périodes de déclin, une tendance se fait jour qui met en relief l'après-vie ; la question du salut supplante celle du bonheur et de la vie. L'essentiel est de savoir comment échapper à ce monde apparemment plongé dans la corruption, le chaos et la perdition. D'où l'importance écrasante accordée à l'immortalité. Ce qui est en contradiction avec le texte original de la Genèse d'après lequel Dieu ne voulait pas que l'homme vécût éternellement. Selon la Genèse, la raison pour laquelle Adam et Eve furent chassés du jardin de l'Eden n'est pas, comme on le croit communément, qu'ils aient goûté de l'Arbre de Science, mais la crainte qu'ils ne désobéissent une seconde fois, ne mangent de l'Arbre de Vie et ne vivent éternellement :

> L'Eternel Dieu dit : Voici, l'homme est devenu comme l'un de nous, pour la connaissance du bien et du mal. Empêchons-le maintenant d'avancer, de prendre de l'arbre de vie, d'en manger et de vivre éternellement.
>
> C'est pourquoi le Seigneur le chassa du jardin de l'Eden, pour cultiver la terre d'où il avait été pris.
>
> C'est ainsi qu'il chassa Adam ; et il mit à l'orient du jardin de l'Eden les chérubins qui agitent une épée flamboyante pour garder le chemin de l'arbre de vie.

L'Arbre de Science paraissait être quelque part au centre du jardin, mais l'Arbre de Vie était près de l'entrée orientale, où, pour autant que nous le savons, les chérubins se tiennent toujours pour la garder des approches des hommes.

En tout cas, beaucoup de gens croient encore que la dépravation est totale, que la jouissance de cette vie est péché et méchanceté, qu'être malheureux c'est être vertueux, et que dans l'ensemble l'homme ne peut se sauver qu'à l'aide d'une plus grande puissance extérieure. La doctrine du péché est toujours l'hypothèse fondamentale du christianisme tel qu'on le pratique généralement aujourd'hui. Les missionnaires chrétiens qui essayent de faire des conversions, commencent par donner conscience du péché et de la méchanceté de la nature humaine. (Ce qui est évidemment la condition *sine qua non* pour l'utilité du remède tout préparé qu'ils ont dans leurs manches.) Vous ne pouvez pas d'un homme faire un chrétien, tant que vous ne lui avez pas d'abord fait croire qu'il est un pécheur. Quelqu'un a dit plutôt cruellement : « La religion dans notre pays s'est tellement rapprochée de la contemplation du péché, qu'un homme respectable ne doit plus oser montrer son visage dans une église. »

Le monde païen des Grecs était très différent. Ce qui me frappe le plus, c'est que ceux-ci firent leurs dieux pareils aux hommes, tandis que les chrétiens voudraient rendre ces derniers pareils aux dieux. Cette assemblée olympienne était certainement une troupe joviale, amoureuse, pétulante, se querellant, se trompant, aimant la chasse, conduisant des chars et lançant le javelot comme les Grecs eux-mêmes ; une troupe qui se mariait aussi et avait un nombre incroyable d'enfants illégitimes. Quant à la différence entre les dieux et les hommes, les premiers avaient simplement le pouvoir de lancer la foudre et de faire pousser la végétation sur la terre, ils étaient immortels et buvaient du nectar au lieu de vin ; les fruits étaient presque les mêmes. On se sent intime avec cette foule, on peut aller chasser, havresac au dos, avec Apollon, ou arrêter Mercure sur la route et plaisanter avec lui comme avec un coureur de la Western Union ; si la conversation se prolonge, nous pouvons l'imaginer disant : « Oui, très bien. Je suis navré, mais je dois aller porter ce message à la 72e Rue. » Les Grecs n'étaient pas divins, mais leurs dieux étaient humains. Quelle différence avec le Dieu parfait des chrétiens ! Ainsi les Olympiens étaient simplement une autre race d'hommes, une race de géants immortels, alors que les humains ne l'étaient pas. Sur ce fond viennent s'inscrire certaines des histoires les plus inexprimablement belles comme celles de Déméter, de Proserpine et d'Orphée. La croyance aux dieux était tenue pour avérée, car Socrate* lui-même, quand il but la ciguë, leur offrit une libation pour qu'ils l'aident dans son voyage de ce monde vers l'autre. Cette attitude était assez semblable à celle de Confucius. Il en était nécessairement ainsi à cette époque. Quelle eût été la réaction de l'esprit grec dans le monde moderne ? Il n'y a malheureusement aucune possibilité de le savoir. Le monde grec n'était pas moderne, et le monde chrétien n'est pas grec. C'est dommage.

Les Hellènes admettaient que l'homme était mortel et sujet parfois à un destin cruel, mais dans l'ensemble l'homme était parfaitement heureux, car les Grecs aimaient la vie et l'univers, ils essayaient de comprendre ce qu'il contenait de bien, de vrai, de beau, tout en étant très préoccupés par la connaissance scientifique du monde physique. Ils acceptaient la nature humaine telle qu'elle était. Les chrétiens pourraient dire qu'ils étaient « résignés » au destin des mortels. Mais il était si beau d'être mortel, l'espace était libre pour l'exercice de l'intelligence et de l'esprit spéculatif.

Certains sophistes croyaient la nature de l'homme bonne, d'autres, mauvaise; mais sans cette âpre dispute de Hobbes* et de Rousseau*. Finalement, dans Platon*, elle est conçue comme un ensemble de désirs, d'émotions et de pensées, l'idéal étant de faire vivre en harmonie ces trois parties de l'être, sous la conduite de la sagesse ou vraie compréhension. Platon pense que les « Idées » sont immortelles, mais les âmes sont viles ou nobles selon qu'elles aiment, ou non, la justice, l'étude, la tempérance et la beauté. Pour Socrate, l'âme acquerrait aussi une existence indépendante et immortelle, ainsi qu'il nous est dit dans le *Phédon*: « Quand l'âme existe en elle-même, et qu'elle est séparée du corps, et que le corps est séparé de l'âme, qu'est-ce si ce n'est la mort ? » Evidemment la croyance en l'immortalité de l'âme est un point que les conceptions chrétienne, grecque, taoïste et confucianiste ont en commun. Naturellement cela n'est pas une chose acceptée par ceux des modernes croyant à l'immortalité. La foi de Socrate ne signifierait probablement rien pour eux, parce que la plupart des raisons qui la motivaient, comme la réincarnation, ne pourraient être admises par eux.

Les Chinois arrivent aussi à l'idée que l'homme est le Seigneur de la Création (« Esprit des Dix Mille Choses »), et dans la conception confucianiste il est placé, sur le même rang que le ciel et la terre, dans le « Trio des Génies ». Le fond en était animiste : chaque chose était vivante, ou habitée par un esprit – les montagnes, les rivières et tout ce qui atteignait un grand âge. Les vents, le tonnerre étaient eux-mêmes des esprits ; chaque montagne, chaque rivière était gouvernée par un génie qui pratiquement en était le maître ; chaque sorte de fleurs avait une fée dans le ciel qui se préoccupait de sa saison et de son bien-être, et il y avait une reine de Toutes les Fleurs dont l'anniversaire tombait le douzième jour de la seconde lune ; chaque bouleau, chaque pin, chaque cyprès, chaque renard ou tortue qui atteignait un grand âge, quelques centaines d'années, acquérait l'immortalité par ce seul fait et devenait un « génie ».

Avec cet arrière-fond animiste, il était naturel que l'homme aussi fût considéré comme une manifestation de l'esprit. Celui-ci, comme toute vie dans l'univers, est produit par l'union du principe mâle, actif et positif, ou Yang, et du principe femelle, passif et négatif, ou Yin – ce qui n'est vraiment rien d'autre qu'une heureuse et perspicace anticipation de l'électricité positive et négative. Lorsque cet esprit s'incarne dans un corps humain, il est appelé *po* ; lorsqu'il n'est pas attaché à un corps et flotte, il est appelé *hun*. (Un homme d'une grande personnalité ou caractère est désigné comme ayant une quantité de *poli*, ou d'énergie *po*.) Après la mort ce *hun* continue à circuler. Normalement il n'inquiète pas les gens, mais si personne ne brûle le mort ni ne lui offre de sacrifice, l'esprit devient une âme errante ; c'est la raison pour laquelle un « Jour de Toutes les Ames » est réservé, le quinzième jour du septième mois, pour un sacrifice général en faveur de ceux qui ont disparu dans l'eau, ou sont morts dans un pays étranger et n'ont pas été brûlés. De même, si le mort avait été assassiné, ou avait succombé à la suite d'une injustice, le sentiment de la justice poussait l'âme à rôder et à causer des troubles jusqu'à ce que le mort fût vengé et l'esprit satisfait. Alors tout rentrait dans l'ordre.

Durant sa vie, l'homme a nécessairement des passions, des désirs, et un flot d'« énergie vitale »; ou en termes plus compréhensibles, d'énergie nerveuse. En eux-mêmes, ceux-ci ne sont ni bons, ni mauvais, mais simplement quelque chose de donné et d'inséparable de la vie humaine. Tous les hommes et toutes les femmes ont des passions, des désirs naturels, de nobles ambitions et aussi une conscience; ils ont un sexe, ils ont faim, ils ont peur, ils se mettent en colère, ils sont sujets à la maladie, à la peine, à la souffrance, à la mort. La culture consiste à mettre en harmonie l'expression de ces passions et de ces désirs. Telle est la conception confucianiste qui croit qu'en vivant en accord avec cette nature humaine qui nous est donnée, nous pouvons devenir les égaux du ciel et de la terre. Les bouddhistes, cependant, regardent les désirs mortels de la chair essentiellement comme le faisaient les chrétiens du Moyen Age: un mal dont il faut se débarrasser. Des hommes et des femmes trop intelligents, ou inclinés à trop réfléchir, partagent parfois ces vues et deviennent moines ou religieuses, mais dans l'ensemble, le bon sens confucianiste empêche cela. Puis aussi, avec une nuance taoïste, de belles jeunes filles dont le destin est sombre sont regardées comme des « fées déchues », punies pour avoir eu des pensées mortelles ou négligé quelques devoirs, et envoyées sur cette terre pour vivre une existence prédestinée de souffrances.

L'intelligence de l'homme est considérée comme un flot d'énergie, comme l'esprit d'un « génie », le mot « génie » étant pris essentiellement dans le sens que nous lui donnons quand nous parlons du génie d'un renard, d'un rocher, d'un pin. Le mot français qui s'en approche le plus est, ainsi que je l'ai suggéré, « vitalité » ou « énergie nerveuse » qui monte et baisse à différents moments du jour ou de la vie. Tout homme en venant au monde apporte avec lui certaines passions, certains désirs et cette énergie vitale qui se développent dans différents cycles au cours de l'enfance, de la jeunesse, de l'âge mûr, de la vieillesse et de la mort. Confucius disait : « Dans la jeunesse prends garde aux rixes, dans l'âge mûr prends garde au sexe, dans la vieillesse prends garde à la possession », ce qui signifie simplement que les garçons aiment la lutte, les jeunes hommes, les femmes, et les vieillards, l'argent.

Face à cet ensemble d'éléments physiques, mentaux et moraux, le Chinois adopte une attitude qui peut se résumer dans la phrase : « Soyons raisonnables. » C'est l'attitude de celui qui n'attend ni trop, ni trop peu. L'homme est partagé entre le ciel et la terre, l'idéalisme et le réalisme, les pensées élevées et les passions basses. Cet état est la véritable essence de l'humanité. Il est humain d'avoir soif de connaissances et soif d'eau, d'aimer une bonne idée et un bon plat de porc avec des pousses de bambous, d'admirer une belle phrase et une belle femme. Les choses étant ainsi, notre monde est nécessairement imparfait. Evidemment, il y a une chance de prendre en main la société humaine et de l'améliorer, mais le Chinois n'attend ni la paix ni le bonheur parfait. Il existe une histoire qui illustre ce point de vue. Un homme, qui était en Enfer et sur le point d'être réincarné, dit au Roi de la Réincarnation : « Si vous voulez me renvoyer sur la terre comme être humain, ce ne sera qu'à certaines conditions. » « Et quelles sont-elles ? » demanda le Roi. L'homme répliqua : « Je serai le fils d'un ministre, et le père d'un futur lauréat. J'aurai dix mille acres de terre autour de ma maison, des étangs pleins de poissons, des fruits de toutes sortes, une femme magnifique et de belles concubines, toutes gentilles et amoureuses de moi, des pièces remplies jusqu'au plafond d'or et de perles, des greniers pleins de grains, des coffres bourrés d'argent, je serai moi-même un grand conseiller ou un duc comblé d'honneurs et de prospérité, et je vivrai jusqu'à cent ans. » Le Roi de la Réincarnation répliqua : « S'il y a tant de choses sur la terre, je vais y aller et me réincarner moi-même à votre place. »

L'attitude raisonnable est donc, puisque nous avons cette nature, de nous accommoder. D'ailleurs il n'y a pas moyen d'y échapper. Les passions ou les instincts sont originellement bons ou originellement mauvais, mais il n'y a pas grande utilité à en parler. D'autre part, il y a le danger de devenir leur esclave. Tenez-vous juste au milieu de la route. Aux yeux de l'homme cultivé qui vit selon les principes de la raison, toute erreur humaine, toute inconduite légale, morale ou politique, qui peut être étiquetée comme faisant partie de la « nature humaine moyenne » (plus littéralement comme une « passion normale de l'homme »), est excusable. Les Chinois vont jusqu'à présumer que le Ciel, ou Dieu lui-même, est un être parfaitement raisonnable, que si vous vivez selon vos propres lumières, vous n'avez rien à craindre, que la paix de la conscience est le plus grand des dons et qu'un homme qui la possède n'a pas à s'effrayer même des fantômes. Avec un Dieu raisonnable, surveillant les affaires d'une majorité d'êtres raisonnables, tout est parfaitement en ordre dans ce monde. Les tyrans meurent, les traîtres se suicident, les voleurs sont découverts, les fils des riches collectionneurs (au sujet desquels on raconte des histoires de vols et d'extorsions) vendent la collection qui a donné tant d'inquiétude à leurs pères, et les mêmes bibelots sont maintenant dispersés parmi d'autres familles, les assassins sont retrouvés et mis à mort, et les femmes trompées sont vengées. Parfois, mais très rarement, une personne opprimée s'écrie : « Le Ciel n'a pas d'yeux ! » (La justice est aveugle.) En fin de compte, soit dans le taoïsme, soit dans le confucianisme, le but le plus haut est une parfaite compréhension de la nature, une harmonie donnant comme résultat ce que j'appellerai, puisqu'il faut avoir une classification, un « naturalisme raisonnable ». Un naturaliste raisonnable s'installe donc dans sa vie avec une sorte de satisfaction animale. Comme disent les femmes chinoises illettrées : « D'autres nous ont donné la vie et nous donnons la vie à d'autres. Qu'avons-nous de plus à faire ? »

Il y a une terrible philosophie dans ces paroles. La vie devient un processus biologique, et la vraie question de l'immortalité passe au second plan. De là vient le sentiment de gravité du grand-père chinois, tenant son petit-fils par la main et allant lui acheter quelques sucres d'orge, avec la pensée que dans cinq ou dix ans il sera dans sa tombe ou chez ses ancêtres. Le mieux que nous puissions espérer dans cette vie est de n'avoir pas de fils ou de petits-fils qui nous fassent honte. Toute la vie chinoise est organisée autour de cette seule idée.

II. LIÉ À LA TERRE

La situation est donc la suivante : l'homme désire vivre, mais il lui faut vivre sur cette terre et non dans le ciel. Ne laissons pas l'esprit prendre des ailes, voler vers la demeure des dieux et oublier la terre. Ne sommes-nous pas mortels ? Le temps de vie qui nous est accordé, dix ans ou soixante ans, est plutôt court, pour un esprit qui désire vivre éternellement, mais d'autre part il est assez long, si l'esprit a quelque humilité. On peut apprendre beaucoup de choses, jouir de beaucoup d'autres en soixante-dix ans. Trois générations sont une bien longue période pour contempler les folies des hommes, et acquérir l'humaine sagesse. Quiconque est sage, et a vécu assez longtemps pour assister aux changements de modes, de morales et de politiques, devrait être parfaitement satisfait de se lever de son siège et de dire « C'était un bon spectacle » pendant que le rideau tombe.

Car nous sommes de la terre, nés de la terre, liés à la terre. Il n'y a pas de quoi être malheureux parce que nous n'en sommes que des hôtes passagers. Fût-elle même un sombre cachot, nous aurions à nous arranger de notre mieux ; il serait ingrat de notre part de ne pas le faire, alors que nous avons, au lieu d'un cachot, un univers si beau, pour y vivre durant une bonne partie d'un siècle. Parfois nous devenons trop ambitieux, et dédaignons la terre humble et pourtant généreuse. Chacun devrait avoir un sentiment pour cette Mère, une pensée de véritable affection et d'attachement pour cette demeure temporaire de notre corps et de notre esprit.

C'est pourquoi nous devons avoir une sorte de scepticisme animal, aussi bien que de foi animale, et prendre cette vie terrestre largement comme elle est. Et nous devons nous souvenir de l'ensemble de la nature, comme nous le voyons faire à Thoreau* qui se sentait lui-même parent de la terre et partageait sa lente patience. Il attendait en hiver le soleil du printemps, et, dans ses moins bons moments, était capable de penser que ce n'était pas son affaire de rechercher l'esprit, mais bien plutôt celle de l'esprit de le rechercher. Son bonheur, tel qu'il le décrit, était en grande partie celui de la marmotte. La terre, après tout, est réelle, comme le ciel est irréel : combien l'homme est fortuné d'être né entre la terre réelle et le ciel irréel !

Toute bonne philosophie pratique doit commencer par reconnaître que nous avons un corps. Il est grand temps que certains parmi nous admettent clairement que nous sommes des animaux, ce qui est indiscutable depuis les grands progrès de la biologie, spécialement de la biochimie. Il est malheureux que nos maîtres et nos philosophes appartiennent à la soi-disant classe intellectuelle, car les hommes de l'esprit sont aussi fiers de lui que le cordonnier de son cuir. Parfois même, le terme n'étant pas suffisamment éloigné et abstrait, ils emploient les mots « essence » ou « âme » ou « idée » et les écrivent avec des majuscules pour nous effrayer. Dans la machine scolastique le corps humain était réduit en esprit, puis concentré en une sorte d'essence ; on oubliait que même les boissons alcooliques doivent avoir un « corps » pour être buvables. Et nous, pauvres profanes, nous étions supposés boire cette quintessence. Cette hypertrophie de l'esprit était funeste et rendait impossible toute conception pleine et entière de la nature humaine. Elle procédait aussi d'une connaissance imparfaite de la biologie, de la psychologie, du rôle des sens, des émotions et, par-dessus tout, des instincts, dans notre vie. L'homme est fait de chair et d'esprit, et ce devrait être l'affaire de la philosophie de montrer qu'ils vivent harmonieusement ensemble.

III. L'ESPRIT ET LA CHAIR

Le fait le plus évident, que les philosophes refusent de voir, est que nous avons un corps. Fatigués par nos imperfections mortelles, nos instincts et nos élans sauvages, nos prêcheurs désirent parfois que nous soyons faits comme des anges, dont cependant nous sommes totalement impuissants à imaginer ce que pourrait être la vie. Nous donnons, ou non, aux anges un corps ou une apparence comme la nôtre – à part les ailes. Il est intéressant que l'idée générale en soit encore celle d'un corps humain avec une paire d'ailes. Je pense parfois que c'est un avantage, même pour les anges, d'avoir un corps avec cinq sens.

J'imagine quelle punition ce serait pour une âme de n'avoir pas de corps, de regarder un courant d'eau froide, et de n'avoir pas de pieds pour les y plonger et ressentir une délicieuse sensation de fraîcheur, de voir un plat de canard de Pékin ou de Long Island ou des crêpes et de n'avoir pas de langue pour les goûter, ni de dents pour les croquer, de contempler les visages bien-aimés de ceux qui nous sont chers et de ne ressentir aucune émotion. Ce serait terriblement triste si nous revenions un jour sur cette terre comme des esprits, et nous mouvions silencieusement dans la chambre à coucher de nos enfants pour en voir un dormir alors que nous n'aurions pas de mains pour le caresser, pas de bras pour l'étreindre, pas de poitrine pour être pénétré de sa chaleur, pas de creux entre le menton et l'épaule pour lui faire un nid, pas d'oreille pour entendre sa voix.

Une théorie des anges sans corps serait très vague et peu satisfaisante. Son défenseur pourrait dire : « Hé oui, mais dans le monde de l'esprit nous n'avons pas besoin de telles satisfactions. » « Mais qu'avez-vous qui en tienne lieu ? » Silence complet, ou peut-être : « Le vide – La paix – Le calme. » « Que gagnez-vous à ça ? » « L'absence de travail, de peine, de tristesse. » J'admets qu'un pareil ciel ait un immense attrait pour des galériens. Un idéal, et une conception du bonheur aussi négatifs se rapprochent dangereusement du bouddhisme et doivent être recherchés en Asie (l'Asie Mineure dans ce cas) plutôt qu'en Europe.

De telles spéculations sont nécessairement oiseuses, mais je signalerai finalement que la conception d'un esprit dépourvu de sens est très aléatoire, depuis que nous venons de plus en plus à concevoir l'univers comme un être sensible. Il est possible que le mouvement, plutôt que le repos, soit une caractéristique de l'esprit et l'un des plaisirs des anges sans corps serait de tourner comme un proton autour d'un noyau, à la vitesse de vingt ou trente mille révolutions par seconde. C'est probablement plus fascinant qu'un tour sur les montagnes russes de Coney Island. Ce sera certainement une sorte de « sensation ». Ou bien l'être sans corps s'élancera comme la lumière, ou les rayons cosmiques autour de l'espace, à la vitesse de 183 000 milles par seconde. Il doit y avoir des pigments spirituels pour que les anges puissent imaginer et jouir d'une certaine forme de création, des vibrations éthérées pour qu'ils ressentent la voix, le son et la couleur. Sinon l'esprit lui-même stagnerait comme de l'eau dans une mare, ou se sentirait comme des hommes par une après-midi chaude et suffocante d'été, sans un souffle d'air frais. Il doit y avoir émotion et mouvement (sous une forme quelconque) s'il y a vie ; certainement pas immobilité complète et insensibilité.

IV. UNE CONCEPTION BIOLOGIQUE

Une meilleure connaissance de nos fonctions corporelles et de nos processus mentaux nous donne une vue plus vraie et plus large de nous-mêmes et enlève au mot « animal » quelque chose de son ancienne saveur malveillante. Le vieux proverbe qui dit que « comprendre c'est pardonner », est applicable ici. Il peut paraître étrange, mais vrai, que le fait d'avoir une meilleure compréhension des fonctions de notre corps nous empêche de les regarder avec mépris. L'important n'est pas de dire si notre appareil digestif est noble ou ignoble, mais simplement de le comprendre ; d'une manière ou d'une autre il devient alors extrêmement noble. Cela est vrai de toutes les fonctions de nos organes, de la transpiration et de l'élimination des déchets, du liquide pancréatique, du fiel, des glandes endocrines et des plus délicats processus émotifs et cognitifs. On ne méprise plus le rein, on essaye simplement de le comprendre ; on ne regarde plus une mauvaise dent comme un symbole de la déchéance finale et un rappel à préparer le départ de notre âme, mais on va simplement chez le dentiste. Un homme sortant du cabinet d'un dentiste ne méprise plus ses dents, mais a pour elles un respect accru, parce qu'il peut désormais ronger des pommes, ou des os de poulets avec un plaisir renforcé. Tant pour les métaphysiciens raffinés qui disent que les dents appartiennent au diable, que pour les néoplatoniciens qui nient que les dents individuelles existent, j'ai toujours un grand plaisir à voir un philosophe qui souffre d'une carie, ou un poète optimiste, de dyspepsie. Pourquoi ne continue-t-il pas ses dissertations, et porte-t-il la main à sa joue, juste comme vous ou moi, ou la voisine, le ferions ? Et pourquoi l'optimisme paraît-il si peu convaincant à un poète dyspeptique ? Pourquoi ne chante-t-il plus ? Qu'il est donc ingrat de sa part d'oublier les intestins et de chanter l'esprit quand les intestins vont bien et ne lui causent pas de soucis !

La science, du moins, nous a donné un respect croissant pour notre corps, en approfondissant le sens du merveilleux et du mystère de ses fonctions. En premier lieu, génétiquement, nous commençons à comprendre d'où nous sommes partis, et nous voyons qu'au lieu d'être faits d'argile, nous nous situons au sommet de l'arbre généalogique du règne animal. Cela doit être une belle sensation, suffisamment satisfaisante pour tout homme qui n'est pas intoxiqué par son propre esprit. Non que je croie que les dinosaures vécurent et moururent, il y a des millions d'années, pour que nous puissions marcher droits sur nos pieds. Sans recourir à de telles suppositions gratuites, la biologie n'a rien détruit de la dignité humaine, ni mis en doute la conception selon laquelle nous sommes probablement le plus bel animal qui ait jamais évolué sur cette terre. En second lieu, nous sommes plus impressionnés que jamais par le mystère et la beauté de notre corps. Le travail des organes internes, leur merveilleuse corrélation nous donnent le sentiment de l'extrême difficulté avec laquelle ceux-ci sont effectués, et de l'extrême simplicité et finalité avec lesquelles ils sont néanmoins accomplis. Au lieu de simplifier ces processus chimiques internes en les expliquant, la science les rend plus complexes. Le grand mystère de l'univers extérieur est pareil en qualité au mystère de l'univers interne.

Plus un physiologiste essaye d'analyser et d'étudier les processus biophysiques et biochimiques, plus son étonnement grandit. Cela va parfois au point de l'obliger, s'il a l'esprit large, à accepter une conception mystique de la vie, comme dans le cas du Dr Alexis Carrel*. Que nous soyons ou non d'accord avec les opinions qu'il exprime dans *L'Homme, cet inconnu*, nous devons lui accorder que les faits sont là, inexpliqués et inexplicables. Nous commençons à acquérir le sens de l'intelligence de la matière elle-même :

> La corrélation des organes est assurée par le milieu intérieur et le système nerveux. Chaque élément du corps s'accommode aux autres, et les autres à lui. Ce mode d'adaptation est essentiellement téléologique. Si nous attribuons aux tissus, comme le font les mécanistes et les vitalistes, une intelligence du même ordre que la nôtre, les processus physiologiques paraissent s'agencer en fonction du but à atteindre. L'existence de la finalité dans l'organisme est indéniable. Chaque élément paraît connaître les besoins actuels et futurs de l'ensemble, et se modifie d'après eux. Peut-être l'espace et le temps ont-ils pour les tissus une signification différente que pour notre intelligence. Notre corps saisit le lointain aussi bien que le proche, le futur aussi bien que le présent.

Et nous nous émerveillerions, par exemple, et serions extrêmement étonnés d'apprendre que nos intestins soignent leurs propres blessures, entièrement en dehors de notre volonté.

> D'abord la région blessée (de l'intestin) devient immobile. Elle se paralyse momentanément comme pour empêcher les matières fécales de couler dans l'abdomen. Puis, une autre partie de l'intestin, ou la surface de l'épiploon, se fixe sur la plaie et y adhère grâce à une propriété spéciale que possède le péritoine. En quatre ou cinq heures l'ouverture est bouchée. Dans les cas où l'aiguille du chirurgien a rapproché les lèvres de la plaie, la guérison est due également à l'adhérence spontanée des surfaces intestinales.

Pourquoi mépriserions-nous le corps, quand la chair elle-même montre une telle intelligence ? Après tout, nous sommes dotés d'un corps qui est une machine qui se nourrit, se règle, se répare et se reproduit elle-même, qui est monté à la naissance et qui dure, comme une bonne horloge de grand-père, trois quarts de siècle, en demandant très peu d'attention. C'est une machine pourvue d'une vision et d'une audition sans fil, avec un système de nerfs et de lymphe beaucoup plus perfectionné que le télégraphe et le téléphone les plus compliqués du monde. Elle a aussi un système de classement des nouvelles, fait par un vaste complexe de nerfs, et arrangé avec une telle efficacité que certains classeurs, les moins importants, sont gardés dans le grenier, et les autres dans un endroit plus commode. Mais ceux qui sont rangés dans le grenier, où ils sont parfois depuis trente ans et rarement consultés, sont néanmoins là et peuvent souvent être trouvés avec rapidité. Elle s'arrange aussi pour avancer comme une automobile, avec une action parfaite des genoux et un silence absolu, et si l'automobile a un accident et brise ses glaces ou son volant, la machine automatiquement produit une substance pour remplacer le verre, et fait de son mieux pour remplacer le volant, ou enfin s'arrange pour conduire avec l'extrémité renflée du manche de direction ; car nous devons nous souvenir que si l'un de nos reins est coupé, l'autre augmente et accroît ses fonctions pour assurer le passage d'un volume normal d'urine. Elle maintient aussi une température de trente-sept degrés et fabrique ses propres produits chimiques pour les processus de transformation de la nourriture en tissus vivants.

Par-dessus tout, elle a un sens du rythme de la vie, et un sens du temps, non seulement des heures et des jours, mais aussi des décades ; le corps règle sa propre enfance, sa puberté, sa maturité, s'arrête de grandir quand il ne doit plus grandir, et fait pousser une dent de sagesse à un moment où chacun de nous n'y pensait plus. Notre sagesse consciente n'a rien à faire avec notre dent de sagesse. Elle fabrique aussi des antidotes contre les poisons, avec un succès étonnant dans l'ensemble ; elle fait tout cela dans un silence absolu, sans le fracas habituel des usines, de telle sorte que notre métaphysicien raffiné n'en est pas troublé et peut penser librement à son esprit ou à son essence.

Je pense que, du point de vue biologique, la vie humaine se lit presque comme un poème. Elle a ses propres rythmes et ses cadences, ses cycles internes de croissance et de déchéance. Elle commence par l'enfance innocente, se poursuit par l'adolescence maladroite qui essaye gauchement de s'adapter à la société, avec ses jeunes passions et ses folies, son idéal et ses ambitions ; puis elle arrive à un âge d'intenses activités, où elle profite de l'expérience et apprend beaucoup de la société et de la nature humaine ; dans la maturité, il y a une légère atténuation de la tension, un adoucissement du caractère comme le mûrissement d'un fruit, ou le moelleux d'un bon vin, et l'acquisition graduelle d'une conception de la vie plus tolérante, plus cynique et en même temps plus bienveillante ; alors, au midi de notre vie, les glandes endocrines diminuent leur activité et si nous avons une vraie philosophie de la vieillesse, c'est pour nous l'âge de la paix, de la sécurité, du loisir et du contentement ; finalement la vie s'en va et l'on entre dans l'éternel sommeil. On doit être capable de sentir la beauté de ces rythmes de la vie, comme on le fait pour les grandes symphonies, ses thèmes principaux, ses points de conflit et la résolution finale. Les mouvements de ces cycles sont très semblables dans une vie normale, mais la musique doit être alimentée par l'individu lui-même. Dans certaines âmes, les notes discordantes deviennent de plus en plus fortes et finissent par écraser ou submerger la mélodie principale. Parfois elles prennent un tel pouvoir que la musique ne peut plus continuer et que l'individu se tue avec un pistolet ou saute dans une rivière. Mais c'est parce que le leitmotiv originel a été désespérément éclipsé par le manque d'une bonne éducation de soi-même. Normalement la vie humaine s'achève dans une sorte de mouvement, de procession pleine de dignité. Il y a parfois, dans nombre d'entre nous, trop de *staccato* ou d'*impetuoso*, et parce que le tempo est faux, la musique n'est pas agréable à entendre ; nous devrions avoir un peu plus du grand rythme et du tempo majestueux du Gange, coulant lentement et éternellement vers la mer.

Personne ne peut dire que la vie avec l'enfance, l'âge mûr et la vieillesse ne soit un magnifique accord ; le jour a son matin, son midi et son crépuscule, l'année a ses saisons et il est bien qu'il en soit ainsi. Il n'y a rien de bon ou de mauvais dans la vie, sauf ce qui est bon selon sa propre saison. Et si nous acceptons cette conception biologique et essayons de vivre en accord avec les saisons, personne, sauf un fou vaniteux, ou un idéaliste, ne peut nier que la vie puisse être vécue comme un poème. Shakespeare a exprimé la même idée dans ce passage sur les sept phases de la vie, et un bon nombre d'écrivains chinois ont dit la même chose. Il est curieux que Shakespeare n'ait jamais été très religieux, ni très préoccupé de religion. Je pense que c'était là sa grandeur ; il prit pour une grande part la nature humaine comme elle est et il ne s'ingéra pas dans le plan général des choses, pas plus qu'il ne le fit dans les caractères de ses pièces. Shakespeare était comme la Nature elle-même et c'est là le plus grand compliment que nous puissions faire à un écrivain ou à un penseur. Simplement il vivait, observait la vie, et passait.

Chapitre III

Notre héritage animal

I. LE SINGE LÉGENDAIRE

Mais si cette conception biologique nous aide à apprécier la beauté et le rythme de la vie, elle montre aussi nos grotesques limites. En nous présentant un portrait plus correct de ce que nous sommes en tant qu'animaux, elle nous permet de mieux nous comprendre nous-mêmes ainsi que les progrès des affaires humaines. Une sympathie plus généreuse, ou même un cynisme tolérant se développe à partir d'une compréhension plus vraie et plus profonde de la nature humaine. Nous rappelant gentiment que nous sommes les enfants de l'homme de Néanderthal ou de Pékin et plus loin encore des singes anthropoïdes, nous acquérons finalement la faculté de rire de nos péchés et de nos limites, comme aussi d'admirer notre intelligence de singe, ce que nous appelons un sens de la comédie humaine. C'est une très belle pensée, suggérée par l'essai lumineux de Clarence Day*, *Le Monde simiesque*. En lisant cet essai, nous pouvons pardonner à tous nos semblables, aux censeurs, aux chefs de publicité, aux éditeurs fascistes, aux annonceurs de radio nazis, aux sénateurs et aux légistes, aux dictateurs, aux experts économiques, aux délégués aux conférences internationales et à tous les importants qui essayent d'intervenir dans la vie des autres gens. Nous pouvons leur pardonner parce que nous commençons à les comprendre.

Dans ce sens, j'en viens à apprécier de plus en plus la sagesse et la pénétration du grand récit légendaire chinois, *Xiyouji** (« La Pérégrination vers l'Ouest »). Le progrès de l'histoire humaine peut être mieux compris de ce point de vue ; il est pareil au pèlerinage de ces créatures imparfaites et semi-humaines vers le Ciel Occidental. Singet, le singe Sun Wukong (Conscient-de-la-Vacuité), représentant l'intelligence humaine, Porcet, Zhu Bajie, notre nature la plus basse, le moine Sablet le sens commun, et le moine Xuanzang la sagesse et la Voie Sacrée. Xuanzang, protégé par sa curieuse escorte, était en route, de la Chine vers l'Inde, pour se procurer les livres sacrés des bouddhistes. L'histoire du progrès humain est essentiellement pareille au pèlerinage de cette compagnie bigarrée de créatures imparfaites, continuellement en danger, ou placées dans des situations grotesques par suite de leur folie ou de leur méchanceté. Combien de fois Xuanzang ne dut-il pas corriger et châtier Singet l'espiègle et Porcet le sensuel, toujours entraînés dans de mauvaises affaires par leurs esprits trop imparfaits et leurs basses passions ! Les sentiments de faiblesse morale, de colère, de revanche, d'impétuosité, de sensualité, de manque d'indulgence et par-dessus tout de vanité surgissent toujours durant le pèlerinage de l'humanité vers la sainteté. L'augmentation du pouvoir de destruction marche de pair avec celle de l'habileté humaine, car, de même que Singet avec les puissances magiques, nous sommes capables aujourd'hui de voler au-dessus des nuages et de faire la culbute dans l'air (ce qui se dit faire « un looping » en langage moderne), d'arracher les poils de nos jambes et d'en faire de petits singes pour harceler nos ennemis, de frapper à la vraie porte du Ciel, d'en écarter brusquement le gardien et de demander une place dans l'assemblée des dieux.

Singet était intelligent, mais aussi vaniteux ; il avait assez de magie simiesque pour faire son chemin dans le Ciel, mais pas assez de bon sens, d'équilibre, d'égalité d'esprit, pour y vivre paisiblement. Trop bon peut-être pour cette terre et son existence mortelle, il ne l'était cependant pas assez pour le Ciel et l'assemblée des Immortels. Il y avait en lui quelque chose de rude, de méchant, de rebelle, un certain résidu inexpurgé dans son or et c'est pourquoi, quand il pénètre dans le Ciel, il y provoque une panique terrifiante, comme un lion sauvage, échappé d'une ménagerie, dans les rues d'une ville. Par sa méchanceté incorrigible, il trouble le Dîner Annuel, donné par la Reine Mère du Ciel Occidental à tous les dieux, les saints et les immortels. Furieux de n'avoir pas été invité, il se pose comme un messager de Dieu, et envoie la Fée aux Pieds Nus dans une fausse direction, lui disant que le dîner avait lieu à un autre endroit, puis il prend lui-même l'apparence de la Fée et se rend à la fête. Un grand nombre d'autres fées avaient été trompées par lui de la même manière. En entrant dans la cour, il s'aperçoit qu'il est le premier arrivant. Il n'y a personne sauf les serviteurs qui gardent les jarres de vin enchanté. Il se transforme alors en un insecte qui donne le sommeil, endort les gardiens et boit les jarres. A moitié ivre, il tombe dans le hall et mange les pêches célestes posées sur une table. Quand les hôtes arrivèrent et virent le désastre, il était déjà parti vers d'autres exploits dans la maison de Laozi où il essayait de manger les pilules d'immortalité. Finalement, toujours déguisé, il quitte le Ciel, en partie effrayé par les conséquences de ses exploits d'ivrogne, mais surtout dégoûté de n'avoir pas été invité au Dîner Annuel. Il retourne vers son royaume des singes dont il est roi, il raconte l'affaire aux petits singes, puis lève l'étendard de la révolte contre le Ciel, après y avoir écrit ces mots : « Le Grand Sage, l'Egal du Ciel. » Il y a ensuite de terrifiants combats avec les guerriers célestes, et le singe échappe à la capture jusqu'au moment où la Déesse de Merci le renverse avec une petite branche de fleurs jetée d'un nuage.

Ainsi, comme Singet, toujours nous nous rebellons, et il n'y aura ni paix, ni humilité en nous, tant que nous ne serons pas vaincus par la Déesse de Merci, dont les belles fleurs venues du Ciel nous feront perdre pied. Et nous n'apprendrons pas la leçon de la vraie humilité, tant que la science n'aura pas exploré les limites de l'univers. Car, dans l'épopée, Singet se rebelle encore, même après sa capture et demande à l'Empereur de Jade dans le Ciel pourquoi il n'avait pas un plus haut titre parmi les dieux, et il recevra la leçon de l'humilité par un ultime pari avec Bouddha ou Dieu lui-même. Il paria qu'avec ses pouvoirs magiques il pouvait aller jusqu'au bout de la terre. L'enjeu était le titre. « Le Grand Sage, l'Egal du Ciel » ou une complète soumission. Alors il s'élança dans les airs et s'avança à toute vitesse à travers les continents jusqu'à ce qu'il atteignît une montagne avec cinq pics, où il pensa qu'aucun mortel n'avait jamais dû y mettre le pied. En vue de laisser une marque de son passage, il lâcha un peu d'urine au pied du pic du milieu, puis satisfait de son exploit, s'en retourna et alla raconter son voyage au Bouddha. Celui-ci alors ouvrit une main et lui demanda de sentir l'odeur de sa propre urine à la base de son médium : il lui dit que pendant tout le temps de son voyage il n'avait pas quitté la paume de sa main. C'est alors seulement que Singet devint humble et après avoir été enchaîné à un rocher durant cinq cents ans, il fut libéré par Xuanzang et se joignit à lui dans son pèlerinage. Ce singe qui est une image de nous-mêmes, est cependant une créature extrêmement aimable, en dépit de sa vanité et de sa méchanceté. Aussi devons-nous être capables d'aimer l'humanité malgré ses faiblesses et ses défauts.

II. À L'IMAGE DU SINGE

Ainsi, au lieu de nous en tenir à la conception biblique d'après laquelle nous sommes faits à l'image de Dieu, nous en arrivons à réaliser que nous sommes à l'image du singe et aussi éloignés du Dieu parfait que, laissez-moi vous le dire, les fourmis le sont de nous. Nous sommes très intelligents, nous en sommes parfaitement sûrs ; et souvent un peu suffisants. Mais le biologiste surgit pour nous dire que l'esprit n'est qu'un développement très tardif, en ce qui concerne du moins la pensée articulée et que nous avons à côté de lui un ensemble d'instincts animaux ou sauvages beaucoup plus puissants, et qui, en fait, expliquent pourquoi nous nous conduisons mal individuellement ou par groupe. Nous sommes les mieux placés pour comprendre la nature de cet esprit dont nous sommes si fiers. En premier lieu nous voyons que tout en étant comparativement intelligents, nous ne le sommes cependant pas assez. L'évolution du crâne humain nous montre qu'il n'est qu'une hypertrophie de la vertèbre spinale : c'est pourquoi sa fonction, comme celle du cordon spinal, est essentiellement de sentir le danger, de faire face au monde environnant et de préserver la vie – pas de penser. Penser est généralement une très pauvre chose. Lord Balfour* doit d'avoir passé à la postérité à la force de cette seule phrase : « Que le cerveau humain est un organe de recherche de la nourriture tout autant que le groin du porc. » Je n'appelle pas cela du cynisme, simplement une généreuse compréhension de nous-mêmes.

Nous commençons à concevoir génétiquement nos humaines imperfections. Imparfait ? Seigneur ! oui, mais le Seigneur ne nous a jamais faits d'une autre manière. Mais là n'est pas la question. Toute l'histoire est que nos lointains ancêtres nageaient, rampaient, se balançaient d'une branche à l'autre dans la forêt primitive à la façon de Tarzan. A chaque étape de l'évolution, selon ma manière de penser, ils étaient plutôt parfaits. Mais maintenant nous sommes appelés à faire un travail de réajustement infiniment plus difficile...

Quand l'homme crée une civilisation, il s'engage dans une aventure qui, biologiquement, doit terrifier le Créateur. En ce qui concerne l'adaptation à la nature, toutes les créatures sont merveilleusement parfaites, car celles qui ne le sont pas disparaissent. Or nous ne sommes plus appelés à nous adapter à la nature, mais à nous-mêmes, à cette chose nommée civilisation. Tous les instincts étaient bons et sains dans la nature, dans la société cependant, nous les appelons tous sauvages. Toutes les souris volent – elles n'en sont pas plus ou moins morales pour cela –, tous les chiens aboient, tous les chats découchent la nuit et accrochent tout ce qui leur tombe sous la patte, tous les lions tuent, tous les chevaux s'enfuient à la vue du danger, toutes les tortues dorment la plus grande partie de la journée et tous les insectes, tous les reptiles, tous les oiseaux et toutes les bêtes reproduisent leur espèce en public. Or, d'un point de vue civilisé, chaque souris est une voleuse, chaque chien fait trop de bruit, chaque chat est un mari infidèle, quand il n'est pas un sauvage petit vandale, chaque lion ou chaque tigre est un assassin, chaque cheval est un lâche, chaque tortue est une paresseuse et finalement, chaque insecte, chaque reptile, chaque oiseau et chaque bête est obscène quand il accomplit ses fonctions vitales naturelles. Quelle transmutation de valeurs ! Et c'est pourquoi nous sommes assis et nous demandons comment le Seigneur nous a faits si imparfaits.

III. ÊTRE MORTEL

Le fait d'avoir un corps mortel a de graves conséquences : d'abord d'être mortel, ensuite d'avoir un estomac, des muscles solides et un curieux esprit. Ces conséquences, en raison de leur caractère fondamental, influencent profondément le caractère de la civilisation humaine. Parce qu'elles sont évidentes, nous n'y pensons jamais. Mais nous ne pouvons comprendre, ni nous-mêmes, ni notre civilisation, tant que nous ne les apercevons pas clairement.

Je présume que toute démocratie, toute poésie et toute philosophie dérive de ce fait donné par Dieu que nous tous, princes comme pauvres, sommes limités à un corps de cinq ou six pieds de haut et à une vie de cinquante ou soixante ans. Dans l'ensemble, l'arrangement est bien commode. Nous ne sommes ni trop longs ni trop courts et je suis pleinement satisfait avec cinq pieds quatre pouces. Et si cinquante ou soixante ans me paraissent terriblement longs, c'est, en fait, la durée de deux ou trois générations. Les choses s'arrangent de telle manière que quand nous naissons, nous voyons certains vieux grands-pères, qui meurent entre-temps, et que, quand nous devenons grands-pères nous-mêmes, d'autres petits bambins sont nés. Cela semble parfait. Toute la philosophie en la matière se trouve dans le proverbe chinois qui dit : « Un homme peut posséder mille acres de terres, il dort cependant dans un lit de cinq pieds. » Il ne semble pas qu'un roi ait besoin de beaucoup plus de sept pieds pour la mesure extérieure de son lit et il devra aller s'y étendre la nuit. C'est pourquoi je vaux bien un roi. Et quelle que soit la richesse d'un homme, ils sont rares ceux qui dépassent la limite biblique de soixante-dix ans.

De cette vie, chacun a une part, mais personne ne possède l'hypothèque ; c'est ce qui nous permet de la prendre plus légèrement ; au lieu d'être des locataires permanents sur cette terre, nous devenons ses hôtes transitoires, aussi bien ceux qui la possèdent que ceux qui la tondent. Cela ôte quelque chose à la signification du mot « propriétaire ». Comme le dit un poète chinois :

> Quels beaux champs d'or sur la colline !
> De nouveaux venus moissonnent les récoltes que d'autres ont cultivées.
> Ne vous réjouissez pas, ô nouveaux venus, de vos récoltes ;
> Quelqu'un attend derrière – un nouveau nouveau venu déjà !

La démocratie de la mort est rarement appréciée. Sans elle, même Sainte-Hélène n'aurait rien signifié pour Napoléon, et je ne sais pas ce qu'aurait été l'Europe. Il n'existerait pas de biographies des héros ou des conquérants ; même s'il y en avait, leurs biographes seraient certainement moins indulgents. Nous pardonnons aux grands de ce monde parce qu'ils sont morts, car nous sentons que nous sommes leurs égaux. Chaque cortège funèbre transporte une bannière sur laquelle sont écrits les mots « Egalité de l'humanité ». Quelle joie de vivre apparaît dans la ballade suivante que le peuple opprimé de la Chine composa sur la mort de Qin Shi Huangdi*, le constructeur de la Grande Muraille, et le tyran qui punissait de mort « les pensées diffamatoires encore dans le ventre », brûlait les livres de Confucius et enterrait vivants des centaines de ses adeptes :

> Qin Shi Huangdi va mourir !
> Il ouvrit ma porte
> Et s'assit par terre.
> Il mangea ma viande,
> Et en redemanda.
> Il but mon vin,
> Et ne put dire pourquoi.
> Je banderai mon arc,
> Et le clouerai au mur.
> Quand il arrivera à Shaqiu,
> Alors il tombera !

De cela découlent le sens de la comédie humaine et la véritable matière de la poésie et de la philosophie. Shakespeare devint profond quand il mit Hamlet sur la piste de la noble poussière d'Alexandre, « jusqu'à ce qu'il la retrouvât, bouchant une bonde » ; Alexandre mourut, Alexandre fut enterré, Alexandre retourna en poussière ; la poussière est de la terre ; de la terre nous faisons de la glaise ; et pourquoi avec cette glaise, en laquelle il est maintenant changé, ne pourrions-nous pas boucher une barrique de bière ? Shakespeare fait montre du plus magnifique sens comique lorsqu'il laisse le roi Richard I parler des tombes, des vers, des épitaphes et des bouffonneries qui se déroulent derrière les tempes mortelles d'un roi, ou quand il parle « d'un grand acheteur de terres, avec ses règlements, ses engagements, ses amendes, ses doubles factures, ses recouvrements », tous prenant fin « dans une belle tête pleine d'une boue fine ». Omar Khayyam* et son sosie chinois, Jia Fuxi*, tirent tout leur esprit et leur interprétation comique de l'histoire, du sens de la mort, en montrant les renards faisant leurs tanières dans la tombe du roi. Et la philosophie chinoise commença d'acquérir de la profondeur et de l'humour avec Zhuangzi, qui faisait ce commentaire en face d'un crâne :

> Zhuangzi alla à Chu et vit un crâne avec ses contours vides et secs. Il le frappa avec une cravache et demanda : « En êtes-vous venu là parce que vous avez aimé les plaisirs ou vécu dans le désordre ? Avez-vous été un réfractaire fuyant la loi ? Avez-vous fait quelque chose de mal qui déshonora vos parents et votre famille ? Etes-vous mort de faim ? Avez-vous atteint un grand âge pour mourir de mort naturelle ? » Ayant parlé ainsi, Zhuangzi prit le crâne et s'en fit un oreiller.
>
> Quand la femme de Zhuangzi mourut, Huizi* alla lui présenter ses condoléances, mais il le trouva accroupi sur le sol et fredonnant une chanson, en battant la mesure sur une coupe de terre : « Comment, cette femme a vécu avec vous et a mis au monde vos

> enfants ! Vous pourriez au pire refouler vos larmes en face de son cadavre. N'est-ce pas aller trop loin que de frapper une coupe et de chanter ? »
>
> Zhuangzi répliqua : « Vous vous trompez. Lorsqu'elle mourut, je ne pus m'empêcher d'être triste et ému, mais je réfléchis qu'au commencement elle n'avait pas de vie, et non seulement pas de vie, mais pas de corps ; et non seulement pas de corps, mais pas d'âme. Prise dans le flux incessant des choses, elle devint une âme, l'âme devint un corps et le corps devint vivant. Or, elle a changé encore, elle est morte ; en agissant ainsi elle a rejoint l'éternelle procession du printemps, de l'été, de l'automne et de l'hiver. Pourquoi ferais-je tant de bruit et me lamenterais-je et pleurerais-je sur elle, cependant que son corps gît tranquillement ici dans la grande maison ? Ce serait ne pas comprendre le cours des choses. C'est pourquoi j'ai cessé de pleurer. »

Ainsi la poésie et la philosophie commencent avec le sens de la mort et de l'évanouissement du temps. Ce sentiment de la vie évanescente conditionne toute la poésie chinoise et une bonne partie de la poésie occidentale. Pendant que nous conduisons notre barque sur la rivière par un bel après-midi, les fleurs ne peuvent toujours fleurir, la lune croît et décroît et la vie humaine rejoint l'éternelle procession des plantes et des animaux qui naissent, croissent et meurent pour faire place à d'autres. L'homme ne devient philosophe que lorsqu'il aperçoit la vanité de l'existence. Zhuangzi dit une fois qu'il rêva qu'il était papillon, il sentait qu'il pouvait remuer ses ailes ; mais quand il s'éveilla, il réalisa qu'il était Zhuangzi. Alors il réfléchit et se demanda ce qui était vraiment réel : s'il était Zhuangzi rêvant qu'il était un papillon, ou un papillon rêvant qu'il était Zhuangzi. La vie n'est qu'un songe et nous sommes comme des voyageurs flottant sur l'éternelle rivière du temps, embarquant à un certain point, débarquant à un autre pour faire place à ceux qui attendent audessous de la rivière. La moitié de la poésie de la vie disparaîtrait si nous ne sentions pas qu'elle est un rêve, ou un voyage temporaire, ou une scène dans laquelle les acteurs réalisent rarement qu'ils jouent leur partie.

IV. AVOIR UN ESTOMAC

Une des conséquences les plus importantes du fait d'être des animaux est que nous avons ce trou sans fond appelé estomac. Cela marque toute notre civilisation. L'épicure chinois Li Yu écrivit une complainte sur ce trou sans fond dans la préface de la section nourriture de son livre sur l'art de vivre.

> Je vois que les organes du corps humain, les oreilles, les yeux, le nez, la langue, les mains, les pieds et le corps, ont tous une fonction nécessaire, mais les deux organes, totalement inutiles, dont nous sommes cependant dotés, sont la bouche et l'estomac, causes de tous les ennuis et de tous les troubles de l'humanité à travers les âges. Avec cette bouche et cet estomac, la question de vivre devient compliquée,

et quand la question de vivre devient compliquée, nous avons la ruse, la fausseté et la malhonnêteté dans les affaires humaines. Avec l'arrivée de la ruse, de la fausseté et de la malhonnêteté dans les affaires humaines, entre en jeu la loi pénale, de sorte que le souverain n'est pas capable de protéger avec sa miséricorde, que les parents ne sont pas capables de satisfaire leur amour et que même le Créateur est obligé d'aller contre sa volonté. Tout cela provient d'un petit manque de prévoyance dans ses desseins sur le corps humain au moment de sa Création et dont la conséquence est que nous avons ces deux organes. Les plantes peuvent vivre sans bouche et sans estomac, et les rochers et la terre n'ont pas besoin de se nourrir. Pourquoi, alors, devrions-nous être dotés de ces deux organes supplémentaires ? Et même si nous devions être dotés de ces deux organes, il aurait pu faire en sorte que nous trouvions notre nourriture, comme les poissons et les mollusques tirent la leur de l'eau, ou comme les criquets et les cigales de la rosée, qui tous sont capables de croître de cette manière et qui nagent, volent, sautent, ou chantent. S'il en avait été ainsi, nous n'aurions pas eu à lutter dans cette vie et les peines de l'humanité auraient disparu. D'autre part, il ne nous a pas donné que ces deux organes, mais il nous a dotés de nombreux appétits, ou désirs, à côté de ce trou sans fond qui est comme une vallée ou une mer qui ne peut jamais être remplie. La conséquence en est que nous travaillons dans notre vie avec toute l'énergie des autres organes pour satisfaire incomplètement les besoins de ces deux. J'ai beaucoup réfléchi à cette matière et ne peux m'empêcher d'en blâmer le Créateur. Je sais, évidemment, qu'il doit s'être repenti de son erreur, mais il a simplement pensé qu'il n'y avait rien à faire maintenant, le modèle étant déjà fixé. Qu'il est important pour un homme d'être très prudent au moment de la conception d'une loi ou d'une institution !

Il n'y a certainement rien à y faire et le fait que nous possédons un estomac a, pour le moins, marqué le cours de l'histoire humaine. Avec une généreuse compréhension de sa nature, Confucius a réduit les grands désirs de l'homme à deux : l'alimentation et la reproduction, ou en termes plus simples, la nourriture, la boisson et les femmes. Beaucoup d'hommes ont circonvenu le sexe, mais aucun saint n'a encore circonvenu la nourriture et la boisson. Des ascètes sont parvenus à mener une vie chaste, mais le plus spirituel des hommes ne peut oublier la nourriture plus de quatre ou cinq heures. Le refrain le plus constant, qui occupe infailliblement nos pensées après quelques heures est : « Quand vais-je manger ? » Cela se produit au moins trois fois par jour et dans certains cas quatre ou cinq fois. Les conférences internationales, au milieu de la discussion des situations politiques les plus absorbantes et les plus critiques, doivent s'interrompre pour le repas de midi... Les parlements ajustent leurs heures de session à celles des repas. Une fête de couronnement qui dure plus de cinq ou six heures, ou tombe sur le repas de midi, est immédiatement dénoncée comme un fléau public. Doués d'estomacs comme nous le sommes, la meilleure chose à laquelle nous pensons, quand nous voulons rendre un hommage public à un grand-père, est de lui offrir un repas d'anniversaire.

Il y a une raison à cela. Des amis qui se rencontrent à table, le font dans la paix. Un bon potage de nids d'oiseaux a tendance à faire baisser la chaleur de nos arguments et adoucit l'âpreté de nos points de vue différents. Mettez ensemble les meilleurs amis quand ils ont faim et ils finiront invariablement par se quereller. L'effet d'un bon repas dure non seulement quelques heures mais des semaines et des mois. Nous hésitons plutôt à rendre compte défavorablement d'un livre écrit par quelqu'un qui nous a offert un bon dîner trois ou quatre mois auparavant. C'est la raison pour laquelle, avec la vue profonde qu'ont les Chinois de la nature humaine, toutes les disputes sont réglées devant une table garnie, au lieu de l'être devant la justice (non seulement réglées, mais évitées par les mêmes moyens). En Chine, nous achetons la bonne volonté de tout le monde par de fréquents dîners. C'est, en fait, le seul guide sûr pour réussir en politique. Celui qui voudrait se donner la peine de comparer des statistiques, y trouverait une corrélation absolue entre le nombre de dîners qu'un homme donne à ses amis et la rapidité de son avancement officiel.

Constitués comme nous le sommes, comment pourrions-nous réagir autrement ? Je ne pense pas que cela soit particulier à la Chine. Un Américain, ministre des Postes ou chef de département, peut-il refuser une faveur personnelle à un ami dans la maison duquel il a mangé cinq ou six bons repas ?

Je parie que les Américains sont aussi humains que les Chinois. Mais ils n'ont pas de vues profondes sur la nature humaine, ou n'ont pas procédé logiquement à l'organisation de leur vie politique en accord avec elle.

Nous sommes si fondamentalement influencés par cette question de la nourriture et de la boisson, que les révolutions, la paix, la guerre, le patriotisme, la compréhension internationale, notre vie quotidienne, et toute la vie sociale en sont profondément marqués. Quelle est la cause de la Révolution française ? Rousseau, Voltaire et Diderot ? Non, simplement la nourriture. Quelle est la cause de la Révolution russe et de l'expérience des Soviets ? Encore la nourriture. Napoléon montra la profondeur essentielle de sa sagesse en disant qu'« une armée combat avec son estomac ». Les empires se sont effondrés et les régimes de terreur les plus puissants se sont brisés quand les gens avaient faim. Les hommes refusent de travailler, les soldats de combattre, les prima donna de chanter, les sénateurs de siéger et même les présidents de gouverner le pays, quand ils ont faim. Et pourquoi un mari travaille-t-il et sue-t-il dans un bureau toute la journée, si ce n'est dans la perspective d'un bon repas à la maison. D'où le proverbe que la meilleure voie vers le cœur d'un homme c'est celle de l'estomac. Quand sa chair est satisfaite, son esprit est plus calme et plus à l'aise, il devient plus amoureux et plus sensible. Les femmes se sont plaintes que les hommes ne remarquent pas leurs nouvelles robes, leurs nouvelles chaussures, leurs nouveaux sourcils ou les nouveaux dessus de chaises. Mais se sont-elles jamais plaintes que les maris ne remarquaient pas un bon bifteck ou une bonne omelette ?... Qu'est le patriotisme, si ce n'est l'amour des bonnes choses que nous avons mangées dans notre enfance ? J'ai dit ailleurs que la loyauté envers l'Oncle Sam est la loyauté envers les pets de nonne, le jambon et les pommes de terre douces, et que la loyauté envers le Vaterland allemand est la loyauté envers les *pfannkuchen* (beignets de Berlin) et les bûches de Noël. Quant à la compréhension internationale, je crois que les macaronis ont plus fait pour notre appréciation de l'Italie que Mussolini. Il est dommage que, dans l'esprit de certains gens, de ceux du moins qui ne sont pas favorables au régime, ce qu'a fait le macaroni pour la compréhension entre l'Italie et le monde extérieur, Mussolini l'ait détruit. C'est parce que dans la nourriture, comme dans la mort, nous sentons la fraternité essentielle de l'humanité.

Qu'un esprit chinois rayonne à la vue d'un beau festin ! Qu'il est enclin à proclamer la vie magnifique quand son estomac et ses intestins sont remplis ! De cet estomac bien rempli se dégage un bonheur qui est spirituel. Le Chinois croit à l'instinct qui lui dit : quand l'estomac va bien, tout va bien. C'est pourquoi il n'a pas de pruderie en ce qui concerne la nourriture et sa dégustation. Quand un Chinois avale une pleine bouchée de bonne soupe, il claque la langue vigoureusement, ce qui ne serait évidemment pas de bon ton en Occident. J'ai d'ailleurs l'impression que les bonnes manières occidentales qui obligent à boire le potage sans bruit et à manger tranquillement sans la moindre expression de contentement sont la vraie raison de l'arrêt dans le développement de l'art culinaire. Pourquoi les Occidentaux parlent-ils si doucement et paraissent-ils si misérables, si décents et si respectables pendant leurs repas ? Je suis sûr que l'enfant commence à s'initier aux tristesses de la vie quand sa mère lui défend de faire du bruit en mangeant. La psychologie humaine est ainsi faite que si nous n'exprimons pas notre joie, nous cessons bientôt de la ressentir et qu'il s'ensuit de la dyspepsie, de la mélancolie, de la neurasthénie et toutes les maladies mentales particulières à la vie des adultes. On devrait imiter les Français, pousser un « Ah ! » quand le garçon apporte une bonne côtelette, et faire une sorte de grognement animal comme « Mmm » après en avoir goûté la première bouchée. Quelle honte y a-t-il à jouir de sa nourriture, et à montrer un appétit normal, solide ? Non, les Chinois sont différents. Ils ont de mauvaises manières à table, mais y prennent beaucoup de plaisir.

En fait, la botanique et la zoologie ne se sont pas développées en Chine parce qu'un savant chinois ne peut pas contempler froidement un poisson, sans immédiatement penser au goût qu'il aura et désirer le manger. La raison pour laquelle je me méfie des chirurgiens chinois est que j'ai peur que si l'un d'eux ouvre mon foie pour y chercher une pierre, il oublie la pierre et mette le foie dans une poêle à frire. Car un Chinois ne peut pas apercevoir un porc-épic sans penser immédiatement à la manière de le faire cuire et de manger sa chair sans être empoisonné, ce qui est pour lui la seule question pratique et importante. Comment ils vivent, quelle est leur fonction, et celle de leur peau douée du pouvoir de se dresser à la vue d'un ennemi, lui semble éminemment oiseux. L'Orient doit apprendre de l'Occident toute la science de la botanique et de la zoologie, mais il peut lui apprendre comment jouir des arbres, des fleurs, des oiseaux et des animaux, comment atteindre une pleine appréciation des formes et des gestes des différentes espèces et les associer avec différentes façons de sentir.

La nourriture est donc une des rares joies solides de la vie. C'est un fait heureux que l'instinct de la faim soit moins réprimé par des tabous ou un code social, que celui du sexe. Il est bon que des philosophes, des poètes, des marchands et des artistes puissent se rassembler autour d'une table, et, sans rougir, accomplir la fonction de se nourrir en public, bien qu'on dise que certains sauvages ne mangent que quand ils sont seuls. Nous avons là, du moins, un instinct qui, parce que moins réprimé, produit moins de formes de perversion, de folie et de crime. Cette différence entre l'instinct de la faim et celui du sexe dans leurs implications sociales est parfaitement naturelle. Mais il reste le fait qu'il existe un instinct qui ne complique pas notre vie psychologique, mais est un pur bienfait pour l'humanité. Car c'est le seul qu'elle considère avec franchise. Parce qu'il n'y a pas là de problème de pudeur, il ne s'y rattache pas de psychose, de névrose, ou de perversion. Il est partout admis que chacun doit avoir de quoi manger, ce qui n'est pas le cas avec l'instinct sexuel. Et une fois satisfaite, la faim ne provoque pas de troubles. Au pire, certains mangent de telle manière qu'ils ont de la dyspepsie, ou des ulcères d'estomac, ou le foie malade, et un petit nombre de gens creusent leurs tombes avec leurs propres dents – il y a des cas de dignitaires chinois parmi mes contemporains qui agissent ainsi – mais même alors, ils n'en sont pas honteux.

Pour la même raison, la nourriture provoque moins de crimes sociaux que le sexe. Le Code pénal a comparativement peu à faire avec les péchés de nourriture, tandis qu'il a une large section concernant l'adultère, le divorce et le viol. Au pire, des maris peuvent saccager la glacière, mais on pend rarement un homme pour avoir brisé un frigidaire. Un tel cas se produirait-il, le juge se montrerait plein de compassion. Nos cœurs volent vers les peuples affamés, mais non vers les nonnes cloîtrées.

Cette spéculation est loin d'être oiseuse parce qu'il y a peu d'ignorance au sujet de la nourriture, comparée à celle qui existe par rapport au sexe et qui est effrayante. Des familles mandchoues enseignent à leurs filles avant leur mariage l'art d'aimer, aussi bien que l'art de la cuisine, mais que fait-on ailleurs ? Le sujet de la nourriture réjouit le soleil de la connaissance, mais le sexe est encore entouré de contes de fées, de mythes et de superstitions. Il y a du soleil sur le sujet de la nourriture, mais il y en a peu sur celui du sexe.

D'autre part, il est bien dommage que nous n'ayons pas un gésier, un jabot, ou une panse, car la société humaine serait changée au-delà de toute expression ; en fait, nous aurions été une race d'hommes complètement différente. Des hommes dotés de gésiers auraient la nature la plus pacifique et la plus douce, comme les poulets ou les agneaux. Nous aurions eu un bec, ce qui aurait transformé notre sentiment de la beauté, ou nous nous serions simplement arrangés avec une dent rongeuse. Les graines et les fruits auraient suffi et nous aurions pu paître sur les collines vertes. Nous n'aurions pas été les terribles créatures guerrières que nous sommes aujourd'hui.

Il y a entre la nourriture et le tempérament – en termes de nature – une relation plus étroite que nous ne le pensons. Tous les animaux herbivores sont pacifiques par nature : l'agneau, le cheval, la vache, l'éléphant, le moineau, etc. ; tous les carnivores sont combatifs : le loup, le lion, le tigre, le faucon, etc. La nature ne produit pas de tempérament combatif, là où le combat n'est pas nécessaire. Les coqs pourtant se battent entre eux, mais ce n'est pas à cause de la nourriture, c'est à cause des femelles. Il y aurait eu encore, dans la société humaine, de petits combats de ce genre, mais c'eût été bien différent de ces combats pour l'exportation des boîtes de conserves que nous voyons dans l'Europe actuelle.

Je ne sais rien sur les singes qui mangent les singes, mais je sais beaucoup sur les hommes qui mangent les hommes, car tous les témoignages de l'anthropologie convergent vers une pratique universelle du cannibalisme. Il y avait nos ancêtres carnivores. Faut-il donc s'étonner que nous nous mangions encore les uns les autres en plus d'un sens – individuellement, socialement, internationalement ? La différence entre les cannibales et les hommes civilisés paraît être que les cannibales tuent leurs ennemis et les mangent, tandis que les civilisés les tuent et les enterrent, posent une croix au-dessus de leur corps, et offrent des prières pour leurs âmes. Ainsi nous ajoutons la stupidité à la vanité, et au mauvais caractère.

Je réalise parfaitement que nous sommes sur le chemin de la perfection, ce qui signifie que nous sommes excusablement imparfaits. Tant que nous n'aurons pas un tempérament d'animaux à gésier, nous ne pourrons pas nous prétendre vraiment civilisés. Je vois dans la génération actuelle, à la fois des carnivores et des herbivores. Les premiers vivent en s'occupant de leurs affaires, tandis que les seconds font leurs vies en s'occupant de celles des autres. Si j'ai renoncé à la politique il y a dix ans, après en avoir goûté durant quatre mois, c'est que j'ai vite découvert que je n'étais pas par nature un carnivore, bien que j'apprécie un bon bifteck. La caractéristique des carnivores est une sorte de pur plaisir à lutter, ruser, tromper, déjouer et repousser l'ennemi ; le tout accompli avec un intérêt véritable et une réelle habileté, pour laquelle j'avoue ne pas avoir la plus légère admiration. Mais tout est une question d'instinct ; certains hommes semblent se complaire dans la lutte et s'y révéler tandis que la véritable habileté créatrice, l'habileté à faire son propre travail, ou à connaître son propre sujet, paraît généralement peu répandue. Combien de bons, de tranquilles professeurs, manquent totalement de rapacité et de l'aptitude à entrer en compétition avec les autres, et cependant, combien vraiment je les admire ! En fait, je peux soutenir l'opinion que tous les artistes créateurs pensent beaucoup plus à leurs propres affaires qu'à celles des autres, et sont par cela même, de l'espèce herbivore. La véritable évolution de l'humanité consiste dans la multiplication de l'Homo sapiens herbivore aux dépens de la variété carnivore. Pour le moment, cependant, c'est encore celle-ci qui nous dirige. Il doit en être ainsi dans un monde qui croit aux muscles forts.

V. AVOIR DES MUSCLES FORTS

Une autre conséquence importante de notre condition animale et mortelle, est que nous sommes susceptibles de tuer, or le commun des hommes n'aime pas tuer. Nous avons, il est vrai, un désir divin de connaissance et de sagesse, mais avec la connaissance viennent aussi les différences de point de vue et les arguments. Dans un monde d'immortels, les arguments dureraient toujours, car je ne conçois pas de fin à une dispute, si aucun des adversaires ne veut admettre qu'il a tort. Dans un monde de mortels la situation est différente. La partie disputante devient généralement si haïssable aux yeux de son adversaire – elle le deviendra d'autant plus que ses arguments seront plus justes – que ce dernier la tue et que la dispute est réglée. Si A tue B, A a raison ; si B tue A, B a raison. Cela, souvenons-nous-en bien, est la vieille méthode de réponse en usage chez les brutes. Dans un royaume animal, le lion a toujours raison. Cette vue de la société humaine est si vraie, qu'elle permet une excellente interprétation de l'histoire. Par exemple, Galilée* rétracta, aussitôt que découvertes, certaines idées à propos de la rondeur de la terre et du système solaire. Il se rétracta parce qu'il avait un corps mortel, susceptible d'être tué ou torturé, sinon il n'aurait jamais pu être convaincu qu'il se trompait, ce qui aurait entraîné des disputes sans fin. Telles que les choses se présentaient cependant, une chambre de torture ou une cellule de prison, pour ne pas parler des galères et du bûcher, suffirent à lui montrer à quel point il avait tort, car le clergé et les gentlemen de l'époque étaient déterminés à en venir au fait. Cela résolut la question très clairement.

Combien est commode, pratique, efficace cette méthode de résoudre les conflits ! Les guerres de pillage, les guerres religieuses, la lutte de Saladin et des chrétiens, l'Inquisition, les bûchers des sorcières, la prédication plus moderne de l'évangile chrétien et la conversion des païens par des cuirassés, le soutien de la domination de l'Homme Blanc par les mêmes moyens, la diffusion de la civilisation à l'Ethiopie par les tanks et les avions de Mussolini – tout cela procède de cette logique animale dont toute l'humanité est l'héritière. Si les Italiens ont de meilleurs fusils, tirent mieux, et tuent plus de gens, Mussolini apporte la civilisation à l'Ethiopie, mais si, au contraire, les Ethiopiens ont de meilleurs fusils, tirent mieux, et tuent plus de gens, alors Hailé Sélassié apporte la civilisation à l'Italie.

Il y a quelque chose en nous du lion noble qui dédaigne les arguments. De là notre glorification du soldat, parce qu'il règle vite leur compte aux dissidents. Le moyen le plus rapide de faire taire un homme qui croit qu'il a raison, et qui montre des velléités d'argumenter est de le pendre. Les hommes recourent à la parole quand ils n'ont pas le pouvoir d'imposer leurs convictions aux autres. Ceux qui agissent parlent rarement. Ils méprisent les arguments. Car nous parlons pour influencer ; si nous pouvons le faire autrement, où est l'utilité de la parole ?

Cependant l'humanité est dotée de l'instinct de bavarder aussi bien que de celui de lutter. La langue est, historiquement parlant, aussi vieille que le poing, ou que le bras fort. La faculté de parler distingue l'homme de l'animal et le mélange du verbiage et du tir de barrage semble lui être un trait particulier. Cela pourrait laisser prévoir la permanence d'institutions comme la Société des Nations, ou le Sénat américain, ou une association des marchands – quelque chose qui donne aux hommes l'occasion de parler. Il semble, qu'en tant qu'humains, nous soyons destinés à bavarder pour découvrir ce qui est juste. Cela est très bien ; bavarder est une caractéristique des anges. Mais le trait particulièrement humain réside dans le fait que nous bavardons jusqu'à un certain point : celui où l'un des partis en cause, qui a les bras les plus forts, se sent si embarrassé – « l'embarras conduit naturellement à la colère », disent les Chinois – qu'il pense que le bavardage a assez duré, renverse la table, prend son adversaire par le cou, lui donne une rossée, puis regarde autour de lui et demande à l'auditoire, qui est le jury : « Ai-je raison, ou ai-je tort ? » Et comme nous l'apprenons dans toute maison de thé, l'auditoire invariablement répond : « Vous avez raison. » Seuls les humains arrangent les choses ainsi. Les anges résolvent un conflit uniquement en bavardant, les brutes uniquement par les muscles et les griffes, seuls les hommes le règlent par une étrange confusion de muscle et de bavardage. Les anges ne croient qu'au droit, les brutes qu'à la force, seuls les humains croient que la force est le droit. Des deux instincts, celui du bavardage, ou l'effort de découvrir qui a raison, est évidemment le plus noble. Un jour, nous ne ferons plus que bavarder. Ce sera le salut de l'humanité. Actuellement, nous devons nous contenter de la méthode des maisons de thé et de leur psychologie.

Telle est la civilisation humaine en l'an de grâce 1936. Je pense que l'évolution de la loi et de la justice a connu à ses débuts des scènes comme celles citées plus haut, quand nous étions un petit peu supérieurs à des sauvages. Cependant je ne suis pas totalement désespéré. Par le bavardage, nous atteindrons quelque jour l'état béni des anges.

VI. AVOIR UN ESPRIT

L'esprit humain, dites-vous, est probablement le plus noble produit de la Création. C'est une proposition que la plupart des gens admettront, particulièrement quand elle se réfère à des esprits comme ceux d'Albert Einstein*, ou d'Edison*, ou des autres physiciens, qui peuvent mesurer les rayons d'une étoile qui avance ou qui recule, s'occuper de la constitution des atomes invisibles, ou inventer l'appareil de prise de vues en couleurs naturelles. Comparée à la curiosité sans but, changeante et maladroite des singes, nous devons convenir que nous avons une noble, une glorieuse intelligence, qui peut comprendre l'univers dans lequel nous sommes nés. L'esprit moyen, cependant, est charmant plutôt que noble. L'eût-il été, nous serions des êtres parfaitement raisonnables, sans péchés, sans faiblesse, sans inconduite, mais quel monde insipide ce serait ! J'aime tant l'humanité que les saints sans péchés ne m'intéressent pas. Mais nous sommes charmants dans notre irrationalité, nos inconséquences, nos folies, nos plaisirs et nos joies, nos préjugés, notre fanatisme et notre négligence. Si nous avions des cerveaux parfaits, nous n'aurions pas à prendre de nouvelles résolutions à chaque Nouvel An. La beauté de la vie consiste dans le fait que lorsque nous passons en revue ces résolutions, nous trouvons que nous en avons accompli un tiers, inexécuté un autre tiers, et oublié le reste... Un plan certain d'être exécuté jusqu'au dernier détail perd pour moi de son intérêt. Un général qui va à la bataille parfaitement sûr de sa victoire pourrait tout aussi bien abandonner la lutte. Personne ne jouerait aux échecs s'il savait que l'esprit de son adversaire – bon, mauvais ou indifférent – était infaillible. Tous les romans seraient illisibles si nous connaissions exactement l'évolution de chaque caractère et par conséquent, le dénouement. La lecture d'un roman n'est que la poursuite d'un esprit capricieux et imprévisible, prenant à certains moments ses décisions, au milieu d'un dédale de circonstances changeantes. Un père sérieux et implacable, qui ne se relâche à aucun moment, cesse de nous impressionner et même un mari infidèle qui est toujours infidèle, fatigue vite l'intérêt du lecteur. Imaginez un compositeur célèbre, orgueilleux, que personne ne peut décider à composer un opéra pour une certaine beauté, mais qui, apprenant qu'un rival détesté pense à le faire, immédiatement saisit l'affaire ; ou un savant, qui toute sa vie a refusé de publier ses écrits dans les journaux, mais qui, voyant un confrère faire une faute d'une seule lettre, oublie sa propre règle et se rue à l'imprimerie. Là nous avons touché du doigt la qualité singulière de l'esprit humain avec son manque de raison, ses préjugés invétérés et ses caprices. Si nous ne sommes pas pénétrés de cette vérité, nous n'avons rien appris d'un siècle d'études de psychologie. En d'autres termes, nous gardons encore, de l'intelligence simiesque, le manque de but et la gaucherie.

Considérez l'évolution de l'esprit humain. Il était originellement un organe destiné à sentir le danger et à préserver la vie. Je considère comme un simple accident qu'il en soit venu à apprécier la logique, ou une équation mathématique correcte. Certainement, il n'a pas été créé dans ce but, mais pour flairer la nourriture, et si, après avoir flairé la nourriture, il peut aussi flairer une formule mathématique abstraite, tout est pour le mieux. Je conçois le cerveau comme une pieuvre, ou une étoile de mer, avec des tentacules pour sentir la vérité et la dévorer. Nous parlons encore de « sentir la vérité », plutôt que de la « penser ». Les autres organes sensoriels constituent les antennes. Comment ces tentacules saisissent la vérité, reste encore aussi mystérieux que la sensibilité à la lumière pourpre de la rétine de l'œil. Chaque fois que le cerveau se sépare des organes des sens et s'abandonne à la soi-disant « pensée abstraite », chaque fois qu'il s'éloigne de ce que William James* appelle la réalité perceptible, pour s'échapper dans le monde de la réalité conceptuelle, il devient dévitalisé, déshumanisé, dégénéré. Nous travaillons tous avec la fausse conception que la véritable fonction de l'esprit est de penser, conception qui conduit à de sérieuses erreurs en philosophie. C'est un malentendu qui peut laisser le philosophe désillusionné quand il sort de son cabinet de travail et regarde la foule sur le marché. Comme si penser avait quelque chose à faire avec notre comportement quotidien !

Dans *L'Esprit en gestation*, feu James Harvey Robinson* a essayé d'établir comment notre esprit s'est graduellement développé et agit encore en s'appuyant sur quatre assises sous-jacentes : l'esprit animal, l'esprit sauvage, l'esprit enfantin et l'esprit civilisé traditionnel. Il nous montre ensuite la nécessité de développer un esprit plus critique, si nous voulons que la présente civilisation continue. Dans mes moments scientifiques, j'incline à le suivre, mais dans mes moments de sagesse, je doute de la possibilité, ou même du bien-fondé, d'un tel pas en avant. Je préfère notre esprit délicieusement irraisonnable. Je haïrais un monde dans lequel nous serions tous des êtres parfaits. Me défierais-je du progrès scientifique ? Non, je me défie de la sainteté. Suis-je anti-intellectualiste ? Peut-être oui ; peut-être non. Je suis simplement amoureux de la vie ; étant amoureux de la vie, je me défie profondément de l'intelligence. Imaginez un monde où il n'y a pas d'histoires de meurtres dans les journaux, où aucune maison ne brûle jamais, où aucun aéroplane ne tombe, où aucun mari ne quitte sa femme, où aucun pasteur ne s'enfuit avec une chanteuse, où aucun roi n'abdique par amour, où aucun homme ne change d'idées et où tous suivent avec une précision logique la carrière qu'ils ont choisie à l'âge de dix ans – adieu à cet heureux monde. Toute l'excitation et toute l'incertitude de la vie disparaîtraient. Il n'y aurait pas de littérature, parce qu'il n'y aurait pas de péché, pas de mauvaise conduite, pas d'humaine faiblesse, pas de passion bouleversante, pas de préjugés, pas d'irrégularités et, pis que tout, pas de surprises. Ce serait comme une course de chevaux dans laquelle chacun des quarante ou cinquante mille spectateurs connaîtrait le vainqueur. L'humaine faillibilité est la véritable essence qui colore la vie, comme les renversements de situations constituent le véritable intérêt d'un steeplechase. Imaginez un Docteur Johnston sans préjugés fanatiques ! Si nous devenions des êtres parfaitement raisonnables, alors, au lieu de devenir parfaitement sages, nous deviendrions des automates, l'esprit ne servant plus qu'à enregistrer certaines impulsions aussi infailliblement qu'un compteur à gaz. Cela serait inhumain, donc mauvais.

Mes lecteurs doivent supposer que je tente une défense désespérée de la faiblesse humaine et fais de leurs vices des vertus ; ce n'est pourtant pas le cas. Ce que nous gagnerions en correction par le développement d'un tel esprit, nous le perdrions en fantaisie et en couleur. Rien n'est aussi ennuyeux que de passer sa vie avec un parangon de vertu. Je ne doute pas qu'une société d'êtres ainsi raisonnables soit parfaitement apte à survivre, et pourtant je me demande s'il vaut la peine de survivre dans de telles conditions. Avoir une société bien réglée, par tous les moyens – mais pas trop bien réglée. Je pense aux fourmis qui sont probablement les créatures les plus parfaitement raisonnables de la terre. L'Etat parfaitement socialiste qu'elles ont construit leur a permis de vivre durant probablement le dernier million d'années. Je pense que nous pouvons leur donner la palme de la conduite parfaitement raisonnable, et laisser le second rang aux humains. (Je doute beaucoup qu'ils le méritent.) Les fourmis ont une vie dure, saine, économe. Elles sont les êtres socialement enrégimentés et individuellement disciplinés que nous ne sommes pas. Elles ne s'inquiètent pas de travailler quatorze heures par jour pour l'Etat ou la communauté ; elles ont le sens du devoir et peut-être pas celui des droits ; elles ont de la persévérance, de l'ordre, de la courtoisie, du courage et par-dessus tout, de la discipline. Nous sommes de pauvres spécimens en fait de discipline, tout juste bons comme pièces de musée.

Traversez n'importe quel hall d'honneur, dans lequel se trouveraient les statues des grands hommes de l'histoire, et vous conviendrez qu'une conduite raisonnable est la dernière chose à retenir de leur vie. Ce Jules César, qui tomba amoureux de Cléopâtre – noble Jules César, si parfaitement irraisonnable qu'il en oublia presque (alors qu'Antoine l'oublia complètement) un empire pour une femme. Ce Moïse qui, dans un accès de rage, brisa les tables sacrées qu'il avait mis quarante jours à graver en compagnie de Dieu sur le mont Sinaï; et, ce faisant, il n'était pas plus raisonnable que les Israélites qui oublièrent Dieu et se mirent à adorer le Veau d'Or pendant son absence. Ce roi David qui était alternativement cruel et généreux, religieux et impie, qui adorait Dieu, péchait, puis écrivait des psaumes de repentir et adorait Dieu de nouveau. Le roi Salomon, véritable image de la sagesse, qui ne pouvait rien pour son fils... Confucius, qui disait à un visiteur qu'il n'était pas chez lui et qui, le visiteur à peine sorti, chantait pour lui faire savoir qu'il y était... Jésus avec ses larmes à Gethsémanie et ses doutes sur la croix... Shakespeare, qui léguait son « second meilleur lit » à sa femme... Milton*, qui ne pouvait pas s'entendre avec la sienne et, à soixante-dix ans, écrivait un traité sur le divorce... Goethe*, qui alla se marier à l'église avec sa femme et leur fils de dix-neuf ans... Jonathan Swift* et Stella... Ibsen* et Emilie Bardach. (Il resta raisonnable – tant mieux pour lui.)

N'est-il pas évident que la passion plutôt que la raison dirige le monde ? Ce qui rendait ces hommes sympathiques et humains, n'était-ce pas leur manque de raison ? Les notices nécrologiques chinoises et les esquisses biographiques d'hommes et de femmes écrites par leurs enfants sont si illisibles, si inintéressantes et si fausses, parce qu'elles font toutes apparaître leurs ancêtres comme des êtres anormalement et parfaitement vertueux... Mes compatriotes reprochent à mon livre sur la Chine de montrer les Chinois sous un jour trop humain, de décrire leurs faiblesses aussi bien que leur force. Ils (du moins les petits bureaucrates) croient que si j'avais dépeint la Chine comme un paradis habité seulement par des saints confucianistes, vivant dans un millenium de paix et de raison, j'aurais fait une propagande plus effective pour mon pays. Il n'y a vraiment pas de limites à la stupidité des bureaucrates... Mais le vrai charme de la biographie, ce qui la rend véritablement lisible, est qu'elle montre le côté humain d'un grand caractère, si pareil au nôtre. Chaque touche de comportement irrationnel est un trait de véracité. De cela seul dépend le succès des portraits de Lytton Strachey*.

Les Anglais sont un exemple d'esprit parfaitement sain. Ils ont une logique défectueuse, mais de bonnes antennes pour sentir le danger et protéger leurs vies. Je n'ai pu découvrir aucune logique dans leur comportement national ou leur histoire raisonnée. Leurs universités, leur Constitution, leur Eglise anglicane sont les parties d'un ouvrage fait de pièces et de morceaux, les accroissements solides d'un processus de croissance historique. La véritable force de l'Empire britannique réside dans le manque d'intellectualité des Anglais, dans leur totale incapacité à voir le point de vue des autres, dans leur solide conviction que la manière anglaise est la seule juste, que la nourriture anglaise est la seule bonne. Quand ils apprendront la raison et perdront leur solide confiance en eux, l'Empire britannique s'effondrera. Car personne ne peut conquérir le monde s'il a des doutes sur lui-même. Il est impossible de rien comprendre à l'attitude des Anglais envers leur roi, à leur loyauté et à leur affection véritable pour celui qu'ils ont privé eux-mêmes de la liberté de parler et sommé de s'y tenir ou de quitter le trône... Quand l'Angleterre élisabéthaine eut besoin de pirates pour protéger l'Empire, elle fut capable d'en produire pour faire face à la situation et les glorifia. A chaque époque, l'Angleterre a su faire la guerre qu'il fallait, contre l'ennemi qu'il fallait, avec les alliés qu'il fallait, du côté qu'il fallait, au moment où il le fallait, et la désigner par un nom faux. Elle ne l'a pas fait grâce à la logique, mais grâce à ses antennes.

Les Anglais ont le teint coloré, sans doute à cause du brouillard de Londres et du cricket. Une peau si saine ne peut pas ne pas jouer un rôle important dans leur façon de sentir leur voie à travers la vie. Si les Anglais pensent avec leur peau saine, les Chinois pensent avec leurs intestins profonds et le savent. On dit des lettrés qu'ils ont le ventre plein d'idées, de science, de poésie et de littérature, ou un ventre rempli de tristesse, de colère, de remords, de chagrin ou de désirs. Les amants séparés s'écrivent des lettres pour dire que « leurs tristes intestins sont faits de mille nœuds », ou qu'à leur dernier départ « leurs intestins se sont brisés ». Les savants chinois qui ont préparé un essai ou un discours, mais ne l'ont pas encore écrit, disent que « leur manuscrit du ventre » est prêt. Ils ont leurs idées toutes arrangées là-dedans. J'en suis parfaitement certain. Tout cela est strictement scientifique et susceptible de preuves, spécialement quand les psychologues modernes auront mieux compris la qualité émotionnelle et la texture de notre pensée. Mais les Chinois n'ont besoin d'aucune preuve scientifique. Ce n'est qu'en tenant compte du fait que la qualité émotionnelle de la musique chinoise part d'en dessous du diaphragme des chanteurs, que l'on peut comprendre sa profonde couleur émotive.

Il ne faut jamais désapprouver l'esprit de l'homme quand il s'occupe de tout ce qui regarde l'univers naturel, sauf en ce qui concerne les relations humaines. Optimiste au sujet des conquêtes de la science, je le suis moins vis-à-vis d'un esprit critique généralisé traitant les affaires humaines, ou d'une humanité atteignant le calme et la compréhension en dehors de l'empire des passions. Les hommes en tant qu'individus peuvent avoir atteint d'austères sommets, mais en tant que groupes sociaux ils sont encore sujets aux passions primitives, aux retours occasionnels, aux affleurements des instincts sauvages et aux vagues de fanatisme et d'hystérie collective.

Connaissant la fragilité humaine, nous sommes d'autant plus fondés à détester les misérables qui se servent de nos points faibles pour nous entraîner dans une nouvelle guerre mondiale ; qui inculquent la haine, que nous ne sommes que trop enclins à ressentir ; qui glorifient l'orgueil et l'intérêt personnel, dont nous ne manquons pas ; qui font appel à notre fanatisme animal, et à nos préjugés raciaux ; qui violent le cinquième commandement en instruisant la jeunesse, en prônant la noblesse du meurtre et de la guerre, comme si nous n'étions pas des créatures suffisamment belliqueuses ; et qui excitent nos passions comme si nous n'étions pas déjà assez près de la bête. Cet esprit méprisable, tout astucieux, sagace ou avisé qu'il soit, n'est lui-même qu'une manifestation de la bête. L'esprit gracieux de la sagesse est associé en nous à un démon dont nous commençons à comprendre qu'il n'est rien d'autre que notre héritage animal, ou plutôt, il attache ce démon avec une vieille laisse usée et le retient, mais pour un temps seulement. A chaque moment la laisse peut se rompre, le démon être lâché et nous fouler aux pieds pour nous rappeler combien terriblement près du sauvage nous avons été pendant tout ce temps et combien superficielle est notre civilisation. Celle-ci entrera alors dans une période magnifique où les musulmans tueront les chrétiens, où les chrétiens tueront les musulmans, et les Noirs tomberont sur les Blancs, et les Blancs poignarderont les Noirs, où les taupes sortiront de leurs trous pour se nourrir de corps humains, et les faucons tournoieront dans l'air au-dessus d'un abondant festin, pour nous rappeler la fraternité animale. La Nature est bien capable de telles expériences.

Les psychanalystes guérissent parfois des malades atteints de troubles mentaux en les faisant se souvenir de leur passé et regarder leur vie objectivement. Il est possible que si les humains pensaient plus à leur passé, ils auraient aussi une meilleure connaissance d'eux-mêmes. Savoir que nous avons un héritage animal doit nous aider à éviter de nous conduire comme des bêtes et nous permettre de nous voir comme nous sommes.

Comment remédier à cette situation ? L'esprit critique est trop pauvre et trop froid, la pensée elle-même ne servira pas à grand-chose et la raison sera de peu d'utilité ; seul l'esprit de modération, une sorte de pensée chaude, rayonnante, émue et intuitive, unie à la compassion, nous assurera contre le retour à notre type ancestral. Seul le développement de notre vie, mise en harmonie avec nos instincts, peut nous sauver. Je considère l'éducation de nos sens et de nos émotions comme presque plus importante que celle de nos idées.

Chapitre IV
Etre humain

I. DE LA DIGNITÉ HUMAINE

Dans le précédent chapitre, nous avons examiné l'héritage mortel de l'homme, ce qu'il partage avec le monde animal et les conséquences de ce fait sur la civilisation. Nous trouvons cependant que le tableau n'est pas complet. Il manque encore quelque chose pour que nous ayons une vue d'ensemble de la nature et de la dignité humaine, car tel est le mot. Il est nécessaire d'y insister et de savoir en quoi elle consiste, de peur de nous embrouiller et de la perdre. Car elle est réellement en danger et nous risquerions de la perdre, spécialement dans les décades qui vont suivre.

« Ne pensez-vous pas que l'homme est le plus étonnant des animaux, si vous insistez sur le fait que nous sommes des animaux ? » Je suis d'accord. L'homme seul a inventé une civilisation et cela ne saurait être écarté avec légèreté. Il y a peut-être des animaux plus élégants, avec des formes plus belles et une plus noble stature, comme le cheval ; avec des muscles plus forts, comme le lion ; avec un odorat plus fin et une plus grande loyauté, comme le chien ; avec une vision plus aiguë, comme l'aigle ; avec un meilleur sens de la direction, comme le pigeon voyageur ; avec un plus grand sens de l'épargne et une plus grande capacité de travail, comme la fourmi ; avec un caractère plus doux, comme la colombe ou la biche ; avec plus de patience et de satisfaction, comme la vache ; avec une plus belle voix, comme le rossignol ; avec une plus belle parure, comme le perroquet ou le paon. Il y a pourtant quelque chose dans le singe qui me fait le préférer à tous ces animaux et quelque chose, dans l'homme, de la curiosité et de l'intelligence du singe, qui me fait préférer être un homme. Bien que les fourmis soient plus raisonnables et mieux disciplinées que nous, bien qu'elles aient trouvé une forme de gouvernement plus stable que l'Espagne actuelle, elles n'ont pas, que je sache, de bibliothèque ou de musée. Si les fourmis ou les éléphants inventent un télescope géant, ou découvrent une nouvelle planète, ou prédisent une éclipse solaire, si les phoques découvrent la science du calcul, ou si les castors creusent le canal de Panama, je les déclarerai les maîtres du monde et les Seigneurs de la Création. Oui, nous pouvons être fiers de nous, mais il vaut mieux chercher ce dont nous pouvons être fiers, ce qu'est l'essence de la dignité humaine.

Celle-ci, ainsi que je l'ai indiqué au début de ce livre, consiste dans les quatre caractéristiques du vagabond, glorifié par la littérature chinoise. Ce sont : une curiosité désintéressée, la capacité de rêver, le sens de l'humour pour contrebalancer ces rêves, un certain comportement capricieux et imprévisible qui me paraissent représenter la version chinoise de la doctrine de l'individu. Ainsi magnifié, le vagabond n'est-il pas le type le plus parfait de l'individualiste ? Ce n'est pas par hasard que Walt Whitman*, le grand champion de l'individualisme américain, s'est appelé lui-même « le Flâneur Magnifique ».

II. D'UNE CURIOSITÉ DÉSINTÉRESSÉE : L'ESSOR DE LA CIVILISATION HUMAINE

Comment le vagabond humain commença-t-il son essor vers la civilisation ? Quels furent les premiers signes ? La réponse doit sans doute être cherchée dans la curiosité de l'homme, dans ses premiers efforts pour employer ses mains, palper les choses et les examiner, comme un singe au repos retourne les cils ou le lobe de l'oreille de son compagnon à la recherche d'une puce ou de rien du tout – simplement pour le plaisir de retourner. Allez au zoo et regardez une paire de singes qui se prennent les oreilles, vous avez là la promesse d'un Isaac Newton*, ou d'un Albert Einstein.

L'image des activités joyeuses et maladroites de la main humaine est une vérité scientifique. La véritable civilisation commence avec l'émancipation des mains, conséquence de la position verticale que l'homme a prise lorsqu'il est devenu un bipède. Cette curiosité enjouée, nous la rencontrons même chez les chats lorsque leurs pattes antérieures n'ont pas à marcher ou à supporter le corps. Il eût été parfaitement possible, pour une civilisation, de se développer à partir des chats, aussi bien que des singes, mis à part le fait que dans le cas des singes les doigts étaient déjà très développés par l'habitude de se suspendre aux branches, tandis que les pattes des chats n'étaient que des pattes, simplement des masses de chair et de cartilage...

Laissez-moi oublier un moment que je ne suis pas un biologiste qualifié et spéculer sur l'essor de la civilisation humaine à partir de l'émancipation des mains, parce que j'ai là un certain nombre de choses à dire. La station debout et l'émancipation des mains qui s'ensuivit eurent des résultats d'une très grande portée. Ils amenèrent l'usage des outils, le sens de la modestie, la soumission des femmes, probablement aussi, le développement du langage et finalement une prodigieuse augmentation de la curiosité et de l'instinct d'exploration. Il est bien connu que la civilisation commença avec la découverte des outils et que celle-ci suivit la libération des mains. A cette époque, le singe anthropoïde savait certainement déjà saisir les fruits avec ses mains au lieu de le faire avec ses mâchoires. Ce ne fut qu'un simple pas en avant, quand il se mit à vivre dans une caverne au pied d'une falaise et à prendre des pierres pour les jeter sur ses ennemis. Il nous faut peindre maintenant une incessante activité de ses mains qui s'emparaient des choses avec ou sans but. C'est ainsi que par ces manipulations oiseuses, des silex pointus, ou des morceaux de pierre éclatée se révélèrent plus propres à tuer que des pierres rondes. Le simple fait d'examiner des objets augmentait la faculté de concevoir les choses dans leur totalité, par conséquent le nombre des images que renfermait le cerveau, et cela stimulait la croissance des lobes frontaux.

L'homme entra alors dans une voie entièrement nouvelle. La société se développa par le simple fait que le sexe, dans le plus large sens du terme, commença à colorer la vie quotidienne. La femelle humaine était plus consciemment et plus constamment une femelle que chez les animaux – la négresse plus que la tigresse et la comtesse plus que la lionne. Ce fut le début de la spécialisation entre l'homme et la femme dans le sens civilisé et la femelle au lieu du mâle traditionnel, chercha à plaire, probablement en s'épilant le visage et la poitrine. Cela n'était qu'une tactique pour survivre comme nous l'observons clairement chez les animaux. Le tigre attaque, la tortue se cache, et le cheval fuit, tous pour survivre. L'amour ou la beauté et les ruses des femmes ont donc une valeur de survivance. L'homme avait probablement des bras plus forts, il était inutile de lutter avec lui. Pourquoi pas dans ce cas le soudoyer, le flatter et lui plaire ? Là se trouve le vrai caractère de notre civilisation, même aujourd'hui. Au lieu d'apprendre à se battre, la femme apprend à attirer ; au lieu d'atteindre son but par la force, elle fait de son mieux pour l'obtenir par des moyens plus doux. Car, au fond, la douceur constitue la civilisation. C'est pourquoi j'incline à croire que les femmes en furent les vraies initiatrices.

De même je ne puis m'empêcher de penser qu'elles jouèrent un plus grand rôle que l'homme dans le développement du bavardage que nous appelons actuellement le langage. L'instinct de parler est si profond en elles ! Les hommes, j'imagine, étaient des créatures parfaitement moroses et silencieuses. Je suppose que le langage commença lorsque, les mâles ayant quitté leurs cavernes pour chasser, deux voisines discutèrent pour savoir si William valait mieux que Harold et se confièrent combien Harold avait été amoureux la nuit dernière et combien il était susceptible. C'est par de tels propos que la parole se développa. Il ne peut en être autrement. Sans doute, le fait de saisir la nourriture avec les mains, libérant la mâchoire de la double nécessité de prendre et de manger, put éventuellement permettre à celle-ci de diminuer de taille et aider ainsi au développement du langage.

Mais la plus importante conséquence de cette nouvelle position fut de libérer les mains et de leur donner la possibilité de s'emparer des choses pour les examiner, cela symbolisé chez le singe, dans le passé, par la chasse aux puces qui est la source de l'esprit de recherche. Aujourd'hui encore le progrès consiste à chasser un certain nombre de puces qui troublent la société. Cette activité mentale n'a rien à faire avec la recherche de la nourriture, c'est un exercice pur et simple de l'esprit. Les singes ne chassent pas les puces en vue de les manger, mais pour le plaisir. Et cela est caractéristique de toute science : un intérêt pour les choses elles-mêmes, un désir joyeux et désintéressé de savoir ce qu'elles sont. (Si je me contredis ici comme un Chinois, je suis heureux comme un Chinois de me contredire.) Je considère que cette curiosité contribue pour une large part à la dignité humaine. La connaissance, ou la recherche de la connaissance, est une sorte de jeu. Les bons médecins sont plus intéressés par les microbes que par les êtres humains et les astronomes essayeront d'enregistrer les mouvements d'une étoile distante de centaines de millions de kilomètres, bien qu'elle ne puisse avoir aucun effet direct sur la vie humaine. Presque tous les animaux, spécialement les jeunes, ont aussi l'instinct du jeu, mais ce n'est que dans l'homme que cette curiosité désintéressée s'est développée à un tel point.

C'est pour cette raison que je hais les censeurs et toutes les agences, et toutes les formes de gouvernement qui essayent de contrôler nos pensées et insultent, volontairement ou non, l'intelligence humaine. Si la pensée libre est la plus haute activité de l'esprit, alors la suppression de cette liberté est pour nous la chose la plus dégradante. Euripide* définit l'esclave comme un homme qui a perdu sa liberté de pensée, ou d'opinion. Toute autocratie est une usine à fabriquer de magnifiques esclaves. N'en avons-nous pas des exemples choisis, en Orient et en Occident, en plein XXe siècle et au pays même de la culture ? C'est pourquoi, tout gouvernement absolu, sous quelque forme que ce soit, est intellectuellement rétrograde. Nous avons vu cela dans le Moyen Age en général, et dans l'Inquisition espagnole en particulier. Des politiciens à courte vue, ou des ecclésiastiques, peuvent penser que l'uniformité de croyance et de pensée contribue à l'ordre et à la paix, mais historiquement les conséquences en sont toujours attristantes et dégradantes pour l'homme. De tels autocrates doivent avoir un grand mépris pour le peuple en général, quand ils ne se confinent pas à diriger l'ordre extérieur de la nation, mais s'occupent aussi de régler ses pensées et ses croyances. Ils ont la naïve assurance que l'esprit humain se pliera à cette uniformité et qu'il aimera ou n'aimera pas un livre, ou un concerto, ou un film, exactement comme le propagandiste officiel, ou le chef de bureau de publicité le lui dira. Tout gouvernement absolu a essayé de confondre la littérature avec la propagande, l'art avec la politique, l'anthropologie avec le patriotisme, et la religion avec la vénération du souverain vivant.

C'est tout simplement impossible, et si les contrôleurs de la pensée vont trop loin, ils forgent eux-mêmes les armes qui les abattront. Ainsi que le dit Mencius* : « Si le souverain considère les gens comme des brins d'herbes, alors les gens considéreront leur souverain comme un voleur ou un ennemi. » Il n'y a pas de plus grand voleur au monde que celui qui vole notre liberté de penser. Privés d'elle, nous pouvons tout aussi bien nous remettre à quatre pattes. C'est pourquoi, selon les paroles de Mencius, les gens seront irrités par ce voleur, en proportion de son mépris pour eux. Ils le haïront d'autant plus qu'il leur ôtera plus. Et comme rien n'est aussi précieux, personnel et intime que nos croyances intellectuelles, morales ou religieuses, il n'est pas de plus grande haine que celle provoquée par l'homme qui nous ôte le droit de croire ce que nous croyons. Une stupidité si bornée est naturelle à un autocrate, qui est toujours intellectuellement rétrograde. Mais la résistance et la liberté indomptable de la conscience humaine plient toujours comme un ressort et frappent, pour se venger, le gouvernement absolu.

III. DES RÊVES

Le mécontentement, disent-ils, est divin ; je suis bien certain, cependant, qu'il est humain. Le singe a été le premier animal morose, car je n'ai jamais vu d'animal vraiment triste sauf des chimpanzés. Et j'ai souvent pris l'un d'eux pour un philosophe, car la tristesse et la méditation se ressemblent. Quelque chose dans un tel visage me dit qu'il pense. Les vaches n'ont pas l'air de penser, en tout cas pas de philosopher, parce qu'elles semblent toujours contentes. Seul un singe peut paraître complètement excédé de la vie. En vérité, le singe est grand !

Il est possible qu'après tout la philosophie commence avec le sens de l'ennui. En tout cas, c'est une caractéristique des hommes d'avoir le désir triste, vague et silencieux d'un idéal. Vivant dans un monde réel, l'homme a cependant tendance à rêver d'un autre monde. Il est probable que ce qui le différencie du singe, c'est que celui-ci n'a que l'ennui, tandis que l'homme a l'ennui avec l'imagination en plus. Chacun de nous désire sortir d'une vieille ornière, ou souhaite d'être ailleurs, et chacun de nous rêve. Le soldat d'être caporal, le caporal, capitaine et le capitaine, major ou colonel. Un colonel, s'il vaut quelque chose, ne s'impressionne pas de l'être. En termes plus élégants, il appelle cela simplement une opportunité pour servir ses semblables. Le fait évident est que Joan Crawford* et Janet Gaynor* ont d'elles-mêmes une moins bonne opinion que n'en a le monde. « N'êtes-vous pas remarquable ? » dit-il à tous les grands, et ceux-ci, s'ils sont vraiment grands, répondent toujours : « Qu'y a-t-il de remarquable ? » C'est pourquoi la Terre est un peu comme un restaurant à la carte, où chacun pense que la nourriture commandée à la table voisine est meilleure que la sienne. Un professeur chinois contemporain a fait ce mot d'esprit à propos des désirs : « Les femmes sont toujours mieux, quand ce sont celles des autres, tandis que les écrits sont toujours meilleurs, quand ce sont les siens. » C'est pourquoi, dans ce sens, il n'y a personne qui soit pleinement satisfait. Chacun désire être quelqu'un, tant que ce quelqu'un n'est pas lui-même.

Ce trait humain est dû, sans doute, à notre puissance d'imagination et à notre capacité de rêve. Plus grande est la puissance d'imagination d'un homme, plus il est perpétuellement mécontent. C'est pourquoi un enfant imaginatif est toujours plus difficile ; il est plus souvent triste et morose comme un singe, qu'heureux et content comme une vache. Le divorce doit être nécessairement plus commun parmi les idéalistes et les imaginatifs que parmi ceux qui ne le sont pas. La vision d'un compagnon de vie idéal a une force d'attraction que ne sentent pas les moins imaginatifs et les moins idéalistes. Dans l'ensemble, l'humanité est induite en erreur tout autant qu'elle n'est amenée à progresser par sa faculté d'idéalisme, mais le progrès lui-même, sans la faculté imaginative, est impensable.

L'homme, nous dit-on, a des aspirations. Ce sont là choses très louables, car les aspirations sont généralement qualifiées de nobles. Et pourquoi pas ? Soit comme individus, soit comme nations, nous faisons tous des rêves et nous agissons plus ou moins en accord avec eux. Certains rêvent plus que d'autres, comme il y a dans chaque famille un enfant plus sensible, et peut-être, un autre qui l'est moins. Et je dois avouer une secrète partialité pour le premier. Généralement c'est le plus triste, mais cela n'importe pas ; il est aussi capable de plus grandes joies et de plus grandes émotions. Car je pense que nous sommes constitués comme des postes récepteurs d'idées, comme les radios sont équipées pour recevoir de la musique par les ondes. Certains postes plus parfaits prennent les ondes les plus fines, qui sont perdues pour les autres et c'est pourquoi cette musique plus belle et plus lointaine est la plus précieuse, uniquement parce qu'elle est la moins facilement perceptible.

Et ces rêves de notre enfance ne sont pas si irréels que vous pouvez le penser. Parfois, ils nous accompagnent toute notre vie. C'est pourquoi, si je pouvais choisir d'être un auteur, je voudrais être Hans Christian Andersen*. Ecrire l'histoire de *La Sirène*, ou être nous-mêmes la Sirène, avoir ses pensées et aspirer à être assez vieux pour monter à la surface de l'eau, c'est avoir éprouvé une des plus vives et des plus belles jouissances dont l'humanité est capable. Ainsi, dans un chemin, dans un grenier, dans une ferme, ou au bord de l'eau, un enfant rêve toujours et les rêves sont réels. Ainsi Thomas Edison rêvait. Ainsi Robert Louis Stevenson* rêvait. Ainsi Sir Walter Scott* rêvait. Et de l'étoffe de ces rêves magiques, sont tissés certains des plus beaux édifices que nous ayons jamais vus. Mais ces rêves sont également partagés par de petits enfants ! Le plaisir qu'ils en tirent est aussi grand, si les visions et le contenu en sont différents. Chaque enfant a une âme qui languit, chacun porte dans son cœur un désir, qu'il emmène en allant se coucher, espérant le trouver réalisé quand il se réveillera le matin. Il n'en parle à personne, car ses songes sont à lui et, pour cette raison, font partie de sa culture la plus profonde. Certains sont plus clairs que d'autres, ils ont une force qui exige leur propre réalisation ; d'autre part, avec l'âge, les moins clairs sont oubliés, et nous passons tous dans la vie, en essayant de dire ces rêves de notre enfance et « parfois nous mourons avant d'avoir trouvé le langage ».

Il en est de même pour les nations qui ont leurs rêves, dont la mémoire persiste durant des générations et des siècles. Certains sont nobles, d'autres méchants ou ignobles. Les rêves de conquête ou de puissance sont toujours de mauvais rêves ; et de telles nations ont plus à s'inquiéter que d'autres, qui ont des rêves plus pacifiques. Mais il y a d'autres rêves, ceux d'un monde meilleur, où les nations vivraient en paix les unes avec les autres, où il y aurait moins de cruauté, d'injustice, de pauvreté et de souffrances. Les mauvais tendent à détruire les bons rêves de l'humanité. Les peuples se battent pour eux, autant qu'ils le font pour leurs possessions terrestres. Ainsi, les rêves descendent du monde des visions pour entrer dans celui de la réalité et ils deviennent une des forces de notre vie. Quelque vagues qu'ils soient, ils ont une façon de se cacher et de ne pas nous laisser en paix tant qu'ils ne sont pas réalisés, comme les semences germant sous le sol et certaines de pousser, dans leur recherche du soleil. Les rêves sont des choses très réelles.

Mais il y a le danger de s'en servir pour échapper à ce monde. L'Oiseau bleu attire toujours l'imagination des romantiques. Il existe dans l'homme un tel désir d'être différent, d'abandonner l'ornière habituelle, que tout ce qui en offre une chance a toujours une attirance effrayante. Une guerre est toujours tentante, parce qu'elle donne à l'employé des villes la possibilité de revêtir un uniforme, de porter des bandes molletières, et de voyager gratis, tandis qu'un armistice ou la paix est toujours désirable après trois ou quatre ans passés dans les tranchées, parce qu'il offre au soldat la chance de rentrer chez lui, de porter des vêtements civils et une cravate rouge. L'humanité a évidemment besoin de ce genre d'excitations et, s'ils veulent éviter la guerre, les gouvernements feraient tout aussi bien de recruter les gens entre vingt et trente-cinq ans et de les envoyer faire un tour en Europe pour visiter une exposition ou autre chose, une fois tous les dix ans. Le gouvernement britannique est en train de dépenser cinq milliards de livres pour son programme de réarmement, somme suffisante pour envoyer chaque Anglais faire un tour sur la Riviera. L'argument, comme il se doit, est que les dépenses militaires sont une nécessité, tandis que le voyage est un luxe.

Il y a encore les rêves d'utopies et d'immortalité. Le désir d'immortalité est spécifiquement humain – remarquez son universalité – bien qu'il soit vague et que peu de gens sachent ce qu'ils feront quand ils se trouveront nantis de l'éternité. Après tout, ce désir est très apparenté à la psychologie du suicide, son contraire. Tous deux présupposent que le monde présent n'est pas assez bon pour nous. Pourquoi ne l'est-il pas ? Nous serions plus surpris par la question que par n'importe quelle réponse, si nous nous trouvions à la campagne par un jour de printemps.

Il en est de même avec les rêves utopiques. L'idéalisme n'est pas autre chose que cet état d'esprit qui croit en un autre ordre du monde, quel qu'il soit, pourvu qu'il diffère de l'ordre existant. L'idéaliste libéral pense toujours que son propre pays est le pire des pays, et la société dans laquelle il vit, la pire des sociétés. Il est encore l'homme du restaurant à la carte qui croit que les commandes de la table voisine sont meilleures que les siennes. Comme l'écrit l'auteur d'un article du *New York Times* : « Seul le barrage du Dniepr russe est un vrai barrage » aux yeux de ces libéraux, et les démocraties n'en ont jamais construit. Comme correctif nécessaire, on ne trouvera rien de mieux que le sens de l'humour.

IV. DU SENS DE L'HUMOUR

Je doute qu'on ait pleinement apprécié l'importance de l'humour et la possibilité de l'employer pour changer la qualité et le caractère de toute notre vie culturelle. Parce que sa fonction est chimique plutôt que physique, il altère la composition fondamentale de nos pensées et de nos expériences. Nous pouvons tenir pour certain son rôle dans la vie nationale. L'inaptitude à rire coûta un empire à l'ancien empereur Guillaume ou, comme dirait un Américain, des milliards de dollars. L'Allemagne a perdu la guerre parce que Guillaume de Hohenzollern ne savait pas quand ni pourquoi il fallait rire. Il me semble que la pire critique que l'on puisse élever contre les dictateurs est leur sérieux imperturbable, alors que les présidents de démocraties savent rire.

L'extrême importance de l'humour en politique ne peut se comprendre qu'en imaginant un monde de dirigeants enjoués. Envoyez par exemple cinq à six des meilleurs humoristes du monde à une conférence internationale, donnez-leur des pleins pouvoirs et le monde sera sauvé. Si l'humour va nécessairement de pair avec le bon sens et la raison, nous pouvons être sûrs que chaque nation sera ainsi représentée par ses esprits les plus sains et les plus sensés. Envoyez ces gens conférer à la veille d'une grande guerre et voyez s'ils parviennent à la déclencher en dépit de tous leurs efforts. Car qui provoque les guerres ? Les ambitieux, les capables, les intelligents, les intrigants, les circonspects, les sagaces, les altiers, les super-patriotes, les gens inspirés du désir de « servir » l'humanité, ceux qui ont une carrière à accomplir et une « impression » à faire sur le monde, qui attendent et espèrent regarder les âges à venir avec les yeux d'une figure de bronze assise sur un cheval de bronze dans quelque carrefour.

Mais nous n'avons même pas besoin d'une conférence internationale des humoristes pour sauver le monde. Il y a en nous tous un stock suffisant de cette marchandise appelée sens de l'humour dont la fonction chimique est de changer le caractère de nos pensées. Je crois qu'il va jusqu'à la racine de la culture et ouvre la voie à la venue de l'Age raisonnable, qui me paraît, pour l'humanité, le plus grand idéal. Car, après tout, la seule chose importante est l'arrivée d'une race d'hommes imbus d'un esprit plus raisonnable, de plus de bon sens, d'une pensée simple, d'un tempérament pacifique et de vues cultivées. Le monde idéal ne sera pas un monde rationnel, ou parfait en tous sens, mais un monde dans lequel les imperfections seront vite perçues et les conflits raisonnablement résolus. C'est pour l'humanité ce que nous pouvons espérer de mieux et le plus noble rêve dont nous puissions attendre la réalisation. Cela semble impliquer plusieurs choses : une simplicité de pensée, une philosophie gaie et un subtil sens commun. Or il se trouve que ce sens commun subtil, cette philosophie gaie et cette simplicité de pensée sont les caractéristiques de l'humour et doivent découler de lui.

Il est difficile d'imaginer ce monde nouveau, parce que le nôtre en est très différent. Dans l'ensemble, notre vie est trop compliquée, notre science trop sérieuse, notre philosophie trop sombre et nos pensées trop embrouillées. Ce sérieux et cette complexité font du monde présent un aujourd'hui des plus malheureux.

Or il faut tenir pour avéré que la simplicité de vie et de pensée est l'idéal le plus haut et le plus sain. Lorsqu'une civilisation perd ces caractères et que les sophistiqués ne reviennent pas à la simplicité, elle dégénère. L'homme devient alors l'esclave des idées, des pensées, des ambitions et des systèmes sociaux qu'il a lui-même produits. L'humanité, surchargée par ce poids des idées, des ambitions et des systèmes sociaux, semble incapable de s'élever au-dessus d'eux. Heureusement, il y a un pouvoir qui peut les transcender et les traiter avec un sourire : ce pouvoir, c'est la subtilité de l'humoriste qui manie les pensées et les idées, comme les champions de golf ou de billard leurs balles, ou comme les cow-boys leurs lassos. Il y a une aisance, une sûreté, une légèreté de touche qui indiquent la maîtrise. Après tout, seul celui qui manie les idées avec légèreté en est le maître, et seul celui qui est le maître de ses pensées n'en est pas l'esclave. Le sérieux n'est qu'un signe d'effort, et l'effort est un signe d'imparfaite maîtrise. Un écrivain sérieux est gauche et mal à l'aise dans le royaume des idées, comme un nouveau riche est gauche et mal à l'aise en société. Il est sérieux, parce qu'il ne se sent pas familier avec ses idées.

La simplicité est paradoxalement le signe extérieur de la profondeur de pensée. Il me semble qu'elle est la chose la plus difficile à acquérir dans la science et dans l'écriture. Combien difficile est la clarté de pensée et cependant, seules des pensées claires rendent la simplicité possible. Quand nous voyons un écrivain se battre avec une idée, soyons certains que c'est l'idée qui le bat. Les lectures d'un jeune assistant de collège, fraîchement agrégé, sont généralement abstruses et embrouillées, la vraie simplicité de pensée et l'aisance de l'expression ne se trouvent que chez les plus vieux professeurs. Quand un jeune professeur n'est pas pédant, il est alors vraiment brillant et l'on peut beaucoup attendre de lui. Ce qui se cache dans le progrès qui va de la considération technique à la simplicité, du spécialiste au penseur, c'est essentiellement un processus de digestion de la connaissance que je compare strictement au métabolisme. Un savant ne peut nous présenter ses connaissances spécialisées en termes simples, tant qu'il ne les a pas lui-même digérées et ne les a pas mises en relation avec ses observations sur la vie. Entre les heures de cette poursuite ardue de la connaissance, je sens qu'il y a de nombreux « arrêts qui rafraîchissent », comme une boisson après un long voyage fatigant. Souvent, durant ce repos, un spécialiste vraiment humain se posera à lui-même la très importante question : « De quoi au monde suis-je en train de parler ? » La simplicité présuppose la digestion et aussi la maturité : quand nous vieillissons, nos pensées deviennent plus claires ; les aspects insignifiants, et peut-être faux, d'une question sont laissés de côté et cessent de nous troubler, les idées prennent des formes plus définies, et de longues suites de pensées se forment d'elles-mêmes graduellement en formules commodes qui nous viennent inopinément et nous arrivons à cette luminosité vraie de la connaissance qui est appelée sagesse. Il n'y a plus alors de sentiment de l'effort, et la vérité devient simple parce qu'elle est devenue claire. Ce naturel de la pensée et du style, tant admiré par les poètes et les critiques chinois, est souvent considéré comme un processus de maturation progressive. Quand nous parlons de la maturité progressive de la prose de Su Dongpo, nous voulons dire qu'il s'est « graduellement approché du naturel », d'un style qui a rejeté son amour juvénile du pompeux, de la pédanterie, de la virtuosité et de la mise en scène littéraire.

Or il est naturel que le sens de l'humour alimente cette simplicité de pensée. Généralement, un humoriste reste plus près des faits, tandis qu'un théoricien s'installe plutôt dans les idées et ce n'est que lorsqu'on s'occupe des idées en elles-mêmes, que les pensées deviennent incroyablement complexes. L'humoriste, d'autre part, se complaît dans les fastes du sens commun, qui font ressortir vivement les contradictions de nos idées avec la réalité, simplifiant ainsi grandement les choses. Un contact incessant avec la réalité lui donne de l'assurance, mais aussi de la légèreté et de la subtilité. Toutes les formes de pose, de honte, de non-sens étudié, de stupidité académique, et de charlatanisme social sont poliment, mais effectivement mises à la porte. L'homme devient simple, parce qu'il devient subtil et spirituel. Tout est simple. Tout est clair. C'est pour cette raison que je crois qu'un esprit sain et raisonnable, caractérisé par la simplicité de vie et de pensée, ne peut être obtenu que là où prévaut la pensée humoristique.

V. ÊTRE REBELLE ET INDÉPENDANT

Il semble qu'aujourd'hui le vagabond soit sur le point d'être supplanté par le soldat, considéré comme le plus haut idéal de l'être humain. Au lieu d'individus rebelles, indépendants et libres, nous allons avoir des manœuvres patriotes, rationalisés, disciplinés, enrégimentés, uniformisés et si efficacement contrôlés et organisés, qu'une nation de cinquante ou soixante millions d'êtres pourra croire le même credo, penser la même chose, aimer la même nourriture. Il est clair que deux conceptions opposées de la dignité humaine sont possibles : l'une considérant le vagabond comme idéal, et l'autre le soldat ; l'une croyant qu'une personne qui garde sa liberté et son individualité est le type le plus noble, et l'autre qu'un être qui a perdu tout jugement indépendant, abandonné tout droit de croyance et d'opinions particulières au souverain ou à l'Etat, est l'être le meilleur. Les deux sont défendables, l'une par le sens commun, l'autre par la logique. Il ne serait pas difficile de prouver que l'automate patriote est un citoyen modèle, utile à l'Etat, qui n'existe que pour l'écrasement des autres Etats. Tout cela peut aisément être démontré par la logique – une logique si simple et si naïve que tous les idiots y succombent. Aussi incroyable qu'il puisse paraître, une telle conception a été soutenue et est encore soutenue dans de nombreux pays « civilisés » et « éclairés » d'Europe. Le citoyen idéal est le soldat qui pense être transporté en Ethiopie et qui se trouve lui-même à Guadalajara. Parmi ces citoyens parfaits, deux classes, A et B, peuvent encore être distinguées. La classe A est composée de ceux qui, découvrant qu'ils ont été déposés en Espagne, restent extrêmement doux et aimables et remercient Dieu directement, ou par l'intermédiaire de l'aumônier, de les avoir envoyés au fort de la bataille afin de mourir pour l'Etat. La classe B comprend ces êtres insuffisamment civilisés qui éprouvent un ressentiment intime en découvrant la réalité. Or, pour moi, ce ressentiment, cet esprit réfractaire, est le seul signe de dignité humaine, la seule lueur illuminant un tableau par ailleurs sombre et triste, le seul espoir d'une restauration de la décence humaine dans quelque monde futur.

Il est donc clair qu'en dépit de toute logique, je suis encore pour le vagabond. Je suis entièrement pour le vagabond, ou le chemineau, et pour « Mary, Mary, tout le contraire ». Notre esprit de contradiction est notre seul espoir pour la civilisation. La raison en est simple, c'est que nous descendons des singes et non des vaches et l'esprit de contradiction fait de nous des singes améliorés, des singes plus nobles. Je suis suffisamment intéressé, comme être humain, pour désirer que les vaches aient un tempérament doux et satisfait qui leur permette de se laisser conduire au pâturage ou à l'abattoir avec une égale noblesse d'esprit, motivée par le seul désir de se sacrifier pour leurs maîtres. En même temps, j'aime trop l'humanité pour désirer que nous devenions des vaches nous-mêmes. Du moment que celles-ci se rebellent et se sentent récalcitrantes, ou qu'elles agissent par caprice et moins mécaniquement, je les appelle humaines. Je crois que toutes les dictatures sont mauvaises pour une raison biologique. Les dictateurs et les vaches vont bien ensemble, mais non les dictateurs et les singes.

En fait, mon respect pour la civilisation occidentale a considérablement baissé depuis les années 1919-1920. J'avais honte de la civilisation chinoise et je vénérais celle de l'Occident, car je regardais comme une tare que nous n'ayons pas de constitution ni de droits civils et je pensais décidément qu'un gouvernement constitutionnel, républicain ou monarchique, était un progrès dans la culture humaine. Or, dans le vrai domaine de la civilisation occidentale, j'ai le plaisir et la satisfaction de constater que les droits humains et la liberté individuelle et même les droits à la liberté de croyance, dont nous jouissons et avons toujours joui en Chine, peuvent être piétinés, qu'un gouvernement constitutionnel n'est plus considéré comme la plus haute forme de gouvernement, qu'il y a plus d'esclaves en Europe centrale que dans la Chine féodale, et que certaines nations occidentales ont plus de logique et moins de sens commun que nous Chinois. Quoi de plus facile pour moi que de sortir de ma manche la carte d'atout en présentant l'idéal chinois du vagabond heureux et libre ? L'Occident a-t-il une carte d'atout à présenter, quelque chose qui montre que ses doctrines de la liberté individuelle et des droits civils sont une croyance ou un instinct sérieux et profondément enraciné, avec assez de vitalité pour provoquer un retour du pendule dans l'autre direction, après que la mode actuelle du manœuvre glorifié et uniformisé sera passée ? J'attends pour le voir. Il est facile de constater comment la tradition européenne de liberté individuelle et d'indépendance a été oubliée et pourquoi le pendule se balance aujourd'hui dans la mauvaise direction. Il y a deux raisons : premièrement, les conséquences du mouvement économique actuel vers le collectivisme, et deuxièmement, l'héritage de la conception de l'époque victorienne. Il semble qu'à notre époque où se lèvent des collectivismes de tous genres – sociaux, économiques et politiques – l'humanité oublie naturellement ses droits à être récalcitrante et perde de vue la dignité de l'individu. Avec la prédominance des problèmes économiques et de la pensée économique qui supplante toutes les autres formes de pensée, nous sommes devenus parfaitement indifférents à une science, à une philosophie plus humanisées qui s'occuperaient des problèmes de la vie individuelle. Cela est naturel. Comme un homme qui a un ulcère à l'estomac ne pense qu'à son estomac, ainsi une société dont l'économie est malade est toujours occupée par des questions économiques. Le résultat est que nous restons totalement indifférents à l'individu et que nous avons presque oublié qu'il existe. Un homme autrefois était un homme. Aujourd'hui il est généralement considéré comme un automate obéissant aveuglément aux lois matérielles ou économiques. On n'y pense plus désormais comme à un homme, mais comme à une dent dans une roue, comme à un membre d'une classe, comme à un étranger qu'on importe par quantité, comme à un petit-bourgeois qu'on regarde avec mépris ou comme à un capitaliste qu'on dénonce, ou comme à un travailleur qu'on considère comme un camarade parce que c'est un travailleur. Il semble que désigner un homme comme un petit-bourgeois, ou un capitaliste ou un travailleur, c'est déjà le comprendre complètement et pouvoir le haïr convenablement, ou l'aider comme un camarade. Nous ne sommes plus des individus, ni des hommes, mais seulement des classes. Puis-je suggérer qu'il s'agit d'une super-simplification des choses ? Le vagabond a complètement disparu comme idéal et l'homme également avec sa précieuse faculté de réagir librement et imprévisiblement au milieu extérieur. Au lieu d'hommes, nous avons les membres d'une classe ; au lieu d'idées, de préjugés personnels et d'idiosyncrasies nous avons des idéologies, ou des pensées de classe, au lieu de personnalités, des forces aveugles ; au lieu d'individus, la dialectique marxiste contrôlant et prévoyant toutes les activités humaines avec une précision infaillible. Nous progressons tous avec joie et enthousiasme vers le modèle des fourmis.

Je réalise évidemment que je ne parle de rien d'autre que du vieil individualisme démocratique. Mais puis-je aussi rappeler aux marxistes que Karl Marx* était lui-même un produit de la logique hégélienne d'il y a un siècle, et de l'école classique anglaise d'économie politique de l'époque victorienne ? Et rien n'est aussi démodé aujourd'hui que la logique de Hegel* ou que la précision victorienne de la pensée économique – rien n'est moins convaincant et plus faux, et plus dénué de sens commun, du point de vue humaniste chinois. Mais nous pouvons comprendre comment la conception mécanique de l'homme se fit jour, à une époque où la science mécanique était fière de ses réalisations et de ses conquêtes sur la nature. Cette science était accapareuse, sa logique mécanique fut appliquée à la société humaine et le nom toujours imposant de « lois naturelles » était très recherché par ceux qui étudiaient les affaires humaines. D'où la théorie prédominante que le milieu était plus grand que l'homme et que les personnes humaines pouvaient presque se réduire en équation. C'est peut-être de la bonne économie politique, mais c'est de la mauvaise biologie. La bonne biologie reconnaît que la puissance individuelle de réaction est un facteur aussi important dans le développement de la vie que l'entourage physique, comme un bon médecin admettra que le tempérament et les réactions individuelles du patient sont un facteur de toute importance dans la lutte contre la maladie. De nombreux malades qui, selon toute logique, devraient mourir, refusent simplement de le faire et scandalisent le docteur par leur guérison. Un médecin qui prescrit un traitement identique pour une maladie identique chez deux individus et attend un développement identique, peut être proprement classé comme une menace sociale. Non moins menaçants pour la société sont les philosophes qui oublient l'individu, sa capacité de réagir d'une manière différente des autres et son comportement généralement capricieux et imprévisible.

Il est possible que je ne comprenne pas l'économie politique, mais celle-ci ne me comprend pas non plus. C'est parce qu'elle patauge encore aujourd'hui et ose à peine se présenter comme une science. Ce qu'il y a de triste avec l'économie politique, c'est que ce n'est pas une science tant qu'elle s'en tient aux marchandises et ne va pas au-delà, jusqu'aux mobiles humains ; et si elle va jusqu'aux mobiles humains, ce n'est pas encore une science, tout au plus une pseudo-science, tant qu'elle n'essaye d'atteindre ces mobiles que par des moyennes statistiques. Elle n'a même pas élaboré une technique convenable à l'examen de l'esprit humain et, si elle transporte dans le royaume des activités humaines ses méthodes mathématiques et son amour des graphiques, elle se trouve en plus grand danger de patauger dans l'ignorance. C'est pourquoi, chaque fois qu'une importante mesure économique est sur le point d'être adoptée, deux experts économiques se présenteront avec des propositions exactement opposées. L'économie politique, après tout, abandonne les idiosyncrasies de l'esprit humain, dont les experts n'ont pas l'ombre d'une idée. L'un croit que si l'Angleterre abandonne l'étalon or, ce sera une catastrophe, tandis qu'un autre se persuade avec une égale outrecuidance, que cet abandon serait la seule solution. Quand les gens commencent à acheter ou à vendre, cela constitue un problème que les meilleurs experts ne peuvent raisonnablement prévoir. C'est uniquement à ce fait qu'est due la possibilité des spéculations à la Bourse. Il reste vrai que la Bourse ne peut, même avec les meilleures données économiques du monde, prédire scientifiquement la montée ou la baisse de l'or, ou de l'argent, ou des marchandises. La raison repose sur le fait qu'il y a là un élément humain et que lorsque beaucoup de gens vendent, certains commencent à acheter, et que quand beaucoup de gens cherchent à acheter, un petit nombre commence à vendre. C'est ainsi qu'est introduit l'élément de la résistance et de l'incertitude humaine. Il faut supposer, évidemment, que celui qui vend regarde comme un fou celui qui achète ce qu'il vend, et vice-versa. Quels sont les fous, seul l'avenir peut le prouver. Cela n'est qu'une illustration du caprice et de l'imprévisibilité du comportement humain, ce qui est vrai non seulement dans les durs et prosaïques rapports des affaires, mais aussi dans la formation du cours de l'histoire par la psychologie et dans toutes les réactions humaines vis-à-vis des morales, des coutumes et des réformes sociales.

VI. LA DOCTRINE DE L'INDIVIDU

L'homme aujourd'hui peut vivre dans un pays démocratique plus ou moins menacé par de grands changements sociaux, ou dans un pays communiste tendant de plus en plus à s'approcher et à revenir à l'idéal démocratique, ou sous une dictature qui lui survivra, ou à laquelle, plus probablement, il survivra. En tout cas, sa vie individuelle reste un tout complet, formé par les courants du temps, mais conservant encore son individualité. La philosophie, non seulement commence avec l'individu, mais finit avec lui. Car l'individu est le fait final de la vie. Il est une fin en lui-même et non un moyen pour d'autres créations de l'esprit. Le plus grand empire du monde, comme l'Empire britannique, existe pour qu'un Anglais dans le Sussex puisse vivre une vie heureuse et raisonnable ; une fausse philosophie supposerait que l'Anglais dans le Sussex vit pour qu'il puisse y avoir le grand Empire britannique. Les meilleures philosophies sociales n'ont pas de plus haut objectif que des êtres vivant sous un régime tel qu'ils aient des vies individuelles heureuses. S'il y a des philosophies sociales qui nient que le bonheur de la vie individuelle soit le but final et l'objet de la civilisation, ces philosophies sont le produit d'esprits malades et déséquilibrés.

En ce qui concerne la culture, je suis porté à croire qu'elle se juge finalement par le type d'homme et de femme qu'elle produit. C'est dans ce sens que Walt Whitman, l'un des Américains les plus sages et les plus clairvoyants, revendique, dans son essai *Démocratie Vistas*, le principe d'individualité ou « personnalisme », comme la fin de toute civilisation :

> Sur quoi repose la civilisation elle-même – et quel est son objet, avec ses religions, ses arts, ses écoles, etc. –, si ce n'est le personnalisme riche, luxuriant, varié ? Vers cela tout converge ; et c'est parce que vers un tel but, la démocratie seule, à une

échelle comme la Nature, défriche le genre humain, plante les graines et les laisse pousser, que ses buts maintenant doivent avoir le pas sur le reste. La littérature, les chants, l'esthétique, etc. d'un pays sont importants principalement parce qu'ils fournissent le matériel et les suggestions pour la personnalité des hommes et des femmes de ce pays, et les appuient de mille manières.

Parlant de l'individualité comme fait final, Whitman dit :

> Il y a dans les heures les plus sensées, une conscience, une pensée qui s'élève, indépendante, séparée de toutes les autres, calme, comme les étoiles, brillant éternellement. C'est la pensée de l'identité – de la vôtre pour vous, qui que vous soyez, comme de la mienne pour moi. Miracle des miracles, inexprimable, le plus spirituel et le plus vague des rêves de la terre, cependant fait fondamental le plus ferme et le seul accès de tous les faits. Dans de telles heures ferventes, au milieu des rêves significatifs du ciel et de la terre (significatifs uniquement à cause du Moi dans le centre), les croyances et les conventions disparaissent et deviennent sans importance devant cette simple idée. Sous la luminosité d'une vision réelle, elle seule prend possession, devient valeur. Comme le nain chimérique de la fable, une fois libérée et considérée, elle s'étend sur la terre entière et jusqu'au toit du ciel.

La tentation est forte de citer, de cet auteur typiquement américain, de plus longs passages de la plus éloquente glorification de l'individu, résumée de la manière suivante :

> ... et, comme conclusion définitive (sinon tout l'ensemble des choses est sans but, une tromperie, une catastrophe), la simple idée que tout dépend finalement de l'humanité elle-même et de ses propres qualités inhérentes, normales, épanouies, sans apport superstitieux quel qu'il soit.
>
> Le but de la démocratie... est, à travers de nombreuses transformations, et parmi des ridicules sans fin, des disputes et des faillites, d'illustrer, quoi qu'il en coûte, la doctrine selon laquelle l'homme, proprement élevé dans la plus saine et la plus haute liberté, peut et doit devenir sa propre loi...

Après tout, ce n'est pas le milieu qui compte, mais nos réactions vis-à-vis de lui. La France, l'Allemagne, l'Angleterre, l'Amérique vivent toutes selon la même civilisation mécanique, cependant leurs formes et leurs saveurs de vie sont toutes différentes et toutes résolvent leurs problèmes politiques à leur manière. Il est fou de prétendre que l'homme doit être submergé par la machine alors qu'il y a une telle variété de vie et que nous voyons deux conducteurs sur la même voiture prendre différemment une plaisanterie. Un père de deux fils qui leur donne la même éducation et les lance dans la vie de la même manière, verra comment ils construisent peu à peu leurs vies selon les lois internes qui leur sont propres. Même s'ils deviennent tous deux directeurs de banque avec exactement les mêmes appointements, cependant, dans toutes les choses qui importent et qui comptent pour le bonheur, ils sont différents ; dans leur adresse, leur accent et leur tempérament, dans leur conduite et leur façon de résoudre les problèmes ; dans leur manière d'être avec leur personnel, qu'ils soient craints ou aimés, durs et pointilleux, ou agréables et faciles ; dans la façon dont ils épargnent ou dépensent leur argent ; dans leurs vies personnelles avec leurs manies, leurs amis, leurs clubs, leurs lectures et leurs femmes. La possibilité d'une riche variété dans un milieu identique est telle que personne ne peut lire la page nécrologique d'un journal sans se demander comment des gens, vivant dans la même génération et mourant le même jour, ont mené des vies entièrement différentes, comment certains s'avancent avec une singulière dévotion dans une vocation et y trouvent le bonheur, comment d'autres ont eu une vie mouvementée et variée, comment certains ont été inventeurs, certains explorateurs, certains humoristes, comment certains ont été moroses et dépourvus du sens de l'humour, comment certains se sont élancés comme des fusées vers la gloire et la richesse et sont morts dans les cendres froides et sombres de la fusée ; et comment certains ont vendu de la glace ou du charbon et ont été poignardés dans leur hangar avec un magot de vingt mille dollars en or. Oui, la vie humaine est encore merveilleusement étrange, même dans une époque industrielle. Tant que l'homme restera un homme, la variété sera la saveur de la vie.

Il n'y a pas de déterminisme dans les affaires humaines, que ce soit la politique ou la révolution sociale. C'est le facteur humain qui bouleverse les prévisions de ceux qui proposent des théories et des systèmes nouveaux, et qui renverse les promoteurs de lois, d'institutions et de panacées sociales, que ce soient la Communauté Oneida*, ou la Fédération américaine du Travail, ou l'Association du mariage du juge Lindsay*. La qualité de l'époux et de l'épouse est plus importante que les contrats de mariage ou de divorce, et les hommes qui administrent ou subissent les lois sont plus importants que les lois elles-mêmes.

Mais l'importance de l'individu ne provient pas seulement du fait que la vie individuelle est la fin de toute civilisation, mais aussi du fait que l'amélioration de notre vie sociale et politique et des relations internationales découle de l'action et du tempérament des individus qui composent une nation. Dans la politique intérieure et dans l'évolution d'un pays, le facteur déterminant est le tempérament du peuple. Car au-dessus des lois du développement industriel, il y a un facteur plus important qui est la manière dont une nation agit et résout les problèmes. Rousseau a aussi peu prévu le cours de la Révolution française et l'apparition de Napoléon, que Karl Marx n'a prévu le développement actuel des théories socialistes et l'apparition de Staline. Le cours de la Révolution française ne fut pas déterminé par le slogan de la Liberté, de l'Egalité et de la Fraternité, mais par certains traits de la nature humaine en général et du tempérament français en particulier. Les prédictions de Karl Marx sur le cours de la révolution socialiste ont misérablement fait faillite, en dépit de sa rigoureuse dialectique. D'après toutes les lois de la logique, ainsi qu'il le prévoyait, une révolution du prolétariat devait se produire là où la civilisation industrielle était la plus avancée, là où existait une forte classe de travailleurs prolétariens – premièrement en Angleterre, peut-être aux Etats-Unis et en Allemagne. Au lieu de cela, le communisme a d'abord été mis à l'épreuve dans un pays agricole comme la Russie, où il n'y avait pas de classe prolétarienne importante. Ce que Karl Marx avait oublié de calculer était le facteur humain en Angleterre et aux Etats-Unis et la manière d'agir et de résoudre les problèmes des Anglais et des Américains. La grande faute de toute économie politique, qui n'est pas suffisamment mûrie, est qu'elle néglige de prévoir un « je ne sais quoi » dans les affaires nationales. Le mépris des Anglais pour les théories, leur façon de les saboter lentement, au besoin, et en tout cas leur lenteur à trouver leur voie, leur amour pour la liberté individuelle, le respect, le bon sens de l'ordre, sont des choses qui agissent plus puissamment sur le cours des événements, que toute la logique du dialecticien allemand.

Ainsi, la conduite des affaires d'une nation et son développement social et politique sont finalement basés sur les idées qui gouvernent les individus. Le tempérament racial, ce que nous appelons abstraitement « le génie d'un peuple », est au fond un agrégat des individus qui forment la nation, car ce n'est rien d'autre que le caractère « en action » du pays, tel qu'il réagit devant certains problèmes, ou certaines crises. Il n'y a rien de plus faux que l'idée que ce « génie » est une entité mythique, comme l'âme dans la théologie médiévale et qu'il ne serait qu'une figure de style. Le génie d'une nation n'est rien d'autre que sa façon de se conduire et d'agir. Bien loin d'être une entité abstraite avec une existence indépendante, comme nous le pensons parfois de la « destinée » d'une nation, ce génie ne peut s'apercevoir que dans l'action ; c'est une matière de choix, de sélections, de préférences et de préjugés, qui déterminent le cours final de l'action d'une nation dans une situation donnée. Les historiens de la vieille école aimeraient à penser, avec Hegel, que l'histoire d'une nation n'est que le développement d'une idée, procédant avec une sorte de nécessité mécanique, cependant qu'une vue plus subtile et plus réaliste y verra une large part de hasard. A chaque période critique, la nation fait un choix, et dans ce choix, nous voyons une lutte de forces opposées et de passions contraires : un peu plus d'un sentiment, ou un peu moins d'un autre, aurait fait pencher la balance dans une autre direction. Le soi-disant génie d'une nation, tel qu'il s'est exprimé dans un cas déterminé, a été une décision prise par la nation qui aurait voulu un peu plus d'une certaine chose, ou qui en avait assez. Car un peuple suit son chemin avec ce qu'il aime, ou ce qui flatte ses sentiments, et rejette ce qu'il n'aime pas. Un tel choix est basé sur un courant d'idées, sur un ensemble de sentiments moraux et de préjugés sociaux.

Dans tout le mouvant panorama de l'histoire humaine, je ne vois que flux et reflux, déterminés par le choix capricieux et imprévisible de l'homme. Dans ce sens, le confucianisme relie la question de la paix du monde au développement de nos vies personnelles. La toute première leçon que les disciples de Confucius, depuis la dynastie des Song, ont décidé de faire apprendre aux enfants des écoles, contient ce passage :

> Les anciens peuples qui désirent avoir une belle harmonie morale dans le monde, commenceront par mettre de l'ordre dans leur vie nationale ; ceux qui veulent mettre de l'ordre dans leur vie nationale régleront d'abord leur vie familiale ; ceux qui veulent régler leur vie familiale cultiveront d'abord leur vie personnelle ; ceux qui désirent cultiver leur vie personnelle mettront d'abord leur cœur en règle avec la justice ; ceux qui désirent mettre leur cœur en règle avec la justice commenceront par rendre leur volonté sincère ; ceux qui désirent rendre leur volonté sincère commenceront par parvenir à la compréhension ; la compréhension provient de l'exploration de la connaissance des choses. Lorsqu'on a acquis la connaissance des choses, alors la compréhension est atteinte ; quand la compréhension est atteinte, alors la volonté est sincère ; quand la volonté est sincère, alors le cœur est droit ; quand le cœur est droit, alors la vie personnelle est développée ; quand la vie personnelle est développée, alors la vie familiale est réglée ; quand la vie familiale est réglée, alors la vie nationale est en ordre ; et quand la vie nationale est en ordre, alors le monde est en paix. De l'empereur au dernier des hommes, le développement de la vie personnelle est le fondement de tout. Il est impossible que, si les fondations sont en désordre, les superstructures soient en ordre. Il n'y a jamais eu un arbre dont le tronc fût mince et les

branches épaisses et fortes. Il y a une cause et une succession dans les choses, un commencement et une fin dans les affaires humaines. Connaître l'ordre de préséance, c'est avoir le commencement de la sagesse.

Chapitre V
Qui peut le mieux jouir de la vie ?

I. TROUVEZ-VOUS VOUS-MÊME : ZHUANGZI

Dans le monde moderne, un philosophe est l'être le plus honoré et le moins remarqué du monde, si, à la vérité, il en existe encore. « Philosophe » est devenu un simple terme de compliment. Quiconque est abstrait et inintelligible est appelé « un philosophe ». Quiconque est dégagé du présent, est aussi appelé « un philosophe ». Et cependant il y a quelque vérité dans cette dernière signification. Quand Shakespeare fait dire à Touchstone dans *Comme il vous plaira* : « Y a-t-il quelque philosophie en vous, berger ? », il emploie le mot dans le second sens, selon lequel la philosophie n'est qu'une vue commune, rude et facile des choses et de la vie en général, et chacun en a plus ou moins. Quiconque refuse d'accepter l'ensemble de la réalité sur ses apparences, ou de croire tout ce qui paraît dans un journal, est plus ou moins un philosophe. C'est le garçon qui refuse de se laisser prendre.

Il y a toujours une saveur de désenchantement dans la philosophie. Le philosophe regarde la vie, comme l'artiste un paysage – à travers un voile ou une brume. Les détails crus sont quelque peu adoucis afin de permettre d'apercevoir leur signification. Du moins c'est ce que pense un artiste, ou un philosophe chinois. C'est pourquoi le philosophe est le contraire du réaliste parfait qui, occupé par ses affaires, croit que ses succès et ses échecs, ses pertes et ses gains, sont absolus et réels. On ne peut rien faire avec un tel être, parce qu'il ne doute même pas ; il n'y a rien en lui pour le mettre en marche. Confucius disait : « Si quelqu'un ne se dit pas en lui-même "Que faire ? Que faire ?", en vérité, je ne sais que faire de lui ! » C'est un des rares traits d'esprit conscients que j'aie trouvé dans Confucius.

J'espère présenter dans ce chapitre certaines opinions de philosophes chinois sur un modèle de vie. Bien que différents, ils reconnaissent tous que l'homme doit être sage et sans peur pour vivre une vie heureuse. La conception plus positive de Mencius et celle plus malicieusement pacifiste de Laozi se fondent dans la philosophie du Juste Milieu, que je peux décrire comme la religion commune du Chinois. Le conflit entre l'action et la contemplation finit dans un compromis : se contenter sur terre d'un ciel très imparfait. Ce qui donne naissance à une philosophie sage et joyeuse, qui s'est finalement incarnée dans la vie de Tao Yuanming – à mon avis la personnalité la plus harmonieuse et le plus grand poète de la Chine.

Le seul problème que tous les philosophes chinois supposent inconsciemment avoir quelque importance est celui-ci : comment devons-nous jouir de la vie, et qui peut le mieux en jouir ?

Aucun souci de perfection, aucune poursuite de l'inaccessible, aucune recherche de l'inconnaissable ; mais, prenant la pauvre nature humaine telle qu'elle est, comment nous organiser pour pouvoir travailler paisiblement, souffrir noblement et vivre heureux ?

Qui sommes-nous ? C'est la première question. Il est presque impossible d'y répondre. Mais nous sommes tous d'accord que le moi occupé à nos activités journalières n'est pas entièrement le moi réel. Nous sommes bien certains que nous avons perdu quelque chose dans la simple poursuite de la vie. Quand nous voyons quelqu'un courir çà et là dans un champ à la recherche de quelque chose, le sage peut poser une question à tous les spectateurs : qu'a perdu cette personne ? L'un pense que c'est une montre, un autre, une broche en diamant, les autres hasarderont des conjectures. Après que tous se sont trompés, le sage, qui ne sait réellement pas ce que cherche la personne, s'adresse à eux : « Je vais vous dire. Elle a perdu son souffle. » Et personne ne peut nier qu'il ait raison. Ainsi, nous oublions souvent notre vrai moi en poursuivant la vie, comme un oiseau oublie le danger en poursuivant une mante, qui à son tour oublie son propre danger en poursuivant une autre proie, ainsi que l'a magnifiquement exprimé Zhuangzi dans une parabole :

> Comme Zhuangzi se promenait dans le parc de Diaoling, il aperçut un étrange oiseau qui venait du sud. Ses ailes avaient sept pieds de large. Ses yeux un pouce de circonférence. Il passa tout près de la tête

de Zhuangzi pour aller s'abattre dans une châtaigneraie. « Quel oiseau est-ce là ? cria Zhuangzi. Avec de fortes ailes, il ne vole pas. Avec de grands yeux, il ne voit pas. »

Puis il releva sa robe et s'avança vers lui avec son arbalète, pressé de le tirer. C'est alors qu'il aperçut une cigale, se prélassant à l'ombre, insoucieuse de tout. Et il vit une mante bondir et la saisir, oubliant dans son acte son propre corps, que l'étrange oiseau happa et dévora. Et c'est cela qui avait fait oublier à l'oiseau sa propre nature.

« Hélas, s'écria Zhuangzi en soupirant, combien les créatures se nuisent l'une l'autre ! La perte suit de près la poursuite du gain. »

Alors, il posa son arc de côté et rentra chez lui, chassé par le gardien du parc qui voulait savoir ce qu'il faisait là.

Durant les trois mois qui suivirent, Zhuangzi ne sortit pas de sa maison, et à la fin Lin Ju lui demanda : « Maître, comment se fait-il que vous soyez resté si longtemps sans sortir ?

— Tout en gardant ma forme physique, répliqua Zhuangzi, j'ai perdu de vue mon vrai moi. En contemplant des eaux boueuses, j'ai perdu de vue les gouffres limpides. En outre, j'ai appris du Maître ce qui suit : "Quand vous allez dans le monde, suivez ses coutumes." Or, pendant que je flânais dans le parc de Diaoling, j'ai oublié mon moi réel. Cet étrange oiseau qui passa près de moi vers la châtaigneraie oublia sa nature. Le gardien de la châtaigneraie me prit pour un voleur. Par conséquent je ne suis pas sorti. »

Zhuangzi fut le disciple éloquent de Laozi, comme Mencius fut celui de Confucius, tous deux séparés de leurs maîtres par près d'un siècle. Zhuangzi fut un contemporain de Mencius, comme Laozi fut probablement un contemporain de Confucius. Mais Mencius s'accorde avec Zhuangzi sur le fait que nous avons perdu quelque chose et que l'affaire de la philosophie est de découvrir et de retrouver ce qui est perdu : « un cœur d'enfant », selon Mencius. « Un grand homme est celui qui n'a pas perdu le cœur d'un enfant », dit le philosophe. Mencius regarde l'effet de la vie artificielle de la civilisation sur le cœur plein de jeunesse de l'homme à sa naissance, comme similaire au déboisement de nos collines :

> Il y eut une époque où les forêts de Niu étaient magnifiques. Mais peut-on trouver encore belle la montagne, depuis que, située près d'une grande cité, les bûcherons ont abattu les arbres ? Les jours et les nuits lui donnaient du repos, les pluies et la rosée continuaient de la nourrir et une nouvelle vie jaillissait continuellement de son sol, mais alors les vaches et les moutons se mirent à y paître. C'est pourquoi la montagne de Niu paraît si nue et quand les gens voient sa nudité, ils imaginent qu'il n'y a jamais eu de forêt sur la montagne. Est-ce la vraie nature de la montagne ? Et n'y a-t-il pas aussi un cœur d'amour et de justice dans l'homme ? Mais comment cette nature peut-elle rester belle, quand elle est abattue chaque jour à coups de pioche, comme le bûcheron abat les arbres avec sa hache ? Evidemment les nuits et les jours peuvent le guérir et il y a l'air nourrissant de

l'aube, mais cet air matinal est faible et son effet se trouve bientôt détruit par l'agitation diurne. Avec ces coups de pioche incessants de l'esprit humain, le repos et la récupération obtenus pendant la nuit ne sont pas suffisants pour maintenir son niveau, et quand la récupération de la nuit ne suffit pas à maintenir son niveau, alors l'homme se ravale lui-même à un état qui n'est pas loin de celui de la bête. Les gens voient qu'il agit comme une bête et s'imaginent qu'il n'y a jamais eu en lui de vrai caractère. Mais cela est-il la vraie nature de l'homme ?

II. PASSION, SAGESSE ET COURAGE : MENCIUS

Le caractère le plus capable de jouir de la vie est celui qui possède une âme généreuse, libre et courageuse. Mencius énumère comme les trois « vertus majeures » de son « grand homme », la sagesse, la compassion et le courage. J'aimerais enlever une syllabe et regarder comme les qualités d'une grande âme, la sagesse, la passion et le courage. Nous avons heureusement en français comme en anglais le mot « passion » dont le sens est très proche du mot chinois *qing*. Tous deux ont d'abord la signification étroite de passion sexuelle, mais tous deux ont une signification plus large. Comme le dit Zhang Chao : « Une nature passionnée aime toujours les femmes, mais celui qui aime les femmes n'est pas nécessairement une nature passionnée. » Et encore : « La passion soutient le monde, tandis que le génie en peint le toit. » Car, à moins que nous n'ayons de la passion, nous n'avons absolument rien à faire dans la vie. C'est la passion qui est l'âme de la vie, la lumière des étoiles, le rythme dans la musique et dans le chant, la joie dans les fleurs, le plumage dans les oiseaux, le charme dans la femme, et la vie dans la science. Il est tout aussi impossible de parler d'une âme sans passion que d'une musique sans expression. C'est elle qui nous donne la chaleur intérieure et la riche vitalité qui nous rendent capables d'affronter joyeusement la vie.

Or je me trompe peut-être en employant le mot « passion » quand je parle de ce que les écrivains chinois désignent par le mot *qing*. Devrais-je le traduire par « sentiment », qui est plus doux et suggère moins les qualités tumultueuses de la passion déchaînée ? Ou peut-être désignons-nous par ce mot quelque chose de très semblable à ce que les premiers romantiques appelaient la « sensibilité », que nous trouvons dans les âmes ardentes, généreuses et artistes. Il est étrange que, parmi les philosophes occidentaux, il y en ait si peu, à l'exception de Joubert*, d'Emerson*, d'Amiel et de Voltaire*, qui aient un mot satisfaisant pour désigner la passion. Peut-être argumentons-nous sur des mots pendant que nous pensons la même chose ? Mais si la passion est différente du sentiment et signifie quelque chose de tumultueux et de bouleversant, alors nous n'avons pas de mot chinois pour la désigner, et il nous faut nous contenter du vieux terme *qing*. Est-ce l'indice d'une différence de tempérament, de l'absence, parmi les Chinois, de ces grandes passions irrésistibles qui dévorent une âme et forment la matière de la tragédie dans la littérature occidentale ? Est-ce la raison pour laquelle la littérature chinoise n'a pas produit de tragédie dans le sens grec, pour laquelle ses caractères tragiques pleurent au moment critique, abandonnent leurs amantes à leurs ennemis, ou, comme dans le cas de l'Hégémon de Chu*, les poignardent, et plongent ensuite le couteau dans leur propre cœur ? C'est une sorte de dénouement qui ne satisferait pas un auditoire occidental, mais la littérature chinoise est comme la vie chinoise. L'homme lutte avec le destin, abandonne la lutte, et la tragédie se poursuit dans un flot de réminiscences, de vains regrets et de désirs, comme nous le voyons avec l'empereur Xuanzong*, qui, après avoir accepté le suicide de sa concubine bien-aimée pour apaiser une armée rebelle, vécut dans un rêve rempli de sa mémoire. Dans la pièce chinoise qui s'en inspira, le sens tragique apparaît longtemps après le dénouement, dans un long crescendo de tristesse. Dans son exil, le héros entend la musique lointaine des clochettes de vaches sur les collines par un jour de pluie et il compose en son honneur le *Chant de la pluie sur les cloches* ; tout ce qu'il voit, ou tout ce qu'il touche, une écharpe qui garde encore un ancien parfum, ou une vieille servante, lui rappelle sa concubine bien-aimée, et la pièce se termine sur la vision de l'empereur, aidé des prêtres taoïstes, recherchant l'âme aimée dans la demeure des Immortels. Nous avons donc ici la sensibilité romantique, s'il ne nous est pas permis de parler de passion. Mais c'est de la passion dont l'éclat a été adouci. Ainsi, les philosophes chinois, s'ils dénigrent les « désirs » humains (dans le sens des « sept passions »), n'ont jamais discrédité la passion, ou le sentiment lui-même, mais en ont fait le véritable fondement d'une vie normale, de même qu'ils regardent « la passion entre le mari et la femme comme le véritable fondement de la vie ».

Il est malheureusement vrai que cette question de passion, ou mieux encore de sentiment, est en nous quelque chose d'inné et que nous ne pouvons pas choisir nos parents ; nous naissons avec une nature froide ou ardente. D'autre part, aucun enfant ne naît avec un cœur vraiment glacé et ce n'est qu'autant que nous perdons de ce cœur juvénile, que nous perdons en nous de la chaleur. Quand nous devenons adultes, notre nature sentimentale est tuée, étranglée, atrophiée par un milieu cruel, en grande partie à cause de notre négligence à la garder vivante, ou de notre échec à la préserver de ce milieu. Dans l'acquisition de « l'expérience du monde », il y a une grande violence faite à notre nature originelle, quand nous apprenons à nous durcir nous-mêmes, à être artificiels et souvent cruels, de sorte que les nerfs de celui qui se vante d'avoir de plus en plus d'expérience, deviennent de plus en plus insensibles et paralysés – spécialement dans le monde de la politique et du commerce. Comme résultat, nous devenons le grand « arriviste » qui se pousse jusqu'au sommet et écarte les autres ; l'homme à la volonté de fer et à la détermination inébranlable, dont les dernières traces de sentiment, qu'il appelle idéalisme ridicule ou sentimentalité, meurent peu à peu dans son cœur. C'est la sorte de gens qui est au-dessous de mon mépris, le monde trop nombreux des gens au cœur sec. Si la stérilisation des inaptes doit voir le jour comme mesure d'Etat, il faudrait commencer par stériliser ceux qui sont moralement insensibles, artistiquement rassis, ceux qui ont le cœur dur, le succès impitoyable, la détermination froide et tous les gens qui ont perdu le sens de la fantaisie, plutôt que les fous et les tuberculeux. Car il me semble que si un homme doué de passion et de sentiment peut faire des choses ridicules et folles, celui qui en est dépourvu n'est qu'une caricature. Comparé à la Sapho de Daudet*, c'est un ver, une machine, un automate qui souille cette terre. Beaucoup de prostituées mènent une vie plus noble qu'un homme d'affaires qui réussit. Qu'importe si Sapho a péché ! Car si elle a péché, elle a aussi aimé, et à ceux qui ont beaucoup aimé, il sera beaucoup pardonné. Elle émerge d'un milieu d'affaires âpre, avec plus de jeunesse de cœur que beaucoup de nos millionnaires. La vénération de Marie-Madeleine est juste. Il est inévitable que la passion et le sentiment nous conduisent à des erreurs, pour lesquelles nous sommes durement punis, cependant, il y a beaucoup de mères faibles, qui, par leur faiblesse, ont souvent laissé l'amour prendre le meilleur de leur jugement et qui pourtant, nous en sommes certains, sentiront dans leur vieillesse, qu'elles ont eu avec leurs familles une vie plus heureuse que beaucoup d'âmes rigoureuses et austères. Un ami m'a conté l'histoire d'une vieille dame de soixante-dix-huit ans qui lui disait : « Quand je considère mon âge, je me sens encore heureuse en pensant à mes péchés, mais quand je pense que j'ai pu être stupide, cela, je ne me le pardonne pas, même maintenant. »

Mais la vie est dure et un homme avec une nature ardente, généreuse et sentimentale, peut facilement être trompé par ses compagnons plus habiles. Les natures généreuses font souvent des erreurs par générosité, parce qu'elles considèrent leurs ennemis avec trop d'indulgence et ont trop de confiance en leurs amis. Parfois l'homme généreux rentre chez lui désillusionné pour écrire un poème d'amertume. C'est en Chine le cas de plus d'un poète, comme par exemple celui du grand buveur de thé Zhang Dai*, qui dissipa généreusement sa fortune, fut abandonné par ses propres amis et ses parents et déposa dans douze poèmes quelques-uns des vers les plus amers que j'aie jamais lus. Mais je soupçonne qu'il resta généreux jusqu'à la fin de ses jours, même quand il fut pauvre et dépourvu, ayant été plusieurs fois près de mourir de faim, et je ne doute pas que ses sentiments amers se dissipèrent comme un nuage et qu'il fut encore pleinement heureux.

Néanmoins, cette générosité d'âme doit être protégée par une philosophie, parce que la vie est dure ; la générosité ne suffit pas et à la passion doivent s'allier la sagesse et le courage qui sont pour moi la même chose, car le courage naît de la compréhension de la vie ; celui qui comprend bien est toujours brave. D'ailleurs, ce type de sagesse qui ne nous donne pas de courage, ne vaut rien. La sagesse conduit au courage en s'opposant à nos ambitions ridicules et en nous libérant du vieux charlatanisme de ce monde, que ce soit le charlatanisme de la pensée, ou celui de la vie.

Il y a une foule de mystifications dans cette vie, mais leur multitude a été classée par les bouddhistes chinois en deux grandes catégories : la gloire et la richesse. On raconte que l'empereur Qianlong*, durant son voyage dans le Sud de la Chine, monta un jour sur une colline d'où l'on découvrait la mer et qu'il aperçut un grand nombre de navires. Il demanda à son ministre ce que faisaient les gens dans ces centaines de bateaux, celui-ci répondit qu'il n'en voyait que deux dont les noms étaient *Gloire* et *Richesse*. Beaucoup de gens cultivés sont capables d'échapper au leurre de la richesse, mais seuls ceux qui sont vraiment grands peuvent échapper à celui de la gloire. Un moine disait à son élève : « Il est plus facile d'éviter le désir de l'argent que celui de la gloire. Même des lettrés solitaires et des moines rêvent encore d'être distingués et connus parmi les leurs. Ils veulent faire des discours publics devant de grands auditoires et non pas se retirer dans de petits monastères pour parler avec un élève, comme vous et moi en ce moment. » L'élève répondit : « En vérité, Maître, vous êtes le seul homme au monde qui ait vaincu le désir de gloire ! » Et le maître sourit. D'après ma propre observation, la classification bouddhiste des mystifications de la vie n'est pas complète, il y en a trois et non pas deux : la Gloire, la Richesse et la Puissance. Un mot les combine en Grande Mystification : le Succès. Mais beaucoup d'hommes sages savent que les désirs de succès, de gloire et de richesse ne sont que des euphémismes pour désigner les craintes d'échec, de pauvreté et d'obscurité, et que ces peurs dominent nos vies. Beaucoup de gens qui ont atteint à la fois la gloire et la richesse veulent encore gouverner les autres. Il y a ceux qui ont consacré leur vie au service de leur pays. Le prix en est souvent très lourd. Demandez à un sage d'agiter son chapeau de soie devant la foule et de faire sept discours par jour, offrez-lui une présidence et il refusera de servir son pays. James Bryce* estime que le système de gouvernement démocratique de l'Amérique est judicieusement calculé pour attirer les meilleurs vers la politique. Je pense que l'acharnement d'une campagne présidentielle est suffisant pour effrayer toute âme sage. Une fonction publique demande souvent qu'un homme accepte six dîners par semaine parce qu'il a consacré sa vie au service de l'humanité. Pourquoi ne se consacre-t-il pas lui-même à un simple souper chez lui, à son lit et à son pyjama ? Une fois sous le charme de la gloire ou du pouvoir, un homme est bientôt la proie d'autres blagues accessoires. Et cela n'aura pas de fin.

Il existe cependant une mystification sociale secondaire, tout aussi puissante et universelle : la mode. Le courage d'être soi-même est une chose bien rare. Démocrite* pensait qu'il rendrait un grand service à l'humanité en la libérant de deux grandes craintes : celle de Dieu et celle de la mort. Mais cela ne nous libérerait pas de la crainte du voisin. Consciemment ou non, nous sommes tous dans cette vie des acteurs, jouant devant un auditoire dans un rôle et un style approuvés par lui.

Ce talent d'histrion, de même que le don d'imitation qui en fait partie, sont les traits les plus frappants de notre héritage simiesque. De cet art de la mise en scène découlent sans doute des avantages, dont le plus clair consiste dans les applaudissements de l'auditoire. Mais alors, plus grands sont les applaudissements, plus grands sont aussi les battements de cœur derrière la scène. Et il peut aussi nous faire vivre, de sorte que personne n'est entièrement à blâmer de jouer sa partie dans une mode approuvée par la galerie. La seule objection est que l'acteur parfois remplace l'homme et prend entièrement possession de lui. Quelques âmes d'élite portent leur réputation et une haute position avec un sourire et restent naturelles ; ce sont celles qui savent qu'elles jouent quand elles jouent, qui ne partagent pas les illusions de rang, de titres, de propriété, de richesse, et qui acceptent ces choses quand elles leur arrivent, sans se croire pour autant différentes du commun des mortels. Ce sont ces hommes vraiment grands d'esprit, qui restent essentiellement simples dans leur vie personnelle. Rien ne montre mieux la petitesse qu'un bureaucrate souffrant de l'illusion de sa propre grandeur, ou qu'un nouveau riche déployant ses bijoux, ou qu'un écrivain à peine dégrossi, s'imaginant appartenir à la compagnie des immortels et devenant immédiatement moins simple et moins naturel.

Notre instinct d'histrion est si profond que nous oublions souvent que nous avons une vie réelle à vivre en dehors de la scène. Ainsi, nous transpirons, travaillons, vivant non pour nous-mêmes en accord avec nos vrais instincts, mais pour l'approbation de la société, « comme des vieilles filles qui cousent les robes de noces des autres femmes », dit le proverbe chinois.

III. CYNISME, FOLIE ET CAMOUFLAGE : LAOZI

Il est paradoxal que la philosophie la plus perverse de Laozi, celle du « vieux malin », ait été l'instigatrice du plus haut idéal de paix, de tolérance, de simplicité et de contentement. Dans ses enseignements sont inclus la sagesse de l'insensé, les avantages du camouflage, la force de la faiblesse et la simplicité de ceux qui sont vraiment sophistiqués. L'art chinois lui-même, avec ses illusions poétiques et sa glorification de la vie simple du bûcheron et du pêcheur, ne peut exister en dehors de cette philosophie. A la base du pacifisme chinois se trouve la volonté de réparer les pertes temporaires et d'attendre le bon moment, et la croyance que les choses étant ce qu'elles sont, avec la nature opérant selon la loi de l'action et de la réaction, personne n'obtient un avantage permanent sur les autres et n'est « un sacré idiot » tout le temps.

La plus grande sagesse ressemble à la stupidité,
La plus grande éloquence au bégaiement.
Le mouvement triomphe du froid,
Mais l'immobilité vainc la chaleur.
Ainsi, par son calme limpide
Il met tout en ordre sous le ciel.

Sachant cela, la conclusion naturelle est qu'il n'y a pas lieu de se disputer. Selon les paroles de Laozi, le sage « ne se dispute pas, pour cette simple raison qu'il ne trouve, sous le ciel, personne pour se disputer avec lui ». Il dit encore : « Montrez-moi un homme de violence qui fasse une bonne fin et je le prendrai pour maître. » Un écrivain moderne pourrait ajouter : « Montrez-moi un dictateur qui puisse se passer d'une police secrète et je le suivrai. » C'est pour cette raison que Laozi dit : « Quand le Dao ne prévaut pas, les chevaux sont entraînés pour la guerre ; quand le Dao prévaut, les chevaux sont entraînés à cultiver les champs. »

> Le meilleur conducteur de char ne court pas en tête ;
> Le meilleur lutteur ne fait pas montre de sa force ;
> Le plus grand conquérant est vainqueur sans discours ;
> Le meilleur meneur d'hommes agit comme s'il était leur inférieur.
> Cela s'appelle la puissance qui s'établit sans discussion,
> La capacité de mener les hommes,
> Le secret d'être uni au ciel.
> Ainsi en était-il dans les temps anciens.

La loi d'action et de réaction porte sur la violence qui appelle la violence :

> Celui qui par le Dao se propose d'aider un souverain
> S'opposera à toute conquête par la force des armes ;
> Car de telles choses ont coutume de se reproduire.
> Là où sont des armées, poussent les épines et les ronces.
> La levée d'une grande armée

Est suivie par une année de disette.
C'est pourquoi un bon général accomplit son dessein, puis s'arrête ;
Il ne pousse pas plus loin les avantages de sa victoire.
Il accomplit sa tâche et n'en tire pas gloire ;
Il accomplit sa tâche et ne s'en vante pas ;
Il accomplit sa tâche et ne s'en enorgueillit pas ;
Il accomplit sa tâche, mais seulement par nécessité.
Il accomplit sa tâche, mais sans violence.
Car ce qui a un temps de vigueur, a aussi un temps de faiblesse.
Cela est contre le Dao,
Et ce qui est contre le Dao, périra bientôt.

J'ai le sentiment que si Laozi avait été invité à prendre place à la Conférence de Versailles, il n'y aurait pas de Hitler aujourd'hui. Hitler proclame que son œuvre et lui-même doivent avoir été « bénis par Dieu », en se basant sur sa miraculeuse accession au pouvoir. J'incline à penser que la chose est plus simple. Il a été béni par l'esprit de Clemenceau. Le pacifisme chinois n'est pas celui de l'humanitaire, mais celui du « vieux malin » – basé non pas sur l'amour universel, mais sur une sagesse subtile.

Ce qui doit finalement se rétrécir,
Doit d'abord être gonflé.
Ce qui doit être affaibli,
Doit commencer par être rendu fort.
Ce qui doit être renversé,
Doit commencer par être élevé.
Ce qui manque de tout,
Doit commencer par être comblé de dons.

Cela s'appelle baisser sa lumière.
C'est ainsi que ceux qui sont doux,
Triomphent de ceux qui sont durs,
Et les faibles, des forts.
Il vaut mieux laisser le poisson dans son eau ;
Et les armes les plus tranchantes de l'Etat là où personne ne peut les voir.

Il n'y a jamais eu de sermon plus efficace, ni plus efficacement prêché, sur la force de la faiblesse, la victoire des pacifiques et l'avantage d'une basse position, que par Laozi. Car l'eau resta toujours pour lui comme le symbole de la force – l'eau qui s'égoutte doucement et fait un trou dans le rocher, l'eau qui a la grande sagesse taoïste de rechercher le plus bas niveau :

Comment les grandes rivières et les mers obtiennent-elles leur royauté sur des centaines d'autres cours d'eau plus petits ?

Par le mérite d'être plus bas ; c'est ainsi qu'elles obtiennent leur royauté.

Un symbole également commun est celui de la « Vallée » représentant le creux, les entrailles et la mère de toute chose, le Yin ou la femelle.

L'esprit de la Vallée ne meurt jamais,
Il est appelé la Mystérieuse Femelle.
Et la porte de la Mystérieuse Femelle
Est la racine d'où jaillissent le Ciel et la Terre.
Elle est en nous à tout moment ;
Vous pouvez en user à volonté, jamais elle ne s'épuisera.

Il ne serait nullement exagéré de dire que la civilisation orientale représente le principe femelle, tandis que la civilisation occidentale représente le principe mâle. D'ailleurs il y a quelque chose qui ressemble terriblement à une vallée, ou à une matrice dans la force passive de la Chine qui, dans la langue propre à Laozi, « reçoit en elle tout ce qui se trouve sous le ciel et, étant une vallée, a toujours une puissance qui se suffit ».

A l'encontre du désir de Jules César d'être le premier dans son village, Laozi donne le conseil contraire « de n'être jamais le premier dans le monde ». Cette pensée du danger d'être éminent est exprimée par Zhuangzi dans une satire contre Confucius et son étalage de science. Il y a, dans les livres de Zhuangzi, beaucoup de calomnies à l'égard de Confucius car celui-ci était mort à l'époque où écrivait Zhuangzi et les lois contre la calomnie n'existaient pas en Chine.

Lorsque Confucius fut arrêté entre Chen et Cai, il resta sept jours sans nourriture.

Le ministre Ren vint lui exprimer ses condoléances et lui dit :

« Vous avez risqué de mourir.

— C'est vrai, répliqua Confucius.

— Craignez-vous la mort ? demanda Ren.

— Oui, dit Confucius.

— Alors je vous apprendrai, dit Ren, la manière de ne pas mourir. Dans la mer de l'est, il y a certains oiseaux appelés *yidai* (pétrels ou hirondelles de mer). Ils se comportent d'une façon modeste et simple, comme s'ils étaient gauches. Ils volent et se perchent tous ensemble. Lorsqu'ils s'avancent, aucun ne se met le premier, lorsqu'ils reculent, aucun ne s'aventure à être le dernier. Lorsqu'ils mangent, aucun ne veut être le premier à commencer, il est de bon ton de manger les restes. C'est pourquoi ils vivent en paix et le monde extérieur est incapable de les troubler. Ainsi, ils n'ont pas d'ennuis.

« Les arbres droits sont les premiers abattus. Les sources douces sont les plus tôt taries. Et vous, vous faites montre de votre science en vue d'effrayer des insensés. Vous vous cultivez, alors que les autres se dégradent. Et vous brillez, comme si le soleil et la lune étaient sous vos bras ; par conséquent, vous ne pouvez pas éviter les troubles...

— En effet », répliqua Confucius.

Et sur-le-champ il prit congé de ses amis, renvoya ses disciples et se retira dans le désert, où il se vêtit de peaux et se nourrit de glands et de noix. Il se promenait parmi les bêtes et les oiseaux qui ne prenaient pas garde à lui.

J'ai fait un poème qui résume pour moi le message de la pensée taoïste :

Il y a la sagesse de l'insensé
Il y a la grâce de celui qui est lent,
La subtilité de la stupidité,
L'avantage d'une position basse.

Cela doit rappeler aux lecteurs chrétiens le Sermon sur la Montagne, et peut-être leur sembler également inefficace. Laozi donnait aux Béatitudes une nuance de ruse quand il ajoutait : « Bénis soient les idiots, car ils sont les gens les plus heureux de la terre. » A la suite des célèbres phrases de Laozi : « La plus grande sagesse est comme la stupidité ; la plus grande éloquence, comme le bégaiement », Zhuangzi dit : « Crachez sur l'intelligence. » Liu Zhongyuan*, au VIIIe siècle, appelait la montagne voisine « la Montagne stupide » et la rivière proche « la Rivière stupide », Zheng Banqiao* au XVIIIe siècle, faisait la fameuse remarque : « Il est difficile d'avoir l'esprit confus. Il est difficile d'être intelligent, mais il est encore plus difficile de passer de l'intelligence à la stupidité. » L'éloge de la folie n'a jamais été interrompu dans la littérature chinoise. La sagesse de cette attitude se retrouve dans l'expression familière : « Ne fais pas trop le malin. » L'homme le plus sage est souvent celui qui prétend être un « sacré idiot ».

C'est pourquoi nous trouvons, dans la culture chinoise, le curieux phénomène d'une haute intelligence qui se défie d'elle-même et proclame la première, pour autant que je le sache, l'évangile de l'ignorance et la théorie du camouflage comme les meilleures armes dans la bataille de la vie. Du conseil de Zhuangzi de « cracher sur l'intelligence », il n'y a qu'un pas à la glorification de l'idiot, que nous pouvons constamment observer dans la peinture chinoise et les portraits littéraires du gueux, ou de l'immortel déguisé, ou du moine fou, ou de l'anachorète extraordinaire, tel que nous le voyons dans *Le Voyage de Mingliaozi* de Tu Long. Le sage désenchantement de la vie prend une nuance romantique ou religieuse et entre dans le royaume de la fantaisie poétique, lorsque le pauvre moine déguenillé et à moitié fou devient pour nous le symbole de la plus haute sagesse et de la noblesse de caractère.

La popularité des imbéciles est un fait indéniable. Je ne doute pas qu'en Orient comme en Occident, le monde ne déteste l'homme qui est trop habile dans ses rapports avec ses semblables. Yuan Hongdao écrivit un essai montrant pourquoi ses frères et lui préférèrent garder quatre serviteurs extrêmement bêtes et loyaux. Chacun peut parcourir les noms de ses amis, les associer dans son esprit et vérifier pour lui-même le fait que ceux que nous aimons ne sont pas ceux que nous respectons pour leur habileté et que ceux que nous respectons pour leur habileté ne sont pas ceux que nous aimons et que nous aimons un serviteur idiot parce qu'il est plus digne de confiance, qu'en sa compagnie nous pouvons mieux nous détendre et que nous n'avons pas besoin de nous mettre en posture de défense en sa présence. Beaucoup d'hommes avisés choisissent d'épouser des femmes pas trop malignes, et plus d'une jeune fille sage un mari pas trop intelligent comme compagnon de vie.

Il y a des fous fameux dans l'histoire de Chine, tous extrêmement populaires. Par exemple, le célèbre peintre Song, Mi Fu*, qui signait Mi Dian (Mi le Fou) et prit ce titre parce qu'il apparut un jour en robe de cérémonie pour honorer un morceau de roche déchiquetée qu'il appelait son « beau-père ». Mi Fu, tout comme le fameux peintre de la dynastie Yuan, Ni Zan*, avait une douce forme de folie de la propreté. Il y avait le célèbre moine-poète fou Hanshan*, qui se promenait les cheveux défaits et les pieds nus, travaillait dans les cuisines des différents monastères, mangeait les restes et écrivait des vers immortels sur les murs des temples et des cuisines. Le plus grand des moines fous qui ait séduit l'imagination du peuple chinois est sans doute Jidian*, ou Jigong, qui est le héros d'un roman populaire atteignant trois fois la taille du *Don Quichotte* et resté, semble-t-il, inachevé. Car il vit dans un monde de magie, de médecine, de fourberie et d'ivrognerie et possède le don d'ubiquité. Le temple élevé en son honneur existe encore aujourd'hui à Hubao. A un moindre degré, les grands génies romantiques des XVIe et XVIIe siècles, quoique décidément aussi normaux que nous, tendent par leur conduite et leur apparence excentrique à donner l'impression d'être fous, comme Xu Wei*, Li Zhi et Jin Shengtan (littéralement, « le Soupir du Sage », un nom qu'il se donna lui-même, parce que, disait-il, on entendit le jour de sa naissance un mystérieux soupir dans le temple de Confucius du village).

IV. PHILOSOPHIE DU JUSTE MILIEU : ZISI

Je ne doute pas qu'une philosophie qui prescrit l'insouciance n'ait une forte tendance à nous éloigner d'une vie trop active et des trop grandes responsabilités, et par conséquent à diminuer le désir d'action. D'autre part, l'homme moderne a besoin de ce souffle rafraîchissant de cynisme, qui ne peut que lui faire du bien. Il est probable que le mythe du progrès qui pousse l'homme à des activités futiles et inutiles, a fait plus de mal que tout le cynisme des philosophies anciennes et modernes combinées. Il y a en chacun trop d'impulsions physiologiques vers l'action et en dépit de la grande popularité de la philosophie du Vagabond, le peuple chinois est encore un des plus industrieux de la terre. La plupart des hommes ne peuvent pas être cyniques, simplement parce qu'ils ne sont pas philosophes.

C'est pourquoi, pour autant que je puisse le prévoir, il y a peu de danger que le cynisme se transforme en une mode suivie par le troupeau.

Même en Chine, où la philosophie taoïste trouve un écho instinctif et s'est développée durant plusieurs milliers d'années, la vie continue joyeusement et une foule de gens croient encore à la richesse, à la gloire, au pouvoir et sont bien déterminés à servir leur pays. S'il n'en était pas ainsi, la vie ne pourrait pas se poursuivre. Non, les Chinois ne sont cyniques et poètes que lorsqu'ils n'ont pas réussi ; la plupart de mes concitoyens sont encore de très bons directeurs de spectacle. L'effet de la doctrine taoïste n'a fait que ralentir le tempo de la vie, et, dans les cas de calamités naturelles et de désordre, ancrer la croyance en la loi d'action et de réaction, qui amène finalement la justice.

Et cependant, il existe dans la pensée chinoise en général une influence qui contrecarre cette philosophie insouciante du vagabond naturel. Opposée à la philosophie du gentleman de la nature, il y a celle du gentleman de la société ; opposé au taoïsme, il y a le confucianisme. Pour autant que le taoïsme et le confucianisme signifient simplement des conceptions négatives et positives de la vie, je ne pense pas qu'ils soient spécifiquement chinois, mais inhérents à la nature humaine. Nous naissons tous à moitié taoïstes et à moitié confucianistes. La conclusion logique d'un véritable taoïste serait de s'en aller dans les montagnes et d'y vivre comme un ermite, en imitant le plus possible la vie insouciante du bûcheron et du pêcheur ; du bûcheron qui est le seigneur des montagnes vertes et du pêcheur qui est le maître des eaux bleues. Le solitaire taoïste, à demi caché dans les nuages, au sommet de la montagne, aperçoit le bûcheron et le pêcheur qui discutent nonchalamment et, remarquant que les montagnes ne sont vertes et que les eaux ne flottent que pour leur plaire, il en oublie les deux hommes. Cette réflexion lui donne un sentiment de paix parfaite. Et cependant c'est une pauvre philosophie, celle qui nous enseigne à fuir la société humaine.

Or il existe une philosophie plus haute que ce naturalisme, c'est l'humanisme. L'idéal de la pensée chinoise s'incarne donc dans un homme qui ne doit échapper ni à la société, ni à la vie, pour préserver sa nature originelle. Il n'est qu'un solitaire de second rang, encore esclave de son milieu, celui qui doit fuir les villes et s'en aller vivre seul dans les montagnes. « Le Grand Solitaire est le solitaire des villes », parce qu'il est suffisamment maître de lui pour ne pas craindre ce qui l'entoure. C'est pourquoi il est le Grand Moine qui s'en revient vers la société humaine, mange du porc, boit du vin et se mêle aux femmes, sans que son âme en pâtisse. Il est donc possible de mêler les deux philosophies. Le contraste entre le confucianisme et le taoïsme n'est que relatif, les deux doctrines n'insistant que sur les extrêmes et, entre les deux, il y a beaucoup d'étapes intermédiaires.

Ce sont les meilleurs cyniques, ceux qui ne le sont qu'à moitié. Le plus haut type de vie, après tout, est la vie doucement raisonnable, enseignée par le petit-fils de Confucius, Zisi*, auteur de la *Voie dorée*. Aucune philosophie n'a encore découvert de vérité plus profonde que cette doctrine d'une vie bien ordonnée, entre les deux extrêmes : la doctrine du Juste Milieu. C'est cet esprit de douce raison, parvenant à une balance parfaite entre l'action et l'inaction, incarné dans l'idéal d'un homme vivant dans une demi-célébrité et une demi-obscurité ; paresseusement actif et activement paresseux ; pas pauvre au point de ne pouvoir payer son loyer et pas assez riche pour ne pas être obligé de travailler un peu, ou pouvoir désirer quelque aisance qui permette d'aider ses amis ; qui joue du piano, mais juste assez bien pour se faire écouter de ses intimes et surtout pour son plaisir ; qui collectionne, mais juste ce qu'il faut, pour orner son dessus de cheminée ; qui lit, mais pas trop ; qui étudie, mais sans devenir un spécialiste ; qui écrit, mais voit ses correspondances au *Times* une fois sur deux refusées ; bref, c'est cet idéal de vie moyenne, dont je crois qu'il est le type de vie le plus sain qui ait jamais été découvert. C'est l'idéal si bien exprimé par Li Mi'an* dans le *Chant du Juste Milieu* :

J'ai déjà vu la plus grande moitié
De cette vie flottante – ah, il y a un mot magique !
Ce mot « moitié » d'une portée si riche
Nous fait goûter plus de joie
Que nous n'en pouvons posséder.
Le meilleur état de l'homme
Est à mi-chemin de la vie,
Quand un pas ralenti lui permet le repos ;
Le monde se trouve à mi-chemin entre la terre et le ciel ;
Vivre à mi-chemin entre la ville et la campagne ;
Avoir des fermes à mi-chemin
Entre les rivières et les montagnes ;
Etre à demi savant, à demi châtelain,
A demi homme d'affaires ;
Vivre à moitié comme un noble,
Et à moitié comme le commun des gens ;
Avoir une maison moitié belle, moitié laide,
Moitié élégamment meublée et moitié nue ;
Des vêtements moitié vieux, moitié neufs
Et une nourriture mi-recherchée, et mi-simple ;
Avoir des serviteurs ni trop intelligents, ni trop bêtes ;
Une femme qui soit ni trop simple ni trop habile –
Au fond, je me sens la moitié d'un Bouddha,
Et presque la moitié d'un bienheureux taoïste.
La moitié de moi-même est tournée vers le ciel,
L'autre moitié vers mes enfants.
Pensant à moitié comment assurer l'avenir de ma postérité,
Et à moitié comment me présenter devant Dieu,
Quand le corps sera laissé en repos.
Il est le plus sagement ivre, celui qui est à moitié ivre ;

Et les fleurs à moitié en boutons sont les plus belles ;
Les bateaux à demi voilés naviguent le mieux ;
Et les chevaux avec les rênes à moitié tendues
Trottent le mieux.
Qui possède moitié trop est inquiet
Qui possède moitié trop peu désire posséder plus.
Puisque la vie est à la fois amère et douce
Celui qui n'en goûte que la moitié
Est plus sage et plus intelligent.

Nous avons donc ici, fondus dans une philosophie du juste milieu, le cynisme taoïste et la conception positive confucianiste. Et parce que l'homme est né entre la terre réelle et le ciel irréel, je crois que, toute insuffisante qu'elle puisse paraître à un Occidental, avec son point de vue incroyablement avancé, c'est encore la meilleure, parce que la plus humaine. Après tout, un demi-Lindberg vaudrait mieux qu'un Lindberg complet. Je suis parfaitement certain qu'il eût été plus heureux s'il n'avait survolé que la moitié de l'Atlantique. Une fois admise la nécessité d'avoir parmi nous quelques hommes supérieurs – explorateurs, conquérants, grands inventeurs, grands présidents, héros qui changent le cours de l'histoire – reconnaissons que l'homme le plus heureux est encore l'homme moyen qui a gagné quelque indépendance économique, qui a fait quelque chose, mais juste quelque chose, pour l'humanité et qui est légèrement distingué dans sa communauté, mais pas trop. Ce n'est que dans ce milieu de demi-obscurité et d'indépendance financière, lorsque la vie est franchement insouciante, mais cependant pas complètement, que l'esprit humain est le plus heureux et réussit le mieux. Après tout, nous devons nous accommoder de cette vie et faire descendre la philosophie du ciel sur la terre.

V. UN AMOUREUX DE LA VIE : TAO YUANMING

Nous avons donc montré qu'en amalgamant les conceptions positives et négatives de la vie, il est possible de construire une harmonieuse philosophie du juste milieu, qui se situe entre l'action et l'inaction, entre l'absorption dans un monde de préoccupations futiles, ou la fuite devant une vie de responsabilité, et qui, à la lumière de toutes les philosophies du monde, se révèle comme le plus sain et le plus heureux idéal de vie sur la terre. Et, ce qui est plus important, le mélange de ces deux conceptions rend possible une personnalité harmonieuse, but de toute culture et de toute éducation. Il est significatif que de cette personnalité harmonieuse se dégagent la joie et l'amour de la vie.

Il m'est difficile de décrire les qualités de cet amour, je trouve plus facile de parler par parabole, ou de raconter l'histoire vécue d'un véritable amoureux de la vie. Le portrait de Tao Yuanming, le plus grand poète et le produit le plus harmonieux de la culture chinoise, me vient inévitablement à l'esprit. Personne en Chine ne me contredira quand je dis que Tao représente pour nous le caractère le plus parfaitement harmonieux de toute notre tradition littéraire. Sans avoir suivi de carrière officielle illustre, sans puissance et sans succès extérieur, sans autre héritage littéraire qu'un mince volume de vers et trois ou quatre essais en prose, il reste comme un phare brillant à travers les âges, un symbole pour les poètes et les écrivains de ce que devrait être le plus haut caractère humain. Il y a dans sa vie et dans son style une simplicité qui est impressionnante et comme un constant reproche pour les natures plus brillantes et plus sophistiquées. Il se dresse aujourd'hui comme un exemple parfait, parce qu'en lui la révolte contre les désirs matériels ne s'est pas traduite par la fuite, mais a abouti à une entente harmonieuse avec la vie des sens. Près de deux siècles de romantisme littéraire, le culte taoïste de la vie nonchalante et la révolte contre le confucianisme ont travaillé et ont uni leurs forces pour rendre possible l'apparition de cette personnalité. En lui nous trouvons la conception positive ayant perdu sa suffisance stupide, la philosophie cynique sans sa révolte amère et la sagesse humaine atteignant pour la première fois sa pleine maturité dans un esprit de tolérante ironie.

Tao Yuanming représente pour moi cette étrange caractéristique de la culture chinoise, une curieuse combinaison de dévotion à la chair et d'arrogance de l'esprit, de spiritualité sans ascétisme et de matérialisme sans sensualité, dans laquelle les sens et l'esprit vivent en harmonie. Car le philosophe idéal est celui qui comprend le charme des femmes sans être grossier, qui aime la vie profondément, mais avec réserve, qui voit la précarité des succès et les faillites du monde de l'action et se tient quelque peu seul et détaché sans leur être hostile.

Parce que Tao a atteint cette véritable harmonie spirituelle, nous découvrons en lui une absence totale de conflit intérieur et sa vie a été aussi naturelle et sans effort que sa poésie.

Il naquit vers la fin du IVe siècle de notre ère ; il était l'arrière-petit-fils d'un savant distingué qui, en vue de se garder de la paresse, transportait le matin une pile de briques d'un endroit à un autre et les ramenait l'après-midi. Dans sa jeunesse, pour subvenir aux besoins de ses vieux parents, il accepta un emploi de fonctionnaire subalterne, mais il le résilia bientôt et retourna à la terre, labourant les champs lui-même, ce qui lui provoqua une sorte de maladie. Un jour, il demanda à ses parents et à ses amis : « Serait-ce bien, si je m'en allais comme chanteur ambulant pour payer les frais d'entretien de mon jardin ? » Entendant cela, certains de ses amis lui trouvèrent une situation de magistrat à Pengze. Très amateur de vin, il commanda que tous les champs qui appartenaient au gouvernement local fussent plantés en riz glutineux, dont on peut faire du vin, et ce n'est que sur les protestations de sa femme qu'il permit qu'on plantât une autre sorte de riz sur un sixième des terres. Quand un délégué du gouvernement arriva et que son secrétaire lui dit qu'il devait le recevoir avec sa robe proprement ceinturée, il soupira et dit : « Je ne peux pas me courber et faire la révérence pour cinq boisseaux de riz. » Et il démissionna immédiatement, puis écrivit le fameux poème *Retour à la maison*. Dès lors il vécut la vie d'un fermier et refusa à plusieurs reprises des offres d'emploi. Pauvre lui-même, il vivait en communion avec les pauvres ; dans une lettre à ses fils, il exprima certains regrets paternels de les laisser si pauvrement vêtus et travaillant comme des laboureurs. Mais lorsqu'il s'absentait et s'arrangeait pour leur envoyer un jeune paysan les aider à transporter de l'eau et ramasser du bois, il leur disait : « Traitez-le bien, car il est aussi le fils de quelqu'un. »

Sa seule faiblesse était son amour du vin. Vivant beaucoup avec lui-même, il voyait rarement quelqu'un, mais partout où il y avait du vin, il s'asseyait, même s'il ne connaissait pas les hôtes. D'autres fois, quand il était l'hôte et qu'il commençait à être ivre, il disait à ses invités : « Je suis soûl et j'ai sommeil, vous pouvez partir. » Il possédait un instrument à cordes, le *qin*, auquel toutes les cordes manquaient. C'était un ancien instrument dont on ne pouvait jouer que d'une manière extrêmement lente et dans un état de calme parfait. Après une fête, ou lorsqu'il se sentait l'humeur musicale, il exprimait ses sentiments en caressant l'instrument sans cordes. « J'apprécie la saveur de la musique, pourquoi aurais-je besoin des sons tirés des cordes ? »

Humble simple et indépendant, il était extrêmement circonspect dans le choix de ses amis. Lorsqu'il était magistrat, un certain Wang, qui l'admirait beaucoup, désirait devenir son ami, mais il éprouva de grandes difficultés à le voir. Avec un grand naturel, il disait : « Je vis retiré parce que par nature je ne suis pas fait pour la vie de société et je reste chez moi, parce que je suis malade. Je suis loin d'agir de cette manière en vue de me créer la réputation d'être hautain et distant. » C'est pourquoi Wang dut s'entendre avec un ami pour le voir ; cet ami parvint à lui faire quitter sa maison en l'invitant à un festin. Lorsqu'il fut à mi-chemin et s'arrêta dans un pavillon, on lui présenta du vin. Les yeux de Tao brillèrent et il s'assit joyeusement pour boire, alors Wang, qui était caché tout près, s'avança vers lui. Et il fut si content qu'il resta là à parler avec lui tout l'après-midi et oublia d'aller chez son ami. Wang s'aperçut qu'il n'avait pas de chaussures, il ordonna à ses subordonnés de lui en faire une paire. Lorsque ceux-ci demandèrent les mesures, Tao avança les pieds et leur dit de les prendre. A partir de ce moment, chaque fois que Wang désirait le voir, il devait attendre dans la forêt ou autour du lac que la chance lui fît rencontrer le poète. Un jour que ses amis brassaient du vin, ils prirent son turban pour le filtrer et quand le vin fut filtré, il remit le turban autour de sa tête.

Il y avait alors, dans les montagnes de Lushan, au pied desquelles il vivait, un grand nombre d'illustres bouddhistes zen*, dont le maître, très lettré, essaya de le faire entrer dans la société du Lotus*. Invité à une réunion, il accepta à condition qu'il lui serait permis de boire. On autorisa cette dérogation à la règle bouddhiste et il vint. Mais lorsqu'il fut question d'entrer dans la société, « il fronça les sourcils et s'en alla ». Un grand poète comme Xie Lingyun* avait tout fait pour y entrer, sans pouvoir y parvenir. Mais l'abbé continua de le traiter comme un ami et un jour il l'invita à boire ensemble avec un autre grand ami taoïste. Il y avait donc dans ce trio, l'abbé représentant le bouddhisme, Tao représentant le confucianisme, et l'autre ami le taoïsme. L'abbé avait fait le vœu de ne jamais dépasser un certain pont dans ses promenades quotidiennes, mais un jour qu'il reconduisait Tao avec cet autre ami, ils étaient si agréablement occupés par leur conversation que l'abbé passa le pont sans le savoir. Lorsqu'il s'en aperçut, le trio se mit à rire. L'incident des trois vieillards riant devint le sujet des peintures populaires chinoises, parce qu'il symbolisait le bonheur et la gaieté de trois âmes insouciantes et sages, représentant trois religions unies par le sens de l'humour.

C'est ainsi qu'il vécut et mourut, insouciant et libre, humble paysan poète, sage et joyeux vieillard. Mais quelque chose dans son volume de poèmes sur la passion et la vie pastorale, dans ses trois ou quatre essais, dans une lettre à ses fils, dans trois prières de sacrifices et dans certaines remarques à la postérité, montre un sentiment et un génie de la vie harmonieuse qui atteignent un naturel parfait et n'ont jamais encore été dépassés.

Tao peut être pris pour quelqu'un qui « fuit » et cependant il n'était pas ainsi. Ce à quoi il essaye d'échapper, c'est à la politique et non pas à la vie. S'il avait été un logicien, il aurait pu décider de lui échapper en devenant un moine bouddhiste. Mais il l'aimait trop pour le vouloir. Sa femme et ses enfants étaient trop réels pour lui, son jardin et les branches qui pendaient dans sa cour et les pins solitaires dont il ne savait pas lequel était le plus beau ; étant un homme raisonnable au lieu d'un logicien, il s'y attacha. C'est par son amour de la vie, par cette attitude positive, mais raisonnable, qu'il parvint au sentiment de l'harmonie, qui est caractéristique de sa culture. De la terre et né de la terre, sa conclusion fut de ne pas la fuir, mais « de s'avancer seul par un clair matin, ou peut-être de poser là sa canne, de commencer par arracher les mauvaises herbes et retourner la terre ». Tao, joyeusement, retourna vers la ferme et sa famille. La fin était une harmonie et non une révolte.

Chapitre VI
Le festin de la vie

I. LE PROBLÈME DU BONHEUR

La jouissance de la vie comprend beaucoup de choses : la jouissance de nous-mêmes, de la vie de famille, des arbres, des fleurs, des nuages, des rivières sinueuses, des chutes d'eau et des myriades d'objets de la nature, ou encore celle de la poésie, de l'art, de la contemplation, de l'amitié, de la conversation et de la lecture, qui toutes sont des formes de la communion des esprits. Il y a des faits évidents comme le plaisir de la nourriture, d'une soirée joyeuse, d'une réunion de famille, d'une promenade par un beau jour de printemps et d'autres moins évidents comme la jouissance de la poésie, de l'art et de la contemplation. Il m'a toujours semblé impossible de distinguer deux sortes de jouissance, l'une matérielle, l'autre spirituelle, d'abord parce que je ne crois pas à cette distinction, ensuite parce que je suis embarrassé chaque fois que j'essaye de la faire. Comment puis-je dire à la vue d'un joyeux pique-nique d'hommes, de femmes, de vieillards et d'enfants, quelle part de leur plaisir est matérielle, laquelle est spirituelle ? Je vois un enfant se rouler dans l'herbe, un autre faire des couronnes de marguerites, leur mère tenir un sandwich, l'oncle de la famille couper une pomme rouge et juteuse, le père, couché sur le sol, regarder passer les nuages et le grand-père fumer sa pipe. Il est probable que quelqu'un fait marcher un gramophone et que de loin arrivent des accords de musique et le murmure des vagues. Lequel de ces plaisirs est matériel, lequel est spirituel ? Est-il si facile de faire une distinction entre jouir d'un sandwich ou du paysage, ce que nous appelons poésie ? Est-il possible de considérer le plaisir de la musique comme plus élevé que celui de fumer une pipe, que nous qualifions de matériel ? Cette classification est donc pour moi confuse, inintelligible, erronée. Je suppose qu'elle procède d'une philosophie qui sépare l'esprit de la chair et n'est pas fondée sur un examen minutieux et direct de nos vrais plaisirs.

Peut-être me suis-je trop avancé en supposant que la propre fin de la vie humaine en était la véritable jouissance ? C'est si simple parce que c'est ainsi. J'hésite plutôt sur le mot « fin » ou « but » qui me paraît comporter trop de contrainte et d'effort alors qu'il s'agit d'une attitude naturelle. Le problème qui se pose à tout homme en ce monde, ce n'est pas le but qu'il devrait s'efforcer d'atteindre, mais simplement que faire de la vie qui lui est donnée pour environ cinquante ou soixante ans. La façon dont il doit l'organiser pour y trouver le plus de bonheur, est plutôt une question pratique qu'une proposition métaphysique déterminant le sens mystique de cette vie dans le schéma de l'univers.

Je pense au contraire que les philosophes qui se proposent de résoudre le problème du but de la vie, font une pétition de principe en supposant qu'elle doit en avoir un. Cette question, si disputée parmi les penseurs occidentaux, a sans doute pris une telle importance sous l'influence de la théologie, et le fait que les gens essayent d'y répondre, se querellent à son sujet et sont embarrassés par elle, montre qu'elle est parfaitement vaine et insoluble. S'il y avait eu un but à la vie, il n'aurait pas été si vague, ni si difficile à trouver.

On peut envisager la question sous deux aspects : celui d'un but prévu par Dieu, ou choisi par l'humanité elle-même. Je ne discuterai pas le premier parce que tout ce que nous pensons que Dieu a dans l'esprit procède nécessairement du nôtre ; c'est ce que nous imaginons être dans l'esprit de Dieu, et il est vraiment difficile pour une intelligence humaine d'en deviner une qui soit divine. Par ce genre de raisonnement, nous aboutissons à faire de Dieu le général de notre armée et à le rendre plus chauvin que nous-mêmes. Il lui est impossible, tel que nous le concevons, de prévoir un destin pour le monde ou l'Europe, mais seulement pour notre chère patrie. Je suis parfaitement sûr que les nazis ne peuvent concevoir Dieu sans un brassard à croix gammée. Ce *Gott* est toujours *mit uns* et ne peut pas être *mit ihnen*. Mais les Allemands ne sont pas les seuls à penser ainsi.

En ce qui concerne le deuxième aspect, le point religieux n'est pas ce qu'« est », mais ce que « devrait être » le but de la vie humaine, c'est donc une question pratique et non métaphysique.

Chacun y projette ses propres conceptions et son échelle des valeurs. Et parce que nos échelles diffèrent, nous nous querellons à leur sujet. Pour ma part, je suis content d'être moins philosophe que pratique. Je ne présume pas qu'il doive y avoir nécessairement un but, une signification à l'existence. Comme le dit Walt Whitman, « il me suffit d'être comme je suis ». Il me suffit de vivre – probablement quelques décennies – et que la vie existe. Vu sous cet angle, le problème devient étonnamment simple et n'admet pas deux réponses. Quel peut être le but de la vie, si ce n'en est la jouissance ?

Il est étrange que ce problème du bonheur, qui est la grande préoccupation de tous les philosophes païens, ait été entièrement négligé par les penseurs chrétiens. La grande question qui trouble les esprits théologiques n'est pas le bonheur, mais le « salut » : mot tragique qui a pour moi une saveur amère, car chaque jour en Chine, j'entends quelqu'un parler de notre « salut national ». Chacun essaye de « sauver » la Chine. Il suggère l'angoisse de gens sur un bateau qui s'enfonce, le sentiment d'une perte finale et de la meilleure méthode de s'en tirer vivant. Le christianisme, qu'on a décrit comme « le dernier soupir de deux mondes expirants » (les Grecs et les Romains), garde encore aujourd'hui quelque chose de cette caractéristique avec son insistance sur l'importance du salut. La question de la vie est remplacée par celle de la survie. Pourquoi l'homme s'inquiéterait-il tant de son salut s'il ne se sentait pas en train de se perdre ? Les esprits théologiques sont si occupés de salut et si peu de bonheur, que tout ce qu'ils peuvent nous dire du futur est qu'il y aura un vague ciel ; et, questionnés sur ce que nous ferons, et sur le bonheur que nous trouverons dans le ciel, ils nous répondent par les idées les plus confuses, comme de chanter des hymnes et de porter des robes blanches. Mahomet, du moins, a fait du bonheur futur un tableau rempli de vins généreux, de fruits juteux et de jeunes femmes passionnées, aux cheveux noirs et aux grands yeux, que nous, profanes, pouvons comprendre. Tant que le ciel ne deviendra pas plus vivant et plus convaincant, il n'y a pas de raison d'y aspirer et de négliger cette existence terrestre. Comme dit le proverbe : « Un œuf aujourd'hui vaut mieux qu'une poule demain. » Finalement, lorsque nous pensons à nos vacances d'été, nous nous inquiétons de certains détails sur l'endroit où nous irons. Si le bureau de tourisme est trop équivoque, cela ne m'intéresse pas, je reste où je suis. Aurons-nous dans le ciel à nous efforcer d'atteindre la perfection, comme je suis bien certain que les croyants au progrès et à l'effort doivent le supposer ? Mais comment pourrons-nous le faire, puisque nous serons déjà parfaits ? Ou bien n'aurons-nous qu'à flâner et à ne rien faire ? Dans ce cas, ne vaudrait-il pas mieux nous y habituer dès cette terre ?

Si nous devons avoir une conception de l'univers, ne la restreignons pas à nous-mêmes. Etendons-la un peu et tâchons d'y inclure toute la création – les rochers, les arbres, et les animaux. Il y a un plan des choses (quoique « plan » soit un de ces mots comme « fin » ou « but », dont je me méfie beaucoup), un arrangement dans la création et nous pouvons parvenir à une certaine opinion, quoique manquant de finalité, sur l'univers entier et la place que nous y avons. Cette conception de la nature doit être naturelle, puisque nous en sommes une partie vitale et que nous y retournons quand nous mourons. L'astronomie, la géologie, la biologie et l'histoire fournissent toutes un matériel abondant pour nous aider à nous en faire une idée suffisante, si nous ne sommes pas trop pressés d'arriver à la conclusion. Il importe peu que la place de l'homme diminue légèrement d'importance. Il suffit qu'il en ait une ; alors, vivant en harmonie avec la nature qui l'entoure, il sera capable de se former une idée raisonnable de la vie.

II. LE BONHEUR HUMAIN EST SENSUEL

Tout bonheur humain est biologique. Cela est strictement scientifique. Au risque d'être incompris, je dois m'expliquer : tout bonheur humain est sensuel. Les spiritualistes ne me comprendront pas, j'en suis certain ; les spiritualistes et les matérialistes ne pourront jamais se comprendre parce qu'ils ne parlent pas la même langue, ou qu'ils désignent par le même mot des choses différentes. Allons-nous aussi, dans ce problème, être trompés par les spiritualistes, et admettre que le vrai bonheur n'est que celui de l'esprit ? Admettons-le donc et disons immédiatement que l'esprit est une condition du parfait fonctionnement des glandes endocrines. Le bonheur, pour moi, est beaucoup une question de digestion. Je dois me couvrir de l'autorité d'un président de collège américain, pour assurer ma réputation et ma respectabilité, lorsque j'affirme que le bonheur est pour une large part une question intestinale. Le président de collège américain en question a l'habitude de dire dans chacun de ses discours d'ouverture aux nouveaux élèves : « Il y a deux choses dont je voudrais que vous vous souveniez : lire la Bible et vous garder de la constipation. » Quelle vieille âme sage et géniale doit-il avoir pour dire cela ! Si les intestins de quelqu'un fonctionnent, il est heureux, si ses intestins ne fonctionnent pas, il est malheureux. Tout est là.

Ne nous perdons pas dans l'abstrait lorsque nous parlons du bonheur, mais venons-en aux faits et recherchons quels ont été les moments vraiment heureux de notre vie. Dans ce monde, le bonheur est très souvent négatif : l'absence complète de la douleur, de mortification, ou de maladie corporelle. Mais il peut aussi être positif, nous l'appelons alors la joie. Voici pour moi, par exemple, des moments vraiment heureux : lorsque, me levant après une nuit de sommeil parfait et aspirant l'air matinal dans mes poumons dilatés, j'ai envie de respirer profondément ; il se produit alors une douce sensation de mouvement autour de la peau et des muscles de la poitrine et je me sens dispos pour le travail ; lorsque je tiens une pipe à la main, que j'ai les jambes posées sur une chaise et que le tabac brûle doucement ; lorsque je me promène par un jour d'été, la gorge desséchée par la soif, que j'aperçois une source claire dont le bruit me rend heureux, que j'enlève mes chaussures et que je plonge mes pieds dans l'eau fraîche et délicieuse; lorsque, après un dîner parfait, je m'étale dans un fauteuil, qu'il n'y a personne que je déteste dans l'assemblée, que la conversation s'avance légèrement vers une destination inconnue et que je suis en paix spirituellement et physiquement avec le monde.

De même qu'il m'est impossible de dire si j'aime mes enfants spirituellement ou physiquement lorsque je vois leurs jambes dodues et que j'entends leurs voix babillardes, ainsi je suis totalement incapable de distinguer entre les joies de l'esprit et celles de la chair. Quelqu'un aimera-t-il jamais spirituellement une femme sans l'aimer physiquement ? Est-il si facile pour un homme d'analyser et de séparer les charmes de la femme qu'il aime : le rire, le sourire, une manière de relever la tête, une certaine attitude envers les choses ? Après tout, une jeune fille se sent plus heureuse quand elle est bien habillée. Il y a une qualité qui élève l'âme dans le rouge à lèvres et la poudre et, dans le fait de se savoir bien habillé, un calme spirituel et un équilibre dont le spiritualiste n'a pas la moindre idée. Etant fait de cette chair mortelle, la cloison qui la sépare de notre esprit est extrêmement mince, et le monde spirituel, avec ses émotions les plus hautes et ses appréciations les plus élevées de la beauté, ne peut être atteint, si ce n'est par les sens. Il n'existe pas de moralité ou d'immoralité dans les sens du toucher, de l'ouïe ou de la vue. Il est très probable que notre incapacité à ressentir les joies positives de la vie est due largement à la diminution de sensibilité de nos sens et au peu d'usage que nous en faisons.

Pourquoi discuter là-dessus, prenons des exemples concrets parmi les grands amoureux de la vie, voyons ce qu'ils décrivent comme leurs moments heureux et combien ceux-ci sont reliés intimement avec les sens de l'ouïe, du goût et de la vue. Voici une description du haut plaisir esthétique que Thoreau éprouve en écoutant le chant des grillons :

> Observons d'abord le cri des grillons. On l'entend partout parmi ces rochers. Le chant d'un seul est plus intéressant pour moi. Il suggère l'ancienneté, mais seulement dans le sens de l'éternité que nous connaissons d'après le temps et par rapport à toutes les poursuites triviales et hâtives. Il suggère une sagesse mûrie, jamais récente, au-dessus de toutes les considérations temporelles, et possédant la fraîcheur et la maturité de l'automne, au milieu des aspirations et des chaleurs de l'été. Ils disent aux oiseaux : « Ah ! vous parlez par impulsion comme les enfants ; la Nature parle par vous, mais avec nous, il s'agit de science mûrie. Les saisons ne tournent pas pour nous, nous chantons leur berceuse. » C'est ainsi qu'ils chantent, éternels, à la racine de l'herbe. Le ciel se trouve là où ils sont et leurs demeures n'ont pas besoin d'être construites. Toujours semblables, en mai et en novembre. Sereinement sage, leur chant a la sécurité de la prose. Ils n'ont pas bu de vin, mais la rosée. Il n'y a pas de tension amoureuse cachée, quand la saison de la couvée est passée, mais une glorification et une jouissance éternelles de Dieu. Ils

se tiennent en dehors des révolutions des saisons. Leur tension est invariable comme la Vérité. Ce n'est qu'en pleine santé que les hommes entendent les grillons.

Combien parmi nous sont capables de distinguer entre les odeurs de midi et de minuit, ou entre celles de l'hiver et de l'été, ou celles d'un temps venteux et d'un temps tranquille ? Si l'homme est généralement moins heureux dans les villes qu'à la campagne, c'est parce que toutes ces variations des objets, des odeurs et des sons sont moins clairement marquées et se perdent dans la monotonie générale des murs gris et des chaussées de ciment. Les Chinois et les Américains sont pareils quand il s'agit des vraies limites des possibilités et des qualités des moments de bonheur. Avant de traduire les trente-trois moments heureux décrits par un lettré chinois, je veux citer un passage de Whitman qui fera ressortir l'identité de nos sens :

> Un jour clair, vif – l'air sec et joyeux, plein d'oxygène. Des miracles silencieux, sains et beaux qui m'entourent et m'absorbent – les arbres, l'eau, l'herbe, le soleil et la gelée blanche – celui que je regarde le plus aujourd'hui est le ciel. Il est de ce bleu délicat, transparent, particulier à l'automne, et les seuls nuages, petits ou grands, sont blancs et avancent d'un mouvement tranquille et spirituel dans la grande voûte. Durant tout le début du jour (de sept heures à onze heures) il reste d'un bleu pur, pourtant vif. Mais comme midi approche, la couleur devient plus légère, tout à fait grise pour deux ou trois heures, ensuite encore plus pâle pour un moment,

jusqu'au crépuscule que je vois finalement jaillir à travers les interstices d'un monticule de grands arbres – des traits de feu et une étendue splendide de jaune clair, de rouge foncé et de rouge, avec un vaste glacis d'argent de biais sur l'eau – les ombres transparentes, les rayons, les éclats et les couleurs vives au-delà de tout ce qui a jamais été peint.

Je ne sais pourquoi, ni comment, mais cela me semble dû surtout à ces ciels (je pense maintenant, bien que je les aie vus chaque jour de ma vie, que je n'ai jamais réellement vu les ciels auparavant), j'ai eu cet automne certaines heures merveilleusement satisfaisantes – ne devrais-je pas dire parfaitement heureuses ? Comme je l'ai lu, Byron*, juste avant sa mort, disait à un ami qu'il n'avait connu que trois heures de bonheur dans toute son existence. Ensuite il y a la vieille légende allemande de la cloche du roi, sur le même sujet. Pendant que j'étais là dans les bois par ce magnifique coucher de soleil à travers les arbres, je pensais à Byron, à l'histoire de la cloche et la notion montait en moi, que je vivrais une heure heureuse. (Même dans mes meilleurs moments, je ne prends jamais de notes ; lorsqu'ils se produisent, je ne parviens pas à en briser le charme par la rédaction d'un mémoire. Je m'abandonne à mon humeur et la laisse flotter, m'emportant dans sa placide extase.)

D'ailleurs, qu'est-ce que le bonheur ? Est-ce une de ces heures, ou une autre pareille ? – si impalpable – un simple souffle, une nuance évanescente ? Je ne sais pas – aussi laissez-moi le bénéfice du doute. As-tu, transparent, dans tes profondeurs azurées, un remède pour un cas comme le mien ? (Ah, le détraquement physique et les troubles spirituels de mes trois dernières années !) Et le laisses-tu maintenant s'égoutter mystiquement sur moi à travers l'air, invisiblement ?

III. *LES TRENTE-TROIS MOMENTS DE BONHEUR** DE JIN SHENGTAN

Nous sommes maintenant mieux préparés pour examiner et apprécier les moments heureux d'un Chinois, tels qu'il les décrit. Jin Shengtan, ce grand critique impressionniste du XVIIe siècle, nous a donné, au milieu de ses commentaires sur le *Xixianji** (« Le Pavillon de l'Ouest »), une énumération des moments de bonheur qu'il a comptés, alors qu'il était enfermé avec un ami dans un temple à cause de la pluie. Il les considère comme les moments vraiment heureux de la vie humaine, ces moments où l'esprit est inextricablement lié aux sens :

1. C'est un jour chaud de juin, où le soleil se tient tranquille dans le ciel, et où il n'y a pas un souffle de vent, ni une trace de nuages ; les cours sont chaudes comme des fours et aucun oiseau n'ose y voler. La transpiration inonde mon corps entier. Le repas de midi est servi devant moi, mais je ne puis y toucher à cause de la chaleur. Je demande une natte pour la mettre sur le sol et m'y étendre, mais la natte est humide, des mouches se posent sur mon nez et refusent de s'en aller. Juste à ce moment où je suis complètement désespéré, un coup de tonnerre éclate soudain, de grandes masses

de nuages noirs envahissent le ciel et s'avancent majestueusement comme une grande armée se lançant dans la bataille. La pluie commence à couler des gouttières comme une cataracte. La transpiration s'arrête. La moiteur froide du sol est partie. Toutes les mouches disparaissent pour se cacher et je peux manger mon riz. Ah, n'est-ce pas là le bonheur ?

2. Un ami que je n'avais pas vu depuis dix ans arrive tout à coup au crépuscule. J'ouvre la porte pour le recevoir, sans lui demander s'il est venu par eau ou par terre, sans l'inviter à s'asseoir sur le lit ou le divan, je vais à la cuisine et demande humblement à ma femme : « Avez-vous obtenu un gallon de vin comme la femme de Su Dongpo ? » Ma femme, de bon cœur, enlève son peigne d'or pour l'acheter. Je calcule qu'il pourra durer trois jours. Ah, n'est-ce pas là le bonheur ?

3. Je suis assis seul dans une pièce vide et je suis agacé par une souris à la tête de mon lit, je me demande ce que ce petit bruissement signifie – auquel de mes articles elle s'attaque ou lequel de mes livres elle dévore. Pendant que je suis dans cet état d'esprit et ne sais que faire, j'aperçois tout à coup un chat à l'aspect féroce, qui agite sa queue et fixe son œil grand ouvert, comme s'il voyait quelque chose. Je retiens ma respiration et attends, parfaitement tranquille ; soudain, avec un petit bruit, la souris disparaît comme un souffle de vent. Ah, n'est-ce pas là le bonheur ?

4. J'arrache les prunus, les houx et d'autres arbustes qui poussent devant ma bibliothèque. A la place, je plante une vingtaine de bananiers. Ah, n'est-ce pas là le bonheur ?

5. Je suis en train de boire par une nuit de printemps avec certains amis romantiques ; j'éprouve juste une demi-ivresse et trouve difficile de m'arrêter de boire, comme de continuer. Un serviteur compréhensif apporte soudain un paquet de feux d'artifice, près d'une douzaine, et je me lève de table pour les allumer. L'odeur du soufre envahit mes narines, pénètre dans mon cerveau et un bien-être se répand dans tout mon corps. Ah, n'est-ce pas là le bonheur ?

6. Je me promène dans la rue et je vois deux pauvres coquins engagés dans une chaude dispute de mots, avec leurs visages brillants et leurs yeux luisants de colère, comme s'ils étaient des ennemis mortels, et cependant ils ont encore la prétention d'être cérémonieux l'un envers l'autre, levant les bras et inclinant la taille et se servant du langage le plus poli. Le flot des paroles est intarissable. Soudain apparaît un grand gaillard enroué qui agite les bras, s'approche d'eux et leur crie de s'en aller. Ah, n'est-ce pas là le bonheur ?

7. Entendre notre enfant réciter les classiques si facilement qu'on dirait de l'eau coulant d'un vase. Ah, n'est-ce pas là le bonheur ?

8. N'ayant rien à faire après un repas, je vais voir les boutiques et prends goût à une petite chose. Après avoir négocié quelque temps, nous nous disputons encore sur une mince différence, mais le marchand refuse de céder. Alors je sors de ma manche un objet qui a presque la même valeur que la différence et le lui tends. Le garçon sourit tout à coup et s'incline courtoisement en disant : « Oh, vous êtes trop généreux. » Ah, n'est-ce pas là le bonheur ?

9. N'ayant rien à faire après un repas, j'essaye de mettre de l'ordre dans un vieux coffre. Je vois qu'il s'y trouve des douzaines, des centaines de reçus de gens qui doivent de l'argent à ma famille. Certains d'entre eux sont morts et d'autres encore vivants, mais en aucun cas il n'y a d'espoir de récupérer l'argent. A l'insu des gens, je mets tous les papiers en tas et je les brûle, et je regarde le ciel pour voir la dernière trace de fumée disparaître. Ah, n'est-ce pas là le bonheur ?

10. C'est un jour d'été. Je vais nu-tête et nu-pieds tenant un parasol pour regarder des jeunes gens qui chantent en tournant la roue à eau. L'eau monte sur la roue en un torrent bouillonnant comme de l'argent fondu ou de la neige fondante. Ah, n'est-ce pas là le bonheur ?

11. Je me réveille dans le matin, il me semble qu'on soupire dans la maison et qu'on dit que quelqu'un est mort. Je demande immédiatement qui c'est, et j'apprends que c'est l'homme le plus dur et le plus calculateur de la ville. Ah, n'est-ce pas là le bonheur ?

12. Je me lève tôt par un matin d'été et je vois des gens qui scient une grande branche de bambou sous un appentis pour en faire un tuyau. Ah, n'est-ce pas là le bonheur ?

13. Il a plu tout un mois et je reste au lit le matin comme un homme ivre ou malade, qui refuse de se lever. Soudain, j'entends un chœur d'oiseaux qui annoncent un beau jour. Je repousse vivement les rideaux, ouvre la fenêtre et j'aperçois un magnifique soleil brillant et miroitant et les forêts qui semblent avoir pris un bain. Ah, n'est-ce pas là le bonheur ?

14. Le soir, il me semble que j'entends quelqu'un qui pense à moi au loin. Le jour suivant, je vais le voir. J'ouvre la porte, regarde dans la pièce, l'aperçois assis à son bureau, face au midi, lisant un document. Il me voit, s'incline tranquillement et me prend par la manche pour me faire asseoir en disant : « Puisque vous êtes ici, approchez-vous et regardez ça. » Et nous rions et nous réjouissons jusqu'à ce que les ombres aient disparu des murs. Il se sent lui-même affamé et me demande doucement : « Avez-vous faim aussi ? » Ah, n'est-ce pas là le bonheur ?

15. Sans intention sérieuse de bâtir une maison pour moi, il m'arriva néanmoins de commencer à construire parce que j'avais reçu une petite somme que je n'attendais pas. A partir de ce jour, chaque matin et chaque soir on me disait qu'il fallait que j'achète du bois, et des pierres, et des tuiles, et des briques, et du mortier, et des clous. J'explorais, j'épuisais chaque rue pour trouver de l'argent en vue de cette maison, sans cependant être capable d'y vivre pendant ce temps, jusqu'à ce que je me résignasse à cet état de choses. Un jour, enfin, la maison est finie, les murs ont été blanchis, les planchers lavés ; le papier des fenêtres a été collé et les tableaux accrochés aux murs. Tous les ouvriers sont partis, mes amis sont arrivés et installés sur différents sièges. Ah, n'est-ce pas là le bonheur ?

16. Je suis en train de boire par une nuit d'hiver et remarque tout à coup que la nuit est devenue extrêmement froide. J'ouvre la fenêtre, je vois qu'il tombe d'énormes flocons et qu'il y a déjà trois ou quatre pouces de neige sur le sol. Ah, n'est-ce pas là le bonheur ?

17. Couper avec un couteau bien aiguisé un melon vert pâle sur un grand plat écarlate par une après-midi d'été. Ah, n'est-ce pas là le bonheur ?

18. J'ai longtemps désiré devenir moine, mais j'étais inquiet parce qu'on ne me permettrait pas de manger de la viande. Si on me permettait de devenir moine et cependant de manger de la viande en public, pourquoi donc ferais-je chauffer une bassine d'eau et me raserais-je la tête par un mois d'été à l'aide d'un rasoir tranchant ! Ah, n'est-ce pas là le bonheur ?

19. Avoir trois ou quatre plaques d'eczéma dans un endroit secret de mon corps et de temps à autre les échauder, ou les baigner dans de l'eau tiède derrière des portes closes. Ah, n'est-ce pas là le bonheur ?

20. Trouver accidentellement une lettre d'un vieil ami dans un coffre. Ah, n'est-ce pas là le bonheur ?

21. Un pauvre savant vient m'emprunter de l'argent, mais il a honte de le faire et laisse la conversation s'engager sur un autre sujet. Je vois sa situation inconfortable, le pousse vers un endroit où nous sommes seuls et lui demande combien il lui faut. Alors je vais à l'intérieur et lui donne la somme, puis lui demande : « Devez-vous partir immédiatement ou pouvez-vous rester un moment et boire quelque chose avec moi ? » Ah, n'est-ce pas là le bonheur ?

22. Je suis assis dans un petit bateau. Il y a un vent splendide, mais notre bateau n'a pas de voiles. Soudain apparaît une grande barque qui s'avance aussi vite que le vent. J'essaye de jeter un crochet sur la barque dans l'espoir de l'accrocher et inespérément le crochet prend. Alors je lance un cordage, nous sommes remorqués et je me mets à chanter les

lignes de Du Fu : « Le vert me rend tendre envers les sommets et le rouge me dit qu'ils sont orange. » Nous éclatons d'un rire joyeux. Ah, n'est-ce pas là le bonheur ?

23. J'ai longtemps cherché une maison à partager avec un ami, mais je n'ai pas pu en trouver qui convînt. Soudain, quelqu'un m'apprend qu'il y en a une quelque part, pas trop grande, avec seulement une douzaine de pièces, et qu'elle fait face à une large rivière bordée d'arbres magnifiques. Je prie cet homme de rester dîner ; après le repas, nous allons ensemble jeter un coup d'œil, n'ayant aucune idée de ce qu'est la maison. La porte poussée, je vois que c'est un vaste endroit d'environ six ou sept *mu* et je me dis à moi-même : « Je n'aurai plus à m'inquiéter de la fourniture des légumes et des melons. » Ah, n'est-ce pas là le bonheur ?

24. Un voyageur retourne chez lui après un long voyage, il aperçoit la porte de la vieille cité, entend les femmes et les enfants au bord de la rivière parler sa propre langue. Ah, n'est-ce pas là le bonheur ?

25. Lorsqu'une belle vieille pièce de porcelaine est brisée, vous savez qu'il n'y a pas d'espoir de la réparer. Plus vous la tournez et retournez, plus vous vous sentez exaspéré. Je la tends au cuisinier, lui demandant d'en faire ce qu'on fait de toute vieille vaisselle et lui ordonne de ne jamais la laisser revenir à ma vue. Ah, n'est-ce pas là le bonheur ?

26. Je ne suis pas un saint et ne suis donc pas sans péché. Durant la nuit j'ai fait quelque chose de mal, je me suis levé le matin en me sentant extrêmement mal à l'aise. Soudain je me suis rappelé que le bouddhisme enseigne que ne pas cacher ses péchés est la

même chose que le repentir. Ainsi, j'ai commencé à raconter ma faute à tous les gens qui étaient là, vieux amis et étrangers. Ah, n'est-ce pas là le bonheur ?

27. Voir quelqu'un écrire en caractères d'un pied de haut. Ah, n'est-ce pas là le bonheur ?

28. Ouvrir la fenêtre et laisser une guêpe sortir de la pièce. Ah, n'est-ce pas là le bonheur ?

29. Un magistrat ordonne de battre le tambour et désigne un jour. Ah, n'est-ce pas là le bonheur ?

30. Voir la corde d'un cerf-volant se briser. Ah, n'est-ce pas là le bonheur ?

31. Voir un incendie de prairie. Ah, n'est-ce pas là le bonheur ?

32. Avoir juste fini de payer toutes ses dettes. Ah, n'est-ce pas là le bonheur ?

33. Lire *Les Aventures de Barbe-Frisée**. Ah, n'est-ce pas là le bonheur ?

Pauvre Byron qui n'a eu que trois heures de bonheur dans sa vie ! Ou bien c'était un esprit morbide et extraordinairement instable, ou bien il était simplement affecté du « mal du siècle » à la mode à son époque. Si le mal du siècle n'avait pas été si à la mode, je parie qu'il aurait avoué au moins trente-trois heures heureuses au lieu de trois. N'est-il pas évident, d'après le texte cité plus haut, que le monde est vraiment un festin de la vie, étalé pour notre jouissance ; et toute forme de culture qui reconnaît les plaisirs des sens nous permettra donc de les accepter franchement. Je soupçonne que la raison qui nous ferme obstinément les yeux à ce monde splendide, vibrant de sa propre sensualité, est la peur que les spiritualistes nous en ont faite. Un genre plus noble de philosophie devrait rétablir notre confiance dans ce bel organe réceptif qu'est notre corps et chasser d'abord le mépris, puis la crainte de nos sens. A moins que les philosophes puissent actuellement sublimer la matière et « éthéraliser » notre corps, ou que nous ne soyons prêts à suivre jusqu'au bout les Hindous mortificateurs de la chair, ayons le courage de nous regarder tels que nous sommes. Car seule une philosophie qui reconnaît la réalité peut nous conduire à un vrai bonheur, seule une philosophie de ce genre est saine et vivifiante.

IV. INCOMPRÉHENSION DU MATÉRIALISME

La description faite par Jin de ses moments de bonheur doit déjà nous avoir convaincu que, dans la vie, les plaisirs physiques et mentaux sont inextricablement liés les uns aux autres. Les plaisirs mentaux ne sont effectifs que ressentis à travers le corps. J'y inclurais aussi les plaisirs moraux. Celui qui prêche une doctrine doit s'attendre à être incompris, comme le furent les épicuriens et les stoïciens. Combien de gens ne voient pas l'essentielle bonté d'esprit d'un stoïcien, comme Marc-Aurèle, et combien souvent la doctrine épicurienne de sagesse et de réserve a été vulgairement interprétée comme celle de l'homme de plaisir ! On reproche à cette vue quelque peu matérialiste des choses d'être égoïste, de manquer du sens de la responsabilité sociale et d'enseigner simplement à chacun de jouir de soi-même. Ce type d'argument procède de l'ignorance ; ceux qui l'emploient ne savent pas ce dont ils parlent. Ils méconnaissent la bonté du cynique, la gentillesse de cet amoureux de la vie. L'amour de ses semblables ne doit pas être une doctrine, un article de foi, une matière de conviction intellectuelle, ou une thèse défendue par des arguments. S'il lui faut des raisons, ce n'est pas un vrai amour qui doit être parfaitement naturel, aussi naturel pour l'homme que pour l'oiseau de battre des ailes : un sentiment direct, jaillissant d'une âme saine, vivant en contact avec la nature. Un homme qui aime vraiment les arbres ne peut pas être cruel envers les animaux, ou envers ses semblables. Dans un esprit parfaitement sain, la bonté est chose naturelle et n'a pas besoin de recourir à une philosophie ou à une religion. C'est parce que cet esprit a été nourri par les gens et quelque peu détaché de la vie artificielle et de l'enseignement encore plus artificiel de la société, qu'il est capable de garder une vraie santé mentale et morale. Nous ne pouvons donc pas être accusés d'égoïsme, lorsque nous creusons la terre et élargissons l'ouverture par laquelle la source de bonté s'écoulera naturellement.

Le matérialisme a été mal compris, très mal compris. Je dois, dans cette matière, laisser parler George Santayana*, qui se désigne lui-même comme « un matérialiste – peut-être le seul vivant » et qui est néanmoins, comme nous le savons tous, probablement l'un des esprits les plus doux de la génération présente. Il nous dit que notre préjugé contre la philosophie matérialiste est celui de quelqu'un qui la regarde de l'extérieur. On est choqué par certaines déficiences, qui ne sont qu'apparentes, par comparaison avec ses anciennes croyances. Mais on ne peut vraiment comprendre une foi, ou une religion, ou un pays étranger, que si l'on vit dans ce monde nouveau. Il y a un rebondissement, une joie, un sentiment de plénitude dans le prétendu « matérialisme », que d'habitude nous n'apercevons pas entièrement. Ainsi que le dit Santayana, le véritable matérialiste est toujours comme Démocrite, le philosophe riant. C'est nous, « matérialistes de mauvais gré » qui aspirons au spiritualisme, mais vivons néanmoins une vie matérialiste égoïste, « qui sommes en général gauchement intellectuels et incapables de rire ».

> Mais un véritable matérialiste, né avec la foi, et non pas plongé en elle par un baptême inattendu dans l'eau froide, sera comme le superbe Démocrite, un philosophe riant. Son plaisir, en face d'un mécanisme qui peut se transformer en des formes si merveilleuses et si belles et peut engendrer des passions si exaltantes, devrait être de la même qualité intellectuelle que celui qu'éprouve le visiteur dans un musée d'histoire naturelle, lorsqu'il contemple les myriades de papillons dans leurs cases, les flamants et les crustacés, les mammouths et les gorilles. Il y a sans doute des angoisses dans cette vie innombrable, mais elles sont bientôt surmontées ; et pendant ce temps combien splendide était le spectacle, combien infiniment intéressants les jeux de l'univers et combien ridicules et inévitables, ces petites passions absolues.
>
> Le matérialisme devrait engendrer dans un esprit vigoureux un sentiment actif, joyeux, impersonnel et

non sans une nuance de mépris pour les illusions particulières.

Envers les souffrances innocentes des créatures vivantes, l'éthique qui accompagne le matérialisme n'a jamais été insensible ; au contraire, comme les autres systèmes charitables, il a tremblé devant elles et a essayé de fortifier ascétiquement la volonté, à moins qu'elle n'eût été détruite. Le mépris pour les souffrances des mortels est réservé à ceux qui conduisent avec des hosannas le char de Jaggernat de l'optimisme absolu. Mais contre les maux, nés de la pure vanité et de l'illusion, contre le verbiage par lequel l'homme se persuade lui-même qu'il est le but et le sommet de l'univers, le rire est la vraie défense. Le rire a cet autre avantage subtil qu'il peut conserver une compréhension sympathique et fraternelle : comme celui qui accueille les absurdités et les mésaventures de Don Quichotte et ne se moque pas des intentions du héros. Son ardeur était admirable, mais le monde avant d'être réformé d'une manière pertinente doit être reconnu, et le bonheur, pour être atteint, placé dans la raison.

Quelle est donc cette vie mentale ou spirituelle dont nous avons toujours été si fiers et que nous avons placée au-dessus de la vie des sens ? Malheureusement, la biologie moderne a tendance à traquer l'esprit dans sa tanière, en professant qu'il n'est que le siège de fibres, de liquides et de nerfs. Je crois presque que l'optimisme est un fluide, ou que du moins, il est une condition des nerfs rendue possible par la circulation de certains fluides. D'où vient la vie mentale, de quoi tire-t-elle son être et de quoi se nourrit-elle ? Pendant longtemps, les philosophes ont montré que toute connaissance provient de l'expérience sensible. Nous ne pouvons pas plus atteindre la connaissance sans les sens, que la caméra ne peut prendre des vues sans une lentille et une plaque sensible. La différence entre un homme intelligent et un imbécile est que le premier a un ensemble de lentilles et d'appareils de perceptions plus parfaits, qui lui permettent de meilleures images et de les garder plus longtemps. Et, en passant de la science des livres à celle de la vie, la simple pensée ou cogitation ne suffit pas ; chacun doit chercher sa propre voie : sentir les choses telles qu'elles sont et se faire une impression juste de la vie et de la nature humaine, non comme de parties sans liens, mais comme d'un tout. Dans cette affaire d'avancer en tâtonnant dans la vie et d'acquérir de l'expérience, tous nos sens travaillent de concert et c'est par leur coopération, et par celle du cœur avec la tête, que nous obtenons la chaleur intellectuelle qui est la chose importante, car elle est le signe de la vie, comme le vert pour une plante. Nous décelons la vie dans une pensée par la présence ou l'absence de chaleur, comme nous la décelons dans un arbre à moitié desséché par quelque accident malheureux, en observant l'état de ses feuilles et l'humidité et la santé de ses fibres.

V. DES PLAISIRS MENTAUX ?

Prenons les plaisirs supposés plus élevés de l'esprit et voyons jusqu'à quel point ils sont liés à nos sens, plutôt qu'à notre intelligence. Quels sont ces plus hauts plaisirs spirituels que nous distinguons de ceux plus bas des sens ? Ne font-ils pas partie de la même chose, prenant racine et finissant dans les sens et inséparables d'eux ? Quand nous examinons ces hauts plaisirs de l'esprit – littérature, art, musique, religion et philosophie – nous voyons quel rôle mineur y joue l'intelligence en comparaison avec celui des sens et des sentiments. Que fait un tableau si ce n'est nous montrer un paysage, ou un portrait, et nous rappeler le plaisir sensible de voir un paysage réel, ou un beau visage ? Et que fait la littérature, si ce n'est recréer un aspect de la vie, pour nous en rendre l'atmosphère et la couleur, l'odeur parfumée des pâturages, ou la puanteur des ruisseaux des villes ? Nous disons tous qu'un roman s'approche de la vraie littérature dans la mesure où il nous montre des êtres et des émotions réels. Le livre qui nous éloigne de la vie ou se contente de la disséquer froidement, n'est pas de la littérature ; plus il est humainement vrai, meilleur il est. Quel roman retiendra jamais un lecteur, s'il ne contient qu'une froide analyse et s'il ne parvient pas à nous donner le sel et la saveur de l'existence ?

La poésie n'est que la vérité colorée par l'émotion, la musique est le sentiment sans les mots et la religion n'est que la sagesse exprimée en images. Comme la peinture est basée sur le sens des couleurs, ainsi la poésie est basée sur celui des sons, du ton et du rythme, en plus de la vérité émotionnelle. La musique est le pur sentiment lui-même, entièrement séparé du langage des mots, avec lequel seul l'intelligence peut opérer. Elle peut rendre pour nous les sons des cloches, des marchés et des champs de bataille, elle peut même nous peindre la délicatesse des fleurs, le mouvement des vagues, ou la douce sérénité du clair de lune; mais dès qu'elle dépasse la limite des sens, et essaye de nous dépeindre une idée philosophique, elle doit être considérée comme décadente.

Et la religion ne commence-t-elle pas à dégénérer avec la raison elle-même ? Comme le dit Santayana, le processus de dégénérescence est dû à trop de raisonnement : « Cette religion a malheureusement cessé depuis longtemps d'être la sagesse exprimée en images, pour devenir de la superstition recouverte par des raisonnements. » La décadence de la religion est due à l'esprit pédant, à l'invention de credos, d'articles de foi, de formules, de doctrines et d'apologies. Nous devenons de moins en moins pieux, à mesure que nous justifions, rationalisons nos croyances et devenons plus certains d'avoir raison. C'est pourquoi chaque religion devient une secte étroite, qui prétend avoir découvert la seule vérité. C'est ce qui lui a permis d'être associée aux pires formes de fanatisme et d'étroitesse d'esprit. Une telle religion nourrit l'égoïsme de l'homme, non seulement en lui rendant impossible la compréhension des autres sectes, mais encore en transformant la pratique religieuse en un marché entre Dieu et lui-même, dans lequel le parti du premier est glorifié par le chant des hymnes et l'invocation de Son Nom en toutes occasions, et en retour, la part du premier est de bénir celle du second, de le bénir lui plus que tout autre, et sa propre famille plus que toute autre famille. C'est pourquoi nous voyons que l'égoïsme va si bien avec certaines vieilles femmes très religieuses et fréquentant régulièrement l'église. Finalement le sentiment de la justification personnelle et de la détention de la seule vérité vicie les émotions les plus belles dont émane la religion.

Je ne puis voir d'autre raison à l'art, à la poésie et à la religion, si ce n'est qu'ils essayent de nous redonner une fraîcheur de vision, un enchantement plus grand, et un sentiment plus vital de l'existence. Car, à mesure que nous vieillissons, nos sens s'engourdissent, nos émotions s'endurcissent par la souffrance, l'injustice, la cruauté et notre vision de la vie est faussée par un trop long contact avec les réalités froides et triviales. Heureusement, nous avons quelques poètes et quelques artistes qui n'ont pas perdu cette sensibilité aiguë, cette haute réaction émotive, cette fraîcheur de vue, et dont le devoir est d'être notre conscience morale, de tenir un miroir devant notre vision émoussée et de tonifier nos nerfs fatigués. L'art doit être une satire et un avertissement pour nos émotions paralysées, pour nos pensées dévitalisées, pour notre vie dénaturée. Il nous enseigne la simplicité dans un monde sophistiqué. Il devrait nous redonner la santé et nous permettre de résister à la fièvre et au délire provoqués par une trop grande activité mentale. Il devrait fortifier nos sens, rétablir la connexion entre notre raison et notre corps, rassembler les parties éparses d'une vie disloquée en un tout, en restaurant notre nature originelle. Misérable en vérité est un monde dans lequel nous avons la science sans la compréhension, la critique sans l'appréciation, la beauté sans l'amour, la vérité sans la passion, le droit sans la charité et la courtoisie sans la chaleur du cœur.

Car pour la philosophie, qui est l'exercice de l'esprit par excellence, le danger est encore plus grand de perdre le sentiment de la vie elle-même. Je comprends le plaisir que provoque la solution d'une longue équation mathématique, ou la perception d'un ordre dans l'univers, et pourtant je l'échangerais contre un repas bien préparé. En premier lieu, ce plaisir est en lui-même presque un caprice, un sous-produit de nos occupations mentales, délectable à cause de sa gratuité, mais en aucun cas aussi impératif que nos autres processus vitaux. Il n'est pas très différent de celui que procure la solution d'un problème de mots croisés. En second lieu, le philosophe, dans des moments semblables, a très souvent tendance à se tromper lui-même, à devenir amoureux de cette perfection abstraite et à concevoir le monde plus logiquement parfait qu'il n'est en réalité. C'est une peinture des choses aussi fausse que celle qui voit une étoile avec cinq pointes : une réduction en formule, une stylisation artificielle, une super-simplification. Tant que nous ne l'exagérons pas, ce désir de la perfection est bon, mais souvenons-nous que des millions de gens peuvent être heureux sans avoir découvert la simple unité du dessin. Nous pouvons réellement vivre sans lui. Je préfère parler à une jeune fille de couleur plutôt qu'à un mathématicien ; ses paroles sont plus concrètes, son rire plus énergique et j'apprends généralement plus sur la nature humaine en parlant avec elle. Je suis un tel matérialiste que je préférerai toujours du porc à de la poésie et que j'abandonnerai un morceau de philosophie pour un morceau de filet, brun, doré et accompagné d'une bonne sauce.

Ce n'est qu'en plaçant la vie au-dessus de la pensée que nous pouvons nous dégager de cet air chaud et souillé de la philosophie, retrouver quelque chose de la fraîcheur et du naturel de la vraie pénétration de l'enfant. Tout philosophe devrait avoir honte de lui lorsqu'il aperçoit un enfant ou même un lionceau dans une cage. Avec quelle perfection la nature a modelé ses pattes, ses muscles, sa magnifique fourrure, ses oreilles pointues, ses brillants yeux ronds, son agilité et son sens du jeu ! Le philosophe devrait être honteux que la perfection de Dieu soit parfois devenue l'imperfection de l'homme, honteux de porter des lunettes, de n'avoir pas d'appétit, d'être souvent triste d'esprit et de cœur et parfaitement inconscient de l'amusement de la vie. Il n'y a rien à gagner avec ce type d'homme, car rien de ce qu'il dit n'a d'importance pour nous. Seule peut nous être utile cette philosophie qui rejoint joyeusement la poésie, et établit une vision plus vraie, tout d'abord de la nature, ensuite de la nature humaine.

Toute philosophie doit être basée sur l'harmonie de nos instincts. Le philosophe qui est trop idéaliste est bientôt pris en défaut par la nature. La plus haute conception de la dignité humaine, selon les confucianistes chinois, se réalise, lorsque l'homme atteint finalement sa plus grande hauteur, comme égal du ciel et de la terre, en vivant en accord avec la nature. C'est la doctrine exposée par Zisi, le petit-fils de Confucius.

> Ce qui est donné par Dieu s'appelle nature ; suivre la nature s'appelle Dao (la Voie) ; cultiver la Voie s'appelle la culture. La joie, la colère, la tristesse et le bonheur, avant d'être exprimés, sont appelés le moi interne ; lorsqu'ils sont exprimés au degré voulu, ils sont appelés harmonie. Le moi interne est le fondement du monde et l'harmonie en est la Voie illustre. Quand un homme a conquis le moi interne et l'harmonie, le ciel et la terre sont tranquilles, et toutes les choses sont nourries et croissent de ce fait.
>
> Parvenir à la compréhension par un moi véritable s'appelle la nature ; et parvenir à un moi véritable par la compréhension s'appelle la culture ; celui qui a son vrai moi, a par le fait la compréhension, et celui qui a la compréhension, trouve par le fait son vrai moi. Seuls ceux qui ont leur moi complet dans le monde peuvent accomplir leur propre nature ; seuls ceux qui peuvent accomplir leur propre nature peuvent satisfaire la nature des autres ; seuls ceux qui peuvent satisfaire la nature des autres peuvent satisfaire la nature des choses ; ceux qui peuvent satisfaire la nature des choses sont aptes à aider la Mère Nature dans la croissance et le maintien de la vie ; et ceux qui sont aptes à aider la Mère Nature dans la croissance et le maintien de la vie sont les égaux du Ciel et de la Terre.

Chapitre VII
Importance de la flânerie

I. L'HOMME, LE SEUL ANIMAL QUI TRAVAILLE

Le banquet de la vie est donc devant nous et la seule question qui se pose est celle de notre appétit. L'appétit est la chose importante et non pas le festin. Après tout, ce qui étonne le plus au sujet de l'homme est l'idée et la somme de travail que lui-même s'impose, ou la civilisation. Toute la nature flâne, l'homme seul travaille pour vivre. Il doit le faire, parce qu'avec les progrès de la civilisation la vie devient incroyablement plus complexe, avec des devoirs, des responsabilités, des craintes, des inhibitions et des ambitions, nés, non de la nature, mais de la société. Pendant que je suis ici assis à mon bureau, un pigeon vole autour du clocher d'une église, devant ma fenêtre, sans s'inquiéter de ce qu'il mangera. Je sais que mon déjeuner est une affaire plus compliquée que pour le pigeon, et que les quelques nourritures que je prends entraînent le travail de milliers de gens et un système hautement compliqué de culture, de négoce, de transport, de livraison et de préparation. C'est pourquoi il est plus difficile pour l'homme d'obtenir sa nourriture que pour les animaux. C'est pourquoi, si une bête de la jungle était égarée dans une ville et se rendait compte de ce qu'est la vie laborieuse des humains, elle en éprouverait une forte dose de scepticisme et d'étonnement.

La première pensée qu'aurait la bête de la jungle est que l'homme est le seul animal qui travaille. A l'exception de quelques chevaux de trait ou des bœufs attelés à la meule, même les animaux domestiques ne travaillent pas. Les chiens policiers sont rarement appelés à remplir leur devoir ; le chien de garde joue la plupart du temps et fait un bon somme le matin au soleil ; le chat aristocratique ne travaille certainement jamais pour gagner sa vie ; et, doué d'une agilité corporelle qui lui permet de se jouer des barrières des voisins, il va où il lui plaît. Ainsi, nous avons cette humanité laborieuse, encagée, domestiquée, mais non nourrie, obligée par sa civilisation et sa société complexe de travailler et de peiner pour se nourrir. Je suis parfaitement conscient que l'humanité a ses propres avantages : les plaisirs de la science, de la conversation et les joies de l'imagination. Mais il reste le fait essentiel que la vie humaine est devenue trop compliquée et que simplement pour nous nourrir, nous employons plus de quatre-vingt-dix pour cent de nos activités. La civilisation est largement une matière de recherche de nourriture, cependant que le progrès la rend de plus en plus difficile à trouver. S'il n'était pas devenu si compliqué de se nourrir, il n'y aurait aucune raison pour que l'humanité travaille si durement. Le danger est que nous devenons trop civilisés et que nous en arrivons à un point, que nous avons déjà atteint en vérité, où la recherche de la nourriture est si ardue que nous en perdons l'appétit. Cela ne semble pas indiquer beaucoup de sens, soit du point de vue de la bête de la jungle, soit de celui du philosophe.

Chaque fois que je vois le profil d'une ville, ou regarde une étendue de toits, je suis effrayé. C'est positivement stupéfiant. Deux ou trois châteaux d'eau, l'envers de deux ou trois constructions d'acier pour réclames, peut-être un clocher ou deux et une étendue d'asphalte servant de toits à des matériaux, ou des briques s'élevant en silhouettes carrées, dures, verticales, informes, surmontées de cheminées sales et décolorées, de fils pour étendre du linge et d'antennes de radios. Et, regardant dans la rue, je vois encore une étendue de murs de briques grises ou rougeâtres, avec des rangées de fenêtres uniformes, petites et sombres, à moitié cachées par des stores, avec peut-être une bouteille de lait sur l'appui et quelques pots de fleurs minuscules et maladives. Un enfant monte sur le toit avec son chien, et s'assied sur l'escalier pour avoir un peu de soleil. Je lève de nouveau les yeux, j'aperçois des rangées de toits, des milliers de toits s'étendant au loin en laides silhouettes carrées. D'autres châteaux d'eau, d'autres maisons de briques. Et l'humanité vit là. Comment vivent-elles, ces familles, derrière une ou deux de ces fenêtres sombres ? Quelle vie ont-elles ? C'est atterrant. Derrière deux ou trois fenêtres, chaque nuit un couple va se coucher, comme des pigeons retournant dans leur pigeonnier ; puis il s'éveille, boit le café matinal et le mari sort dans la rue, allant quelque part pour trouver le pain de la famille, pendant que la femme essaye obstinément, désespérément, de chasser la poussière et de garder propre le petit appartement. Vers quatre ou cinq heures, ils sortent sur le pas de leur porte pour bavarder avec les voisins et respirer un peu d'air frais. Puis la nuit tombe, ils sont morts de fatigue et vont de nouveau dormir. Et c'est ainsi qu'ils vivent.

Il y en a d'autres, des gens plus à l'aise, vivant dans de meilleurs appartements. Plus de pièces, plus d'abat-jour. Encore plus d'ordre et de propreté. Ils ont un peu plus d'espace, mais seulement un petit peu. Louer un appartement de sept pièces, même sans en être propriétaire, est considéré comme un luxe. Moins d'inquiétudes financières et moins de dettes auxquelles penser, il est vrai. Mais aussi plus de complications sentimentales, plus de divorces, plus de maris qui ne rentrent pas la nuit ou bien le couple sort en quête d'une forme quelconque de dissipation. Diversion est le mot. Seigneur Dieu, ils ont besoin d'être divertis de ces murs de briques uniformes et monotones, de ces planchers brillants ! Evidemment, ils vont voir des femmes nues. Par conséquent plus de neurasthénie, plus d'aspirine, plus d'oisiveté coûteuse, plus de colite, d'appendicite et de dyspepsie, plus de cerveaux ramollis et de foies durcis, de haute pression sanguine, de diabètes, d'insomnies, de constipation, de perte d'appétit et de fatigue de la vie. Pour achever le tableau, plus de chiens et moins d'enfants. La question du bonheur dépend entièrement de la qualité et du tempérament des hommes et des femmes vivant dans ces appartements élégants.

Certains, à la vérité, ont une vie joyeuse, d'autres pas. Mais dans l'ensemble, ils sont peut-être moins heureux que les gens qui travaillent beaucoup ; ils s'ennuient plus. Mais ils ont une voiture et peut-être une maison de campagne. Ainsi, les gens travaillent dur à la campagne afin d'aller en ville, et y gagner assez d'argent pour retourner à la campagne.

Et si vous faites un petit tour dans la ville, vous voyez que derrière la rue principale avec les beaux salons, les boutiques de fleurs et les compagnies de navigation, il y a une autre rue avec des pharmacies, des épiceries, des quincailleries, des blanchisseries, des restaurants bon marché, des kiosques à journaux. Vous vous promenez pendant une heure, et si c'est une grande ville, vous y êtes encore ; vous voyez seulement plus de rues, plus de pharmacies, plus d'épiceries, plus de quincailleries, plus de blanchisseries, de restaurants bon marché et de kiosques à journaux. Comment vivent ces gens ? Et pourquoi viennent-ils ici ? C'est très simple. Les blanchisseurs lavent le linge des coiffeurs et des garçons de restaurants, qui servent les repas des blanchisseurs et des coiffeurs, qui coupent les cheveux des blanchisseurs et des garçons. Voilà la civilisation. N'est-ce pas renversant ? Je parie que certains blanchisseurs, coiffeurs ou garçons ne vont jamais, durant leur vie entière, plus loin que dix blocs au-delà de leur lieu de travail. Dieu merci, ils ont enfin le cinéma où ils peuvent voir des oiseaux chanter, des arbres croître et se balancer, la Turquie, l'Egypte, l'Himalaya, les Andes, les tempêtes, des naufrages, des cérémonies de couronnement, des fourmis, des chenilles, des rats musqués, un combat entre des lézards et des scorpions, des montagnes, des vagues, des nuages et même la lune ; le tout sur l'écran.

O sage humanité, terriblement sage humanité ! C'est toi que je chante. Combien impénétrable est la civilisation dans laquelle les hommes peinent, travaillent, se font des cheveux gris pour gagner leur vie, et oublient de jouer !

II. LA THÉORIE CHINOISE DU LOISIR

L'Américain est connu comme un grand brasseur d'affaires, le Chinois comme un grand flâneur. Et comme tous les contraires s'admirent, je suppose que les brasseurs d'affaires américains admirent les flâneurs chinois autant que ceux-ci les admirent. Ce sont là les agréments des traits nationaux. Je ne sais pas si l'Orient et l'Occident se rencontreront ; le fait évident est qu'ils sont en train de se rencontrer et de se rencontrer de plus en plus à mesure qu'avance la civilisation moderne avec l'accroissement des facilités de communications. En Chine, du moins, nous n'allons pas défier cette civilisation mécanique et le problème est de savoir comment confondre ces deux cultures, la vieille philosophie chinoise de la vie et la nouvelle civilisation technique, comment les intégrer dans une sorte de manière pratique de vivre ? La question de l'influence de la philosophie orientale sur la vie occidentale est beaucoup plus problématique, et personne ne se hasarderait à la prédire.

Après tout, la culture mécanique nous amène rapidement vers un âge de loisirs, et l'homme sera obligé de se distraire plus et de travailler moins. Tout est une question de milieu et, quand l'homme trouvera des loisirs à portée de sa main, il sera obligé de penser davantage aux moyens d'en jouir sagement et d'improviser rapidement des méthodes de production. Personne d'ailleurs ne peut prévoir ce que sera le siècle prochain. Il serait brave, l'homme qui oserait même prédire ce que sera la vie dans trente ans. L'avance incessante du progrès atteindra certainement un jour un point où l'homme en sera fatigué et commencera à faire l'inventaire de ses conquêtes sur le monde matériel. Je ne puis croire qu'avec l'apparition de meilleures conditions de vie, il continue à être aussi occupé qu'il l'est aujourd'hui. Je ne suis pas si sûr qu'un tempérament plus paresseux ne sera pas le résultat de ces nouvelles conditions.

Indépendamment de tout cela, le facteur subjectif est toujours aussi important que l'objectif. La philosophie se révèle comme un moyen de changer les vues et aussi le caractère de l'homme. Comment va-t-il réagir devant cette civilisation mécanique ? Dans le royaume de la biologie, il y a des choses comme la sensibilité à l'excitation, la lenteur ou la rapidité de réaction et les divers comportements des différents animaux dans le même milieu. Certains réagissent plus lentement que d'autres. Même dans la civilisation mécanique, qui comprend les Etats-Unis, l'Angleterre, la France, l'Allemagne, l'Italie et la Russie, nous voyons des réactions différentes, selon les tempéraments raciaux. Les chances de réactions individuelles particulières en face du même milieu, ne sont pas éliminées. En Chine, je sens que le type de vie qui en résultera sera très semblable à celui de la France moderne, parce que les tempéraments chinois et français se ressemblent beaucoup.

L'Amérique est aujourd'hui très avancée dans la civilisation mécanique et l'on a toujours supposé que le monde futur, dominé par la machine, tendrait vers le présent type de vie de l'Amérique. J'incline à combattre cette thèse, parce que personne ne sait encore ce que va devenir le tempérament américain. Au mieux, nous pouvons seulement le décrire comme instable.

La culture, telle que je la comprends, est essentiellement un produit du loisir. C'est donc essentiellement l'art de la flânerie. Du point de vue chinois, l'homme sagement oisif est le plus cultivé. Car il semble y avoir une contradiction philosophique entre être occupé et être sage. Ceux qui sont sages ne sont pas occupés et ceux qui sont trop occupés ne sont pas sages. L'homme le plus sage est celui qui flâne le plus gracieusement. Je dois, ici, essayer d'expliquer, non la technique et les variétés de flâneries, telles qu'elles sont pratiquées en Chine, mais plutôt la philosophie qui alimente ce divin désir de flâner, et donne naissance à ce tempérament insoucieux, oisif, heureux et souvent poétique, des lettrés et à un degré moindre, du peuple chinois en général. Comment ce tempérament, ce mépris de la réussite et du succès, et cet amour intense de la vie, sont-ils nés ?

En premier lieu, voici la théorie chinoise du loisir telle qu'elle est exprimée par un auteur comparativement inconnu du XVIIIe siècle, Shu Baixiang : « Le temps est utile parce qu'il n'est pas employé. Le loisir est comme l'espace inoccupé dans une pièce. » Toute jeune fille laborieuse, qui loue une petite chambre où chaque pouce d'espace est pleinement utilisé, éprouve un grand sentiment d'inconfort parce qu'elle n'a pas de place pour se mouvoir, et dès qu'elle obtient une augmentation de salaire, elle loue une chambre plus grande où il y a un peu de place inemployée en plus de l'espace strictement nécessaire pour le lit à une place, la table de toilette et le réchaud à gaz. C'est cet espace inoccupé qui rend une chambre habitable, comme ce sont nos heures de loisir qui rendent la vie supportable. Je comprends une femme riche vivant à Park Avenue qui achète un terrain voisin pour empêcher la construction d'un gratte-ciel près de chez elle. Elle paye une grosse somme d'argent pour avoir un terrain pleinement et parfaitement inutile et il me semble qu'elle n'a jamais dépensé son argent plus sagement. A cet égard, je dois mentionner une expérience personnelle. Je n'ai jamais compris la beauté des gratte-ciel de New York, ce n'est qu'à Chicago que je réalisai qu'un gratte-ciel peut être très imposant et très beau à regarder, s'il a suffisamment de terrain devant lui et au moins un espace d'un demi-mille autour. Chicago est favorisé sous ce rapport, parce qu'il a plus d'espace que Manhattan. Les grandes bâtisses y ont plus de place et il est possible de les voir d'une longue distance. Figurativement parlant, nous sommes si à l'étroit dans notre vie que nous ne pouvons jouir d'une libre perspective de son aspect spirituel. Nous manquons de recul.

III. LE CULTE DE LA VIE OISIVE

L'amour des Chinois pour le loisir a sa source dans un ensemble de causes. Il provenait du tempérament, puis fut érigé en culte littéraire et trouva sa justification dans une philosophie. Il prit naissance dans un amour intense de la vie, fut activement soutenu, au cours des différentes dynasties, par un courant sous-jacent de romantisme littéraire et fut finalement justifié par une philosophie que l'on peut en gros considérer comme taoïste. L'acceptation presque générale de cette conception de la vie est une preuve qu'il y a du sang taoïste dans le tempérament chinois.

Et là, nous devons mettre les choses au point. Le culte romantique de la vie oisive, que nous avons défini comme un produit des loisirs, n'était décidément pas fait pour la classe riche, comme nous le croyons généralement. Ce serait une erreur grossière dans la façon d'envisager le problème. C'était un culte pour les lettrés pauvres, malchanceux et humbles qui avaient choisi la vie oisive, ou l'avaient justifiée par lui. Lorsque je lis les chefs-d'œuvre littéraires chinois et que j'imagine le pauvre maître expliquant à de pauvres élèves ces poèmes et ces essais glorifiant l'oisiveté, je ne puis m'empêcher de penser qu'ils durent en tirer une immense satisfaction personnelle, et une consolation spirituelle. Des dissertations sur les handicaps de la gloire et les avantages de l'obscurité sonnaient agréablement aux oreilles de ceux qui avaient été éliminés des examens civils ; et des proverbes comme « Manger tard (avec l'appétit aiguisé) c'est manger de la viande » servaient à excuser le mauvais pourvoyeur aux yeux de sa famille. Il n'y a pas de plus grande erreur d'histoire littéraire que celle commise par les jeunes écrivains prolétariens chinois qui accusent les poètes Su Dongpo, Tao Yuanming et les autres, d'appartenir à la classe détestée de l'« intelligentsia » oisive ; Su qui chantait « la brise claire sur la rivière et la lune brillante sur les montagnes », et Tao, « la rosée mouillant sa robe » et « une poule perchée au sommet d'un mûrier ». Comme si la brise de la rivière, la lune sur les montagnes et la poule perchée sur un mûrier n'appartenaient qu'à la classe capitaliste ! Ces grands hommes du passé dépassèrent l'étape de ceux qui parlent des conditions des paysans, ils vécurent la vie des pauvres paysans eux-mêmes et y trouvèrent la paix et l'harmonie.

Dans ce sens, je considère ce culte romantique de la vie oisive comme essentiellement démocratique. Nous pouvons mieux le comprendre lorsque nous imaginons le voyage sentimental de Laurence Sterne*, ou Wordsworth* et Coleridge* parcourant l'Europe à pied, avec un grand sens de la beauté dans leur cœur, mais très peu d'argent dans leur bourse. Il y eut un temps où l'on n'avait pas besoin d'être riche pour voyager, et même de nos jours le voyage ne doit pas être un luxe réservé aux riches. Dans l'ensemble, jouir de loisirs est quelque chose qui coûte moins que de jouir du luxe. Tout ce qu'il y faut, c'est un tempérament artiste porté à rechercher des après-midi parfaitement inutiles passées d'une manière parfaitement inutile. La vie oisive coûte réellement très peu, comme Thoreau s'est donné la peine de le faire remarquer dans *Walden*.

Les romantiques chinois furent, dans l'ensemble, des hommes doués d'une haute sensibilité et d'une nature vagabonde, pauvres de biens, mais riches de sentiments. Ils avaient de la vie un amour intense qui se marquait par leur horreur de toute convention, et leur refus obstiné d'asservir l'âme au corps. L'oisiveté, bien loin d'être la prérogative des riches, des puissants, et de ceux qui réussissent (combien occupés sont les hommes qui réussissent !), était en Chine l'aboutissement d'une élévation d'esprit très proche de la conception occidentale de la dignité du vagabond, trop fier pour demander des faveurs, trop indépendant pour travailler, et trop sage pour prendre les réussites de ce monde très au sérieux. Cette élévation d'esprit découle et se trouve inévitablement associée, avec un certain détachement vis-à-vis du drame de la vie ; elle suppose la capacité de regarder au-delà des ambitions, des folies, des tentations de la gloire et de la richesse. D'une manière ou de l'autre, le lettré à l'esprit élevé, qui estime son caractère plus que ses réalisations, et son âme plus que la gloire ou la richesse, est devenu, par consentement mutuel, le plus haut idéal de la littérature chinoise. C'était inévitablement un homme d'une grande simplicité de vie et d'un fier mépris pour le succès, tel que le monde le comprend.

Non, la jouissance d'une vie oisive ne doit pas coûter cher. Le vrai goût de l'oisiveté s'est perdu dans la classe riche, et ne se trouve plus que parmi les gens qui ont un suprême mépris pour l'argent. Il doit provenir d'une richesse intime de l'âme dans un homme qui aime la vie simple et qui s'impatiente de devoir la gagner. Il y a toujours assez de vie pour en jouir, pour un homme qui est déterminé à le faire. Si les hommes ne jouissent pas de cette existence terrestre, c'est parce qu'ils ne l'aiment pas suffisamment et lui permettent de devenir une routine monotone. Laozi a été faussement accusé d'être hostile à la vie ; je pense au contraire qu'il enseignait la renonciation au monde, uniquement parce qu'il aimait la vie trop tendrement pour permettre à l'art de vivre de devenir une simple affaire de vivre.

Car là où il y a amour, il y a jalousie ; un homme qui aime intensément la vie doit toujours être jaloux des rares moments délicieux de loisirs qu'il a. Il doit garder la dignité et l'orgueil caractéristiques d'un vagabond. Ses heures de pêche seront aussi sacrées que ses heures de travail, érigées en une sorte de religion, comme les Anglais l'ont fait avec le sport. Il doit être aussi excédé par les gens qui lui parlent de bourse lorsqu'il joue au golf, que l'est un savant par quelqu'un qui vient le troubler dans son laboratoire. Il comptera les jours du printemps qui s'en vont, avec le regret de ne pas avoir fait plus de promenades, comme l'homme d'affaires qui n'a pas vendu assez de marchandises dans la journée.

Une nuance triste et poétique s'ajoute à l'amour intense de la vie, à la pensée qu'elle est essentiellement mortelle. Si étrange que cela paraisse, cette conscience de notre mortalité rend le plaisir de vivre plus vif et plus intense. Car si cette existence terrestre est tout ce que nous avons, nous devons en jouir le plus possible pendant qu'elle dure. Un vague espoir d'immortalité en diminue la pleine jouissance. Comme le dit Sir Arthur Keith*, avec un sentiment typiquement chinois : « Car si les hommes croient, comme je le crois, que cette terre est le seul ciel, ils feront leur possible pour en faire un paradis. » Su Dongpo écrit : « La vie passe sans une trace comme un rêve de printemps », et c'est pourquoi il s'y attache si profondément. C'est ce sentiment de notre existence mortelle que nous rencontrons sans cesse dans la littérature chinoise. C'est ce sentiment de l'instabilité et de l'évanescence de la vie, cette nuance de tristesse, qui submerge toujours les poètes et les lettrés chinois au milieu de leurs plus grandes joies. Une tristesse qui est exprimée par le regret que « la lune ne puisse toujours rester ronde, et les fleurs toujours belles ». C'est dans un poème commémorant une fête, *Une nuit de printemps parmi les fleurs de pêchers*, que Li Bai écrit ces lignes : « Notre vie flottante est comme un rêve ; combien de temps peut-on jouir de soi-même ? » Et c'était au milieu d'une joyeuse réunion de ses amis illustres que Wang Xizhi* composa cet essai immortel, *Le Pavillon des Orchidées*, qui rend, mieux que tout autre, le sentiment caractéristique de l'évanescence de la vie.

La croyance à la mort, l'idée que finalement nous nous éteignons comme la flamme d'une bougie, est une très belle chose. Elle nous rend sérieux, un peu tristes, et pour beaucoup d'entre nous, poétiques. Par-dessus tout elle nous oblige à en prendre notre parti et à nous arranger pour vivre sensément, véritablement et toujours avec le sentiment de nos propres limites. Elle nous donne aussi la paix, parce que la vraie paix de l'esprit vient de l'acceptation du pire. Psychologiquement, je pense qu'elle signifie une libération d'énergie.

Quand les poètes et le peuple chinois se réjouissent, ils ont toujours un sentiment subconscient que la joie ne durera pas éternellement, comme ils le disent souvent à la fin d'une joyeuse réunion : « La fête la plus magnifique doit tôt ou tard avoir une fin. » Le festin de la vie est celui de Nabuchodonosor. Cette conscience de la qualité irréelle de notre existence donne aux païens une sorte de spiritualité. Ils voient la vie essentiellement comme un paysagiste Song voit des montagnes, enveloppées dans un voile de mystère, parfois dans une atmosphère ruisselante d'humidité.

Dépossédé de l'immortalité, le problème se réduit à cette simple proposition : que nous avons un temps limité à passer sur cette terre, rarement plus de soixante-dix ans, et que nous devons donc nous organiser de manière à vivre aussi heureusement que nous le pouvons dans des circonstances données. Nous sommes ici sur le sol confucianiste. Il y a là quelque chose de terriblement lié à la terre et l'homme continue à travailler avec une obstination, assez dans l'esprit de ce que Santayana appelle « la foi animale » qui prend la vie telle qu'elle est, hasardant, sans l'aide de Darwin*, une conjecture sagace sur notre parenté essentielle avec les animaux. Cette foi nous rattache à la vie – celle de l'instinct et des sens – et à la croyance que puisque nous sommes tous des animaux, nous ne pouvons être véritablement heureux que si tous nos instincts normaux sont satisfaits normalement.

Sommes-nous donc matérialistes ? Un Chinois saurait à peine répondre à cette question. Car avec sa spiritualité basée sur un genre d'existence matérielle, liée à la terre, il ne réussit pas à voir la distinction entre l'esprit et la chair. Sans doute aime-t-il les agréments de la créature, mais ceux-ci sont du domaine des sens. Ce n'est que par l'intelligence que l'homme saisit la distinction entre l'esprit et la chair, cependant que les sens fournissent aux besoins des deux, comme nous l'avons vu dans le précédent chapitre. La musique, sans doute le plus spirituel de tous les arts, élevant l'homme jusqu'au monde de l'esprit, s'appuie sur le sens de l'ouïe. Et les Chinois ne parviennent pas à voir pourquoi un accord de goûts dans les plaisirs de la table est moins spirituel qu'une symphonie de sons. Ce n'est que dans ce sens réaliste que nous pouvons éprouver un sentiment pour la femme que nous aimons. Une distinction entre son âme et son corps est impossible. Car si nous aimons une femme, nous n'aimons pas la précision géométrique de ses traits, mais plutôt ses manières et ses gestes, ses regards et ses sourires. Mais les regards et les sourires d'une femme sont-ils physiques ou spirituels ? Personne ne peut le dire.

Ce sentiment de la réalité et de la spiritualité de la vie est soutenu par l'humanisme chinois, en fait par toute la manière de vivre et de penser des Chinois dont la philosophie s'occupe de la connaissance de la vie, plutôt que de celle de la vérité. Balayant toutes les spéculations métaphysiques comme de pâles réflexions engendrées par notre intelligence, les philosophes chinois s'attachent à la vie elle-même et se posent la seule et éternelle question : « Comment allons-nous vivre ? » La philosophie dans le sens occidental paraît aux Chinois éminemment oiseuse. Dans ses préoccupations avec la logique qui recherche les moyens d'arriver à la connaissance, et avec l'épistémologie qui pose la question de la possibilité de la connaissance, elle a oublié de s'occuper de la connaissance de la vie. C'est aussi stupide et frivole que de courtiser une femme sans l'épouser et lui faire des enfants, aussi mauvais que d'avoir des régiments vêtus de rouge marchant à la parade sans aller se battre. Les philosophes allemands sont les plus frivoles de tous ; ils courtisent la vérité comme des amants passionnés, mais lui proposent rarement de l'épouser.

V. QU'EST-CE QUE LA CHANCE ?

La contribution particulière du taoïsme à la création du tempérament oisif se trouve dans la reconnaissance du fait qu'il n'existe pas de choses telles que la chance et l'adversité. Le grand enseignement taoïste est la mise en valeur de l'être sur le devenir, du caractère sur la réussite, et du calme sur l'action. Mais le calme intérieur n'est possible qu'en dehors des vicissitudes de la fortune. Le grand philosophe taoïste Liezi* raconte la célèbre parabole du *Vieillard du Fort* :

> Un vieillard vivait avec son fils dans un fort abandonné, au sommet d'une colline, et un jour il perdit un cheval. Les voisins vinrent lui exprimer leur sympathie pour ce malheur et le vieillard demanda : « Comment savez-vous que c'est un malheur ? » Quelques jours plus tard, le cheval revint, suivi de plusieurs chevaux sauvages, et les voisins revinrent le féliciter de cette chance et le vieillard répliqua : « Comment savez-vous que c'est une chance ? » Entouré de tant de chevaux, le fils se mit à les monter et un jour il se cassa la jambe. De nouveau, les voisins s'approchèrent pour exprimer leur sympathie et le vieillard répondit : « Comment savez-vous que c'est de la malchance ? » L'année suivante, il y eut une guerre et parce que le fils du vieillard était boiteux, il évita d'aller au front.

Evidemment ce genre de philosophie permet à un homme de supporter quelques coups durs dans la vie, en croyant qu'il n'y a pas de coups durs sans avantages. Comme les médailles, ils ont toujours un revers. Le calme, le mépris de l'action et de l'agitation, la fuite devant le succès et la réussite sont possibles avec ce genre de philosophie qui dit que « Rien ne compte pour un homme qui prétend que rien ne compte ». Le désir du succès est tué par le soupçon sagace que ce désir signifie à peu près la même chose que la peur de l'insuccès. Plus un homme a une grande réussite, plus il craint une chute. Les fallacieuses récompenses de la gloire se dressent en face des immenses avantages de l'obscurité. D'un point de vue taoïste, un homme cultivé est celui qui ne croit pas qu'il a réussi, quand il a réussi, mais qui n'est pas certain d'avoir échoué quand il a échoué, tandis que la marque de l'homme à moitié cultivé est sa certitude que ses succès et ses échecs extérieurs sont absolus et réels.

D'où la différence entre le bouddhisme et le taoïsme : le but du bouddhiste est qu'il ne doit rien désirer, tandis que celui du taoïste est qu'il ne doit pas désirer du tout. Seul celui qui ne s'occupe pas du public peut être un individu insouciant et seul celui qui est insouciant peut être heureux. Dans cet esprit, Zhuangzi, le plus grand et le plus doué des philosophes taoïstes, nous met sans cesse en garde contre le fait d'être trop éminent, trop utile, trop serviable. Les porcs sont offerts sur l'autel des sacrifices quand ils deviennent trop gras et les beaux oiseaux sont les premiers à être tués par les chasseurs, pour leur plumage. C'est dans ce sens qu'il raconte la parabole de deux hommes allant violer une tombe et la piller. Ils frappèrent le visage du cadavre à coups de marteau, lui brisèrent les mâchoires, tout cela parce que le mort avait été assez stupide pour se faire enterrer avec une perle dans la bouche.

La conclusion inévitable de toutes ces discussions philosophiques est : pourquoi ne pas flâner ?

En face des Chinois, avec leur philosophie selon laquelle « Rien n'a d'importance pour un homme qui dit que rien n'a d'importance », les Américains offrent un étrange contraste. La vie vaut-elle vraiment tous les ennuis, au point de faire de notre âme une esclave du corps ? La haute spiritualité de la philosophie de la flânerie ne l'admet pas. Le signe le plus caractéristique que j'en aie vu était une grande affiche dans une usine avec les mots : « Presque droit ne suffit pas. » Le désir d'une augmentation d'efficacité de un pour cent paraît presque obscène. L'ennui avec les Américains est que lorsqu'une chose est presque droite, ils désirent la faire encore mieux, tandis que pour un Chinois, presque droit est bien assez.

Les trois grands défauts américains semblent être l'efficacité, la ponctualité et le désir de réussite et de succès. Ce sont ces choses qui les rendent si malheureux et si nerveux. Elles leur volent le droit inaliénable de flâner et les privent de plus d'une magnifique après-midi de loisir. On doit se faire à l'idée qu'il n'y a pas de catastrophes dans ce monde et qu'à côté du noble art de faire les choses, il y en a un plus noble, qui est celui de ne pas les faire. Dans l'ensemble, si l'on répond aux lettres rapidement, le résultat est à peu près aussi bon ou aussi mauvais que si l'on ne leur avait jamais répondu. Après tout, il n'arrive rien et pendant que l'un peut avoir manqué quelques bons emplois, l'autre peut en avoir évité quelques mauvais. La plupart des lettres ne valent pas qu'on leur réponde si on les garde trois mois dans son tiroir ; en les relisant, on se rend compte combien profondément futile et quelle perte de temps c'eût été de leur répondre. Ecrire des lettres peut vraiment devenir un défaut. Il transforme nos écrivains en bons commis et nos professeurs de collège en employés. En ce sens, je comprends le mépris de Thoreau pour les Américains qui vont toujours à la poste.

Notre querelle n'est pas dans le fait que l'efficacité obtient des choses achevées et très bien faites. J'ai toujours confiance dans les robinets américains, plutôt que dans ceux qui sont faits en Chine, parce que les robinets américains ne fuient pas. A la vieille affirmation selon laquelle nous devons tous être utiles, efficients, devenir fonctionnaires et puissants, la vieille réponse est qu'il y a toujours assez d'idiots dans le monde qui veulent être utiles, occupés et puissants et que, d'une manière ou de l'autre la besogne de la vie sera faite. La seule question est de savoir qui sont les sages : les flâneurs ou les agités ? Notre querelle avec l'efficacité n'est pas qu'elle fasse les choses, mais qu'elle est une voleuse de temps qui ne nous laisse pas de loisirs pour jouir de nous-mêmes et qu'elle nous met les nerfs à bout en essayant d'obtenir des choses parfaitement faites. Un éditeur américain se fait des cheveux gris pour qu'aucune erreur typographique n'apparaisse dans les pages de son magazine. L'éditeur chinois est plus sage. Il préfère laisser à ses lecteurs la suprême satisfaction de découvrir eux-mêmes quelques fautes. Mieux que cela, un magazine chinois peut commencer la publication d'un feuilleton et l'oublier au milieu. En Amérique, cela ferait tomber le toit sur les éditeurs, mais en Chine cela n'a pas d'importance, simplement parce que ça n'a pas d'importance. Les ingénieurs américains qui construisent un pont calculent si bien et si exactement que les deux parties se rejoignent à un dixième de pouce près. Mais lorsque deux Chinois commencent à creuser un tunnel depuis les deux côtés d'une montagne, tous les deux sortent de l'autre côté. La ferme conviction des Chinois est que cela n'importe pas pourvu qu'un tunnel soit percé, et si nous en avons deux au lieu d'un, eh bien nous avons deux voies de plus. Pourvu que vous ne soyez pas pressés, deux tunnels en valent bien un, percés d'une manière ou d'une autre, terminés d'une manière ou d'une autre et où le train peut passer d'une manière ou d'une autre. Et les Chinois sont extrêmement ponctuels pourvu que vous leur donniez du temps. Ils finissent toujours une chose selon les prévisions, pourvu que celles-ci soient assez longues.

Le tempo de la vie industrielle moderne empêche cette nonchalance magnifique. Mais pis encore, il nous impose du temps une conception différente, mesurée par l'horloge et finalement transforme l'être humain lui-même en horloge. Ce genre de choses est en train d'arriver en Chine, c'est évident, par exemple avec une usine de vingt mille ouvriers. La splendide perspective de vingt mille ouvriers arrivant selon leur bon plaisir à toutes les heures du jour a évidemment quelque chose de terrifiant. Néanmoins, cette nécessité de l'exactitude est ce qui rend la vie si dure et si énervante. Un homme qui doit être à un certain endroit exactement à cinq heures, a toute son après-midi gâchée. Tous les Américains organisent leur temps sur le modèle de l'école primaire : à trois heures ceci, à cinq heures cela, à six heures et demie se changer, à six heures cinquante prendre un taxi, et à sept heures entrer dans une chambre d'hôtel. Cela ôte toute valeur à la vie.

Les Américains en sont maintenant arrivés à un si triste état, que non seulement ils inscrivent leur emploi du temps pour le jour suivant, ou la semaine suivante, mais pour le mois suivant. Un rendez-vous dans trois semaines est une chose inconnue en Chine. Et lorsqu'un Chinois reçoit une invitation, il ne doit heureusement jamais dire s'il s'y rendra ou non. Il peut renvoyer le carton en écrivant dessus « j'irai » s'il accepte, ou « merci » s'il refuse, mais dans la majorité des cas l'invité écrit simplement le mot « reçu » qui constitue une indication de fait, mais ne marque pas d'intention. Un Américain ou un Européen, vivant à Shanghai, peut me dire qu'il assistera à Paris à une assemblée le 19 avril 1938 à trois heures et qu'il arrivera à Vienne le 21 mai par le train de sept heures. Si une après-midi doit être condamnée et exécutée, faut-il annoncer si tôt son exécution ? Ne peut-on voyager et être maître de soi, arriver quand on veut et partir quand on en a envie ?

Mais par-dessus tout, l'incapacité de l'Américain à flâner découle de son désir d'agir et du fait qu'il place l'action au-dessus de l'être. Nous devons souhaiter qu'il y ait du caractère dans nos vies, comme nous souhaitons qu'il y en ait dans tout grand art digne de ce nom. Malheureusement le caractère n'est pas une chose que l'on peut fabriquer à volonté. Comme la qualité du vin, il ne s'acquiert que par l'immobilité et le temps. Le désir d'action des vieux Américains qui essayent, par ce moyen, de gagner leur propre estime et celle de la jeune génération, est ce qui les rend si ridicules aux yeux de l'Oriental. Trop d'activité dans un vieillard produit la même impression qu'un haut-parleur jouant de la musique de jazz au sommet d'une vieille cathédrale. N'est-il pas suffisant que les vieilles gens soient quelque chose ? Est-il nécessaire qu'ils fassent toujours quelque chose ? La perte de la capacité de flâner dans l'âge mûr est déjà très mauvaise, mais dans la vieillesse c'est un crime contre la nature humaine.

Le caractère est toujours associé avec l'idée d'âge mûr et demande du temps pour s'affirmer, comme les beaux traits du visage d'un homme en pleine maturité. Il est quelque peu difficile de découvrir du caractère dans un mode de vie où chacun conduit sa voiture de l'année dernière et s'apprête à la vendre pour le nouveau modèle. Nous sommes semblables aux choses que nous faisons. En 1937 les hommes et les femmes ont eu l'air de 1937 et en 1938 ils en auront un de 1938. Nous aimons les vieilles cathédrales, les vieux meubles, la vieille argenterie, mais nous avons entièrement oublié la beauté des vieillards. J'estime qu'une juste appréciation de ce genre de beauté est essentielle à notre vie, car la beauté, me semble-t-il, est ce qui est vieux, mûr, patiné.

Chapitre VIII

La jouissance du foyer

I. DEVENIR BIOLOGIQUE

Il m'a toujours semblé que le critère de toute civilisation est le type de maris et de femmes et de pères et de mères qu'elle produit. A côté de l'austère simplicité de cette question, toutes les autres réussites – art, philosophie, littérature, confort matériel – pâlissent jusqu'à l'insignifiance.

Cela est un remède calmant que j'ai toujours conseillé à mes compatriotes engagés dans la tâche terrifiante de comparer les civilisations chinoise et occidentale et c'est devenu chez moi une manie, car le remède a toujours agi. Il est naturel que le Chinois qui étudie la vie et la science de l'Occident soit ébloui par ses brillantes réussites, depuis la médecine, la géologie, l'astronomie jusqu'aux gratte-ciel, aux autostrades et à la photographie en couleurs. Il est, soit enthousiaste devant de telles réussites, soit honteux que la Chine ne les ait pas faites, soit tous les deux. Il est alors affligé d'un complexe d'infériorité et le moment d'après, vous pouvez trouver en lui le défenseur le plus arrogant et le plus chauvin de la civilisation orientale, sans qu'il sache de quoi il parle. Sa condition a quelque chose de pathétique, car elle le disqualifie pour juger sainement et sans passion l'Orient et l'Occident.

Le critère que je propose a l'étrange pouvoir de mettre toute l'humanité au même niveau, en écartant tout ce qui n'est pas essentiel de la civilisation et de la culture et en les faisant voir sous un jour simple et clair. Tous les autres produits sont alors considérés comme de simples moyens de faire de meilleurs maris et femmes, et de meilleurs pères et mères. Dans la mesure où quatre-vingt-dix pour cent des humains sont maris et femmes et où cent pour cent ont des parents, et dans la mesure où le mariage et le foyer constituent la part la plus intime de la vie de l'homme, il est clair que la civilisation qui produit les meilleurs maris et femmes et les meilleurs pères et mères, rend l'existence plus heureuse et se trouve donc être d'un type plus élevé. La qualité des hommes et des femmes avec lesquels nous vivons est beaucoup plus importante que le travail qu'ils accomplissent, et toute jeune fille devrait être pleine de reconnaissance envers la civilisation qui peut lui présenter le meilleur époux. De telles choses sont relatives, et l'idéal du mari, de la femme, du père ou de la mère, se trouve à chaque époque et dans chaque pays. Il est probable que la meilleure manière d'obtenir de bons maris et de bonnes épouses est l'eugénisme qui nous épargnera de grands ennuis en éduquant les femmes et les maris. D'autre part, une civilisation qui ignore le foyer ou le relègue dans une position inférieure, ne donne que les plus pauvres produits.

Je réalise que je deviens biologique. Je suis biologique. Et tous les hommes et toutes les femmes le sont. Il ne sert de rien de dire : « Devenons biologiques », parce que nous le sommes tous, que nous le voulions ou non. Tout homme est heureux biologiquement, furieux biologiquement, ou ambitieux biologiquement, ou religieux ou pacifique biologiquement, même s'il n'en est pas conscient. Comme êtres biologiques il n'y a pas à insister sur le fait que nous naissons tous enfants, que nous buvons le lait maternel, que nous nous marions et que nous donnons le jour à d'autres enfants. Chaque homme est né d'une femme, et presque chaque homme vit avec une femme et se trouve être le père de garçons et de filles et chaque femme est aussi née d'une femme et presque chaque femme vit avec un homme et donne naissance à d'autres enfants. Certains refusent de devenir parents, comme des arbres et des fleurs qui refusent de produire des semences pour perpétuer leur propre espèce, mais aucun homme ne peut refuser d'avoir des parents, de même qu'aucun arbre ne peut refuser de croître d'une semence. Nous arrivons ainsi au fait fondamental que les premières relations dans la vie sont les relations entre l'homme, la femme et les enfants, et aucune philosophie ne peut être appelée adéquate, ou même être appelée philosophie, à moins qu'elle ne s'occupe de cette relation essentielle.

Mais la simple relation entre l'homme et la femme n'est pas suffisante, elle doit se résoudre en enfants, sinon elle est incomplète. Aucune civilisation n'a d'excuse, qui prive l'homme ou la femme de leur droit à avoir des enfants. Je sais que de nos jours cela est un problème très réel, qu'il y a beaucoup d'hommes et de femmes qui ne se marient pas et que beaucoup d'autres, après s'être mariés, refusent d'avoir des enfants pour une raison ou pour une autre. Mon point de vue est que, quelles que soient les raisons invoquées, le fait pour un homme ou une femme de laisser ce monde sans enfants est le plus grand crime qu'ils puissent commettre contre eux-mêmes. Si la stérilité est due au corps, alors le corps est dégénéré et mauvais, si elle est due à la cherté de la vie, alors la cherté de la vie est mauvaise ; si elle est due à un trop haut niveau de vie, alors le trop haut niveau de vie est mauvais ; si elle est due à une philosophie individualiste, alors la philosophie individualiste est mauvaise ; si elle est due à l'ensemble du système social, alors l'ensemble du système social est mauvais. Il est possible que les hommes et les femmes du XXIe siècle aperçoivent cette vérité, quand nous aurons fait plus de progrès dans la science biologique et qu'il en résultera une meilleure compréhension de nous-mêmes comme êtres biologiques. Je suis entièrement convaincu que le XXe siècle sera le siècle de la biologie, comme le XIXe a été celui de la science naturelle comparée. Quand l'homme se comprendra mieux lui-même, et réalisera la futilité de lutter contre ses propres instincts, il appréciera mieux cette simple sagesse. Nous en apercevons déjà les signes lorsque nous voyons le psychologue suisse Jung conseiller à ses riches patientes de retourner à la campagne soigner des poules, des enfants et des carottes. L'ennui avec les riches patientes est qu'elles ne fonctionnent pas biologiquement, ou que leur fonctionnement biologique est malheureusement trop bas.

L'homme n'a jamais appris à vivre avec une femme. La chose étrange est qu'aucun homme n'ait vécu sans une femme, en dépit de ce fait. Aucun homme ne peut dénigrer les femmes, s'il réalise que personne ne vient au monde sans une mère. De la naissance à la mort, il est entouré par des femmes, mère, épouse, filles et, même s'il ne se marie pas, il dépend encore de sa sœur, comme William Wordsworth, ou de sa gouvernante, comme Herbert Spencer*. Aucune philosophie ne sauvera son âme s'il ne peut établir des relations normales avec sa mère ou sa sœur ; et s'il ne peut en établir même avec sa gouvernante, que Dieu ait pitié de lui !

Il y a quelque chose de pathétique dans un homme qui n'est pas parvenu à des rapports normaux avec une femme et qui a mené une vie morale faussée, comme Oscar Wilde*, qui s'exclamait : « Un homme ne peut pas vivre avec une femme, ni sans une femme. » De sorte qu'il semble que la sagesse humaine n'ait pas progressé d'un pouce entre l'auteur d'un conte hindou et Oscar Wilde au commencement du XXe siècle, car cet auteur d'un conte hindou de la Création exprimait essentiellement la même idée il y a quatre mille ans.

Le fait d'adopter un point de vue si simple et si naturellement biologique entraîne deux conflits : premièrement, le conflit entre l'individualisme et la famille, et secondement, un conflit plus profond entre la philosophie stérile de l'intelligence et la chaude philosophie de l'instinct. Car l'individualisme et la vénération de l'intelligence aveuglent également un homme sur les beautés de la vie de famille, et, des deux, je pense que le premier n'est pas le pire. Un homme croyant à l'individualisme et le poussant dans ses conséquences logiques, peut encore être très intelligent, mais un homme croyant à la tête froide plutôt qu'au cœur brûlant est un fou. Pour le collectivisme de la famille, en tant qu'unité sociale, on peut trouver des substituts, mais pour la perte des instincts d'union, de paternité et de maternité, il n'y en a pas.

Nous devons admettre l'hypothèse que l'homme ne peut pas vivre seul dans ce monde et être heureux, mais qu'il doit s'associer à un groupe qui l'entoure et qui soit plus grand que lui-même. Le moi de l'homme n'est pas limité à son corps, car il y a un moi plus grand qui s'étend aussi loin que ses activités mentales ou sociales. A n'importe quelle époque, dans n'importe quel pays, et sous n'importe quelle forme de gouvernement, la vie réelle qui signifie quelque chose pour un homme, ne s'étend jamais à son pays ou à son époque, mais uniquement à ce plus petit cercle de ses connaissances et de ses activités que nous appelons le « plus grand moi ». C'est dans cette unité sociale qu'il vit et se meut. Cette unité peut être une paroisse, ou une école, ou une prison, ou une affaire, ou une société secrète, ou une organisation philanthropique. Toutes peuvent prendre la place du foyer et parfois l'occuper entièrement. La religion, ou un grand mouvement politique, absorbe parfois l'existence d'un homme. Mais, de tous ces groupes, la famille reste le seul naturellement et biologiquement réel, satisfaisant et signifiant l'unité de notre existence. Il est naturel, parce que tout homme se trouve déjà dans une famille quand il naît et aussi parce qu'il y passe toute sa vie ; il est biologiquement réel, parce que la parenté du sang prête à la notion d'un plus grand moi une réalité visible. Celui qui ne réussit pas dans son groupe naturel, ne doit pas s'attendre à réussir dans d'autres. Confucius dit : « Les jeunes hommes doivent apprendre à être filiaux à la maison et respectueux en société ; ils doivent être conscienciex, honnêtes, aimer tout le monde et fréquenter les hommes bienveillants. S'ils agissent selon ces préceptes et qu'il leur reste de l'énergie, laissez-les lire des livres. » Indépendamment de l'importance de ce groupe, l'homme ne s'exprime, ne se perfectionne lui-même et n'atteint le plus haut développement de sa personnalité que dans l'harmonieux complément d'un individu convenable de l'autre sexe.

La femme qui a un sens biologique plus profond que l'homme, le sait. Inconsciemment, toutes les jeunes filles chinoises rêvent de la jupe rouge et de la voiture des noces et toutes les jeunes filles d'Occident, du voile et des cloches. La nature a doué la femme d'un instinct maternel trop puissant pour qu'il soit éliminé par une civilisation artificielle. Je ne doute pas que la nature ait conçu la femme principalement comme une mère, plus encore que comme une compagne et l'ait douée de caractéristiques mentales et morales qui la guident dans son rôle de mère et trouvent leur plein épanouissement dans l'instinct maternel : réalisme, jugement, amour des petits et des faibles, désir de s'occuper de quelqu'un, amour et haine animale, partis pris personnels et sentimentaux et généralement une vue personnelle des choses. C'est pourquoi la philosophie fait fausse route quand elle s'éloigne de la vraie conception de la nature et essaye de rendre les femmes heureuses sans tenir compte de cet instinct maternel qui est le trait dominant et l'explication centrale de tout leur être. Ainsi, chez toutes les femmes incultes et chez toutes celles qui sont sainement cultivées, l'instinct maternel ne fait jamais défaut, il apparaît dans l'enfance et devient de plus en plus fort, de l'adolescence à la maturité, tandis que, chez l'homme, l'instinct paternel apparaît rarement avant trente-cinq ans, ou en tout cas avant qu'il ait un fils ou une fille de cinq ans. Je ne crois pas qu'un homme de vingt-cinq ans pense jamais à devenir un père. Il tombe simplement amoureux d'une jeune fille, fait accidentellement un enfant et oublie tout cela, tandis que sa femme ne pense pas à autre chose, jusqu'au jour où, vers trente ans, il devient tout à coup conscient d'avoir un fils ou une fille qu'il peut emmener au marché et montrer à ses amis, et c'est alors seulement qu'il commence à se sentir père. Cependant que, pour une femme, avoir un enfant est probablement la chose la plus importante de sa vie, et change son être entier au point de transformer son caractère et ses habitudes. Le monde devient différent pour une femme qui est enceinte. Désormais, elle n'a plus le moindre doute sur sa mission dans la vie, ou sur le but de son existence. J'ai vu la fille unique la plus gâtée d'une riche famille chinoise, devenir héroïque et perdre le sommeil pour des mois quand son enfant était malade. Dans le plan de la nature, un tel instinct paternel n'est pas nécessaire, car l'homme, comme le canard ou le jars, ne s'occupe de sa progéniture que pour la nourrir. C'est pourquoi les femmes souffrent psychologiquement plus, lorsque cette activité essentielle de leur être n'est pas exprimée et ne fonctionne pas. Personne n'a besoin de me dire combien la civilisation américaine est favorable aux femmes, quand elle permet que tant de jolies filles ne se marient pas, sans fautes de leur part.

Mais nous nous occupons surtout de la question : « Comment vivre une vie heureuse ? » ; et personne ne peut être heureux à moins qu'au-delà des réussites superficielles, les sources plus profondes du caractère ne soient touchées et ne trouvent une issue normale. Le célibat, sous la forme de « carrière personnelle », entraîne avec lui une tare, non seulement individualiste, mais aussi stupidement intellectualiste et pour cette dernière raison doit être condamné. Je me suis toujours défié des célibataires et des femmes non mariées qui restent tels pour être des intellectuels incapables, beaucoup trop préoccupés de leurs réussites extérieures et croyant qu'ils peuvent trouver le bonheur dans une contrefaçon efficace de la vie de famille, ou découvrir un intérêt intellectuel, artistique ou professionnel qui soit profondément satisfaisant.

Je nie cela. Les réussites politiques, littéraires ou artistiques ne produisent, chez ceux qui en bénéficient, qu'un pâle sourire intellectuel, tandis que la récompense de voir ses propres enfants devenir grands et forts est muette et immensément réelle. Combien d'auteurs et d'artistes sont satisfaits de leurs succès dans leur vieillesse et combien ne les regardent que comme de simples produits de leur passe-temps, justifiables principalement comme moyens de gagner leur vie ? On raconte que, quelques jours avant sa mort, Herbert Spencer avait les dix-huit volumes de la *Philosophie synthétique* sur les genoux et que, sentant leur poids glacé, il se demanda s'il n'aurait pas mieux valu qu'il ait un petit-fils à leur place. Il est assez triste d'avoir des succédanés de sucre, de beurre et de coton, mais il serait déplorable d'avoir des succédanés d'enfants.

Sous un autre aspect, le bonheur est pour beaucoup une question de trouver le travail de sa vie, le travail qu'on aime. Je me demande si les quatre-vingt-dix pour cent des hommes et des femmes occupés dans une profession ont trouvé le travail qu'ils aiment réellement. Je suppose que la constatation si vantée : « J'aime mon travail » doit toujours être prise avec un grain de sel. On ne dit jamais « J'aime mon foyer », car cela va de soi. La moyenne des hommes d'affaires vont à leur bureau dans un esprit assez semblable à celui des femmes chinoises qui attendent des enfants : tout le monde le fait, et que pourrais-je faire d'autre ? Chacun dit : « J'aime mon travail ». Une telle constatation est un mensonge dans le cas des garçons d'ascenseurs, des demoiselles du téléphone et des dentistes, et une grosse exagération dans celui des éditeurs, des agents immobiliers et agents de change. Sauf pour l'explorateur polaire, ou le savant dans son laboratoire, aimer bien son travail, le trouver convenable, est le mieux que nous puissions espérer. Mais, même en admettant la figure de style, il n'y a pas de comparaison entre l'amour qu'on a pour son travail et celui d'une mère pour ses enfants. Beaucoup d'hommes ont des doutes sur leur vraie vocation et passent de l'une à l'autre, mais il n'y a jamais un doute dans l'esprit d'une mère concernant le travail de sa vie, qui est de prendre soin et de guider les tout-petits. Des politiciens heureux ont abandonné la politique, des éditeurs, l'édition, des aviateurs, le vol, des acteurs, la scène, mais imaginez des mères, heureuses ou malheureuses, abandonnant la maternité. Cela ne s'est jamais vu. La mère a le sentiment qu'elle est désirée ; elle a trouvé sa place, elle éprouve la profonde conviction que personne au monde ne peut la remplacer. Et qu'est-ce qui peut donner à un homme, ou à une femme, un bonheur plus grand, plus profond que la satisfaction de savoir qu'ils ont trouvé une place dans la vie ? Le bon sens ne dit-il pas qu'à peine cinq pour cent des gens sont assez heureux pour trouver le travail qu'ils aiment, alors que cent pour cent des parents trouvent dans le travail de s'occuper de leurs enfants la plus profonde de leurs raisons de vivre ? N'est-il donc pas vrai que, pour une femme, la chance de trouver le vrai bonheur est plus grande et plus sûre si elle est engagée comme mère que comme architecte, puisque la nature ne trompe jamais ? N'est-il pas vrai que le mariage est la meilleure profession pour une femme ?

Il est bien entendu que nous parlons de l'idéal moyen de la moyenne des hommes et des femmes. Il y a des femmes distinguées et pleines de talents comme il y a des hommes distingués et pleins de talents dont l'habileté créatrice importe au vrai progrès du monde. Si je demande à la moyenne des femmes de regarder le mariage comme la profession idéale et d'avoir des enfants et peut-être aussi de laver la vaisselle, je demande également à la moyenne des hommes d'oublier les arts et de gagner le pain de la famille en coupant des cheveux, en cirant des chaussures, en aiguisant des couteaux, ou en servant à table. Je ne sais pas quel est le plus noble travail, élever des enfants, ou couper les cheveux des gens, ou cirer les chaussures, ou ouvrir les portes dans les grands magasins. Le point important est que la présomption générale selon laquelle la vie du foyer, avec ses tâches importantes et sacrées d'élever et d'éduquer les jeunes de la race, est trop basse pour les femmes, peut à peine être appelée une attitude sociale sensée et n'est possible que dans une culture où la femme, le foyer et la maternité ne sont pas suffisamment respectés.

III. DU SEX-APPEAL

Derrière la façade des droits de la femme et des privilèges sociaux croissants, je pense toujours que celle-ci ne reçoit pas son dû, même dans la moderne Amérique. Espérons que mon impression est fausse et qu'avec l'augmentation des droits de la femme, la courtoisie n'a pas diminué. Car les deux choses ne vont pas nécessairement ensemble, la courtoisie, ou vrai respect des femmes, et la permission pour les femmes de dépenser de l'argent, d'aller où il leur plaît, d'avoir des entreprises et de voter. Il me semble (un citoyen du Vieux Monde avec le regard du Vieux Monde) qu'il y a des choses qui comptent et d'autres qui ne comptent pas, et que les femmes américaines dépassent de loin leurs sœurs du Vieux Monde dans toutes les choses qui ne comptent pas et gardent une situation très semblable dans toutes celles qui comptent. D'ailleurs, il n'y a pas d'indices certains d'une plus grande courtoisie en Amérique qu'en Europe. Sa réelle autorité, la femme américaine l'exerce encore depuis son trône traditionnel – le cœur – sur lequel elle préside comme l'ange secourable. J'ai vu de tels anges, mais seulement dans l'inviolabilité d'une maison particulière, où une femme se glisse dans la cuisine ou dans le salon, vraie maîtresse d'une maison consacrée à l'amour de la famille.

D'une manière ou d'une autre elle répand un rayonnement qui serait inimaginable ou hors de propos dans un bureau.

Est-ce simplement parce qu'une femme est plus charmante et plus gracieuse dans une robe de chiffon que dans un costume tailleur ou est-ce mon imagination ? Le fond de la question semble résider dans le fait que, dans son foyer, une femme est comme un poisson dans l'eau.

Mais pour être franc, je crois, d'un point de vue masculin, que l'apparition des femmes dans la vie publique a beaucoup ajouté au charme et à l'agrément des bureaux ou des rues, pour le plus grand plaisir des hommes ; que les voix dans les bureaux sont plus douces, les couleurs plus gaies, les pupitres plus propres. Je crois aussi que l'attraction sexuelle, ou le désir pour l'attraction sexuelle fournie par la nature n'a pas changé, mais qu'en Amérique les hommes vont avoir une époque grandiose, parce que les Américaines essayent beaucoup plus de plaire aux hommes (pour autant qu'il s'agisse de sex-appeal) que, par exemple, les Chinoises. Et ma conclusion est qu'en Occident, les gens pensent trop au sexe et pas assez aux femmes.

L'évidence est là : les Américaines s'acharnent à plaire aux hommes en s'occupant beaucoup des charmes de leur corps et en s'habillant avec une meilleure compréhension du sex-appeal. Le résultat certain est que dans l'ensemble, les femmes ont une meilleure tournure et sont mieux habillées, pour le plus grand plaisir des hommes, grâce à leurs immenses efforts quotidiens. Mais j'imagine combien cela doit porter sur leurs nerfs. Et quand je parle de sex-appeal, je l'oppose à l'attrait de la maternité, ou à l'attrait de la femme comme un tout. Je suspecte cette phase de la civilisation d'avoir imprimé son caractère dans l'amour moderne et le mariage.

L'art a éveillé au sexe l'homme moderne ; je n'ai pas de doute à ce sujet. D'abord l'art, puis l'exploitation commerciale du corps de la femme, jusqu'à ses dernières courbes et ondulations musculaires et jusqu'aux derniers ongles peints de ses doigts de pieds. On n'a jamais vu une telle exploitation du corps féminin et j'ai peine à comprendre comment les Américaines s'y sont soumises si docilement. Pour un Oriental, il est difficile de la concilier avec le respect de la femme. Les artistes appellent cela beauté, les spectateurs de théâtre l'appellent art, seuls les metteurs en scènes et les imprésarios l'appellent honnêtement sex-appeal et les hommes ont généralement du bon temps. Il est typique d'une société faite pour les hommes et dirigée par eux que les femmes soient exhibées nues dans un but commercial et les hommes presque jamais, à part quelques acrobates. Sur la scène, on voit des femmes presque nues, pendant que les hommes gardent leurs vêtements et leur cravate. Les artistes étudient également l'anatomie masculine et féminine, mais ils ont quelques difficultés à monnayer les études du beau corps masculin.

Je considère que cette insistance sur le sex-appeal implique une vue adolescente et partielle de la nature féminine, qu'elle entraîne certaines conséquences sur le caractère de l'amour et du mariage dont la conception devient ainsi fausse ou insuffisante. La femme est alors envisagée plutôt comme une compagne possible que comme un esprit régnant sur le cœur. Elle est à la fois épouse et mère mais, avec cette insistance sur le sexe, la notion de compagne remplace celle de mère et j'insiste sur le fait qu'une femme n'atteint son plus noble état que dans la maternité et que si, par choix, elle refuse de devenir mère, elle perd immédiatement une grande partie de sa dignité, de son sérieux et se trouve en danger de n'être qu'un jouet. Pour moi, toute épouse sans enfant est une maîtresse, et toute maîtresse avec des enfants est une épouse, quels que soient leurs statuts légaux. Les enfants ennoblissent et sanctifient la maîtresse et l'absence d'enfant dégrade l'épouse. C'est devenu un truisme de dire que beaucoup de femmes modernes refusent d'avoir des enfants parce que la grossesse déformerait leur ligne.

L'instinct amoureux a son propre rôle à jouer dans l'enrichissement de la vie ; il peut cependant être exagéré au détriment de la femme elle-même. Le soin de maintenir le sex-appeal retombe nécessairement sur les nerfs des femmes, et non des hommes. C'est injuste, car en plaçant l'accent sur la beauté et la jeunesse, les femmes d'âge mûr sont mises devant la tâche sans espoir de lutter contre leurs cheveux gris et la fuite du temps. C'est également stupide, car il y a autre chose que son sexe dans une femme, et si faire la cour implique nécessairement à la base un attrait physique, les hommes et les femmes d'âge mûr devraient avoir surmonté cela.

L'homme, nous le savons, est l'animal le plus amoureux du règne zoologique. A côté de cet instinct amoureux, cependant, il y a un instinct paternel également fort qui s'épanouit dans la vie de famille. Le danger existe pourtant, de l'instinct amoureux subjuguant l'instinct paternel, dans une civilisation sophistiquée qui plonge l'homme dans un bain de stimulants sexuels, par l'art, le cinéma et le théâtre. Dans une culture de ce genre, la nécessité de l'idéal familial peut facilement être oubliée, surtout s'il s'y ajoute un courant d'idées individualistes. Dans une telle société, nous obtenons ainsi une étrange conception du mariage, consistant en un éternel baiser qui finit généralement en même temps que le son des cloches, et une étrange conception de la femme, considérée comme une compagne et non pas comme une mère. L'idéal devient alors une jeune femme parfaite de proportions et pleine d'attraits physiques, cependant que, pour moi, la femme n'est jamais plus belle que lorsqu'elle se penche sur un berceau, jamais plus sérieuse et digne que lorsqu'elle tient un enfant sur son sein et jamais plus heureuse que lorsque, couchée dans un lit, elle joue avec un bébé dans ses bras, comme je l'ai vu sur un tableau en Occident. Il est possible que j'aie un complexe de maternité, mais cela est très bien parce que les complexes psychologiques n'ont jamais fait de mal à un Chinois. Je crois plutôt que ma conception de la femme est due à l'influence de l'idéal familial de mon pays.

IV. L'IDÉAL FAMILIAL CHINOIS

Je pense parfois que l'histoire de la création dans la Genèse aurait besoin d'être écrite à nouveau. Dans le roman chinois *Hongloumeng** (« Le Rêve dans le Pavillon rouge »), le héros, un jeune garçon dorloté, sentimental, très attiré par la compagnie féminine, et admirant beaucoup ses belles cousines, mais désolé d'être lui-même un garçon, dit que « la femme est faite d'eau et l'homme d'argile », parce qu'il croit que ses cousines sont douces, pures et intelligentes, tandis que lui-même et les autres garçons sont laids, brouillons et méchants. Si l'auteur de l'histoire de la Genèse avait été un Jia Baoyu et avait su de quoi il parlait, il aurait écrit une autre histoire. Dieu prit une poignée de boue, la modela et lui souffla dans le nez, et Adam fut. Mais Adam commença à se craqueler et à tomber en morceaux. Alors Dieu prit un peu d'eau et avec l'eau il modela l'argile, et cette eau qui pénétra l'être d'Adam fut appelée Eve, et ce n'est qu'en ayant Eve dans son être que la vie d'Adam fut complète. Telle me semble du moins la signification symbolique du mariage. La femme est l'eau, l'homme est l'argile, l'eau pénètre et modèle l'argile, l'argile soutient l'eau et lui donne sa substance, dans laquelle l'eau se meut, vit, et s'accomplit.

C'est un fait bien connu que la vie et la société chinoises sont organisées sur la base du système familial. Ce système détermine et colore toute la vie chinoise. D'où vient cet idéal familial ? C'est une question qui a été rarement posée, car les Chinois semblent la tenir pour avérée, cependant que les étrangers ne se sentent pas compétents pour la résoudre. Confucius est réputé avoir fourni les données philosophiques du système familial comme base de toute vie politique et sociale, avec une insistance marquée sur les relations maritales comme fondement de tous les rapports humains, sur la piété filiale envers les parents, les visites annuelles aux tombes des ancêtres, la vénération de l'aïeul et l'institution de la chambre ancestrale.

La vénération des ancêtres a été appelée une religion par certains auteurs et je crois que c'est juste pour une très grande part. Son aspect non religieux est l'exclusion ou la place insignifiante de l'élément surnaturel. Le surnaturel est laissé intact et la vénération des ancêtres peut aller côte à côte avec la croyance en un dieu chrétien, bouddhiste ou mahométan. Les rites de cette vénération fournissent une forme de religion et sont à la fois naturels et justifiables, parce que toutes les croyances doivent avoir un symbole extérieur et une forme. Tel qu'il est, je ne pense pas que le respect pour des tablettes de bois de quinze pouces de long, sur lesquelles sont inscrits les noms des ancêtres, soit plus ou moins religieux que l'usage du portrait du roi sur les timbres-poste anglais. En premier lieu, ces esprits ancestraux sont conçus, moins comme des dieux que comme des êtres humains, continuant à être servis comme ils le furent dans leur vieillesse par leurs descendants. Il n'y a pas d'offrandes, ni de prières pour la guérison des maladies, et aucun des marchandages habituels entre l'adorateur et l'adoré. En second lieu, cette cérémonie d'adoration n'est rien de plus que l'occasion d'un pieux souvenir d'un ancêtre défunt, lors d'une réunion familiale, et l'expression de gratitude pour ce qu'il a fait pour la famille. En réalité, ce n'est qu'une pauvre substitution de la célébration de l'anniversaire de l'ancêtre quand il était vivant ; mais en esprit, elle ne diffère pas de la célébration de l'anniversaire d'un parent, ou de la Journée des Mères en Amérique.

La seule objection soulevée par les missionnaires chrétiens pour défendre aux Chinois convertis de participer aux cérémonies du culte ancestral, est que les adorateurs doivent s'agenouiller devant les tablettes, enfreignant ainsi le premier des dix commandements. C'est un manque de compréhension flagrant qui oblige les Chinois chrétiens à s'excommunier eux-mêmes de leur propre clan.

Il est certain que, dans de nombreux cas, ce sentiment de piété et d'obligation mystique envers sa propre famille s'élève à une attitude profondément religieuse. Nous avons, par exemple, le cas de Yan Yuan*, l'un des plus grands maîtres confucianistes du XVIIe siècle, qui entreprit dans sa vieillesse un voyage pathétique à la recherche de son frère, dans l'espoir que celui-ci pourrait avoir un fils, puisque lui-même n'en avait pas.

Quant à la nécessité de l'idéal familial, il ne manque pas de justifications dans la littérature chinoise. Il découle d'une conception de l'homme, non comme individu, mais comme membre d'une unité familiale ; il s'appuie sur ce que j'appellerai la théorie « du flot de vie » et se justifie par une philosophie qui considère l'accomplissement des instincts naturels comme le but ultime de la morale et de la politique.

L'idéal du système familial est nécessairement dressé contre l'idéal de l'individualisme. Personne après tout ne vit complètement isolé, l'idée ellemême n'a pas de réalité. Si nous pensons à un homme et que nous ne le considérons ni comme un fils, ni un frère, ni un père, ni un ami, alors qu'est-il ? Une abstraction métaphysique ? Ayant l'esprit biologique comme ils l'ont, les Chinois pensent d'abord aux relations biologiques d'un homme. La famille devient alors l'unité naturelle et le mariage lui-même une affaire familiale et non individuelle.

Dans *La Chine et les Chinois*, j'ai montré les dangers de ce système trop exclusif, qui peut devenir une forme d'égoïsme magnifié au détriment de l'Etat. Mais de tels maux sont inhérents à tout système humain, aussi bien au système familial, qu'à l'individualisme et au nationalisme de l'Occident. Dans la pensée chinoise, l'homme supplante toujours l'Etat, mais jamais la famille, parce que, en dehors d'elle, il n'a pas d'existence réelle. Les maux du nationalisme sont tout aussi apparents dans l'Europe moderne. L'Etat peut facilement se transformer en un monstre, comme cela se produit déjà dans certains pays, absorbant toutes les libertés, et même le but final du bonheur individuel. Les conséquences théoriques d'un tel collectivisme sont parfaitement visibles à la fois dans le fascisme et dans le communisme ; en fait, elles avaient été développées logiquement par Karl Marx. Une totale annihilation de l'instinct paternel semble être le but de l'Etat marxiste, dans lequel l'affection et la loyauté familiales sont ouvertement dénoncées comme des sentiments bourgeois, appelés à disparaître dans un milieu matériel différent. Je ne sais pas comment Karl Marx pouvait être si sûr de ce fait biologique. Perspicace en économie politique, peut-être l'était-il moins en fait de bon sens. Un écolier américain aurait deviné que cinq mille ans sont une trop courte période pour atrophier un instinct qui a derrière lui cinq millions d'années de développement. Mais, si étrange qu'il soit, un tel argument peut paraître strictement logique à une intelligence occidentale. C'est, pour employer l'expression d'un éditorialiste du *New York Times*, « la logique devenue folle ». La conception de l'homme menant une guerre de classe pour obéir à certaines lois mécaniques, le prive naturellement de toute liberté de croyance et d'action. Un point de vue aussi extrême laisse moins de place à l'individualisme que le système familial.

En face de l'individualisme et du nationalisme occidentaux, il y a donc l'idéal familial qui considère l'homme non comme un individu, mais comme un membre de la famille et une part essentielle du grand flux de la vie familiale. L'existence humaine est donc inévitablement conçue comme une croissance ou une durée, dans laquelle chaque homme joue son rôle, apportant pour lui-même, ou pour la famille, la honte ou la gloire.

Le sentiment de la conscience et de l'honneur familial est probablement la seule forme d'esprit d'équipe dans la vie chinoise. En vue de mener le jeu aussi bien, ou mieux, qu'une autre équipe, chaque membre de la famille doit faire attention à ne pas le troubler ou à ne pas gêner l'équipe par un faux mouvement. Un fils qui va à l'abandon est une honte pour lui-même et pour sa famille, exactement dans le même sens qu'un joueur qui perd la balle. Et celui qui réussit des examens est comme un joueur qui marque un but. La gloire est pour lui et en même temps pour sa famille.

Dans ce tableau de la vie familiale, il y a place pour la plus grande variété. L'homme lui-même passe par les étapes de l'enfance, de la jeunesse, de la maturité et de la vieillesse : d'abord soigné par les autres, ensuite les soignant, puis, dans la vieillesse de nouveau pris en charge ; d'abord obéissant et respectant les autres, puis plus tard obéi et respecté à mesure qu'il avance en âge. Ce tableau tire surtout sa couleur de la présence de la femme qui s'insère dans la vie familiale, non comme une décoration ou un jouet, ni même essentiellement comme une épouse, mais comme une partie vitale et indispensable de l'arbre familial : celle qui rend possible la continuité. Car la force de chaque branche de la famille dépend surtout de la femme et du sang qu'elle apporte. Un sage patriarche prend soin de choisir des femmes saines, comme un jardinier des lignées convenables pour greffer un arbre. On présume très justement que la vie de l'homme, particulièrement au foyer, est faite ou défaite par la femme qu'il épouse et que le caractère de la future famille est déterminé par elle. La santé des enfants et l'éducation qu'ils recevront dépendent entièrement de celles de la belle-fille elle-même. Il y a donc une sorte de système eugénique informe et mal défini, fondé sur la croyance à l'hérédité et donnant souvent une grande importance aux *mendi* (littéralement « porte et maison » ou lignée, ou situation de famille) mais en tout cas basé sur la santé, la beauté et l'éducation de la fiancée, telle qu'elle apparaît aux yeux des parents ou des grands-parents de la famille. En général, l'accent est mis sur l'éducation familiale (dans le même sens où un Occidental choisirait une jeune fille de « bonne famille »), représentant les belles vieilles traditions d'économie, de travail, de bonnes manières et de politesse. D'où pour le père et la mère le devoir d'élever leurs filles de telle sorte qu'elles ne leur fassent pas honte quand elles se marient : si, par exemple, elles ne savent pas faire la cuisine, ou préparer un bon pudding de Nouvel An.

Selon la théorie du flux de la vie, appliquée au système familial, l'immortalité devient presque visible et tangible. Tout grand-père voyant son petit-fils se rendre en classe avec le sac au dos, sent qu'il revit réellement dans l'enfant et, quand il lui prend la main ou lui pince la joue, il sait que c'est la chair de sa chair et le sang de son sang. Sa propre vie n'est qu'une section de l'arbre familial, ou du grand courant qui ne s'arrête jamais, et c'est pourquoi il est heureux de mourir. Le plus grand souci des parents chinois est de voir, avant leur mort, leurs fils et leurs filles convenablement mariés ; c'est un souci encore plus important que celui du lieu de leur propre tombe, ou du choix d'un bon cercueil. Car ils ne peuvent se représenter le genre de vie que leurs enfants auront tant qu'ils n'auront pas vu de leurs propres yeux leurs femmes et leurs maris, et si les belles-filles et les beaux-fils semblent bien, ils sont prêts « à fermer les yeux sans regrets » sur leur lit de mort.

Un tel arrangement de la vie dans la famille est satisfaisant, parce qu'il prend soin d'un homme sous tous ses aspects biologiques. C'était, après tout, le principal souci de Confucius. Le gouvernement idéal, tel qu'il le concevait, était curieusement biologique : « Les vieillards doivent vivre en paix et en sécurité, les jeunes apprendre à aimer et à être fidèles ; qu'à l'intérieur de la pièce il n'y ait pas de fille non mariée, et qu'à l'extérieur de la pièce il n'y ait pas de mâle non marié. » Cela est d'autant plus remarquable que ce n'est pas simplement l'exposé d'une conclusion accessoire, mais du but final du gouvernement. C'est la philosophie humaniste connue sous le nom de *daqing* ou « accomplissement des instincts ». Confucius voulait être parfaitement sûr que tous nos instincts humains fussent satisfaits, parce qu'ainsi nous avons la paix morale qui seule est vraiment la paix. C'est une sorte de politique idéale, tendant à rendre la politique inutile, parce qu'il y aura une paix stable et fondée sur le cœur humain.

V. VIEILLIR AVEC ÉLÉGANCE

Le système familial chinois, tel que je le conçois, est pour beaucoup un arrangement de dispositions particulières pour les jeunes et les vieux, car, si l'enfance, la jeunesse et la vieillesse occupent la moitié de notre vie, il est important que les jeunes et les vieux aient une vie satisfaisante. Il est vrai que les jeunes sont plus faibles et peuvent moins prendre soin d'eux-mêmes, mais d'autre part, ils peuvent se contenter de moins de confort matériel que les vieilles gens. Un enfant est à peine conscient des privations matérielles, c'est pourquoi un enfant pauvre est souvent aussi heureux, si ce n'est plus, qu'un enfant riche. Il peut aller pieds nus, mais c'est pour lui plutôt un confort qu'une privation, tandis qu'aller pieds nus est souvent une intolérable épreuve pour de vieilles gens. Il peut avoir ses tristesses temporaires, mais combien aisément il les oublie. Il ne pense pas à l'argent et n'a pas, comme le vieillard, le complexe du millionnaire. La raison en est que l'enfant n'est pas encore intimidé par la vie comme le sont les grandes personnes. Ses habitudes personnelles sont encore informes, il n'est pas l'esclave d'une marque particulière de café et il accepte tout ce qui se présente. Il a peu de préjugés raciaux et absolument aucun préjugé religieux. Ses idées et ses pensées ne sont pas tombées dans certaines ornières. C'est pourquoi, si étrange qu'il puisse paraître, les vieilles personnes sont plus dépendantes que les jeunes, parce que leurs craintes sont plus définies et leurs désirs plus marqués.

Quelque chose de cette tendresse pour la vieillesse existait déjà dans la conscience primitive du peuple chinois, un sentiment que je ne puis comparer qu'à la chevalerie occidentale et au sentiment de tendresse envers les femmes. Si le peuple chinois primitif avait quelque chevalerie, elle ne se manifestait pas envers les femmes et les enfants, mais envers les vieilles gens. Ce sentiment est clairement exprimé dans Mencius lorsqu'il donne ce précepte : « Les gens avec des cheveux gris ne doivent pas être vus portant des fardeaux dans la rue », qui devait être le but final d'un bon gouvernement. Mencius décrit aussi les quatre classes les plus délaissées du monde : « Les veufs, les veuves, les orphelins et les vieillards sans enfants. » De ces quatre classes, les deux premières devaient être prises en charge par une économie politique, s'arrangeant pour qu'il n'y ait pas d'hommes et de femmes non mariés. Ce qu'il convenait de faire pour les orphelins, Mencius ne le dit pas, pour autant que nous le sachions, bien que les orphelinats aient existé à toutes les époques, aussi bien que les pensions pour les vieilles gens. Chacun réalise cependant que les orphelinats et les pensions sont de pauvres succédanés du foyer, qui seul peut fournir quelque chose de satisfaisant pour les jeunes et les vieux. Pour les jeunes cela va de soi, car il y a l'affection paternelle. « L'eau coule en descendant et non en montant », disent toujours les Chinois, et c'est pourquoi l'affection pour les parents et les grands-parents est quelque chose qui a besoin d'être enseigné par la culture. Un homme naturel aime ses enfants, mais un homme cultivé aime ses parents. Finalement, l'enseignement de l'amour et du respect pour les vieilles gens devint un principe généralement accepté et si nous en croyons certains écrivains, le désir de servir ses parents dans leur vieillesse devint une passion dévorante. Le plus grand regret qu'un Chinois pouvait éprouver était de n'avoir pu soigner ses vieux parents sur leur lit de mort ou de n'avoir pas été présent lorsqu'ils moururent.

Dans mes efforts pour comparer la vie orientale et occidentale je n'ai pas trouvé de différences absolues, si ce n'est dans cette question de l'attitude envers l'âge. Les différences de nos attitudes envers le sexe, les femmes, le travail, le jeu et le succès sont toutes relatives. Les rapports entre mari et femme ne sont pas essentiellement différents de ce qu'ils sont en Occident, ni même les relations entre parents et enfants, ni les idées de liberté individuelle, de démocratie et de relations entre le peuple et ses dirigeants. Mais dans la question de l'âge, la différence est absolue, l'Orient et l'Occident ont exactement le point de vue opposé. Cela apparaît le plus clairement dans la façon de s'enquérir de l'âge d'une personne ou de dire le sien propre. En Chine, la première question qu'une personne pose à une autre, après lui avoir demandé son nom et son prénom, est : « Quel est votre âge glorieux ? » Si la personne répond, en s'excusant, qu'elle a vingt-trois ou vingt-huit ans, l'autre partie la réconforte généralement en lui disant qu'elle a encore un glorieux futur et qu'un jour viendra où elle sera vieille. Mais si elle répond qu'elle en a trente-cinq ou trente-huit, l'autre s'exclame immédiatement avec un profond respect : « Bonne chance ! » ; et l'enthousiasme croît en proportion de l'âge. C'est pourquoi les vieilles gens devraient aller vivre en Chine, où même un mendiant à barbe blanche est traité avec une bonté spéciale. Les gens d'âge moyen envisagent avec plaisir le moment où ils pourront célébrer leur cinquante et unième anniversaire ; quant aux marchands enrichis et aux fonctionnaires, ils célèbrent même leur quarante et unième anniversaire avec une grande pompe. Le désir de vieillir et dans certains cas de paraître vieux, est compréhensible, quand on sait le prix qu'on attache en Chine à la vieillesse. En premier lieu, c'est un privilège des vieilles gens de parler, pendant que les jeunes doivent écouter et tenir leur langue. « Un jeune homme est présumé avoir des oreilles et pas de bouche », dit un proverbe chinois. Les hommes de vingt ans sont supposés écouter quand parlent les gens de trente ans, et ceux-ci à leur tour, sont supposés écouter quand parlent les hommes de quarante ans. Comme le désir de parler et d'être écouté est presque universel, il est évident que plus on avance en âge, plus on a de chances de pouvoir le faire quand on se trouve en société.

En dépit de ma connaissance de la vie occidentale et de l'attitude des Occidentaux vis-à-vis de l'âge, je suis encore continuellement choqué par certaines expressions qui me surprennent. Des illustrations de cette attitude me viennent de tous côtés. J'ai entendu une vieille dame parlant de ses nombreux petits-enfants, dire : « C'est le premier qui fait mal. » Même en sachant que les Américains détestent paraître vieux, on ne s'attend pas à cela. On croit à une erreur linguistique lorsque des vieillards sains et vigoureux disent aux gens qu'ils sont « jeunes », ou qu'on parle d'eux en disant qu'ils sont « jeunes », quand en réalité on veut dire qu'ils sont en bonne santé. Jouir de la santé dans la vieillesse, ou être « vieux et bien portant » est la plus grande des chances humaines, mais appeler cela « bien portant et jeune » n'est que rabaisser cette chance et glisser une imperfection dans ce qui est réellement parfait. Après tout, il n'y a rien de plus beau dans ce monde qu'un vieillard sage et bien portant, avec « des joues colorées et une barbe blanche », parlant de la vie d'une voix douce comme quelqu'un qui la connaît. Les Chinois l'ont compris, qui ont toujours vu dans un vieillard avec « les joues colorées et une barbe blanche » le symbole de l'ultime bonheur terrestre.

Je ne doute pas que le fait que les hommes âgés en Amérique continuent à être occupés et actifs ne soit directement dû à un individualisme poussé à l'extrême. C'est leur orgueil, leur amour de l'indépendance et leur honte de dépendre de leurs enfants. Mais parmi les nombreux droits humains que les Américains ont inscrits dans leur Constitution, ils ont étrangement oublié celui d'être nourris par leurs enfants, car c'est un droit et une obligation plus encore qu'un service. Qui peut nier que des parents qui ont travaillé pour leurs enfants dans leur jeunesse, qui ont perdu de nombreuses nuits de sommeil quand ils étaient malades et qui ont dépensé un quart de siècle à les élever et à les préparer pour la vie, n'aient le droit d'être nourris par eux, aimés et respectés quand ils sont vieux ? Les Chinois n'ont pas le sentiment de l'indépendance individuelle, parce que toute leur conception de la vie est basée sur l'aide mutuelle dans la famille, il n'y a donc pas de honte à être servi par ses enfants au crépuscule de sa vie. On considère plutôt comme une chance d'en avoir qui prennent soin de vous. On ne vit pas pour autre chose, en Chine.

En Occident, les vieilles gens s'effacent et préfèrent vivre dans quelque hôtel avec un restaurant au rez-de-chaussée, loin des yeux de leurs enfants, et avec le désir généreux de ne pas intervenir dans leur foyer. Mais les vieilles gens ont le droit d'intervenir et si cette intervention est désagréable, elle est néanmoins naturelle, car toute vie, et particulièrement la vie familiale, est une leçon de contrainte. Si l'on ne peut tolérer ses propres parents quand ils sont vieux et comparativement faibles, qui pourrait-on tolérer d'autre dans la maison ? On doit d'ailleurs apprendre à se contraindre, sinon même le mariage irait à vau-l'eau. Et comment les services, la dévotion et l'adoration d'enfants aimants seraient-ils jamais remplacés par les meilleurs garçons d'hôtel ?

Ces sortes de choses sont tournées en dérision comme « féodales » par les écrivains prolétariens de la Chine, mais il y a en elles un charme qui fait que tout vieillard s'y attache et pense que la Chine se défait. Le point important est que tout homme devient vieux, s'il vit assez longtemps comme il le désire certainement. Si l'on oublie cet individualisme stupide qui semble supposer qu'un individu peut exister dans l'abstrait et être littéralement indépendant, il faut admettre que nous devons organiser notre vie de manière que la période dorée soit en avant dans la vieillesse et non derrière nous, dans la jeunesse et l'innocence. Car si nous prenons l'attitude inverse, nous nous engageons dans une course contre le cours inexorable du temps, une course qui, il est à peine nécessaire de le signaler, est absolument sans espoir et où nous sommes finalement tous battus. Personne ne peut réellement s'arrêter de vieillir ; on ne peut que se tromper soi-même en n'admettant pas qu'on devient vieux. Et puisqu'il est inutile de lutter contre la nature, autant vieillir avec élégance. La symphonie de la vie devrait se terminer dans un grand final de paix, de sérénité, de confort matériel et de contentement spirituel et non dans le fracas des tambours brisés ou des cymbales cassées.

Chapitre IX
La jouissance de vivre

I. ÊTRE DANS UN LIT

Il semble que je sois destiné à devenir un philosophe de foire, mais tant pis. Généralement la philosophie paraît être la science de rendre simples les choses difficiles à comprendre, mais je puis en concevoir une qui rendrait difficiles les choses simples. En dépit de noms comme matérialisme, humanisme, transcendantalisme, pluralisme, je prétends que ces systèmes ne sont pas plus profonds que ma propre philosophie. La vie, après tout, est faite de manger et de dormir, de rencontres d'amis, de réunions et d'adieux, de pleurs et de rires, de cheveux coupés tous les quinze jours, de pots de fleurs arrosés, et d'un voisin qu'on voit tomber du toit ; revêtir nos idées concernant ces simples phénomènes d'une sorte de jargon académique, n'est pas autre chose de la part des professeurs d'université qu'un artifice pour cacher soit une extrême rareté, soit un grand vague dans les idées. La philosophie est donc devenue une science au moyen de laquelle nous commençons de plus en plus à nous comprendre nous-mêmes de moins en moins. Les philosophes ont abouti à cela, que plus ils parlent d'une chose, moins nous la comprenons.

Il est renversant que si peu de gens soient conscients de l'importance de l'art d'être couché dans un lit, bien que réellement, à mon avis, neuf sur dix des plus importantes découvertes philosophiques et scientifiques aient été faites alors que le savant ou le philosophe reposait dans un lit à deux heures ou à cinq heures du matin. Certains se couchent le jour, d'autres la nuit. Or, par « être couché », j'entends être couché à la fois moralement et physiquement, car les deux arrivent à coïncider. Je pense que les gens qui sont d'accord avec moi pour croire qu'être couché dans un lit est un des plus grands plaisirs de la vie, sont les honnêtes gens, cependant que ceux qui n'y croient pas sont des menteurs et qu'effectivement, ils restent beaucoup au lit durant le jour, moralement et physiquement. Ceux qui restent couchés durant le jour, sont les moralisateurs, les professeurs de jardins d'enfants et les lecteurs des fables d'Esope*, tandis que ceux qui admettent franchement, avec moi, qu'un homme doit cultiver l'art d'être au lit, sont les honnêtes gens qui préfèrent lire des histoires sans morale comme *Alice au Pays des Merveilles*.

Et maintenant, que signifie être couché dans un lit, spirituellement et moralement ? Physiquement, cela signifie une retraite en soi-même, une coupure d'avec le monde extérieur, lorsqu'on prend la posture la plus propre au repos, à la paix, à la contemplation. Il y a une certaine manière particulière et luxueuse d'être couché dans un lit. Confucius, ce grand artiste de la vie, « ne se couchait jamais droit dans un lit comme un cadavre », mais toujours en chien de fusil sur le côté. Je crois que l'un des plus grands plaisirs de la vie est de replier ses jambes dans un lit. La position des bras est aussi très importante pour obtenir le plus haut degré de plaisir esthétique et de puissance mentale. Je crois que la meilleure posture n'est pas d'être à plat dans le lit, mais bien appuyé sur une pile d'oreillers selon un angle de trente degrés, avec soit un bras, soit les deux, placés derrière la tête. Dans cette position, tout poète peut écrire des vers immortels, tout philosophe révolutionner la pensée humaine et tout savant faire des découvertes qui marqueront l'époque.

Il est étonnant que si peu de gens se rendent compte de la valeur de la solitude et de la contemplation. L'art d'être couché signifie plus que le repos après une journée épuisante, plus qu'une détente complète après tous les gens que vous avez rencontrés, après tous les amis auxquels vous avez essayé de raconter une bonne plaisanterie, après que vos frères et sœurs, qui ont tenté de vous corriger et de vous mettre sur la voie du salut, vous ont agacé les nerfs. J'admets que ce soit tout cela. Mais c'est quelque chose de plus. Convenablement cultivé, cet art devrait signifier un examen de conscience. Réellement, beaucoup d'hommes d'affaires qui sont fiers de courir çà et là toute la journée et d'occuper tout le temps trois téléphones, ne comprendront jamais qu'ils pourraient gagner deux fois plus d'argent, s'ils voulaient s'accorder une heure de solitude éveillée dans leur lit, vers une heure du matin, ou même vers sept heures. Qu'importe, même si l'on est encore au lit à huit heures. Et c'est encore mille fois mieux si l'on est pourvu d'un paquet de cigarettes et que l'on prenne le temps de résoudre tous ses problèmes du jour avant de se laver les dents. Dans cette position confortable, on peut évaluer ses réussites et ses erreurs du jour précédent, et déterminer ce qui est important dans le programme de la journée. Il vaut mieux arriver à son bureau à dix heures, maître de soi, que d'y entrer ponctuellement à neuf heures, ou même un quart d'heure plus tôt, pour surveiller ses employés comme un conducteur d'esclaves et « s'énerver sur des riens », ainsi que disent les Chinois.

Mais pour le penseur, l'inventeur et l'homme d'idées, rester couché tranquillement une heure dans un lit, est encore plus important. Un écrivain peut trouver plus d'idées pour ses articles et ses romans dans cette position, qu'il n'en aurait, assis comme un chien d'arrêt à son bureau. Car là, libéré des appels téléphoniques, des visiteurs bien intentionnés et des trivialités quotidiennes, il voit la vie comme à travers une longue-vue et un halo de fantaisie poétique entoure le monde des réalités et lui donne une beauté magique. Là, il voit la vie, non pas dans sa crudité, mais soudain transformée en un tableau plus réel, comme le sont les grandes toiles de Ni Zan ou de Mi Fu.

Voici ce qui se produit réellement lorsqu'on se trouve au lit. Les muscles sont au repos, la circulation devient plus lente et plus régulière, la respiration plus calme, les nerfs optiques, auditifs et moteurs sont tranquilles, entraînant une quiétude physique plus ou moins complète, permettant une concentration mentale presque absolue soit sur les idées, soit sur les sensations. D'ailleurs c'est à ce moment-là que nos sens sont le plus aiguisés, comme par exemple l'odorat ou l'ouïe. Toute bonne musique devrait être écoutée en position couchée. Li Yu dit, dans son essai sur *Les Saules*, qu'on devrait apprendre à écouter les oiseaux à l'aube, couché dans un lit. Quel monde de beauté nous attend si nous nous éveillons au lever du jour et écoutons le concert céleste des oiseaux ! Il y a réellement une profusion de chants d'oiseaux dans la plupart des villes, bien que beaucoup d'habitants ne le sachent pas.

Mon plus grand plaisir, durant tout le printemps cette année, a été d'écouter une sorte d'oiseau appelé probablement caille ou perdrix en français. Son chant d'amour consiste en quatre notes *(do-mi-ré – ti)* le ré dure deux ou trois mesures et finit au milieu d'une mesure suivi d'un *ti*, abrupt *staccato* dans l'octave plus bas. C'est le chant que j'avais l'habitude d'entendre dans les montagnes du sud. Il se distingue remarquablement parmi les autres chants d'oiseaux dont il y a grande profusion. Les moineaux se réveillent plus tard et la raison doit être celle que donne notre grand poète épicurien Li Yu. Les autres oiseaux chantent tôt, parce que durant le jour ils ont peur des fusils des hommes et des pierres des enfants. C'est pourquoi ils ne chantent à l'aise qu'avant l'éveil de l'insupportable espèce humaine. Mais les moineaux le peuvent, car ils n'ont pas peur, aussi dorment-ils plus longtemps.

« Il vaut mieux parler avec vous pendant une nuit que d'étudier dans les livres pendant dix ans », tel était le commentaire d'un vieux lettré chinois après une conversation avec un ami. Il y a beaucoup de vérité dans cette constatation et de nos jours l'expression « conversation de nuit » est devenue courante pour désigner un heureux entretien avec un ami. Un plaisir aussi souverain qu'une conversation parfaite est nécessairement rare, car, l'a remarqué Li Yu, ceux qui sont sages savent rarement parler et ceux qui parlent sont rarement sages. La découverte, dans un temple de montagne, d'un homme qui connaisse réellement la vie et en même temps l'art de la conversation, doit être un des plaisirs les plus vifs, comme la découverte d'une nouvelle planète par un astronome, ou d'une variété de plante par un botaniste.

Les gens se plaignent aujourd'hui que l'art de la conversation, autour d'une cheminée, ou d'un tonneau en perce, se soit perdu à cause du rythme de la vie moderne. Je suis certain que ce rythme y est pour quelque chose, mais je crois aussi que la transformation de la maison en un appartement sans feu de bois commença cette destruction et que l'influence de l'automobile la compléta. Le rythme est entièrement faux, car la conversation n'existe que dans une société d'hommes imbus de l'esprit de loisir, avec sa facilité, son humour et son appréciation des nuances. Il y a une distinction évidente entre le simple fait de parler et une conversation. On notera une différence semblable entre la correspondance commerciale et les lettres d'amis littéraires. On peut parler et discuter d'affaires presque avec tout le monde, mais il y a vraiment très peu de gens avec qui l'on puisse avoir une conversation de nuit. C'est pourquoi, quand nous rencontrons un véritable causeur, notre plaisir est égal, si ce n'est plus grand, à celui de lire un auteur délicieux, car il s'y ajoute le plaisir supplémentaire d'entendre sa voix et de voir ses gestes. Parfois nous le trouvons dans une joyeuse réunion de vieux amis, ou parmi des connaissances qui échangent des souvenirs, parfois dans le compartiment des fumeurs d'un train de nuit et parfois dans une auberge lors d'un lointain voyage.

Evidemment, la nuit est le meilleur moment pour la conversation, car durant le jour il y manque un certain charme. L'endroit où elle a lieu me paraît sans importance. On peut jouir d'une bonne conversation dans un salon XVIIIe, ou assis sur des barriques dans une ferme. Ce peut être par une nuit de vent ou de pluie, alors que nous avançons dans un bateau sur la rivière, que les feux des barques, à l'ancre sur la rive opposée, se reflètent dans l'eau et que nous écoutons le batelier nous conter des histoires sur l'enfance de la reine. En fait, le charme de la conversation réside en ceci que les circonstances dans lesquelles elle a lieu, l'endroit, le moment et les personnes qui y participent, varient à chaque occasion. Il y avait peut-être deux ou trois personnes dans la pièce, ou peut-être cinq ou six ; il est possible que le vieux Chen se soit légèrement enivré ce soir-là, ou que le vieux Jin ait été enrhumé, ce qui rendait sa voix quelque peu nasillarde, ajoutant à la saveur particulière de la soirée. La vie humaine est telle que « la lune ne peut pas être toujours ronde, les fleurs toujours belles, les meilleurs amis toujours ensemble », et je ne pense pas que les dieux soient jaloux quand nous nous laissons aller à des plaisirs si simples.

Habituellement, une bonne conversation ressemble toujours à un bon essai familier. Soit son style, soit son contenu sont pareils à ceux de l'essai. Des sujets comme les esprits, les mouches, les étranges manières des Anglais, la différence entre la culture orientale et occidentale, les boîtes des bouquinistes le long de la Seine, un apprenti nymphomane dans une boutique de tailleur, des anecdotes sur nos dirigeants, hommes d'Etat et généraux, la méthode pour conserver les « doigts de bouddha » (une variété de citron) sont tous de bons sujets de conversation. Ce qui la rapproche le plus de l'essai est son style mesuré. Quel que soit le choix ou l'importance du sujet, qu'il comporte des réflexions sur le triste changement, ou l'état de chaos de son propre pays, sur le déclin de la civilisation, sous la poussée d'idées politiques insensées qui privent l'homme de liberté, de dignité et même de bonheur, toutes ces idées sont exprimées d'une manière désinvolte, mesurée, intime. Car, dans la civilisation, quel que soit le degré de colère et d'énervement que nous ressentions contre les voleurs de notre liberté, nous ne pouvons exprimer nos sentiments que par un pâle sourire, ou un léger coup de plume. Nos tirades vraiment passionnées, celles où nous laissons libre cours à nos sentiments, ne peuvent être entendues que par quelques amis très intimes. La condition requise pour une véritable conversation est que nous soyons capables d'exposer nos vues à loisir dans l'intimité d'une pièce, au milieu de quelques bons amis et hors de la vue des gens que nous détestons.

Il est facile de voir la différence entre la vraie conversation et d'autres sortes d'échanges courtois d'opinions, en se référant à la différence qui existe entre un bon essai familier et les exposés des politiciens. Bien que ces exposés contiennent beaucoup de nobles sentiments, comme l'amour de la démocratie, le désir de servir, l'intérêt pour le bien-être des pauvres, le dévouement à la patrie, un idéalisme élevé, l'amour de la paix et les assurances d'amitié pour les autres pays, sans aucune allusion à l'avidité pour le pouvoir, ou l'argent, ou la gloire, cependant ils dégagent une odeur qui vous tient à distance, comme une femme trop bien habillée et trop peinte. D'autre part, quand nous entendons une véritable conversation, ou lisons un bon essai familier, nous avons l'impression d'avoir vu une jeune paysanne habillée sans recherche, lavant du linge au bord de la rivière, avec peut-être les cheveux un peu défaits et un bouton perdu, mais cependant aimable et agréable. C'est le charme familier, la négligence étudiée que recherche une femme d'Occident. On doit en retrouver quelque chose dans toute bonne conversation et dans tout bon essai.

C'est pourquoi le style propre de la conversation est un style d'intimité et de nonchalance, dans lequel les parties engagées ont perdu conscience d'elles-mêmes, entièrement oublié comment elles sont habillées, comment elles parlent, comment elles éternuent et où se trouvent leurs mains ; elles sont également indifférentes à la direction que peut prendre l'entretien. Une véritable conversation ne peut s'engager que lors d'une rencontre d'amis intimes, et prêts à décharger leurs cœurs. L'un a posé ses pieds sur une table voisine, un autre est assis sur le rebord d'une fenêtre, un autre encore sur le parquet recouvert d'un coussin qu'il a arraché au divan. Car, ce n'est que lorsque votre corps se repose que votre cœur est tranquille. C'est alors que :

> Devant moi se trouvent des amis qui connaissent mon cœur. Et à mes côtés personne ne choque mon regard.

Là se trouve la condition absolument nécessaire de toute conversation digne du nom d'art. Et puisque nous ne nous soucions pas de quoi nous parlons, l'entretien s'avancera sans ordre ni méthode et la compagnie se dispersera, le cœur en joie.

Le rapport entre la conversation et le loisir, de même qu'entre la première et l'essor de la prose, est tel que celle-ci ne naît que lorsque la conversation est déjà devenue un art. C'est dans le développement des proses grecque et chinoise que ce fait apparaît le plus clairement. Je ne puis imaginer d'autre explication à la vitalité de la pensée chinoise, dans les siècles qui suivirent Confucius, que le développement d'un milieu cultivé, parmi lequel une classe de lettrés dont la seule occupation était de parler. Pour confirmer ma théorie, nous trouvons qu'il y avait cinq grands seigneurs riches, connus pour leur générosité, leurs sentiments chevaleresques et leur bonté pour leurs hôtes. Tous avaient des milliers d'hôtes savants dans leurs palais, comme par exemple Mengchang du royaume de Qi, qui était réputé avoir trois mille lettrés, portant des « chaussures ornées de perles » et « nourris » dans sa maison. On peut imaginer le vacarme qui devait y régner. Le contenu des conversations de cette époque se retrouve aujourd'hui dans les livres de *Liezi*, *Huainan zi**, *Zhanguo ce** et *Lüshi chunqiu**. Il est à noter que l'idée d'un art de vivre existait déjà, exprimée par la formule qu'il faut vivre bien ou pas du tout. Il y avait en outre une classe de brillants sophistes, ou orateurs professionnels, engagés par les divers Etats en guerre, comme diplomates. Ces sophistes se distinguaient toujours par leur esprit, leurs paraboles intelligentes, et leur pouvoir de persuasion. Les arguments nous ont été conservés dans le livre de *Zhanguo ce*. De cette atmosphère de discussion libre et joyeuse s'élèvent certains des plus grands noms de la philosophie : Yang Zhu*, connu pour son cynisme, Han Feizi*, pour son réalisme (pareil à celui de Machiavel, mais plus tempéré), et le grand diplomate Yanzi*, pour son esprit.

Il est clair que ce n'est que dans une société jouissant de loisirs que l'art de la conversation peut exister et que ne peuvent paraître de bons essais que là où elle existe. En général, l'un et l'autre apparaissent comparativement tard dans la civilisation, parce que l'esprit humain doit auparavant développer une certaine subtilité, une certaine légèreté de touche et cela n'est possible que dans une vie de loisirs. Je suis parfaitement conscient qu'aujourd'hui, d'un point de vue communiste, jouir de loisirs, ou appartenir à la classe oisive détestée, c'est être déjà contre-révolutionnaire, mais je suis pleinement convaincu du désir du vrai communisme et du vrai socialisme d'en rendre tous les gens capables. C'est pourquoi la jouissance de loisirs ne peut être un péché ; bien plus, le progrès de la culture elle-même dépend de leur utilisation intelligente et la conversation n'en est qu'une des formes. Les hommes d'affaires qui, occupés tout le jour, vont se coucher immédiatement après leur dîner et ronflent comme des vaches, ne contribuent en rien à la culture.

Parfois ces « loisirs » sont imposés et ne sont pas le produit d'une recherche personnelle. Pourtant, de nombreuses œuvres littéraires ont été produites dans une atmosphère de loisir forcé. Quand nous voyons un génie plein de promesses disperser son énergie en futilités sociales, ou écrire des essais sur la politique en cours, ce que nous pouvons faire de mieux pour lui est de l'enfermer dans une cellule. Rappelons-nous que c'est en prison que le roi Wen* écrivit son livre classique de philosophie sur les changements de la vie humaine et Sima Qian* son chef-d'œuvre, *Shiji* (« Mémoires historiques »), la meilleure histoire qui ait jamais été écrite en langue chinoise. Parfois les auteurs étaient déçus dans leurs ambitions, ou la situation politique était trop décourageante et de grandes œuvres de littérature et d'art étaient produites. C'est la raison pour laquelle nous avons eu tant de grands peintres et de grands dramaturges Yuan durant le régime mongol et tant de grands peintres durant le commencement de la conquête mandchoue. Un patriotisme en forme d'humiliation profonde sous la règle étrangère rendit possible une vraie dévotion à l'art et à l'étude. Shi Tao* est sans doute un des plus grands peintres que la Chine ait produits ; qu'il ne soit généralement pas connu en Occident est dû à un accident et au fait que les empereurs mandchous ne voulaient pas faire crédit aux artistes qui ne sympathisaient pas avec leur régime.

Nous avons dans une des préfaces que reçut le roman-fleuve *Shuihuzhuan** (« Au bord de l'eau ») attribué à Shi Nai'an, une des plus délicieuses descriptions du plaisir de la conversation entre amis :

> Quand tous mes amis viennent ensemble chez moi, il y a seize personnes en tout, mais il est rare qu'ils viennent tous. Cependant, sauf cas de pluie ou de tempête, il est rare qu'aucun ne vienne. La plupart du temps, nous sommes six ou sept à la maison et quand ils arrivent, ils ne commencent pas immédiatement à philosopher ; ils boivent une gorgée de vin s'ils en ont envie, ou s'arrêtent s'ils le préfèrent, car ils considèrent que le plaisir se trouve dans la conversation et non pas dans le vin. Nous ne parlons pas de la politique de la cour, non seulement parce qu'elle est en dehors de nos occupations, mais aussi parce qu'à une telle distance, la plupart des nouvelles ne sont fondées que sur de simples rumeurs, et discuter de rumeurs serait perdre notre salive. Nous ne parlons pas non plus des défauts des gens, car les gens n'ont pas de défauts et nous ne voulons pas les calomnier.

Nous ne disons pas de choses qui scandalisent et personne n'est scandalisé ; d'autre part, nous demandons aux gens de comprendre ce que nous disons, mais ils ne le comprennent pas. Car les choses dont nous parlons reposent dans les profondeurs du cœur humain, et les gens du monde sont trop occupés pour les entendre.

C'est dans ce style et dans ces sentiments que fut produite la grande œuvre de Shi Nai'an, et cela fut possible parce que les gens avaient des loisirs.

Sur le même arrière-fond s'inscrit l'essor de la prose grecque, dont la lucidité et la clarté doivent leur existence à l'art d'une conversation mesurée, comme le révèle clairement le titre des *Dialogues* de Platon. Dans *Le Banquet*, nous voyons un groupe de lettrés assis sur le sol et bavardant joyeusement, entourés de vins et de fruits, parmi de beaux éphèbes. C'est parce que ces gens avaient cultivé l'art de parler que leur pensée était si lucide, leur style si clair et qu'ils produisent un contraste rafraîchissant avec la pomposité et la pédanterie des écrivains académiques modernes. Ces Grecs évidemment avaient appris à traiter avec légèreté la question philosophique.

Il n'y a pas de doute que la présence de femmes, dans une conversation cultivée, lui donne la nécessaire frivolité qui en est l'âme. Sans frivolité et sans gaieté, la conversation s'alourdit vite et la philosophie elle-même devient stupide. Dans tous les pays et à toutes les époques, chaque fois qu'une culture s'est intéressée à la compréhension de l'art de vivre, la mode d'accueillir les femmes en société s'est toujours développée. Ce fut le cas à

Athènes à l'époque de Périclès*, comme dans les salons français du XVIIIe siècle. Même en Chine, où les réunions mixtes étaient proscrites, les lettrés exigeaient la présence de femmes qui pussent se joindre à la conversation. Sous les trois dynasties Jin, Song et Ming, des dames accomplies comme Xie Taoyun*, Liu Rushi* et d'autres se révélèrent. Quoique les Chinois exigent que leurs épouses soient vertueuses et s'abstiennent de voir des hommes, ils n'en désirent pas moins la compagnie de femmes de talents. L'histoire littéraire chinoise est très en contact avec la vie des courtisanes. L'exigence du charme féminin dans les réunions est universelle. J'ai rencontré des dames allemandes qui pouvaient parler depuis cinq heures de l'après-midi jusqu'à onze heures du soir et j'ai été en contact avec des Anglaises et des Américaines qui m'effrayaient par leurs connaissances en économie politique, un sujet que je désespère de jamais avoir le courage d'étudier. Mais il me semble que, même s'il n'y a pas de dames qui puissent discuter avec moi de Karl Marx ou d'Engels*, la conversation est toujours agréablement stimulée quand il s'en trouve quelques-unes qui savent écouter et paraître doucement pensives. J'en éprouve toujours plus de plaisir que de parler à des hommes à l'air stupide.

III. DU THÉ ET DE L'AMITIÉ

En se plaçant au point de vue de la culture et du bonheur, je ne pense pas qu'il y ait eu dans l'histoire de l'humanité d'inventions plus significatives, d'une importance plus vitale et qui aient contribué d'une manière plus directe à notre jouissance du loisir, de l'amitié, de la sociabilité et de la conversation, que celles du tabac, de l'alcool et du thé. Tous trois ont de nombreux caractères communs : premièrement, tous contribuent à notre sociabilité ; deuxièmement, ils ne nous remplissent pas l'estomac comme le fait la nourriture, l'on peut donc en jouir entre les repas ; troisièmement, on les apprécie par le nez, car ils agissent sur l'odorat. Si grande est leur influence sur la culture, que nous avons des wagons fumeurs, à côté des wagons-restaurants et des tavernes ou des bars et des maisons de thé. En Chine et en Angleterre du moins, boire du thé est devenu une institution sociale.

La véritable jouissance du tabac, de l'alcool et du thé, ne peut se développer que dans une atmosphère de loisir, d'amitié et de sociabilité. Ce n'est qu'avec des hommes doués du sentiment de la camaraderie, extrêmement difficiles sur le choix de leurs amis et dotés d'un penchant naturel pour la vie de loisir, que cette jouissance devient possible. Otez l'élément de sociabilité et ces choses n'ont plus de sens. Il faut en jouir, comme de la lune, de la neige et des fleurs, dans une compagnie appropriée. Les artistes chinois de la vie ont fréquemment insisté sur ce fait qu'on doit contempler certaines sortes de fleurs avec un certain type de gens, voir certaines pièces avec un certain genre de femmes, écouter le son des gouttes d'eau, pour en jouir pleinement, couché sur un lit de bambous dans un temple perdu dans les montagnes par un jour d'été, et qu'en somme ce qui importe, c'est l'humeur, car il y a une disposition d'esprit convenable pour chaque chose et une compagnie mal assortie peut entièrement la troubler. C'est pourquoi tout artiste de la vie doit, et c'est une condition absolument indispensable, trouver des amis qui aient le même genre de tempérament et faire tous ses efforts pour conserver leur amitié, comme les femmes qui veulent garder leurs maris, ou les joueurs d'échecs qui font de longs voyages pour en rencontrer d'autres.

Ainsi, l'atmosphère est la chose importante. Il faut commencer par concevoir correctement l'atelier de l'artiste et le milieu dans lequel la vie se déroulera. En premier lieu, il y a les amis avec lesquels nous sommes appelés à partager ce plaisir. Des amis différents doivent être choisis pour différents types de plaisirs. Ce serait une grande erreur que de se promener à cheval, suivi d'un compagnon studieux et pensif, ou d'assister à un concert avec quelqu'un qui ne comprend pas la musique. Ainsi que l'a exprimé un écrivain chinois :

> Pour jouir des fleurs, il faut choisir des amis au grand cœur. Pour aller dans les maisons de chants, et contempler les jeunes chanteuses, il faut choisir des amis d'un tempérament mesuré. Pour aller sur une haute montagne, il faut choisir des amis romantiques. Pour aller en bateau, il faut choisir des amis expansifs. Pour contempler la lune, il faut choisir des amis qui aient une philosophie calme. Pour anticiper les plaisirs de la neige, il faut choisir de beaux amis. Pour une beuverie, des amis qui aient du goût et du charme.

Ayant choisi et formé des amis pour les différentes sortes de plaisirs, on peut alors s'occuper de l'entourage. Il est moins important, pour une maison, d'être richement décorée que d'être située dans une belle contrée, avec la possibilité de se promener dans les rizières, ou de s'étendre sous les arbres au bord de la rivière. On peut « avoir une maison de plusieurs pièces, des champs de quelque étendue, une pièce d'eau faite d'une cuvette, des fenêtres faites de vases brisés, avec des murs atteignant les épaules et une chambre de la taille d'un boisseau de riz. Dans les moments de loisirs, après avoir joui de la chaleur des lits de coton et s'être nourri d'une soupe aux légumes, on peut devenir si grand que l'esprit s'étende et remplisse l'univers entier. Pour cet atelier tranquille, il faut avoir des *wutong* (sterculiers) sur le devant et quelques verts bambous sur le derrière. Sur le côté sud de la maison, le toit doit s'avancer, tandis qu'au bord il y aura de petites fenêtres, qui peuvent être fermées en hiver et au printemps pour protéger de la pluie et du vent, et ouvertes en été et en automne pour l'aération. Ce qui fait la beauté du *wutong*, c'est que ses feuilles tombent au printemps et en hiver, nous permettant ainsi de jouir pleinement du soleil, cependant qu'en été et en automne son ombre nous protège de la chaleur torride. »

Une atmosphère de familiarité régnera dans l'endroit. « Dans mon atelier, toutes les formalités auront été abolies et seuls les amis les plus intimes y seront admis. Ils partageront ma nourriture, riche ou pauvre, et nous bavarderons, rirons et oublierons notre propre existence. Nous ne discuterons pas les droits des autres peuples et nous serons totalement indifférents à la gloire et à la richesse. Dans nos heures de loisirs, nous parlerons des anciens et des modernes et nous jouerons avec les montagnes et les rivières. Puis nous boirons du thé léger et du bon vin. Telle est ma conception du plaisir de l'amitié. »

Dans une atmosphère si agréable, nous sommes en mesure de satisfaire nos sens, ceux de la couleur, de l'odeur et du son. C'est alors qu'il faut fumer et qu'il faut boire. Car nous transformons notre corps en un appareil sensoriel, percevant la merveilleuse symphonie de couleurs, de sons, d'odeurs et de goûts que nous offrent la Nature et la Culture. Nous nous sentons comme de bons violons sur lesquels jouerait un maître. Et ainsi « nous brûlons de l'encens par une nuit de lune, jouons trois stances de musique sur un instrument ancien et immédiatement les soucis de nos cœurs sont dissipés, nos ambitions et nos désirs insensés, oubliés. Nous recherchons alors quelle est l'odeur de l'encens, quelle est la couleur de la fumée, quelle est cette ombre qui s'avance sur le papier blanc des fenêtres, quel est ce son qui monte sous nos doigts, quelle est cette joie qui nous rend si tranquillement heureux, et nous fait oublier tout le reste et quelle est la condition de l'univers immense. » L'esprit ainsi adouci, l'intelligence en paix et entouré d'une compagnie agréable, on peut jouir du thé. Car celui-ci a été inventé pour une réunion tranquille comme le vin pour une compagnie bruyante. Il y a quelque chose dans sa nature qui nous introduit dans un monde de paisible contemplation. Il serait aussi désastreux d'en boire avec des enfants criant autour de vous, ou avec des femmes à voix forte, ou des femmes parlant de politique, que de le cueillir par un jour pluvieux ou nuageux. Cueilli très tôt par un beau jour, alors que l'air matinal était clair et léger sur le sommet de la montagne et que le parfum de la rosée imprégnait encore les feuilles, le plaisir du thé reste associé à l'odeur et à la délicatesse de la rosée. L'insistance du Dao sur le retour à la nature et sa conception de l'univers maintenu en vie par le jeu des forces mâles et femelles, font réellement de la rosée le « suc du ciel et de la terre » lorsque les deux principes s'unissent dans la nuit, et l'idée est courante que la rosée est une nourriture magique, légère, éthérée et qu'un homme ou un animal qui en boit suffisamment a beaucoup de chances d'être immortel. De Quincey* dit très justement que le thé « sera toujours le breuvage de l'intellectuel », mais les Chinois semblent aller plus loin et l'associent avec la grandeur d'âme du solitaire. Le thé est donc un symbole de pureté. Etant facilement souillé par la plus légère contamination de mains ou de tasses graisseuses, il demande la plus grande propreté dans sa préparation, depuis la cueillette et le séchage, jusqu'à l'infusion finale. Par conséquent la jouissance qu'il procure exige une atmosphère dans laquelle toute apparence de luxe soit bannie de l'esprit et des yeux. Après tout, on fête les chanteuses avec du vin et non avec du thé, car si elles sont capables de boire du thé, elles sont déjà de la classe que préfèrent les poètes et les lettrés chinois. Su Dongpo a comparé le thé à une douce jeune fille, mais un écrivain plus récent, Tian Yiheng*, auteur du *Zhuquan xiaopin* (« Essai sur la cuisson des eaux de sources »), ajoute que le thé ne peut être comparé, s'il doit être comparé à des femmes, qu'à la fée Ma Gu* et qu'en ce qui concerne « les beautés au teint de pêche et à la taille de saule, il faut les enfermer dans des lits à rideaux et ne pas leur permettre de contaminer les rochers et les sources ». Car, dit le même auteur : « On boit du thé pour oublier le bruit du monde ; il n'est pas fait pour ceux qui se nourrissent trop bien et se vêtent de soie. »

Il faut se rappeler que selon le *Chalu*, l'essence du plaisir qu'il procure réside dans l'appréciation de sa couleur, de son parfum, de sa saveur et que les principes de sa préparation sont le raffinement, la sévérité et la propreté. Un élément de tranquillité est donc nécessaire pour l'appréciation de ces qualités et demande un homme « capable de regarder un monde brûlant avec une tête froide ». Depuis la dynastie des Song, les connaisseurs considèrent généralement une tasse de thé pâle comme le meilleur et sa délicate saveur peut aisément passer inaperçue lorsqu'on est préoccupé, ou que l'entourage est bruyant, ou que les domestiques se querellent, ou que les servantes sont laides. La compagnie aussi doit être peu nombreuse. Car « il est important, pour boire du thé, que les hôtes ne soient que quelques-uns. Trop nombreux, ils seraient bruyants et le bruit lui ôterait tout son charme. Boire seul s'appelle boire d'une façon retirée ; boire à deux s'appelle boire d'une façon confortable ; boire à trois ou quatre s'appelle boire d'une façon charmante ; boire à cinq ou six s'appelle boire d'une façon commune ; et boire à sept ou huit s'appelle (avec mépris) boire d'une façon philanthropique. » Comme le dit l'auteur du *Chashu* : « Verser sans cesse du thé et le boire d'un seul coup, ou le faire réchauffer après un moment, ou le demander extrêmement fort, c'est agir comme des fermiers ou des artisans qui boivent pour se remplir le ventre après un dur travail ; il devient alors impossible d'apprécier sa saveur. »

Pour cette raison et en dehors de toute considération sur les soins et la propreté dans la préparation, les écrivains chinois qui ont parlé du thé ont toujours insisté sur les soins personnels à donner à sa cuisson, ou sur la nécessité de former deux domestiques pour accomplir cette tâche. On fait généralement bouillir le thé sur un petit fourneau séparé dans la pièce, ou directement à côté, mais hors de la cuisine. Les domestiques doivent être habitués à le faire en présence de leurs maîtres et à observer des habitudes de propreté, lavant les tasses chaque matin (ne les essuyant jamais avec un torchon), se nettoyant les mains souvent et gardant leurs ongles propres. « Lorsqu'il y a trois hôtes, un fourneau suffira, mais s'ils sont cinq ou six, deux fourneaux et deux casseroles seront nécessaires ; un domestique surveille chaque fourneau, car si l'on demandait à un seul de surveiller les deux, il pourrait y avoir des délais et des erreurs. » Les vrais connaisseurs, cependant, regardent la préparation personnelle comme un plaisir spécial. Sans tomber dans un système rigide comme au Japon, la préparation et la dégustation du thé sont toujours l'accomplissement d'un acte aimable, important, distingué. En fait, la préparation est la moitié du plaisir, comme craquer des graines de melon sous la dent est la moitié du plaisir de les manger.

L'art et la technique pour jouir du thé sont donc les suivants : premièrement, le thé étant très sujet à être contaminé par les odeurs, doit être traité avec la plus grande propreté et gardé à l'écart du vin, de l'encens et des autres substances odorantes, ainsi que des gens qui manient ces substances. Deuxièmement, il doit être conservé dans un endroit sec et frais, et durant les saisons humides, une certaine quantité, pour l'usage courant, doit être mise dans de petits pots, de préférence en étain, pendant que la réserve est mise dans de grands pots qui ne sont ouverts qu'en cas de nécessité et si une partie devient humide, il faut la faire rôtir doucement sur un feu doux, sans la couvrir et en l'éventant constamment pour empêcher les feuilles de jaunir ou de se décolorer. Troisièmement, la moitié de l'art de faire le thé consiste à avoir une eau qui soit bonne ; l'eau de source de montagne vient en premier, l'eau de rivière en second et l'eau de puits en troisième. Quatrièmement, pour apprécier une bonne tasse, il faut avoir des amis tranquilles et peu nombreux. Cinquièmement, la vraie couleur du thé est en général d'un jaune d'or pâle, tout thé rouge foncé doit être pris avec du lait, du citron ou de la menthe, ou quelque chose qui adoucit son amertume. Sixièmement, le meilleur thé a un arrière-goût, qui est ressenti une demi-minute après qu'on l'a bu, lorsque les éléments chimiques ont eu le temps d'agir sur les glandes salivaires. Septièmement, le thé doit être bu dès qu'il est fait ; il ne faut pas le laisser attendre trop longtemps dans la théière. Huitièmement, il doit être fait avec de l'eau qui commence tout juste à bouillir. Neuvièmement, toutes les substances qui peuvent altérer le thé sont prohibées, cependant certaines préférences individuelles sont tolérées pour les gens qui préfèrent un léger mélange avec une saveur étrangère (jasmin ou casse). Dixièmement, la saveur que l'on attend du meilleur thé est la saveur délicate de la « chair d'enfant ».

Selon la coutume chinoise de prescrire le moment et le lieu convenables pour jouir d'une chose, le *Chashu*, un excellent traité sur le thé, nous dit ceci :

Moments où il convient de boire du thé

Lorsqu'on a le cœur et les mains oisifs.
Lorsqu'on est fatigué d'avoir lu des vers.
Lorsqu'on est troublé dans ses pensées.
En écoutant des chants et des chansons.
Quand un chant est fini.
Chez soi par un jour de fête.
En jouant du *qin* et en regardant des peintures.
Le soir durant une conversation sérieuse.
Avec des amis agréables et des concubines sveltes.
Devant une fenêtre claire et un bureau propre.
Quand le jour est beau et le vent doux.
Par un jour d'ondées légères.
Dans un bateau peint près d'un petit pont de bois.
Dans une forêt avec de hauts bambous.

Dans un pavillon d'où l'on voit des lotus par un jour d'été.
Après avoir allumé de l'encens dans un petit studio.
Quand une fête est finie, et que les hôtes sont partis.
Quand les enfants sont à l'école.
Dans un temple tranquille et retiré.
Près des sources célèbres, et de rochers étranges.

Moments où il faudrait cesser de boire du thé

Au travail.
En regardant un spectacle.
En ouvrant des lettres.
Pendant qu'il pleut fort, ou qu'il neige.
A une fête où l'on boit du vin en nombreuse compagnie.
Les jours très occupés.
Généralement dans les conditions contraires à celles énumérées dans le paragraphe ci-dessus.

Choses à éviter

De l'eau souillée.
Des ustensiles en mauvais état.
Des cuillères de cuivre.
Des casseroles de cuivre.
Des seaux de bois (pour l'eau).
Du bois pour le feu (à cause de la fumée).
Du charbon de bois mou.
Des domestiques grossiers.
Une servante grincheuse.
Des torchons sales.
Toutes sortes d'encens et de remèdes.

Des pièces humides.
Des cuisines.
Des rues bruyantes.
Des enfants qui crient.
Des gens exaltés.
Des domestiques querelleurs.
Des pièces chaudes.

IV. DE LA FUMÉE ET DE L'ENCENS

Le monde aujourd'hui est divisé entre les fumeurs et les non-fumeurs. Il est vrai que les premiers causent quelque dommage aux seconds, mais ce dommage est physique, tandis que le tort qu'ils subissent est spirituel. Il y a évidemment une foule de gens qui n'essayent pas d'intervenir dans les affaires des fumeurs et des femmes peuvent même aller jusqu'à tolérer que leur mari fume au lit. C'est le signe le plus sûr d'un mariage heureux. Il est cependant présumé parfois que les non-fumeurs sont moralement supérieurs et qu'ils ont quelque chose dont ils peuvent être fiers, sans réaliser qu'ils ont manqué l'un des plus grands plaisirs de l'humanité. Je suis prêt à accorder que fumer est une faiblesse morale, mais nous devons prendre garde à l'homme sans faiblesse. Il ne faut pas s'y fier. Il est capable d'être toujours sobre et ne peut faire une seule erreur. Ses habitudes sont régulières, son existence plus mécanique et sa tête maintient toujours sa suprématie sur son cœur.

Autant j'aime les gens raisonnables, autant je hais les êtres complètement rationnels. C'est pourquoi je suis toujours effrayé et mal à l'aise quand j'entre dans une maison où il n'y a pas de traces de cendres. Le salon est susceptible d'être propre et en ordre, les coussins d'être à leur vraie place et les gens d'être corrects et insensibles. Immédiatement, je prends ma meilleure tenue, qui est aussi la plus inconfortable.

Or les bienfaits de la fumée n'ont jamais été appréciés par ces âmes correctes, justes, insensibles et prosaïques. Mais, puisque nous, fumeurs, sommes généralement attaqués d'un point de vue moral et non pas artistique, je commencerai par défendre notre moralité qui, dans l'ensemble, est plus haute que celle du non-fumeur. L'homme avec une pipe dans la bouche est l'homme selon mon cœur. Il est plus génial, plus sociable, a plus de secrets intimes à révéler, parfois il est brillant dans la conversation et en tout cas, j'ai le sentiment qu'il m'aime autant que je l'aime. Je suis entièrement d'accord avec Thackeray* qui écrit : « La pipe provoque la sagesse dans la bouche du philosophe et ferme celle de l'imbécile ; elle engendre un style de conversation contemplatif, profond, bienveillant et simple. »

Un fumeur peut avoir les ongles sales, mais cela n'a pas d'importance si son cœur est généreux et, en tout cas, un style de conversation contemplatif, profond, bienveillant et simple est une chose si rare que l'on est prêt à payer un haut prix pour en jouir. Et, ce qui est le plus important, un homme avec une pipe à là bouche est toujours heureux, or le bonheur, après tout, est la plus grande des vertus morales.

La valeur artistique et littéraire du tabac ne peut être vraiment appréciée que si l'on imagine ce que perd un fumeur quand il arrête de fumer pendant une courte période. Tout fumeur a, dans un moment de folie, essayé de secouer le joug de Dame Nicotine, puis, après avoir lutté avec sa conscience imaginaire, a repris son bon sens. J'ai été assez fou pour cesser de fumer pendant trois semaines, mais à la fin de cette période, ma conscience m'a irrésistiblement remis dans le droit chemin. Tant qu'il me restera un peu de volonté et de sens moral, je jure de ne jamais recommencer. Comme si je n'avais pas vu la folie de tout cela : la profonde immoralité qui consistait à essayer de se priver soi-même de la force spirituelle et du sentiment de bien-être moral procurés par cette utile invention. Car, selon Haldane*, le grand biochimiste anglais, fumer est une des quatre inventions de l'histoire de l'humanité qui ont une profonde influence biologique sur la culture.

Pour quelles raisons sociale, politique, morale, physiologique ou financière, devrait-on employer consciemment sa volonté à s'empêcher d'atteindre ce bien-être spirituel complet, cette condition de vive perception imaginative et d'énergie créatrice pleine et vibrante, nécessaire pour que nous prenions un plaisir parfait à la conversation d'un ami près du feu, pour que nous nous échauffions à la lecture d'un livre ancien, ou pour que nous trouvions cet accord parfait des mots et de la pensée qui constitue l'acte d'écrire ? A de tels moments, chacun sent instinctivement qu'allumer une cigarette est la seule chose à faire qui soit moralement juste et que mettre à la place dans sa bouche un morceau de chewing-gum serait criminel.

Il est comparativement peu question du tabac dans la littérature chinoise, parce que l'habitude de fumer n'a été introduite qu'au XVIe siècle par des marins portugais. J'ai fouillé toute la littérature d'après cette période, mais je n'ai trouvé que quelques lignes insignifiantes. Le peuple chinois, cependant, a toujours eu un sentiment très développé des odeurs, comme l'indique son appréciation du thé, du vin et de la nourriture. En l'absence de tabac, il s'est consacré à l'art de brûler de l'encens, que la littérature a toujours classé dans la même catégorie que le thé et le vin. Depuis les temps les plus anciens, alors que l'Empire chinois, sous la dynastie des Han, s'étendait jusqu'en Indochine, l'encens apporté du sud comme tribut fut utilisé à la cour et dans les maisons des riches. Dans les livres sur l'art de vivre, des sections étaient toujours consacrées aux variétés, aux qualités et à la préparation de l'encens. Dans un chapitre du *Kaopan yushi* (« Examen attentif des affaires secondaires »), écrit par Tu Long, nous avons la description suivante du plaisir qu'il procure :

> Les bienfaits découlant de l'usage de l'encens sont nombreux. Les lettrés solitaires, engagés dans leurs discussions de la vérité et de la religion, sentent, quand ils brûlent un bâton d'encens, qu'il éclaire leur intelligence et réjouit leur esprit. A la quatrième heure de la nuit, alors que la lune solitaire

est suspendue dans le ciel et que l'on se sent plein de froideur et de détachement vis-à-vis de la vie, il vous émancipe le cœur, et vous rend capable de siffler nonchalamment. Lorsqu'on examine de vieux calques de calligraphie devant une fenêtre brillante, ou qu'on chante négligemment des vers avec un chasse-mouches dans la main, ou qu'on lit la nuit sous la lampe, il aide à chasser le démon du sommeil. C'est pourquoi vous pouvez l'appeler « le vieux compagnon de la lune ». Quand une dame en habit rouge se tient à votre côté et que vos mains se joignent autour du brûleur d'encens pendant que vous échangez des secrets, il vous réchauffe le cœur, et intensifie votre amour. C'est pourquoi vous pouvez l'appeler « le stimulant de la passion ». Ou lorsque nous nous éveillons de notre sieste, que nous nous asseyons devant une fenêtre fermée, par un jour de pluie, et que nous faisons de la calligraphie en goûtant la douce saveur du thé, le brûleur est en train de chauffer et son parfum subtil flotte et entoure nos corps. Il est presque meilleur encore lorsqu'on s'éveille après avoir bu, que la pleine lune brille dans la nuit claire et que l'on caresse les cordes avec ses doigts, ou que l'on siffle dans une tour déserte, avec dans le lointain des montagnes vertes et que la fumée presque invisible des braises flotte dans la pièce. Il est aussi utile pour combattre les mauvaises odeurs et l'air dangereux d'un marécage, utile partout où l'on va. Le meilleur en qualité est le « Jianan », mais il est difficile à obtenir et introuvable pour un homme qui habite dans les montagnes. Le second est l'aloès, qu'on trouve en trois qualités. La plus haute a une odeur trop forte, qui tend à devenir dure et âcre ; la plus basse est trop sèche et dégage trop de fumée ; la moyenne est plus douce et plus parfumée et peut être regardée comme exquise. Après qu'on a fait bouillir un pot de thé, on peut se servir des charbons brûlants, les mettre dans le brûleur d'encens et laisser le feu chauffer doucement. Dans un pareil moment, on se sent comme transporté dans la demeure céleste en compagnie des immortels et l'on oublie complètement l'existence humaine. Ah, en vérité, le plaisir est grand ! Les gens de nos jours n'apprécient plus le vrai parfum et s'occupent de noms étranges et exotiques, essayant de surpasser l'un ou l'autre par des mélanges de différentes sortes, ne comprenant pas que le parfum de l'aloès est entièrement naturel et que la meilleure sorte a une subtilité et une douceur indescriptibles.

V. DU VIN ET DES JEUX QUI L'ACCOMPAGNENT

Je ne suis pas buveur et ne me trouve donc absolument pas qualifié pour parler de vins et de liqueurs. Ma capacité est de trois verres de Shaoxing, un vin de riz, et il m'arrive de m'enivrer avec un simple verre de bière. Cela est évidemment une question de don naturel et boire du thé, du vin et fumer semblent ne pas aller ensemble. J'ai parmi mes amis de grands buveurs qui deviennent malades avant d'avoir fumé la moitié d'un cigare, tandis que je fume toute la journée sans effet appréciable, mais je ne me sens pas très à l'aise avec les liqueurs. D'ailleurs, Li Yu certifie que les grands buveurs de thé n'aiment pas le vin et vice versa. Li lui-même était grand connaisseur de thé et il confesse qu'il n'avait pas du tout la prétention d'être un buveur de vin.

En dépit de mon peu de compétence, je ne veux pas ignorer ce sujet, parce que, plus qu'aucun autre, il apporte une importante contribution à la littérature, et que, dans la même mesure que le tabac, il a grandement aidé la puissance créatrice de l'homme. Le plaisir de boire du vin, spécialement sous la forme que les Chinois appellent « un petit verre » et à laquelle il est fait de si constantes allusions dans la littérature, m'a toujours semblé un mystère, jusqu'au jour où une très belle dame de Shanghai, elle-même à moitié ivre, m'a vanté ses vertus avec tant de conviction que j'ai finalement pensé qu'elle avait raison. « On bavarde et on bavarde dans cet état de demi-ivresse, qui est le meilleur et le plus heureux des états », disait-elle. Il semble y avoir un sentiment d'exaltation, de confiance en son propre pouvoir à surmonter tous les obstacles, une sensibilité accrue et la puissance créatrice de l'homme, qui paraît résider dans la zone intermédiaire entre les faits et la fantaisie, est portée à une intensité plus grande que la normale. Il y a comme une force, une confiance en soi, qui est si nécessaire dans les moments de création.

Elle ne manque pas de sagesse cette suggestion que les dictateurs de l'Europe, Staline, Hitler, Mussolini, sont dangereux pour l'humanité parce qu'ils ne boivent pas. Il y a là quelque chose d'inhumain et c'est la raison pour laquelle je n'aime pas les dictateurs, car tout ce qui est inhumain est mauvais. Une religion inhumaine n'est pas une religion, une politique inhumaine est une politique insensée, un art inhumain est simplement mauvais et la manière de vivre inhumaine est celle des animaux. Ce critère de l'humanité est universel et peut être appliqué à toutes les manières de vivre et à tous les systèmes de pensées. Le plus grand idéal auquel l'homme puisse aspirer n'est pas d'être un parangon de vertus, mais simplement un « être humain » sympathique, aimable, et raisonnable.

Tandis que les Chinois peuvent donner des leçons aux Occidentaux sur le thé, ceux-ci peuvent leur en donner sur le vin. Un Chinois est facilement stupéfait par la variété des bouteilles et des étiquettes qu'il aperçoit chez un marchand de vins. Car, où qu'il aille dans son pays, il voit du Shaoxing, encore du Shaoxing et rien d'autre que du Shaoxing. Il y a six ou sept autres variétés et des liqueurs de millet distillé, à côté des vins médicinaux, mais la liste est très vite épuisée. Les Chinois ne connaissent pas l'agrément de servir différentes boissons avec différents plats. D'autre part, la popularité du Shaoxing est telle que dès qu'une fille est née, ses parents s'empressent d'en emplir une jarre, de sorte qu'à l'époque de son mariage, elle soit au moins sûre d'avoir du vin vieux de vingt ans dans son trousseau. D'où le nom de *huadiao* qu'on lui donne et qui signifie « décoré de fleurs », à cause de la décoration des jarres.

Ils compensent ce manque de variété dans les vins par une plus grande insistance sur le moment et le milieu où il convient de les boire. Le sentiment qu'ils en ont est essentiellement juste. Le contraste entre le thé et le vin est exprimé de la manière suivante : « Le thé ressemble au solitaire et le vin au cavalier ; le vin est fait pour la bonne camaraderie et le thé pour l'homme de tranquille vertu. » Indiquant l'humeur et l'endroit convenables pour boire, un écrivain chinois dit : « Dans une cérémonie, il faut boire lentement et posément ; dans un cercle libre, il faut le faire avec élégance et romantisme ; une personne malade doit boire de petites quantités et une personne triste doit boire pour s'enivrer. Il faut boire au printemps dans une cour, en été dans les environs d'une ville, en automne sur un bateau, en hiver dans la maison, et la nuit, il faut attendre le lever de la lune. »

Un autre écrivain dit : « Il faut choisir le moment et le lieu pour s'enivrer. Il faut boire le matin avant que ne s'ouvrent les fleurs, afin de jouir de leurs couleurs et de leurs parfums ; il faut boire la nuit quand il y a de la neige, en vue d'éclaircir ses pensées. Un homme qui s'enivre quand il est heureux doit chanter afin d'adapter son esprit ; et un homme qui s'enivre à une réunion d'adieu, doit émettre un air mélodieux en vue de le fortifier. Un lettré ivre surveillera sa conduite pour éviter les humiliations et un guerrier boira beaucoup pour augmenter son prestige. Boire dans une tour doit se faire en été pour profiter de la fraîcheur ; boire sur l'eau, en automne, pour augmenter son sentiment de liberté. Il y a des manières convenables de boire selon l'humeur et l'endroit ; violer ces règles est se priver du plaisir de boire. »

L'attitude des Chinois envers le vin et leur comportement durant une fête sont pour moi partiellement répréhensibles et partiellement louables. La partie répréhensible consiste dans l'habitude de prendre plaisir à pousser un homme à boire au-delà de sa capacité. Je ne crois pas qu'une telle pratique existe ou soit courante dans la société occidentale. Il est usuel, parmi les buveurs, de donner une valeur mystique à la simple quantité de boisson. Il n'y a pas de doute qu'une certaine gaieté y corresponde et qu'une telle pression ne soit faite amicalement au milieu du bruit et de la confusion générale.

Le côté louable réside dans le bruit. Manger dans un restaurant chinois vous donne parfois l'impression d'assister à un match de football en raison des cris et des hourras qui s'y succèdent, selon un rythme ininterrompu.

Nous touchons là le point qui seul explique d'une façon satisfaisante la durée d'une fête chinoise, le nombre de ses services et son déroulement. On ne s'assied pas à un festin pour manger, mais pour avoir du bon temps, écouter les histoires, les plaisanteries, les problèmes littéraires de toutes sortes et les jeux poétiques entre les différents services. La réunion ressemble plutôt à des jeux oratoires ponctués toutes les cinq, sept, ou dix minutes par l'apparition d'un plat sur la table. Cela produit deux résultats : les vociférations des jeux oratoires aident à l'élimination des liqueurs et la durée du festin permet à la nourriture d'être digérée au fur et à mesure, de sorte que plus on mange, plus on a faim. Après tout, le silence durant les repas est un défaut, il est immoral parce qu'il n'est pas hygiénique. Tout étranger qui doute que les Chinois soient des gens gais et heureux et qui s'attache à la notion préconçue qu'ils sont silencieux, compassés et insensibles, devrait les voir à table, car alors le Chinois est dans son élément naturel et ses perfections morales sont au complet. S'il n'a pas du bon temps quand il mange, quand donc en aura-t-il ?

Les Chinois sont célèbres pour leurs puzzles, les jeux qu'ils ont pour boire du vin sont moins connus. Avec le vin comme gage, une grande variété de jeux ont été inventés, qui servent de prétextes à boire. Tous les romans chinois rapportent consciencieusement les noms des plats servis à un dîner, et tout aussi consciencieusement les joutes poétiques qui peuvent remplir un chapitre entier.

Le jeu le plus simple est le *shefu*, dans lequel la syllabe formant le commencement d'un mot et la fin d'un autre est ôtée, les syllabes restantes étant jointes en un seul mot : le jeu consiste à deviner la syllabe qui manque. Les variations sont infinies.

Il ne faut donc pas s'étonner qu'un banquet dure facilement deux heures. Le but d'un tel dîner n'est pas de boire et de manger, mais de participer à la gaieté et de faire beaucoup de bruit. C'est pourquoi le mieux est de ne s'enivrer qu'à demi. Comme pour le poète Tao Yuanming jouant sur un instrument sans cordes, pour le buveur, ce qui compte, c'est le sentiment. Et l'on peut jouir du vin sans avoir la capacité de le boire. « Il y a des gens qui ne peuvent lire un seul mot, mais qui ont le sentiment de la poésie ; des gens qui ne peuvent dire une seule prière, mais qui ont le sentiment de la religion ; des gens qui ne peuvent toucher un verre, mais qui ont le sentiment du vin ; et des gens qui ne comprennent rien aux rochers, mais qui ont le sentiment de la peinture. » C'est la compagnie de tels gens qui convient aux poètes, aux saints, aux buveurs et aux peintres.

VI. DE LA NOURRITURE ET DE LA MÉDECINE

Une conception large de la nourriture devrait y inclure toutes les choses qui servent à nous nourrir, de même qu'une conception large de la maison devrait y inclure tout ce qui concerne les conditions de vie. Puisque nous sommes tous des animaux, c'est le bon sens de dire que nous sommes ce que nous mangeons. Nos vies ne sont pas dans la main des dieux, mais dans celles de nos cuisiniers. C'est pourquoi tous les gentlemen chinois essayent de s'en faire des amis, parce qu'une grande partie du plaisir de vivre se trouve en leur pouvoir. Les parents chinois, comme les parents occidentaux, je suppose, traitent royalement les nourrices, parce qu'ils comprennent que la santé de leurs enfants dépend de leur humeur, de leur bonheur et de leurs conditions générales de vie. Si un homme veut être sincère, alors que couché dans son lit il compte sur le bout de ses doigts les choses qui dans cette vie lui font réellement plaisir, invariablement, il trouvera que la nourriture est la première. C'est pourquoi on juge la sagesse d'un homme par la qualité de sa table.

Le rythme de la vie moderne est tel que nous accordons de moins en moins de temps à la cuisine et à la nourriture. Une maîtresse de maison, qui est en même temps une brillante journaliste, peut à peine être blâmée pour servir à son mari de la soupe et des fèves en conserve. Néanmoins, c'est une vie plutôt insensée, lorsqu'on mange pour travailler, au lieu de travailler en vue de manger. Nous avons besoin pour nous-mêmes d'un peu de bonté et de générosité, avant d'en témoigner aux autres. Quel bien retirera une femme qui se dévoue pour une ville et améliore les conditions sociales, si elle-même doit cuisiner sur un réchaud à deux trous et avaler son repas en dix minutes ? Confucius sans doute la quitterait, comme il a quitté sa femme, parce qu'elle cuisinait mal.

L'histoire ne dit pas exactement si c'est Confucius qui l'a quittée, ou si c'est elle qui est partie pour fuir les exigences de son difficile artiste de la vie. Pour lui, le riz n'était jamais assez blanc et le hachis jamais coupé assez fin. « Il refusait de manger » lorsque la viande n'était pas servie avec la sauce appropriée, lorsqu'elle était mal coupée, quand elle n'avait pas la couleur ni la saveur qu'il fallait. Je suis certain que, même alors, sa femme aurait pu rester. Mais quand un jour, incapable de trouver de la nourriture fraîche, elle envoya son fils Li acheter du vin et de la viande froide dans quelque boutique, pour les lui présenter, et qu'il annonça « qu'il ne voulait pas de vin qui ne fût fait à la maison, ni de viande qui fût achetée dans les boutiques », que pouvait-elle faire d'autre, si ce n'est faire ses malles et s'en aller ?

Cette interprétation de la psychologie de la femme de Confucius est de moi, mais les conditions sévères qu'il lui imposa se trouvent toujours dans les classiques confucianistes.

Adoptant la conception la plus large, les Chinois ne font pas de distinctions entre la nourriture et les médicaments. Ce qui est bon pour le corps est un médicament en même temps qu'une nourriture. Ce n'est qu'au siècle dernier que la science moderne réalisa l'importance de la nourriture dans le traitement des maladies, et de nos jours, heureusement, tous les hôpitaux modernes sont pourvus de spécialistes en régime alimentaire. Si les médecins modernes voulaient pousser les choses plus loin, et envoyer ces spécialistes s'instruire en Chine, ils utiliseraient moins de remèdes. Un ancien médecin du VIe siècle, Sun Simiao*, disait: « Un vrai médecin recherche d'abord la cause de la maladie et, l'ayant trouvée, il essaye de la soigner par la nourriture; s'il n'y réussit pas, il prescrit alors des remèdes. » C'est ainsi que le premier livre de cuisine chinois, écrit par un médecin de la cour mongole en 1330, envisage la nourriture essentiellement comme une question de régime pour la santé et fait les remarques préliminaires suivantes: « Celui qui veut prendre soin de sa santé doit être modéré dans ses goûts, bannir ses inquiétudes, tempérer ses désirs, réfréner ses émotions, prendre bien soin de sa force vitale, épargner ses paroles, considérer avec légèreté le succès ou l'insuccès, ignorer la tristesse ou les difficultés, éloigner les ambitions insensées, éviter les grandes affections et les grandes haines, calmer ses yeux et ses oreilles et être fidèle à son régime intérieur. Comment peut-il être malade, celui qui ne fatigue pas son esprit, ni ne trouble son âme ? C'est pourquoi celui qui veut nourrir sa nature doit manger quand il a faim et ne pas se remplir de nourriture, il ne doit boire que lorsqu'il a soif et ne pas se remplir de trop de boisson. Il doit manger peu et à de longs intervalles, pas trop et pas trop constamment. Il doit tendre à avoir un peu faim quand il a fini de manger et à manger un peu quand il a faim. Avoir son content gêne les poumons, et avoir faim nuit à l'énergie vitale. » Ce livre, ainsi que tous les livres de cuisine chinois, se lit comme une pharmacopée.

En se promenant dans Henan Road à Shanghai et en regardant les boutiques chinoises, il est difficile de décider si elles vendent plus de remèdes que de nourriture, ou plus de nourriture que de remèdes. Car on y trouve de la cannelle côte à côte avec du jambon, des tendons de tigre et des rognons de castor avec des limaces de mer, des cornes de jeune cerf avec des champignons et des dattes. Tout cela est bon pour le corps et tout cela nourrit. Un tonique chinois ne consiste heureusement pas en trois grammes d'hypophosphate et 0,02 gramme d'arsenic. Il consiste en une assiette de bouillon de poule cuite avec de la *rehmannia lutea*. Tandis que les remèdes se prennent en Occident, sous forme de pilules ou de tablettes, en Chine ils sont servis sous forme de ragoûts et s'appellent littéralement des « soupes ». Un remède chinois se prépare de la même manière qu'une soupe ordinaire, avec un juste dosage des saveurs et des ingrédients dont il y a parfois sept, huit, jusqu'à vingt dans un ragoût, tous destinés à nourrir et fortifier le corps, et non seulement à soigner la maladie. Car la médecine chinoise se trouve entièrement d'accord avec la médecine occidentale la plus récente, pour penser que si le foie d'un homme est malade, ce n'est pas seulement ce dernier qui est malade, mais son corps tout entier. Toute cette médecine découle d'un principe essentiel : fortifier l'énergie vitale en agissant sur les organes très compliqués du corps humain, et en laissant ce corps se soigner lui-même. Au lieu de donner de l'aspirine à leurs patients, les médecins chinois leur prescriront de boire un grand bol de tisane pour transpirer. Et, au lieu de prendre des tablettes de quinine, les patients du monde de l'avenir se verront prescrire des assiettes de soupe de tortue aux champignons, cuite avec des morceaux d'écorce de quinine. Le département diététique d'un hôpital moderne serait agrandi et l'hôpital futur ressemblerait assez à un restaurant de sanatorium. Avant que cette époque n'arrive, la distinction entre le remède qui nourrit le corps et celui qui soigne la maladie devra disparaître.

J'aime de nombreux aliments parmi ceux qu'on mange en Occident, en premier lieu le melon. Si un vieux taoïste mangeait du pamplemousse, il pourrait s'imaginer avoir découvert l'élixir d'immortalité, car les taoïstes recherchaient surtout la saveur exotique des fruits étranges et inconnus. Le jus de tomates doit être rangé parmi les plus grandes découvertes du XXe siècle, car les Chinois comme les Occidentaux d'il y a un siècle, ne considéraient pas la tomate comme comestible. Toute nourriture est bonne lorsqu'elle est cuisinée et mangée dans son propre pays et à l'époque convenable. J'ai toujours aimé la nourriture américaine, quand elle était servie chez les Américains eux-mêmes, mais l'ai moins appréciée dans les meilleurs hôtels de New York. La faute n'en est pas aux hôtels, ni aux restaurants, car même dans les restaurants chinois, il est impossible de bien manger à moins de s'y prendre longtemps à l'avance et de faire préparer les plats avec un soin particulier.

D'autre part, il y a des déficiences manifestes dans les cuisines américaines et européennes. Très avancée en pâtisserie et dans la confection des entremets et des desserts, la cuisine occidentale donne l'impression d'être lourde, insipide et très peu variée. Après avoir passé trois semaines dans un hôtel, dans une pension, ou sur un bateau, après avoir mangé du poulet à la royale, des entrecôtes de bœuf, des côtelettes de mouton et du filet treize fois, la nourriture commence à devenir insipide. La partie la moins développée de la cuisine occidentale est celle de la préparation des légumes. Tout d'abord, les légumes sont extrêmement peu variés, ensuite ils sont simplement bouillis à l'eau et toujours trop cuits, au point de perdre leur couleur. Les épinards, cauchemar de tous les enfants, ne sont jamais cuits convenablement, mais toujours servis en bouillie, alors que frits dans de l'huile très chaude et servis avant d'avoir perdu leur côté croustillant, ils sont parmi les aliments les plus délectables. Les laitues préparées de la même manière sont aussi délicieuses, à condition de ne pas rester trop longtemps dans la poêle. Le foie de volaille est considéré comme une délicatesse en Occident, de même que les rognons d'agneau, mais il y a un grand nombre de nourritures du même genre qui n'ont jamais été expérimentées.

Le manque de variété dans les soupes est dû à deux causes. En premier, le manque d'expérimentation dans les mélanges de légumes et de viande. Par des combinaisons et des permutations, cinq ou six ingrédients comme les crevettes séchées, les champignons, les pousses de bambou, les melons, le porc, etc., peuvent donner une centaine de soupes différentes. La soupe de melon est inconnue en Occident, et cependant, préparée avec un peu de crevette séchée, c'est en été un des plats les plus délicieux que l'on puisse manger. Secondement, au peu d'emploi que l'on fait du poisson pour les soupes.

Comme exemple du sentiment de la nourriture chez les Chinois, je cite l'essai de Li Yu sur les crabes, qui se trouve dans la section consacrée à la nourriture de son *Xianqing ouji* (« Notes au gré d'humeurs oisives »).

> Il n'est pas de nourriture ou de boisson dont je ne puisse décrire la saveur avec la plus grande compréhension. Mais pour les crabes, mon cœur les aime, ma bouche les savoure et je ne puis jamais les oublier, mais il m'est impossible de dire pourquoi je les aime, je les savoure et ne peux jamais les oublier. A la vérité c'est devenu chez moi une manie et c'est un étrange phénomène. Toute ma vie je les ai aimés.

Chaque année je mets de côté un peu d'argent pour la saison des crabes, et parce que ma famille prétend que le crabe est ma vie, j'appelle cet argent « la rançon de ma vie ». Du jour où ils apparaissent sur le marché jusqu'à la fin de la saison, je n'ai jamais manqué un seul soir d'en manger. Mes amis, qui connaissent mon faible, m'invitent tous à dîner durant cette saison, et c'est pourquoi j'appelle les mois d'octobre et de novembre « l'automne des crabes »...

... J'avais une domestique entièrement destinée aux soins et à la préparation des crabes et je l'appelais « ma servante des crabes ». Maintenant elle est partie ! O crabes ! ma vie commence et se termine avec vous !

Li Yu appréciait ainsi le crabe, parce qu'il était parfait dans les trois conditions exigées pour la nourriture : couleur, parfum et saveur. L'amour de Li Yu pour les crabes est généralement partagé par les Chinois de toutes classes. On mange surtout ceux qui sont pêchés en eau douce.

Pour moi, la philosophie de la nourriture paraît se résumer en trois choses : la fraîcheur, la saveur et la consistance. Le meilleur cuisinier du monde ne peut faire un plat savoureux que s'il a des aliments frais et tout bon cuisinier vous dira que la moitié de l'art culinaire consiste à savoir acheter. Pour le commun des gens qui ne peuvent pas s'offrir de cuisiniers, il est réconfortant de penser que tous les aliments sont bons, mangés à leur saison et qu'il vaut mieux compter sur la nature que sur la culture, pour nous procurer les plus grands plaisirs.

C'est pourquoi les gens qui ont leur propre jardin, ou qui vivent à la campagne, sont certains d'avoir la meilleure nourriture, bien qu'ils puissent ne pas avoir le meilleur cuisinier. C'est pour la même raison que les aliments doivent être goûtés à l'endroit où ils sont produits. Mais pour une femme qui ne sait pas comment acheter des aliments frais, ou pour un homme qui veut se nourrir de conserves froides, toute discussion de valeur est futile.

La consistance des aliments, c'est-à-dire qu'ils soient tendres, élastiques, croustillants, dépend pour beaucoup de la cuisson. Les restaurants chinois peuvent préparer des plats que l'on ne peut pas faire chez soi, parce qu'ils sont équipés avec d'excellents fours. Quant à la saveur, il y a nettement deux sortes d'aliments : ceux qui sont meilleurs servis dans leur propre sauce, sans autre adjonction que le sel, et ceux qui s'améliorent servis avec d'autres. Enfin, il y a de nombreux aliments, très appréciés par les Chinois, qui n'ont pas de saveur propre et dépendent entièrement de l'adjonction des autres.

Les mets les plus coûteux ont trois caractéristiques : ils doivent être sans couleur, sans odeur, sans saveur. Ce sont les ailerons de requin, les nids d'hirondelles et les champignons blancs. Tous trois sont gélatineux et n'ont ni couleur, ni goût, ni odeur. La raison de leur goût merveilleux est qu'ils sont préparés avec une soupe très riche.

Il faudrait inclure dans le mot maison toutes les conditions de vie, ou tout l'entourage physique de la maison. Car tout le monde sait qu'il est plus important, en choisissant une maison, de s'inquiéter de ce que l'on voit au-dehors que ce que l'on voit à l'intérieur. L'emplacement et le paysage environnant sont la chose importante. J'ai vu des gens riches à Shanghai, très fiers d'un petit bout de terre, avec un étang de dix pieds de large et une colline artificielle dont on atteint le sommet en trois minutes, qui ne se doutent pas que de pauvres gens vivent dans des cabanes sur un flanc de montagne et jouissent d'une vue magnifique comme d'un jardin particulier. Il n'y a aucune comparaison entre les deux. Il y a des maisons situées en montagne, dans des paysages si beaux que la question d'un bout de terre clos de haies ne se pose plus, parce que dès que l'on sort, on possède tout le pays, y compris les nuages blancs accrochés aux montagnes, les oiseaux volant dans le ciel, la symphonie naturelle des chutes d'eau et le chant des oiseaux. L'homme qui vit là est riche, riche au-delà de toute comparaison avec un millionnaire habitant une ville. Un homme dans une ville peut voir les nuages qui passent, mais il est rare qu'il les regarde, et s'il le fait, les nuages ne se détacheront pas sur un fond de montagnes bleues et qu'importe alors d'en voir ? Le tableau de fond est mauvais.

La conception chinoise de la maison est donc déterminée par l'idée que celle-ci n'est qu'un détail du paysage et doit s'harmoniser avec lui, comme un joyau dans son écrin. Pour cette raison, tous les signes artificiels doivent être autant que possible cachés et les lignes droites des murs, brisées par des saillies. Une maison parfaitement carrée peut se défendre s'il s'agit d'une usine, parce que dans une usine, le côté pratique est la première chose à considérer. Mais une maison parfaitement carrée comme habitation est une atrocité. La conception de l'habitation idéale a été exprimée succinctement par un écrivain de la manière suivante :

Au-delà de la porte se trouve un sentier et le sentier doit être sinueux. Au tournant du sentier se trouve un écran extérieur et cet écran doit être petit. Derrière l'écran se trouve une terrasse et la terrasse doit être unie. Sur les bords de la terrasse se trouvent des fleurs et les fleurs doivent être fraîches. Au-delà des fleurs, il y a un mur et le mur doit être bas. A côté du mur se trouve un pin et le pin doit être vieux. Au pied du pin se trouvent des rochers et les rochers doivent être étranges. Sur les rochers se trouve un pavillon et le pavillon doit être simple. Derrière le pavillon se trouvent des bambous et les bambous doivent être minces et clairsemés. Après les bambous, il y a une cabane et la cabane doit être retirée. A côté de la cabane se trouve une route et la route doit bifurquer. Au point de bifurcation se trouve un pont et le pont doit donner envie de le traverser. A l'extrémité du pont se trouvent des arbres et les arbres doivent être grands. A l'ombre des arbres se trouve de l'herbe et l'herbe doit être verte. Au-dessus de la parcelle d'herbe se trouve un fossé et le fossé doit être étroit. Au bout du fossé se trouve une source et la source doit murmurer. Au-dessus de la source se trouve une colline et la colline doit être haute. Derrière la colline se trouve la demeure et la demeure doit être carrée. Au coin de la demeure se trouve un jardin potager et le jardin potager doit être grand. Dans le jardin se trouve une grue et la grue doit danser. La grue annonce qu'il y a un hôte et l'hôte ne doit pas être commun. Quand l'hôte arrive, il y a du vin et le vin ne doit pas être refusé. Quand on sert le vin, il y a l'ivresse et l'hôte enivré ne doit pas avoir envie de rentrer chez lui.

Le charme d'une maison réside dans son caractère. Li Yu consacre plusieurs chapitres du *Xianqing ouji* aux maisons et aux intérieurs, et dans son introduction, il insiste surtout sur l'intimité, le caractère. L'intimité, je crois, est plus importante que le caractère. Car, quelque grande et prétentieuse que soit l'habitation que l'on possède, il s'y trouve toujours une pièce particulière que l'on aime et dans laquelle on vit réellement ; c'est invariablement une pièce petite, sans prétention, familière et intime. Ainsi s'exprime Li Yu :

> Un homme ne peut pas vivre sans une maison, pas plus que son corps ne peut rester sans vêtements. Et s'il est vrai qu'un vêtement doit être frais en été et chaud en hiver, la même chose l'est d'une maison. Il est certes très imposant de vivre dans une salle de vingt ou trente pieds de haut, mais un tel endroit convient pour l'été et non pas pour l'hiver. Si l'on frissonne quand on pénètre dans la demeure d'un haut fonctionnaire, c'est à cause de sa taille. Comme

si l'on portait un manteau de fourrure trop large pour être serré à la ceinture. D'autre part, la maison d'un pauvre, avec des murs bas et à peine assez de place pour y poser le pied, bien qu'ayant la vertu de la simplicité, peut convenir à son propriétaire, mais pas à des hôtes. C'est pourquoi nous nous sentons à l'étroit et déprimé sans raison lorsque nous pénétrons dans la cabane d'un pauvre lettré... Je souhaite que les demeures des fonctionnaires ne soient ni trop grandes ni trop hautes. Car une maison et ses habitants doivent s'harmoniser comme dans un tableau. Les peintres de paysages ont une formule qui dit : « Dix pieds pour les montagnes, et un pied pour les arbres ; des chevaux d'un pouce et des hommes de la grosseur d'une fève. » Il ne conviendrait pas de dessiner des arbres de deux ou trois pieds sur une montagne qui en aurait dix, ou des hommes de la grosseur d'un grain de riz ou de millet sur des chevaux d'un pouce. Il serait juste que des fonctionnaires vivent dans des salles de vingt ou trente pieds de haut, si leurs corps en avaient neuf ou dix. Sinon, les hommes paraissent d'autant plus petits que le bâtiment est plus grand. Ne vaudrait-il pas mieux faire sa maison un peu plus petite et son corps un peu plus fort ?...

J'ai vu de hauts fonctionnaires, ou de leurs amis, qui dépensaient des milliers et des dizaines de milliers de taels pour construire un jardin et qui commençaient par dire à l'architecte : « Pour le pavillon, vous copiez le dessin d'un tel et pour la terrasse couverte en face de l'étang, vous suivez le modèle d'un tel jusque dans ses moindres détails. » Lorsque la résidence est finie, ses propriétaires diront fièrement aux gens, que chaque détail, depuis les portes et les fenêtres, jusqu'aux corridors et aux tours, a été copié d'un jardin célèbre. Ah, quelle vulgarité !...

Le luxe et la recherche sont les choses qu'il faut surtout éviter en architecture. Il en est ainsi, parce que non seulement le commun des gens, mais aussi les princes et les hauts fonctionnaires, devraient aimer la simplicité. Car la chose importante dans une maison où l'on vit n'est pas la magnificence, mais le raffinement, ni la décoration recherchée, mais la nouveauté et l'élégance. Les gens aiment faire montre de leur splendeur, non parce qu'ils l'aiment, mais parce qu'ils manquent d'originalité. Incapables d'inventer autre chose, ils ne peuvent qu'étaler leur luxe.

Dans son livre, Li Yu traite des maisons, des fenêtres, des lampes, des tables, des chaises, des bibelots, des lits, des coffres, etc. Esprit exceptionnellement original et inventif, il a quelque chose de nouveau à dire sur chaque sujet, et certaines de ses inventions sont entrées dans la tradition chinoise. On lui doit les fenêtres en éventail, le perfectionnement des tables divisibles.

L'idéal des intérieurs chinois peut se résumer en deux principes, la simplicité et l'espace. Une pièce bien arrangée a toujours peu de meubles, généralement en acajou, avec des lignes simples et des angles arrondis. L'acajou est poli à la main et le degré de polissage, qui demande un énorme travail, compte pour beaucoup dans le prix. Une longue table sans tiroir se trouve généralement contre l'un des murs et supporte un grand vase. Dans un des coins, on peut voir deux ou trois fleurs d'acajou, ou une étagère de bibelots, ou peut-être quelques tabourets avec des pieds en loupe de racine. Une bibliothèque, ou une vitrine de bibelots occupe un des côtés, avec des sections de différentes hauteurs, d'un effet étrangement moderne. Au mur, il n'y a qu'un ou deux rouleaux, soit de calligraphie, soit de peinture. Et comme le tableau lui-même, la pièce doit être *kongling*, c'est-à-dire « vide et vivante ». Le trait le plus distinctif de la maison chinoise est la cour pavée, semblable au patio espagnol et symbolisant la paix, la tranquillité et le repos.

Chapitre X
La jouissance de la nature

I. PARADIS PERDU ?

C'est une chose curieuse que parmi la myriade d'êtres de cette planète, il existe une créature appelée l'homme, qui a conscience d'elle-même et de ce qui l'entoure et peut donc prendre une attitude envers ce milieu alors que tout ce qui est vivant est incapable de le faire. L'intelligence de l'homme interroge l'univers, explore ses secrets et lui trouve un sens. Il existe à la fois une attitude scientifique et une attitude morale. L'homme scientifique cherche à découvrir la composition chimique de la terre, l'épaisseur de l'atmosphère qui l'entoure, la quantité et la nature des rayons cosmiques, la formation des montagnes et les lois de la vie en général. Cet intérêt a une relation avec l'attitude morale, mais en lui-même c'est un pur désir de connaître et d'explorer. L'attitude morale, d'autre part, varie beaucoup, étant parfois une harmonie avec la nature, parfois une conquête ou un contrôle et une utilisation, ou parfois un mépris profond. Ce mépris hautain envers notre planète est un très curieux produit de la civilisation et de certaines religions en particulier. Il découle de la fiction du

« Paradis perdu » qui est généralement acceptée pour vraie aujourd'hui, comme aboutissement d'une tradition religieuse primitive.

Il est étonnant que personne n'ait jamais mis en doute l'histoire du Paradis perdu. Le jardin de l'Eden était-il si beau après tout et l'univers actuel est-il si laid ? Les fleurs ont-elles cessé de fleurir depuis qu'Adam et Eve ont péché ? Dieu a-t-il maudit le pommier et lui a-t-il interdit de porter des fruits parce qu'un homme a péché, ou a-t-il décidé que ses fleurs seraient moins éclatantes ? Les loriots, les rossignols et les alouettes ont-ils cessé de chanter ? N'y a-t-il plus de neige au sommet des montagnes, ni de reflets dans les lacs ? N'y a-t-il plus de crépuscules, d'arc-en-ciel et de brume sur les villages, et n'y a-t-il plus de chutes d'eau, de sources murmurantes et d'arbres ombreux ? Qui donc a inventé le mythe que le « Paradis » était « perdu » et que nous vivions dans un univers de laideur ? Nous sommes, à la vérité, des enfants de Dieu gâtés et ingrats.

On pourrait écrire une parabole sur cet enfant gâté. Il était une fois un homme dont nous ne mentionnerons pas le nom. Il vint vers Dieu, se plaignit que cette planète n'était pas assez bonne pour lui et dit qu'il désirait un ciel avec des portes nacrées. Et Dieu lui montra d'abord la lune dans le ciel, et lui demanda si ce n'était pas un beau jouet, mais il secoua la tête. Alors Dieu lui montra les montagnes bleues dans le lointain et lui demanda si elles n'étaient pas magnifiques ; il répondit qu'elles étaient communes et ordinaires. Ensuite Dieu lui montra les pétales de l'orchidée et de la pensée, le pria de poser doucement ses doigts sur leur tissu velouté et lui demanda si leurs couleurs n'étaient pas exquises et l'homme dit : « Non ». Dans son infinie patience, Dieu le conduisit vers un aquarium et lui montra les poissons les plus merveilleux, et l'homme dit que ça ne l'intéressait pas. Dieu le conduisit alors sous un arbre, fit souffler une brise fraîche et lui demanda s'il n'en éprouvait pas de plaisir et l'homme répondit qu'il n'en éprouvait pas. Dieu se dit que sa créature désirait des spectacles plus excitants, il lui montra alors les Montagnes Rocheuses, le Grand Canyon, les cavernes de stalactites et de stalagmites, les geysers, les dunes de sable, les cactus du désert, la neige sur l'Himalaya, les gorges du Yangzi jiang, les pics granitiques des Montagnes Jaunes, les chutes du Niagara et lui demanda si tout n'avait pas été mis en œuvre pour faire de cette planète le délice de ses yeux, de ses oreilles, de son ventre et l'homme réclamait encore un ciel avec des portes nacrées. « Cette planète, dit l'homme, n'est pas assez bonne pour moi. » « Rat présomptueux et ingrat ! dit Dieu. Ainsi cette planète n'est pas assez bonne pour toi. Je vais donc t'envoyer en enfer où tu ne verras pas les nuages passer, ni les arbres fleurir, où tu n'entendras pas le murmure des ruisseaux et où tu vivras jusqu'à la fin de tes jours. » Et Dieu l'envoya vivre dans un appartement en une ville. Son nom était Chrétien.

Il est évident que cet homme était très difficile à satisfaire. La question se pose de savoir si Dieu peut faire un ciel qui le contentera. Je suis certain qu'avec son complexe de millionnaire, il serait fatigué des portes nacrées après deux semaines de séjour dans le ciel et que Dieu serait à bout d'expédients pour inventer quelque chose d'autre qui plût à son enfant gâté. Or il est généralement admis que l'astronomie moderne, après avoir exploré tout l'univers visible, est obligée de considérer cette terre comme un vrai paradis et que le ciel dont nous rêvons devrait occuper quelque espace et qu'occupant quelque espace, ce devrait être quelque part parmi les étoiles du firmament, à moins que ce ne soit dans le vide interstellaire. Et puisque ce ciel devrait se trouver dans quelque étoile, avec ou sans lune, mon imagination n'arrive pas à concevoir une planète meilleure que la nôtre. Evidemment, il pourrait y avoir une douzaine de lunes au lieu d'une et des arcs-en-ciel plus fréquents. Mais je présume qu'un homme qui ne se satisfait pas d'une lune, se fatiguerait aussi d'une douzaine. Il pourrait y avoir six saisons dans l'année au lieu de quatre, et il y aurait la même alternance magnifique de printemps et d'été, de jour et de nuit, mais je ne vois pas comment cela ferait une différence. Si quelqu'un ne jouit pas du printemps et de l'été sur la terre, comment en jouirait-il dans le ciel ? Je peux paraître parler soit comme un imbécile, soit comme un sage, mais je ne partage certainement pas le désir des bouddhistes et des chrétiens d'échapper aux sens et à la matière, en rêvant d'un ciel sans espace qui serait fait de pur esprit. Pour mon compte, je préfère vivre sur cette planète plutôt que sur une autre. Certainement, personne ne peut dire que la vie y soit banale et monotone. Si un homme ne peut être satisfait par la variété du temps, et les couleurs changeantes du ciel, par la saveur exquise des fruits qui apparaissent avec les différentes saisons, par les fleurs qui éclosent selon la rotation des mois, cet homme ferait mieux de se suicider plutôt que de poursuivre un impossible ciel, qui peut satisfaire Dieu lui-même, mais ne satisfera jamais l'homme.

Telles que les choses se présentent réellement aujourd'hui, il y a une coordination parfaite et presque mystique entre les spectacles, les sons, les odeurs, les saveurs de la nature et nos organes de la vue, de l'ouïe, de l'odorat et du goût. Cette coordination est si parfaite qu'elle fournit un puissant argument à la théologie, si ridiculisée par Voltaire. Mais nous n'avons pas besoin d'être tous théologiens. Dieu peut nous avoir invités à son festin, ou ne pas l'avoir fait. L'attitude des Chinois est de s'y joindre, invités ou non. Il leur paraît simplement insensé de ne pas y goûter quand la nourriture est si tentante et que notre appétit est si grand. Laissez les philosophes poursuivre leurs recherches métaphysiques et essayer de découvrir si nous sommes parmi les invités ; l'homme sensé se hâtera de manger avant que la nourriture soit froide. La faim va toujours avec le bon sens.

Notre planète est une très bonne planète. Le menu qu'elle nous présente est pratiquement illimité pour satisfaire les goûts particuliers et la seule chose sensée à faire est de partager le festin et de ne pas se plaindre de la monotonie de la vie.

La nature est toujours un sanatorium. Même si elle ne guérit rien d'autre, elle peut guérir l'homme de la mégalomanie. L'homme doit être « mis à sa place » et il l'est toujours avec la nature comme arrière-fond. C'est pourquoi les peintres chinois font les figures humaines si petites dans un paysage. Dans un tableau appelé *Regardant la montagne après la neige*, il est difficile de découvrir la forme humaine qui est supposée regarder la montagne. Après de patientes recherches on découvre sous un pin un corps accroupi d'un pouce de haut et esquissé de quelques traits rapides, dans une peinture qui en a quinze. Il y a une autre peinture de l'époque Song représentant quatre lettrés se promenant en automne dans une forêt et levant la tête pour regarder les branches entrelacées des arbres majestueux. Il est bon de se sentir parfois terriblement petit. Lors d'un été passé à Guling, je me rappelle avoir considéré deux hommes de la taille d'une fourmi, qui a plus de cent milles de là, à Nankin, se haïssaient et ourdissaient des intrigues l'un contre l'autre sous le prétexte de servir la Chine; de ce sommet, la chose paraissait quelque peu comique. C'est pourquoi les Chinois supposent que les courses en montagne ont un effet salutaire, elles soulagent le cœur des ambitions insensées et des inquiétudes inutiles.

L'homme est porté à oublier combien il est petit et souvent futile. Contemplant un bâtiment de cent étages, il devient facilement vaniteux et la meilleure façon de le guérir de cette insupportable suffisance est de transporter en imagination ce gratte-ciel à côté d'une méprisable petite montagne, et d'apprendre vraiment ce qu'on peut appeler ou ne pas appeler « énorme ». Ce que nous aimons dans la mer, c'est son immensité et dans une montagne, son énormité. Il y a des sommets dans les Montagnes Jaunes qui sont formés d'une seule masse de granit de mille pieds de haut et d'un demi-mille de long. Ce sont eux qui inspirent les artistes chinois et leur silence, leur apparente éternité comptent partiellement dans l'amour des Chinois pour la représentation des rochers en peinture. On a peine à croire qu'il en existe de si énormes tant qu'on n'a pas visité Huangshan, où se trouvait au XVIIe siècle une école de peintres qui tiraient leur inspiration de ces masses de granit silencieuses.

D'autre part, en s'associant aux immensités de la nature, un cœur d'homme peut vraiment devenir aussi grand que la terre et le firmament. Comme le « Grand Homme » décrit par Ruan Ji* (210-263), un des premiers romantiques de la Chine, « nous vivons dans le ciel et la terre, comme dans notre maison ! »

Il y a aussi le silence des montagnes et ce silence est thérapeutique : les pics silencieux, les rochers silencieux, les arbres silencieux, tous silencieux et tous majestueux. Toute bonne montagne est un sanatorium. On se sent dans son sein comme un enfant. Incrédule vis-à-vis de la Christian Science*, je crois aux puissances de guérison spirituelle des grands arbres et des montagnes, non pas pour soigner une épaule fracturée ou une peau malade, mais pour guérir les ambitions de la chair et les maladies de l'âme : la kleptomanie, la mégalomanie, l'égocentrisme, la mauvaise haleine spirituelle, la dirigite (le désir de diriger les autres), la névrose guerrière, la phobie des vers, la méchanceté, la haine, l'exhibitionnisme social, la confusion générale des idées et toutes les formes de maladies morales.

III. DEUX DAMES CHINOISES

La jouissance de la nature est un art qui dépend pour beaucoup de l'humeur et de la personnalité de chacun et, comme de tout art, il est difficile d'en expliquer la technique. Tout doit être spontané et se produire spontanément dans un tempérament artiste. Il est donc difficile de donner des règles pour jouir de tel ou tel arbre, de tel ou tel rocher, de tel ou tel paysage à tel ou tel moment, car aucun paysage n'est pareil à un autre. Celui qui comprend saura jouir de la nature sans qu'on le lui dise. Havelock Hellis* et Van de Velde font preuve de sagesse quand ils disent que ce qui est permis ou n'est pas permis, que ce qui est de bon, ou de mauvais goût dans l'art d'aimer entre mari et femme, n'est pas une chose qui peut être prescrite par des règles. Il en est de même pour l'art de jouir de la nature. Le meilleur moyen d'y parvenir est probablement d'étudier la vie des gens qui ont le tempérament artiste. Le sentiment de la nature, le souvenir d'un magnifique paysage vu l'année précédente, le désir soudain de visiter certains lieux, sont des choses qui viennent au moment où on les attend le moins. Le tempérament artiste ressort toujours et les écrivains qui jouissent vraiment de la nature se laisseront aller à décrire un magnifique paysage de neige, ou un soir de printemps, oubliant complètement l'intrigue. Les autobiographies de journalistes et d'hommes d'état sont généralement remplies de rappels d'événements passés, tandis que celles des écrivains devraient surtout parler d'eux-mêmes, avec l'évocation d'une nuit heureuse, ou d'une promenade dans une vallée avec quelques amis. Dans ce sens, je trouve les autobiographies de Rudyard Kipling* et de G. K. Chesterton* décevantes. Pourquoi les faits importants de leur vie sont-ils considérés comme sans intérêt et les faits sans intérêt comme si importants ? Les hommes, les hommes, les hommes partout et aucune mention de fleurs, d'oiseaux, de montagnes ou de fleuves !

Les souvenirs et les lettres des hommes littéraires chinois diffèrent sous ce rapport. La chose importante est de raconter à un ami une nuit sur le lac, ou de rappeler dans son autobiographie un jour parfaitement heureux. En particulier, les écrivains chinois, du moins bon nombre d'entre eux, sont allés jusqu'à écrire des souvenirs de leur vie conjugale. Parmi ceux-ci, *La Dame aux pruniers ombreux* de Mao Xiang*, les *Six récits au fil inconstant des jours* de Shen Fu* et les *Réminiscences sous la lampe automnale* de Jiang Tan* sont les meilleurs exemples. Les deux premiers ont été écrits par les maris après la mort de leur femme, tandis que le dernier fut écrit dans la vieillesse de l'auteur alors que sa femme vivait encore. Nous commencerons par quelques passages choisis des *Réminiscences sous la lampe automnale* avec Qiufu, la femme de l'auteur, comme héroïne et nous continuerons avec quelques passages des *Six récits au fil inconstant des jours*, avec Yun comme héroïne. Ces deux femmes ont le tempérament qu'il faut avoir, bien qu'elles ne soient pas particulièrement bien éduquées, ni de bons poètes. Cela n'a pas d'importance. Aucune ne vise à écrire des vers immortels ; l'une écrit des poèmes simplement pour noter des moments mémorables, des humeurs personnelles, ou pour ajouter au plaisir que donne la nature.

Qiufu

Qiufu me disait souvent : « Une vie d'homme ne dure que cent ans et de ces cent ans, le sommeil et les rêves occupent une moitié, les jours de maladie et de tristesse une moitié, et les jours d'enfance et de vieillesse une moitié. Ce qui nous est laissé ne représente que la dixième ou la quinzième partie. De plus, nous qui sommes faits de l'étoffe des saules, nous pouvons à peine espérer vivre cent ans. »

Un jour, alors que la lune d'automne était pleine, Qiufu demanda à une jeune servante d'emporter un *qin* et de l'accompagner en bateau parmi les fleurs de lotus du Lac de l'Ouest. Je revenais alors du Lac de l'Ouest*, quand j'arrivai et que je m'aperçus que Qiufu était partie en bateau ; j'achetai quelques melons et partis à sa recherche. Nous nous rencontrâmes au second pont de la digue de Su Dongpo, alors que Qiufu jouait la chanson triste de *L'Automne dans le palais des Han*. Ma robe serrée dans mes mains, je m'arrêtai pour l'écouter. Les montagnes alentour étaient enveloppées dans la brume du soir et les reflets de la lune et des étoiles brillaient dans l'eau. Divers sons musicaux arrivaient à mes oreilles, de sorte que je ne pouvais pas distinguer si c'était ceux du vent, ou ceux de ma drôlesse. Avant que le chant ne fût fini, l'avant de notre bateau touchait déjà la berge sud du Jardin des Eaux tournoyantes. Nous frappâmes alors à la porte du Couvent du Nuage blanc, car nous connaissions les nonnes. Après nous avoir laissés assis un moment, les nonnes nous servirent une soupe aux graines de lotus fraîchement cueillies. Leur couleur et leur parfum suffisaient à rafraîchir l'intestin, un monde différent de celui des viandes et des aliments gras. En rentrant nous abordâmes au Pont de Duan ; là nous étendîmes sur le sol une natte de bambous pour nous asseoir et parler longtemps. La rumeur lointaine de la ville nous agaçait plutôt les oreilles, comme le bourdonnement des mouches... Alors les étoiles dans le ciel devinrent de plus en plus rares et le lac se mit à pâlir. Nous entendîmes le tambour sur le rempart de la ville et réalisâmes qu'il était déjà quatre heures, nous emportâmes le *qin* et pagayâmes vers la maison.

Une nuit, nous entendîmes le bruit du vent et de la pluie et les coussins et les nattes révélèrent les dispositions plus fraîches de l'automne. Qiufu se déshabillait pour la nuit, j'étais assis à côté d'elle en train de faire des inscriptions dans un album de cent fleurs. J'entendis le bruit de nombreuses feuilles jaunes tombant de la fenêtre sur le sol et Qiufu chanta :

Hier valait mieux qu'aujourd'hui ;
Et cette année je suis plus vieille que l'année dernière.

Je la consolai en disant : « On ne vit jamais cent pleines années. Comment aurions-nous le temps de verser des pleurs pour les autres (les feuilles mortes) ? » Puis, avec un soupir, je mis de côté mon pinceau. Comme la nuit s'avançait, Qiufu désira boire quelque chose, mais je trouvai le fourneau éteint et les servantes étaient toutes au pays des rêves. Je pris alors sur la table la lampe à huile, la plaçai sous le petit réchaud à thé et fis chauffer pour elle une tasse de graines de lotus. Qiufu souffrait depuis dix ans d'une affection aux poumons, elle toussait toujours en fin d'automne et ne dormait bien qu'appuyée sur de hauts coussins. Cette année, elle se sent plus forte et nous nous asseyons souvent l'un en face de l'autre jusque tard dans la nuit. Peut-être cela est-il dû à des soins et à une nourriture appropriés.

J'ai fait pour Qiufu une robe avec des dessins de fleurs de pruniers, avec de la neige parfumée sur tout son corps et à distance elle ressemble à une fée des prunes égarée dans un monde de mortels. Vers la fin du printemps, alors que ses manches vertes reposaient sur l'appui du balcon, les papillons volaient autour de ses tempes, ne sachant pas que la saison du Vent de l'Est était passée.

L'année dernière les hirondelles arrivèrent plus tard que d'habitude, alors que la moitié des fleurs de pêchers au-delà de l'écran avaient déjà fleuri. Un jour, la glaise d'un de leurs nids se brisa et une jeune hirondelle tomba sur le sol. Effrayée qu'un chat puisse l'attraper, Qiufu la prit immédiatement et la mit dans un nid de bambou. Cette année, les mêmes hirondelles sont revenues et volent autour de la maison. Peut-être se souviennent-elles de celle qui en a protégé une jeune l'année dernière ?

Qiufu adore jouer aux échecs, mais elle n'est pas très forte. Chaque nuit elle m'oblige à jouer avec elle « à la conversation des doigts », parfois jusqu'à l'aube. Je lui citai joyeusement les lignes de Zhu Yizun* : « A pile ou face et à la courte paille vous avez perdu. Je vous demande avec quoi vous allez me payer ce soir ? » « Etes-vous certain que je ne puisse pas gagner ? dit-elle, éludant la question. Je vous parie ce tigre de jade. » Nous jouâmes, et lorsque vingt ou trente pièces furent abattues, et qu'elle se trouva dans une situation désespérée, elle laissa le chat sauter sur l'échiquier et renverser le jeu. « Vous prenez-vous pour Yang Guifei* (qui joua le même tour à l'empereur Xuanzong) ? » demandai-je. Elle resta tranquille mais la lumière des chandeliers brilla sur ses joues de pêche. Après cela nous ne jouâmes plus.

A la source de Hubao, il y avait plusieurs cassiers qui poussaient sur les rochers. Durant la floraison, leurs fleurs jaunes recouvraient les marches de pierre et leur parfum vous donnait l'illusion d'être au royaume du Parfum Divin. J'ai un faible pour ces fleurs, et je prépare souvent mon thé près d'elles. Qiufu en cueillit quelques-unes dont elle orna sa tête, mais parfois ses cheveux se prenaient dans les branches. Je les arrangeais et les lissais avec l'eau de la source. En partant nous avions emporté quelques rameaux et comme nous les avions mis à l'arrière de la voiture, lorsque nous traversâmes les rues de la ville, les gens purent connaître les dernières nouvelles de l'automne.

Dans les *Six récits au fil inconstant des jours*, Shen fu, un obscur peintre chinois, raconte les souvenirs de sa vie conjugale avec Yun. Tous deux sont des âmes simples qui essayent de saisir chaque moment de bonheur et le récit est d'une grande simplicité. Parfois Yun me paraît la plus belle des figures féminines de la littérature chinoise. Leur vie fut triste et cependant elle est pleine de gaieté, de cette gaieté qui vient de l'âme. Il est intéressant de remarquer comment la jouissance de la nature est une part essentielle de leur expérience spirituelle. Je cite ici quelques passages :

> La septième nuit de la septième lune de cette année (1780), Yun prépara l'encens, les lampes, quelques melons et quelques fruits, afin de nous permettre d'honorer le Fils du Ciel dans la salle appelée « Selon mon cœur ». J'avais gravé deux sceaux avec l'inscription : « Que nous devions rester mari et femme à travers toutes les incarnations ». Je gardai le sceau avec les caractères positifs, tandis qu'elle gardait l'autre, afin de nous en servir dans notre correspondance. Cette nuit-là, la lune était magnifique et lorsque je regardai la crique, les vagues brillaient comme des chaînes d'or. Nous portions des vêtements de soie légers et nous étions assis ensemble, avec un éventail dans la main, devant une fenêtre qui regardait la crique. Levant les yeux au ciel, nous vîmes les nuages flotter et prendre des myriades de formes différentes et Yun dit : « Cette lune luit dans l'univers entier. Je me demande s'il y a un autre

couple d'amants aussi passionnés qui regarde la même lune ce soir. » Et je répondis : « Oh, il y a beaucoup de gens qui sont assis dans la fraîcheur du soir et regardent la lune et peut-être aussi beaucoup de femmes dans leurs chambres qui critiquent ou jouissent des nuages ; mais si un mari et une femme regardent la lune ensemble, je ne crois guère que les nuages soient le sujet de leur conversation. » Les lampes peu à peu se sont éteintes, la lune s'est enfoncée dans le ciel, nous avons rentré les fruits et nous sommes allés nous coucher.

Le quinzième jour de la septième lune était le Jour de Toutes les Ames. Yun avait préparé un petit dîner, afin que nous puissions boire ensemble avec la lune comme compagne ; mais lorsque la nuit arriva, le ciel soudain se couvrit de nuages sombres. Yun fronça les sourcils et dit : « Si c'est le désir de Dieu que nous vivions ensemble jusqu'à ce que nous ayons des cheveux gris, alors la lune doit réapparaître cette nuit. » Pour ma part, je me sentais aussi découragé. Comme nous regardions vers la crique, nous vîmes les feux follets voleter çà et là, semblables à dix mille lumières s'avançant entre les saules et les herbes. Alors nous commençâmes à composer ensemble un poème, chacun disant deux vers à la fois, le premier unissant le couplet que l'autre avait commencé, le second commençant un autre couplet que l'autre finirait ; après quelques rimes, plus nous avancions, plus il devenait absurde, au point de n'être qu'un assemblage burlesque. Pendant ce temps, Yun, partagée entre le rire et les larmes, s'étranglait sur ma poitrine et je sentais le parfum de jasmin de ses cheveux envahir mes narines. Je lui caressai l'épaule et lui dis en plaisantant : « Je croyais que les femmes employaient le jasmin pour orner leurs cheveux parce qu'il avait la rondeur des perles, je ne savais pas que c'était parce que son parfum devient exquis, ainsi mêlé à l'odeur des cheveux et de la poudre. Dans ces conditions, même le cédrat ne peut lui être comparé. » Yun cessa de rire et dit : « Le cédrat est un gentilhomme parmi les parfums car il est si léger qu'on peut à peine le sentir ; d'autre part, le jasmin est un compagnon ordinaire car il emprunte aux autres une partie de son parfum. C'est pourquoi le parfum de jasmin est comme un sycophante souriant. » « Pourquoi, dis-je alors, vous tenez-vous éloignée du gentilhomme et vous associez-vous avec le compagnon ? » Et Yun répliqua : « Je m'amuse du gentilhomme qui aime le compagnon. » Pendant que nous plaisantions ainsi, la nuit s'avançait et nous nous aperçûmes que le vent avait chassé les nuages et que la pleine lune brillait, ronde comme une roue de char, et nous en fûmes tout réjouis. Nous commençâmes à boire à côté de la fenêtre, mais avant d'avoir avalé trois verres, nous entendîmes tout à coup un bruit d'eau agitée sous le pont, comme si quelqu'un y était tombé. Nous nous penchâmes et vîmes qu'il n'y avait rien, l'eau était unie comme un miroir et nous n'entendions que le bruit d'un canard folâtrant dans les marais. Je savais qu'il y avait le fantôme d'un noyé du côté du pavillon Canglang de Suzhou, mais sachant que Yun était craintive, je n'osai pas le lui dire. Elle soupira et dit : « Hélas, d'où venait ce bruit ? » et nous fûmes pris de frissons. Nous fermâmes la fenêtre en emportant le vin à l'intérieur. Une lampe brûlait, dont la flamme n'était pas plus grosse qu'un pois, et nous tremblions de tout notre corps, car les rideaux bougeaient dans l'obscurité. Nous éteignîmes la lumière pour nous mettre au lit et Yun avait déjà une forte fièvre. Moi-même j'eus bientôt de la température et notre maladie dura près de vingt jours. Il est vrai que lorsque la coupe du bonheur déborde, le malheur suit, comme dit le proverbe, et il y avait aussi un présage selon lequel nous ne devions pas vivre ensemble jusque dans la vieillesse.

IV. DES ROCHERS ET DES ARBRES

Je ne sais vers quoi nous allons. Nous construisons des maisons carrées et nous les construisons en rangs, dans des rues droites et sans arbres. Il n'y a plus de rues tortueuses, ni de vieilles maisons, ni de puits dans les jardins, qui sont généralement, dans les villes, des caricatures. Nous avons réussi à écarter la nature de nos vies, et nous vivons dans des maisons sans toits, qui ressemblent à des blocs de bois construits par un enfant maussade ou inconstant qui s'est lassé de son jeu avant de l'avoir terminé. L'esprit de la nature a abandonné l'homme civilisé et il semble que nous essayons de civiliser les arbres eux-mêmes. Si nous pensons parfois à en planter dans les avenues, nous les comptons, nous les désinfectons, nous les taillons pour leur donner une forme que nous croyons belle.

Il existe donc le grand problème de retrouver la nature et de la ramener chez soi. Que peut-on faire, avec le tempérament le plus artiste, quand on vit dans un appartement et loin de la terre ? Tout est faux, profondément et irrémédiablement faux. Que nous laisse-t-on à admirer, à part les gratte-ciel et les rangées de fenêtres éclairées dans la nuit ? Contemplant ces gratte-ciel et ces rangées de fenêtres éclairées dans la nuit, on devient de plus en plus fier de la puissance de la civilisation et l'on oublie quelles chétives créatures sont les êtres humains. Je suis donc obligé d'abandonner le problème comme insoluble.

Il nous faut commencer, cependant, par donner à l'homme de la terre. Quelle que soit son excuse, une civilisation qui prive l'homme de terre est fausse. Mais supposez que, dans une civilisation future, chaque homme possède une acre de terre, ce serait un commencement. Il pourrait avoir des arbres, ses propres arbres, des rochers, ses propres rochers. Il ferait en sorte de choisir un endroit où se trouveraient déjà de grands arbres et s'il n'y en avait pas, il planterait des espèces qui grandissent vite, comme les bambous et les saules. Alors, il n'aurait plus besoin de garder des oiseaux dans des cages, car les oiseaux viendraient vers lui, et il s'apercevrait qu'il y a des grenouilles dans le voisinage, et probablement aussi des lézards et des araignées. Ses enfants seraient alors capables d'étudier la nature autrement que dans une vitrine et de voir comment les poussins sortent de leur œuf et ils ne seraient plus tristement ignorants des choses du sexe et de la reproduction, comme le sont souvent les enfants de « bonne famille ». Et ils auraient le plaisir d'assister à une bataille entre des lézards et des araignées. Et ils auraient aussi la joie de se salir agréablement.

Le sentiment des Chinois pour les rochers a déjà été expliqué dans un chapitre précédent. Cette explication rend suffisamment compte de l'amour pour les pics rocheux dans la peinture chinoise. Elle est fondamentale, mais n'explique pas l'amour des Chinois pour les rochers dans les jardins et pour les rochers en général. L'idée est que les rochers sont énormes, puissants et font penser à l'éternité. Ils sont silencieux, immobiles, ils ont de la force de caractère, comme les héros ; ils sont indépendants et détachés de la vie, comme des savants solitaires. Ils sont invariablement vieux, et les Chinois aiment tout ce qui est vieux. Par-dessus tout, d'un point de vue artistique, ils ont de la grandeur, de la majesté, de la rudesse et de l'étrangeté. Il y a encore le sentiment de *wei*, qui signifie dangereux, mais qui est réellement intraduisible. Une grande falaise qui s'élève abruptement à trois cents pieds au-dessus du sol est toujours fascinante à regarder, à cause du « danger » qu'elle suggère.

Mais il est nécessaire d'aller plus loin. On ne peut pas aller tous les jours en montagne, il faut donc apporter des rochers chez soi. A côté de ce goût pour la grandeur des roches montagneuses, les Chinois cultivèrent l'amour des rochers dans les jardins, mettant l'accent sur leur couleur, leur grain, leur surface et parfois sur les sons qu'ils émettent quand on les frappe. Plus les pierres sont petites, plus on insiste sur la qualité du grain et de la couleur. Ce goût fut grandement favorisé par la manie de collectionner les pierres d'encre et les sceaux.

Cependant, pour apprécier pleinement tous les emplois de la pierre dans la maison ou dans les jardins, il faut s'en référer à la calligraphie chinoise qui n'est rien d'autre qu'une étude de rythme, de lignes et de composition abstraite. Pour que de beaux rochers puissent suggérer la majesté, ou le détachement envers la vie, il est encore plus important que les lignes soient justes. Par ligne, il ne faut pas entendre une ligne droite, ou un cercle, ou un triangle, mais les lignes abruptes de la nature. Laozi a toujours mis en valeur dans son *Daodejing* les rocs non taillés. Ne touchons pas à la nature, car la meilleure des œuvres d'art est celle où l'effort humain ne se voit pas, celle où les « marques de la hache ou du ciseau sont invisibles », comme disent les critiques littéraires chinois. Cela s'applique à tous les domaines de l'art. Le goût est celui de la beauté dans l'irrégularité, des lignes qui suggèrent le rythme et le mouvement. C'est pourquoi la plupart des rocailles qu'on trouve dans les jardins chinois sont faites de roches non taillées. L'amour pour les arbres est facile à comprendre, aussi est-il universel. Des maisons sans arbres autour d'elles sont nues, comme des hommes et des femmes sans vêtements. La différence entre les arbres et les maisons est que les maisons sont construites, mais que les arbres croissent, et quelque chose qui croît est toujours plus beau que quelque chose qui est construit. Ce sont des considérations pratiques qui nous obligent à construire nos murs droits et nos étages de niveau, bien qu'en matière de planchers il n'y a absolument aucune raison pour que ceux des différentes pièces ne soient pas à des niveaux différents. Néanmoins, il y a une tendance inévitable vers les lignes droites et les formes carrées, qui ne deviennent supportables que par la présence des arbres. En matière de couleur également, nous n'osons pas peindre nos maisons de vert. La nature cependant ose le faire et a peint les arbres en vert.

Dans l'immense variété des arbres, les critiques et les poètes chinois ont senti que quelques-uns étaient particulièrement aptes à procurer une jouissance artistique, en raison de leurs lignes et de leurs contours qui sont beaux d'un point de vue de calligraphe. Si tous les arbres sont beaux, certains ont cependant une expression, une force ou une grâce particulière. Ils sont donc mis à part des autres et associés à des sentiments définis. Il est évident qu'un olivier ordinaire n'a pas l'air farouche que nous recherchons dans le pin et si un saule est gracieux, on ne peut jamais dire qu'il soit majestueux ou impressionnant. Il y a donc un petit nombre d'arbres qui sont constamment peints dans les tableaux et chantés dans les poèmes. Parmi ceux-ci, les plus marquants sont le pin, apprécié pour son air de grandeur, le prunier pour son air romantique, le bambou pour la délicatesse de ses lignes et l'évocation du foyer, le saule pour sa grâce et parce qu'il rappelle une femme élancée.

Le plaisir que procure le pin est probablement le plus notable et celui dont la signification artistique est la plus grande. Il évoque, mieux que tous les autres, la noblesse de l'allure. Car il y a des arbres nobles et des arbres plébéiens, des arbres distingués et des arbres communs. C'est ainsi que les artistes chinois parlent d'un pin qui a grand air, comme Matthew Arnold* parle de la grandeur d'Homère. Il y a de nombreuses sortes de beautés, beauté de la tendresse, de la grâce, de la majesté, de l'austérité, de l'étrangeté, de la rudesse, de la force et de l'évocation antique. C'est cet air antique du pin qui lui donne une place à part parmi les arbres, comme c'est l'air antique d'un lettré solitaire, vêtu d'une robe mal ajustée, une canne de bambou à la main et marchant sur un sentier de montagne, qui le désigne comme le plus haut idéal parmi les hommes. Quand les Chinois admirent les pins, ils choisissent les vieux ; les plus vieux sont les plus beaux, car ils deviennent plus majestueux.

J'ai dit que le plaisir que procurent les pins est le plus significatif, parce qu'il représente le silence, la majesté, et le détachement envers la vie qui sont semblables aux façons d'être du solitaire. Comme un sage vieillard, il comprend toutes choses, mais il ne parle pas, d'où son mystère et sa grandeur.

Le prunier est apprécié en partie pour l'air romantique de ses branches et en partie pour le parfum de ses fleurs. Il est curieux que parmi les arbres choisis pour notre jouissance poétique, le pin, le prunier et le bambou soient associés avec l'hiver ; on les appelle « les Trois Amis de l'Hiver » car le bambou et le pin sont toujours verts, cependant que le prunier fleurit à la fin de l'hiver et au commencement du printemps. C'est pourquoi il symbolise la pureté de caractère, pureté que nous retrouvons dans l'air froid et vif de l'hiver. Sa splendeur est une splendeur glacée et comme le solitaire, plus l'atmosphère qu'il trouve est fraîche, plus il prospère.

Le bambou est aimé pour la délicatesse de son tronc et de ses feuilles ; étant très délicat, on en jouit surtout dans l'intimité du foyer. Sa beauté est une sorte de beauté souriante et le bonheur qu'il donne est doux et modéré.

Le saule pousse facilement partout et surtout sur les bords de l'eau. C'est l'arbre féminin par excellence. C'est pourquoi Zhang Chao le range parmi les quatre choses qui, dans l'univers, touchent le plus profondément le cœur de l'homme et le rendent sentimental. On dit des femmes chinoises qui ont la taille fine, qu'elles ont des « tailles de saules » et les danseuses chinoises, avec leurs longues manches et leurs robes flottantes, essayent d'évoquer le mouvement des branches de saule agitées par le vent.

Il y a évidemment d'autres arbres et un bon nombre d'entre eux sont admirés pour d'autres raisons.

Ils ne sont pas aimés seulement pour eux-mêmes, mais par rapport à d'autres éléments de la nature, comme les rochers, les nuages, les oiseaux, les insectes et les êtres humains. Zhang Chao dit que « planter des fleurs fait venir les papillons, entasser des rochers fait venir les nuages, planter des pins fait souffler le vent... planter des bananiers fait venir la pluie, et planter des saules fait venir des cigales. » On jouit des arbres et du chant des oiseaux, on jouit des rochers et des cris des grillons, car les oiseaux chantent là où il y a des arbres et les grillons là où il y a des rochers. Le plaisir que les Chinois prennent au coassement des grenouilles, aux cris des grillons et des cigales est incommensurablement plus grand que leur amour des chats, des chiens ou des autres animaux familiers. De tous les animaux, le seul qui ait la même faveur que les pins et les pruniers est la grue, parce qu'elle aussi est le symbole du solitaire. Quand il voit une grue (ou même un héron), immobile dans les marécages de quelque étang écarté, digne, élégante, blanche et pure, le lettré désire être lui-même une grue.

Le tableau final de l'homme vivant en harmonie avec la nature, heureux parce que les animaux sont heureux, est très bien décrit par Zheng Banqiao, dans une lettre à son jeune frère où il désapprouve le fait de garder les oiseaux en cage :

> En plus de ce que je disais contre l'habitude de mettre les oiseaux en cage, je désire ajouter que ce n'est pas parce que je n'aime pas les oiseaux, mais il y a une manière de les aimer. La meilleure est de planter une centaine d'arbres autour de sa maison et de les laisser trouver, dans leur ombre verte, un royaume et des nids. Ainsi donc, à l'aube, quand nous nous éveillons et que nous nous agitons encore dans notre lit, nous entendons un gazouillis, semblable à une symphonie céleste. Quand nous sommes levés et que nous lavons notre visage ou notre bouche, ou que nous buvons le thé matinal, nous voyons leurs plumages splendides voleter çà et là, et avant d'avoir le temps d'en fixer un, nos yeux sont déjà attirés par un autre. C'est un plaisir qui ne peut

être comparé à la contemplation d'un oiseau dans une cage. Le plaisir de vivre devrait découler d'une conception considérant l'univers comme un parc, les rivières et les lacs comme des étangs, de sorte que tous les êtres pourraient vivre selon leur nature, et en vérité un tel bonheur est grand ! Comment est-il possible de le comparer au plaisir que procure un oiseau en cage, ou un poisson dans un bocal !

V. LES ÉPIGRAMMES DE ZHANG CHAO

Nous avons vu que la jouissance de la nature ne réside pas simplement dans l'art et la peinture. La nature pénètre nos vies comme un tout. Elle est tout entière son, couleur, forme, humeur et atmosphère, et l'homme, en tant qu'artiste de la vie, commence par choisir les propres humeurs de la nature et par les accorder avec les siennes. C'est l'attitude de tous les écrivains chinois, mais je pense que sa meilleure expression se trouve dans les épigrammes de Zhang Chao (milieu du XVIIe siècle), dans son livre *Yumengying* (« L'Ombre d'un rêve »). C'est un livre de maximes littéraires comme il y en a beaucoup, mais aucun ne lui est comparable. Il est en relation avec les proverbes, comme les contes d'Andersen avec les vieux contes de fées anglais, ou les chansons de Schubert avec les mélodies populaires. Il a été si apprécié que des lettrés y ont ajouté des commentaires dans le ton de la meilleure conversation. Je suis obligé, cependant, de ne traduire que les maximes les plus frappantes se rapportant à la jouissance de la nature. Certaines, traitant de la vie humaine, sont si réussies et constituent une partie si vitale de l'ensemble, que je les insérerai à la fin.

Sur ce qui est approprié

Il est absolument nécessaire que les fleurs aient des papillons, que les montagnes aient des sources, que les rochers aient de la mousse, que l'eau ait du cresson, que les grands arbres aient des plantes grimpantes et que les êtres humains aient des manies.

On devrait jouir des fleurs dans la compagnie de belles femmes, s'enivrer au clair de lune en compagnie d'amis charmants, et jouir de la lumière de la neige en compagnie de lettrés à l'esprit élevé.

Planter des fleurs fait venir les papillons, entasser des rochers fait venir les nuages, planter des pins fait venir le vent, conserver de l'eau dans un réservoir fait venir des lenticules, construire une terrasse fait venir la lune, planter des bananiers fait venir la pluie et planter des saules fait venir des cigales.

On éprouve des sentiments variés quand on regarde des montagnes depuis le sommet d'une tour, de la neige depuis le mur d'une ville, la lune depuis une chambre éclairée, des nuages dans un bateau, et de belles femmes dans une chambre.

Des rochers près d'un prunier devraient avoir l'air « antique », près d'un pin l'air « stupide », à côté d'un bambou, l'air « élancé », à côté d'un vase de fleurs, l'air « exquis ».

Les eaux bleues viennent des montagnes vertes, car l'eau emprunte sa couleur aux montagnes ; les bons poèmes viennent des vins parfumés, car les vers demandent l'inspiration du vin.

Quand un miroir reflète une femme laide, quand une pierre rare trouve un propriétaire vulgaire et quand une bonne épée est dans les mains d'un général quelconque, il n'y a absolument rien à y faire.

Des fleurs et des femmes

On ne devrait pas voir les fleurs fanées, la lune décliner au-dessous de l'horizon et de belles femmes mourir jeunes.

On devrait voir les fleurs épanouies, après les avoir plantées ; la lune pleine après l'avoir attendue ; un livre fini après avoir commencé de l'écrire ; et de belles femmes quand elles sont gaies et heureuses. Sinon notre but n'est pas atteint.

On devrait voir les belles femmes le matin, après qu'elles se sont poudrées.

Il y a des visages qui sont laids mais agréables à voir et d'autres qui ne sont pas agréables à voir, bien qu'ils ne soient pas laids ; il y a des écrits qui sont sympathiques, bien que contraires à la grammaire et d'autres qui sont extrêmement grammaticaux, mais dégoûtants. Cela, je ne puis l'expliquer aux personnes superficielles.

Si l'on aime les fleurs du même cœur que les belles femmes, on en éprouve un charme spécial ; si l'on aime les belles femmes du même cœur que les fleurs, on en éprouve une tendresse spéciale et une affection protectrice.

Les belles femmes valent mieux que les fleurs, parce qu'elles comprennent le langage humain, et les fleurs valent mieux que les belles femmes, parce qu'elles donnent leur parfum ; mais si l'on ne peut avoir les deux en même temps, il est préférable d'abandonner le parfum pour la parole.

En mettant des fleurs dans un vase couleur lie de vin, il faut avoir soin que la taille et la hauteur du vase égalent celles des fleurs et que sa forme et sa couleur foncée contrastent avec les fleurs.

Beaucoup de fleurs séduisantes et belles ne sont pas parfumées, celles qui ont plusieurs couches de pétales sont généralement mal formées. Hélas, une personnalité parfaite est rare. Seul le lotus combine les deux qualités.

Si une belle femme avait le visage d'une fleur, la voix d'un oiseau, l'âme de la lune, l'expression d'un saule, le charme d'un lac en automne, les os de jade, la peau de neige et le cœur poétique, je serais pleinement satisfait.

S'il n'y avait pas de livres dans ce monde, il n'y aurait rien à dire, mais puisqu'il y en a, il faut les lire ; s'il n'y avait pas de vin, alors il n'y aurait rien à dire, mais puisqu'il y en a, il faut qu'il soit bu ; s'il n'y avait pas de montagnes célèbres, alors il n'y aurait rien à dire, mais puisqu'il y en a, il faut qu'elles soient visitées ; s'il n'y avait pas de fleurs ni de lune, alors il n'y aurait rien à dire, mais puisqu'il y en a, il faut en jouir ; s'il n'y avait pas d'hommes de talent, ni de belles femmes, alors il n'y aurait rien à dire, mais puisqu'il y en a, ils doivent être aimés et protégés.

Un miroir ne devient pas l'ennemi d'une femme laide car il n'éprouve pas de sentiments ; s'il en éprouvait, il serait certainement mis en pièces.

On se sent de la tendresse envers une fleur en pot que l'on vient d'acheter, combien plus tendre ne devrait-on pas se sentir envers une « fleur parlante ».

Sans le vin et la poésie, l'eau et les montagnes existeraient sans but ; sans la compagnie des belles femmes, les fleurs et la lune seraient inutiles. Les hommes de talent qui sont en même temps beaux et les belles femmes qui savent en même temps écrire, ne peuvent pas vivre longtemps. Ce n'est pas tant parce que les dieux en sont jaloux, mais parce que ce type d'êtres, étant non seulement le trésor d'une génération, mais celui de tous les âges, le Créateur ne désire pas le laisser trop longtemps en ce monde, par crainte d'un sacrilège.

Sur les montagnes et l'eau

De toutes les choses de l'univers, celles qui touchent l'homme le plus profondément sont : la lune dans le ciel, le *qin* en musique, le coucou parmi les animaux et le saule parmi les plantes.

S'inquiéter de la lune à cause des nuages, des livres à cause des mites, des fleurs à cause des ouragans, des hommes de talent et des belles femmes à cause d'un dur destin, c'est avoir le cœur d'un Bouddha.

On meurt sans regret si l'on a dans le monde un ami intime, ou quelqu'un qui connaisse son cœur.

Un écrivain ancien disait que s'il n'y avait ni fleurs, ni lune, ni belles femmes, il ne voudrait pas être né et je puis ajouter que s'il n'y avait ni plume, ni encre, ni jeu d'échecs, ni vin, il n'y aurait pas de raison d'être un homme.

La lumière des montagnes, le bruit de l'eau, le parfum des fleurs, le charme des écrivains et l'expression des belles femmes sont subtiles et indescriptibles. D'y rêver vous fait perdre le sommeil et d'y penser, l'appétit.

La neige vous rappelle un lettré à l'esprit élevé ; la fleur, de belles femmes ; le vin, un guerrier valeureux ; la lune, de bons amis ; les montagnes et l'eau, de bons vers et de la bonne prose qui plaisent à l'auteur lui-même.

Il y a des paysages sur la terre, des paysages en peinture, des paysages dans les rêves et des paysages dans le cœur. La beauté des paysages terrestres réside dans la profondeur et l'irrégularité des contours ; celle des peintures, dans la liberté et la somptuosité de la brosse ou de l'encre ; celle des paysages de rêve, dans leur étrangeté et la beauté de ceux du cœur, dans le fait que chaque chose y est à sa propre place.

Pour les endroits que nous traversons en voyageant, nous n'avons pas besoin d'exigences artistiques difficiles à satisfaire, mais pour ceux où nous nous installons à demeure, nous devons être difficiles.

La pousse de bambou est un prodige parmi les légumes, le litchi est un prodige parmi les fruits, le crabe est un prodige parmi les animaux aquatiques, le vin est un prodige parmi les aliments et les boissons, la lune est un prodige dans le firmament, le Lac de l'Ouest est un prodige parmi les montagnes et les eaux, et les poèmes Song et les drames Yuan sont des prodiges en littérature.

Pour voir les montagnes et les rivières célèbres, il faut y être prédestiné ; tant que l'heure désignée n'est pas venue, on n'a pas le temps de les voir, même si elles se trouvent dans un rayon de douze milles.

Les images dans un miroir sont des portraits en couleurs, mais les images (ombres) sous la lumière de la lune sont des dessins à l'encre. Les premières sont peintes avec des contours solides, mais les images sous la lumière de la lune sont peintes « sans os ». Les images des montagnes et des eaux dans la lune sont la géographie dans le ciel et les images des étoiles et de la lune dans l'eau sont l'astronomie sur la terre.

Sur le printemps et l'automne

Le printemps est la disposition d'esprit naturelle du ciel ; l'automne est l'une de ses humeurs changeantes.

Les anciens regardaient l'hiver comme le complément (ou période de repos) des trois autres saisons, mais je pense que nous devrions considérer l'été comme la saison des trois compléments ; se lever à l'aube en été est le complément de la nuit ; s'asseoir par une nuit d'été est le complément du jour ; et une sieste est le complément des rapports sociaux. A la vérité, « j'aime les longs jours d'été », comme disait un ancien poète.

On devrait se régler soi-même dans l'esprit de l'automne et traiter les autres dans l'esprit du printemps.

La bonne prose et les poèmes T'ang devraient avoir l'esprit de l'automne ; les bons poèmes Song et les drames Yuan, l'esprit du printemps.

Sur les sons

Il faut écouter le chant des oiseaux au printemps, le cri des cigales en été, celui des insectes en automne et le bruit de la neige en hiver ; on doit écouter le bruit des échecs durant le jour, les sons de la flûte sous le clair de lune, le bruit des pins dans les montagnes et celui des vagues au bord de l'eau.

Alors on n'aura pas vécu en vain. Mais lorsqu'un voyou fait du tapage dans la rue ou que votre femme ronchonne, il vaudrait aussi bien être sourd.

Tous les sons devraient être écoutés à distance ; seul le son du *qin* peut être écouté soit à distance, soit rapproché.

Il y a un plaisir spécial des oreilles à entendre la musique du *qin* sous des pins, la flûte au clair de lune, une chute d'eau près d'un ruisseau et les chants bouddhistes dans les montagnes.

L'eau a quatre sortes de bruits : le bruit des cataractes, des sources jaillissantes, des rapides et des gosiers. Le vent a trois sortes de bruits : les bruits des « vagues de pins », des feuilles d'automne et des tempêtes sur l'eau. Il y a deux sortes de bruits de la pluie : celui des gouttes sur les feuilles du *wutong* et du lotus, et celui de l'eau tombant des toits dans des seaux de bambou.

Sur la pluie

Cette chose appelée pluie peut faire apparaître les jours courts et les nuits longues.

Une pluie de printemps est comme un édit impérial conférant un honneur ; une pluie d'été, comme un acte de pardon pour un condamné ; une pluie d'automne, comme un chant funèbre.

Un jour de pluie au printemps est propice à la lecture ; en été, au jeu d'échecs ; en automne, aux fouilles dans les coffres ou le grenier ; en hiver, à boire.

Je voudrais écrire une lettre au Dieu de la Pluie et lui demander qu'au printemps la pluie tombe après le quinzième jour de la première lune, continue durant dix jours avant *Qingming* (le troisième jour de la troisième lune, époque durant laquelle les pêchers commencent à fleurir), et tombe aussi à *Guyu* (époque pour planter le riz) ; en été, les premiers et les dix derniers jours de chaque mois (afin de ne pas gêner le plaisir que nous procure la lune) ; en automne, dans les premiers et les dix derniers jours de la septième et de la neuvième lune (laissant la huitième lune ou mi-automne, entièrement sèche pour jouir de la lune de la moisson) ; et que durant les trois mois de l'hiver, il n'y ait pas de pluie du tout.

Sur le loisir et l'amitié

Seuls ceux qui prennent avec légèreté ce que tout le monde prend au sérieux, peuvent prendre au sérieux ce que tout le monde prend avec légèreté.

Il n'y a rien dont l'homme jouisse plus que du loisir et cela ne signifie pas que l'on ne fasse rien pendant ce temps. Le loisir vous permet de lire, de voyager, de nouer des amitiés, de boire du vin et d'écrire des livres. Quel plus grand plaisir peut-il donc y avoir au monde ?

Quand un nuage reflète le soleil, il devient coloré et quand une source coule d'une falaise, elle devient une chute d'eau. Par association on leur donne un nom nouveau. C'est pourquoi l'amitié a tant de valeur.

Parler avec des amis instruits est comme lire un livre rare ; parler avec des amis poétiques est comme lire les poèmes et la prose de bons écrivains ; parler avec des amis dont la conduite est convenable est comme lire les classiques de la sagesse ; et parler avec des amis spirituels est comme lire un roman.

Tout lettré silencieux est tenu d'avoir quelques amis intimes. Par ce terme je ne désigne pas seulement ceux qui ont juré une amitié à la vie et à la mort. En général, les amis intimes sont ceux qui, bien que séparés par des centaines ou des milliers de kilomètres, ont encore foi en nous et refusent de croire les bruits malveillants ; ceux qui, aux moments donnés, nous conseillent ce qu'il faut faire ou ne pas faire ; ceux qui, à l'heure critique, nous viennent en aide et parfois sans que nous le sachions, arrangent de leur propre initiative une difficulté financière, ou prennent une décision, sans se demander un moment s'ils ne s'exposent pas ainsi à la critique, ou s'ils ne lèsent pas nos intérêts.

Il est plus facile de trouver des amis intimes (de ceux qui connaissent notre cœur) parmi des amis, qu'auprès de sa femme et de ses concubines, et il est encore plus difficile d'en trouver dans un souverain et ses ministres...

Un « livre remarquable » est celui qui exprime des choses qui n'ont jamais été dites auparavant et un ami intime, celui qui se décharge sur nous de ses secrets de famille.

On ne peut vivre à la campagne que si l'on a de bons amis. On est vite fatigué des paysans et des bûcherons qui ne savent que distinguer les différentes sortes de grains et prédire le temps. Parmi les différents genres d'amis, ceux qui écrivent des poèmes sont les meilleurs, ceux qui savent parler ou tenir une conversation viennent en second, ceux qui savent peindre viennent ensuite, ceux qui savent chanter viennent en quatrième et ceux qui connaissent les jeux de société viennent en dernier.

Sur les livres et la lecture

Lire des livres dans sa jeunesse est comme regarder la lune à travers une fente ; lire des livres dans l'âge mûr est comme regarder la lune dans une cour ; lire des livres dans la vieillesse est comme regarder la lune sur une terrasse. Cela, parce que le profit de la lecture varie selon la profondeur de sa propre expérience.

Seul celui qui est capable de lire des livres sans mots (le livre de la vie, par exemple) peut dire de belles choses frappantes, et seul celui qui comprend la vérité sans mots peut saisir la plus haute sagesse bouddhiste.

Toute la littérature immortelle des anciens et des modernes a été écrite avec du sang et des larmes.

Au bord de l'eau (Shuihu zhuan) est un livre de colère. *La Pérégrination vers l'Ouest (Xiyouji)* est un livre d'éveil spirituel et *Fleur en Fiole d'Or (Jin Ping Mei**, un roman pornographique) est un livre de tristesse. La littérature est un paysage sur un bureau, et un paysage est de la littérature en plein champ.

Lire est la plus grande de toutes les joies, mais il y a plus de colère que de joie à lire l'histoire. Cependant, il y a de la joie dans une telle colère.

On devrait lire les classiques en hiver, parce qu'on a l'esprit plus concentré ; l'histoire en été parce qu'on a plus de temps ; les anciens philosophes en automne parce qu'ils ont des idées si charmantes ; et les œuvres complètes des auteurs plus récents au printemps, parce qu'alors la Nature reprend vie.

Lorsque les écrivains discutent d'affaires militaires, c'est surtout de la science militaire dans un studio (littéralement : parler de soldats sur le papier) et quand les généraux parlent de littérature, c'est la plupart du temps par ouï-dire.

Un homme qui sait lire transforme tout en livre : les montagnes et les eaux, de même que les échecs et le vin et la lune et les fleurs. Un véritable voyageur transforme tout en paysages : les livres et l'histoire de même que le vin, la poésie, la lune et les fleurs.

Un écrivain ancien disait qu'il aurait aimé consacrer dix ans à lire, dix ans à voyager et dix ans à conserver et arranger ce qu'il avait acquis. J'estime que la conservation ne devrait pas prendre dix ans, deux ou trois devraient suffire. Quant à lire et à voyager, je ne pense pas que deux ou cinq fois la période envisagée puisse suffire à satisfaire mes désirs. Pour agir ainsi, il faudrait vivre trois cents ans, comme l'a dit Huang Jiuyan*.

Les anciens prétendaient que les poèmes deviennent bons après que l'auteur est devenu pauvre et malheureux, pour cette raison qu'habituellement un homme malheureux a beaucoup de choses à dire et qu'il lui est facile de se montrer à son avantage. Comment les poèmes des gens riches et heureux peuvent-ils être bons alors qu'ils ne soupirent pas sur leur pauvreté, ni ne se plaignent de n'être pas appelés, et qu'ils ne parlent que du vent, des nuages, de la lune, et de la rosée ? Pour de tels gens, la seule façon d'écrire des vers est de voyager, de sorte que tout ce qu'ils voient, les montagnes et les rivières, les us et les coutumes des peuples et même leurs souffrances durant la guerre et la famine puissent entrer dans leurs poèmes. Empruntant ainsi les douleurs des autres, on peut écrire de bons poèmes sans attendre d'être pauvre et malheureux.

Sur la vie en général

La passion montre le fond de l'univers et le génie en dépeint le sommet.

Il vaut mieux être insulté par le commun, que méprisé par un galant homme. Il vaut mieux être refusé par un examinateur officiel, qu'être inconnu d'un savant célèbre.

Un homme devrait vivre sa vie comme un poème et une chose devrait ressembler à un tableau.

Il y a des tableaux qui semblent exquis, mais qui sont en réalité tristes et désespérés, comme par exemple un paysage de brume et de pluie ; il y a des situations qui paraissent très poétiques, mais qui en réalité sont dures à porter, comme la maladie et la pauvreté ; et il y a des sons qui paraissent charmants quand on en parle, mais qui en réalité sont vulgaires, comme les voix des jeunes filles vendant des fleurs.

Je ne peux pas être un paysan moi-même, tout ce que je puis faire est d'arroser le jardin ; je ne puis être moi-même bûcheron et tout ce que je peux n'est qu'arracher les mauvaises herbes.

Mes regrets, ou les choses qui m'exaspèrent, sont au nombre de dix : 1) que les livres soient facilement mangés des mites ; 2) que les nuits d'été soient gâtées par les moustiques ; 3) qu'une terrasse ait facilement des fuites ; 4) que les feuilles de chrysanthèmes soient souvent fanées ; 5) que les pins soient remplis de grandes fourmis ; 6) que les feuilles de bambous tombent en grande quantité sur le sol ; 7) que les fleurs de casse et de lotus se fanent aisément ; 8) que les herbes folles cachent souvent des serpents ; 9) que les fleurs sur les treillis aient des épines ; et 10) que la chair du porc-épic soit souvent empoisonnée.

Il est très agréable d'être dehors et de voir quelqu'un écrire de l'intérieur sur le papier de la fenêtre.

Naître à une époque de paix dans une région de montagnes et de lacs, gouvernée par un magistrat juste et droit, vivre dans une famille aisée, épouser une femme compréhensive et avoir des fils intelligents, c'est ce que j'appelle une vie parfaite.

Avoir des montagnes et des vallées dans le cœur vous permet de vivre dans une ville comme dans une montagne boisée ; être attaché aux nuages transforme le continent du Sud en une île féerique.

Etre assis seul par une nuit tranquille, appeler la lune et lui dire sa tristesse ; rester seul par une belle nuit, appeler les insectes et leur dire ses regrets.

Celui qui vit dans une ville doit considérer les tableaux comme le paysage en miniature de son jardin, et les livres comme ses amis.

Demander à un savant renommé d'instruire ses enfants, à un écrivain connu d'être son hôte, aller sur une montagne célèbre apprendre l'art d'écrire des essais, sont des erreurs profondes.

Un moine ne doit pas s'abstenir de vin, mais de la vulgarité ; une femme n'a pas besoin de comprendre la littérature, mais ce qui est artistiquement intéressant.

Si l'arrivée du percepteur vous gêne, vous n'avez qu'à payer vos impôts assez tôt ; si vous aimez parler de bouddhisme avec les moines, vous ne pouvez pas éviter de faire de temps en temps des présents pour les temples.

Il est facile de tout oublier, sauf la seule pensée de la gloire ; il est facile de devenir indifférent à tout, sauf à trois verres de vin.

Le vin peut remplacer le thé, mais le thé ne peut pas remplacer le vin ; les poèmes peuvent remplacer la prose, mais la prose ne peut pas remplacer les poèmes ; les drames Yuan peuvent remplacer les poèmes Song, mais les poèmes Song ne peuvent pas remplacer les drames Yuan ; la lune peut remplacer les lampes, mais les lampes ne peuvent pas remplacer la lune ; la plume peut remplacer la bouche, mais la bouche ne peut pas remplacer la plume ; une servante peut remplacer un domestique, mais un domestique ne peut pas remplacer une servante.

Une petite injustice dans le cœur peut être noyée dans le vin, mais une grande injustice dans le monde ne peut être étouffée que par l'épée.

Le jardin d'un homme occupé doit être situé près de sa maison, tandis qu'un homme oisif peut l'avoir à une certaine distance.

Il y a des gens qui ont devant eux les plaisirs d'un solitaire dans la montagne et ne savent pas comment en jouir : les pêcheurs, les bûcherons, les paysans, les jardiniers et les moines ; il y a des gens qui ont devant eux les plaisirs des jardins, des pavillons et des concubines, et qui ne savent pas comment en jouir : les riches marchands et les hauts fonctionnaires.

Il est facile de supporter une douleur, mais difficile de supporter une démangeaison ; il est facile de supporter un goût amer, mais difficile d'en supporter un qui soit aigre.

Il est vrai que l'encrier d'un homme de loisir doit être élégant, mais celui d'un homme occupé doit l'être aussi ; il est vrai qu'une concubine qu'on a pour son plaisir doit être belle, mais une concubine qu'on a pour continuer sa lignée doit l'être aussi.

La grue donne à l'homme la manière romantique, le cheval la manière héroïque, l'orchidée la manière du solitaire, et le pin la manière des anciens.

Je désire donner un jour un grand bal nudiste, pour apaiser les mânes des hommes de talent et des belles femmes de tous les âges. Quand j'aurai trouvé un moine à l'esprit élevé, alors je donnerai le bal et lui demanderai de le présider.

C'est aller contre la volonté de Dieu que de manger hâtivement des aliments délicats, que de passer rapidement devant de splendides paysages, que d'exprimer superficiellement des sentiments profonds, que de passer une journée magnifique confiné dans la nourriture et les boissons et que de jouir de la santé en baignant dans le luxe.

Chapitre XI
Le plaisir de voyager

I. VOYAGER ET VOIR DES CHOSES

Voyager était un plaisir, c'est devenu maintenant une industrie. Grâce à de plus grandes facilités et aux bureaux officiels de tourisme, l'homme moderne se déplace dans l'ensemble beaucoup plus que son grand-père. Néanmoins, l'art de voyager semble s'être perdu. Afin de le comprendre, il faut tout d'abord prendre conscience des différentes sortes de faux voyages.

Il y a d'abord le voyage pour s'enrichir l'esprit. Je doute beaucoup qu'un esprit puisse être facilement enrichi. Voyez le résultat des clubs et des lectures. Cette fausse idée a donné naissance à l'institution des guides touristiques, la plus intolérable espèce de bavards inutiles qu'on puisse imaginer. Les touristes chinois les supportent comme ceux des autres pays, avec cette différence que les guides chinois ne sont pas des professionnels, mais des marchands de fruits, des montreurs de singes et de petits paysans, dont l'information est moins correcte, bien que leur personnalité puisse être plus marquée.

Il y a ensuite le voyage qui sert de thème de conversation. Si les lieux historiques deviennent des endroits dont on parle par la suite, il est naturel que plus on en visite plus on en peut citer et plus la mémoire s'enrichit. Cette rage de connaissance oblige le touriste à parcourir le plus de points possibles en un jour. Il a en main un programme des lieux à visiter et quand il arrive dans l'un d'eux, il le trace avec un crayon. Je suppose que de tels gens essayent d'être efficients, même pendant leurs vacances.

Cette façon imbécile de voyager produit nécessairement le troisième type de faux voyageurs qui se déplacent selon un plan, fixant d'avance exactement le nombre d'heures qu'ils passeront à Vienne ou à Budapest. Avant de partir, ils établissent un horaire parfait et s'y tiennent religieusement. Liés par l'horloge et le calendrier quand ils sont chez eux, ils le sont encore quand ils en partent.

Au lieu de cela, je propose de chercher ailleurs le vrai motif d'un voyage qui devrait être de se perdre et d'être inconnu, ou plus poétiquement de voyager pour oublier. Chacun est parfaitement respectable dans la ville qu'il habite, quoi que puissent en penser les plus hauts cercles de la société. Il est lié par un ensemble de conventions, de règles, d'habitudes et de devoirs. Un banquier a de la peine à se laisser traiter chez lui comme un être ordinaire et à oublier qu'il est banquier, or il me semble, à moi, que la seule excuse d'un voyage serait de le mettre en contact avec des gens qui ne verraient en lui qu'un homme ordinaire. Les lettres d'introduction sont parfaites pour les voyages d'affaires, mais ceux-ci sont par définition hors de cause. Un homme aura peu de chance de se découvrir lui-même et de connaître exactement ce que Dieu l'a fait s'il emporte des lettres d'introduction.

En dépit de l'agrément d'être bien reçu par des amis dans un pays étranger, et d'être guidé efficacement dans les milieux sociaux de sa propre classe, il est une excitation plus grande, celle du boy-scout abandonné dans la forêt à ses propres moyens. Un tel homme peut rentrer chez lui en se sentant moins dépendant de son chauffeur et de son boucher.

Un véritable voyageur est toujours un vagabond, avec ses joies, ses tentations, et son sens de l'aventure. Ou le voyage est un vagabondage, ou il n'est rien. Son essence est de n'avoir pas d'obligations, pas d'heures fixes, pas de courrier, pas de visites et pas de destination. Un bon voyageur est celui qui ne sait pas où il va et un voyageur parfait, celui qui ignore d'où il vient. Il doit même oublier son nom et son prénom. Il est probable qu'il ne s'est pas fait un seul ami dans un pays étranger, mais comme disent les Chinois : « Ne se soucier de personne en particulier, c'est se soucier de l'humanité en général. » N'avoir pas d'ami particulier, c'est avoir tout le monde comme ami. Aimant les hommes en général, il se mêle à eux et s'en va observant les agréments des peuples et leurs coutumes. Cet avantage est entièrement perdu par les occupants des cars de tourisme, qui restent à l'hôtel, parlent de leur pays avec leurs compagnons de voyage et ne s'accordent pas le temps et le loisir de pénétrer l'esprit des gens.

L'esprit de vagabondage permet à ceux qui prennent des vacances un contact plus étroit avec la nature. Ce genre de voyageurs insistera donc pour aller dans les lieux de séjours peu fréquentés où l'on peut jouir d'une vraie solitude et communier avec la nature. C'est pourquoi on ne les voit pas dans les grands magasins perdre leur temps à choisir des costumes de bains roses ou bleus. Le bâton de rouge est cependant permis, car aucune femme n'est parfaitement naturelle sans lui.

Il y a une façon différente de voyager, celle où l'on ne voit rien ni personne, mais les écureuils, les rats musqués, les marmottes, les nuages et les arbres. Une dame américaine de mes amies raconte comment elle fit « pour ne rien voir », en compagnie d'amis chinois, l'ascension d'une montagne près de Hangzhou. C'était par un matin brumeux et à mesure qu'ils montaient, le brouillard devenait de plus en plus épais. On pouvait entendre le bruit doux des gouttes d'eau sur les feuilles d'herbe. Il n'y avait rien à voir sauf la brume. La dame américaine était découragée. « Mais vous devez continuer, il y a une vue splendide au sommet », insistaient ses amis chinois. Elle poursuivit et après un moment, aperçut dans le lointain un affreux rocher entouré de nuages. « Qu'est-ce ? » demanda-t-elle. « C'est le Lotus renversé », répondirent ses amis. Quelque peu mortifiée, elle était prête à s'en retourner. « Mais il y a une vue encore plus belle au sommet », dirent-ils. Sa robe était humide, mais elle continua. Finalement ils atteignirent le sommet. Autour d'eux ce n'était qu'une étendue de brume avec une ligne de montagnes à peine visible à l'horizon. « Mais il n'y a rien à voir ici », protesta l'Américaine. « C'est exact. Nous sommes venus ici pour ne rien voir », répliquèrent les Chinois.

C'est toute la différence entre voir des choses et ne rien voir. Beaucoup de voyageurs qui voient des choses, en réalité ne voient rien et beaucoup qui ne voient rien, voient beaucoup. Je suis toujours amusé quand j'entends parler d'un auteur qui va dans un pays étranger « chercher des matériaux pour son nouveau livre », comme s'il avait épuisé tout l'humain de sa propre ville ou de son propre pays et comme si le thème pouvait jamais être épuisé. Nous en arrivons donc à l'essence du voyage qui consiste dans la capacité de voir les choses, ce qui abolit la distinction entre voyager dans un pays lointain et se promener un après-midi dans les champs.

Les deux choses deviennent semblables, comme l'a remarqué Jin Shengtan. L'équipement le plus nécessaire d'un voyageur est « un talent spécial dans le cœur, et une vision spéciale sous les sourcils », ainsi s'exprime le critique dramatique chinois dans son célèbre commentaire sur le drame *Le Pavillon de l'Ouest*. Toute la question est d'avoir un cœur pour sentir et des yeux pour voir. Si l'on n'en a pas, visiter des montagnes est une pure perte de temps et d'argent, mais si l'on a « un talent spécial dans le cœur et une vision spéciale sous les sourcils », on peut éprouver les plus grandes joies du voyage, même sans aller dans les montagnes, en restant chez soi, en regardant, en allant dans un champ voir un nuage passer, ou un chien, ou une haie, ou un arbre solitaire. Je traduis ci-dessous la dissertation de Jin sur le véritable art de voyager :

> J'ai lu les essais de voyages de bien des gens, et je m'aperçois que très peu comprennent l'art de voyager. Certainement l'homme qui le sait ne sera pas effrayé par un long voyage à travers les terres et les mers pour explorer leurs grandeurs et leurs mystères. Mais un certain talent dans le cœur et une certaine vision sous les sourcils lui disent qu'il n'est pas nécessaire d'aller dans les endroits célèbres pour connaître les merveilles et les mystères de la nature. Un jour il va visiter une caverne de pierre après avoir usé une grande partie de l'énergie de ses jambes, de ses yeux et de son esprit, et quand il a fait cela, le jour suivant il va voir un autre lieu saint et emploie plus encore de l'énergie de ses jambes, de ses yeux et de son esprit. Les gens qui ne le comprennent pas diront : « Quelle chance vous avez eue de visiter tous ces endroits ! Juste après avoir vu une caverne de pierre, vous avez vu un autre lieu saint. » Ils n'ont pas du tout saisi. Car il y a une distance entre les deux endroits qu'il a visités, peut-être vingt ou trente lis, ou peut-être huit, sept, six, cinq, quatre, trois, deux lis, ou peut-être même un li, ou juste un demi. Avec le talent spécial de son cœur, et la vision spéciale au-dessous de ses sourcils, n'a-t-il pas regardé la petite distance d'un li ou un demi-li, de la même manière qu'il a regardé la caverne ou le lieu saint ?
>
> Il est vrai qu'il y a quelque chose qui terrifie l'œil et surprend l'âme à découvrir que la Mère Nature, avec sa grande habileté, sa sagesse et son énergie, a

Chapitre XII

Le plaisir de la culture

I. LE GOÛT DANS LA CONNAISSANCE

Le but de l'éducation ou de la culture n'est que le développement du goût dans la connaissance et du bon ton dans la conduite. L'homme cultivé, ou bien élevé, n'est pas nécessairement celui qui est instruit, mais celui qui aime et déteste les choses qu'il faut aimer et détester. Savoir ce qu'il faut aimer et ce qu'il faut haïr, c'est avoir du goût. Il n'y a rien de plus exaspérant que de rencontrer quelqu'un dont l'esprit est bourré de dates et de noms et qui est extrêmement renseigné sur les affaires de la Russie ou de la Tchécoslovaquie, mais dont l'attitude ou le point de vue est entièrement faux. J'ai rencontré de tels gens et je me suis aperçu qu'il n'y avait pas de sujet sur lequel ils n'avaient des faits à produire, mais leur point de vue était déplorable. Ces personnes ont de l'érudition, mais pas de discernement ou de goût. L'érudition consiste simplement à entasser des faits ou des informations, tandis que le goût ou discernement est une question de jugement artistique. En parlant d'un savant, les Chinois distinguent généralement entre la science de l'homme, sa conduite et son goût ou discernement. Cela est particulièrement vrai des historiens ; un livre d'histoire peut être écrit avec la science la plus exigeante et cependant l'importance de vivre manquer totalement de pénétration ou de discernement ; dans l'interprétation des personnages et des événements, l'auteur peut n'avoir aucune originalité ou profondeur. D'une telle personne, nous disons qu'elle n'a pas de goût dans la connaissance. Etre bien informé, ou accumuler les faits et les détails, est la chose la plus facile. Dans une période historique, il y a de nombreux faits qui peuvent facilement être emmagasinés par notre esprit, mais le discernement dans le choix des faits significatifs est infiniment plus difficile et dépend d'un point de vue.

C'est pourquoi un homme éduqué est celui qui a des amours et des haines justes. Cela, nous l'appelons le goût, et le goût produit l'agrément. Or, avoir du goût ou du discernement exige une profonde capacité de pensée, de l'indépendance de jugement et la volonté de ne se laisser éblouir par aucune des formes de charlatanisme dont nous sommes entourés : charlatanisme de la gloire, de la richesse, charlatanisme patriotique, politique, religieux, poètes charlatans, artistes charlatans, dictateurs charlatans, psychologues charlatans. Quand un psychanalyste nous dit que l'accomplissement des fonctions intestinales durant l'enfance a une relation définie avec l'ambition, l'agressivité, et le sens du devoir dans la vie postérieure, ou que la constipation entraîne la mesquinerie de caractère, tout ce qu'un homme de goût peut faire est de se sentir amusé. Quand un homme se trompe, il se trompe et il ne faut pas se laisser impressionner par un grand nom ou par le nombre de livres qu'il a lus et que nous ignorons.

Le goût est donc étroitement associé au courage, ou indépendance de jugement, vertu plutôt rare parmi les hommes. Nous trouvons ce courage intellectuel chez tous les penseurs et les écrivains qui ont donné quelque chose plus tard. Un tel homme refuse d'aimer un certain poète, même s'il a la plus grande vogue ; et quand il en aime vraiment un, il est capable de dire pourquoi. Il se réfère à son jugement intime. C'est ce que nous appelons le goût en littérature. Il refuse aussi de donner son approbation à la dernière école de peinture si elle choque son instinct artistique. C'est le goût en art. Il ne se laisse pas impressionner par la philosophie à la mode, même si elle est patronnée par le plus grand nom. Il ne veut pas être convaincu par un auteur, tant que son cœur n'est pas touché ; si l'auteur le persuade, c'est qu'il a raison, mais s'il ne peut pas le convaincre, alors c'est lui qui a raison et l'auteur qui a tort. Cela constitue le goût dans la connaissance. Sans doute un tel courage intellectuel, ou indépendance de jugement, exige une certaine confiance en soi enfantine et naïve, mais ce moi est la seule chose à laquelle on puisse s'accrocher, et dès qu'un homme abandonne son droit à un jugement personnel, il est prêt à accepter tous les charlatanismes de la vie.

Confucius semble avoir senti que la science sans la pensée était plus dangereuse que la pensée non épaulée par la science ; il disait : « Penser sans étudier vous rend frivole, mais étudier sans penser est un désastre. » Il doit avoir vu, en son temps, suffisamment d'étudiants de ce dernier type pour prononcer cet avertissement qui serait très utile dans les écoles modernes. Il est bien connu que l'éducation et le système de l'école moderne en général tendent à encourager la science aux dépens du discernement, à considérer l'information comme une fin en soi, comme si beaucoup de science pouvait faire un homme éduqué. Mais pourquoi la pensée est-elle découragée dans les écoles ? Pourquoi le système éducatif a-t-il transformé l'agréable poursuite de la connaissance en une accumulation mécanique, mesurée, uniforme et passive d'informations ? Pourquoi donnons-nous plus d'importance à la connaissance qu'à la pensée ? Comment en sommes-nous arrivés à appeler bachelier un homme éduqué simplement parce qu'il a fréquenté le nombre d'heures réglementaires de psychologie, d'histoire médiévale, de logique et de « religion » ? Pourquoi y a-t-il des marques d'école et des diplômes, et comment se fait-il que, dans l'esprit des étudiants, les diplômes aient pris la place du vrai but de l'éducation ? La raison en est simple. Nous avons ce système parce que nous éduquons les gens en masse, comme dans une usine, et tout ce qui se produit dans une usine doit l'être par un système mécanique et mort. En vue de protéger son nom et de standardiser ses produits, une école doit les certifier par des diplômes. D'où la nécessité d'un classement, de notes, de récitations, d'examens, d'épreuves. L'ensemble forme une suite entièrement logique à laquelle il n'y a pas moyen d'échapper. Mais les conséquences des examens et des épreuves mécaniques sont plus fatales qu'on ne l'imagine. Car ils mettent immédiatement l'accent sur la mémorisation des faits plutôt que sur le développement du goût ou du jugement. J'ai été professeur et je sais qu'il est plus facile de poser un ensemble de questions sur des dates d'histoire, plutôt que sur de vagues opinions se rapportant à de vagues questions. Il est aussi plus facile de noter les copies. Le danger d'un tel système est que nous soyons amenés à oublier le véritable idéal de l'éducation, qui est, comme je l'ai dit, le développement du goût dans la connaissance. Il est toujours utile de se souvenir de ce que disait Confucius : « La science qui consiste dans la mémorisation des faits ne qualifie pas un homme pour l'enseignement. » Il n'y a pas de sujets obligatoires, ni de livres, même ceux de Shakespeare, que l'on doive lire. L'école semble s'inspirer de l'idée stupide que nous pouvons délimiter une quantité minimale d'histoire et de géographie qui serait la condition absolue pour qu'un homme soit éduqué. Je suis parfaitement éduqué, bien que je sois dans la plus grande confusion en ce qui concerne la capitale de l'Espagne et que j'aie cru longtemps que La Havane était le nom d'une île proche de Cuba. Le danger de ce genre d'études est qu'elles impliquent l'idée qu'un homme qui a suivi des cours sait *ipso facto* tout ce qu'un homme éduqué doit savoir. Il est donc parfaitement logique qu'un bachelier cesse d'étudier ou de lire des livres, lorsqu'il a quitté l'école, parce qu'il a déjà appris tout ce qu'on doit apprendre.

Nous devons nous pénétrer de l'idée que la science d'un homme peut se manifester sous quelque forme que ce soit. Zhuangzi a très bien dit : « Hélas, ma vie est limitée, tandis que la connaissance est sans limites. » Après tout, la poursuite de la connaissance n'est que l'exploration d'un continent nouveau, ou, comme l'a dit Anatole France*, « une aventure de l'âme » ; elle continuera d'être un plaisir, au lieu de devenir une torture, si l'esprit d'exploration qui est un esprit ouvert, curieux, aventureux, est maintenu. Au lieu d'une accumulation mesurée, uniforme et passive d'informations, adoptons l'idéal d'un plaisir individuel, positif et croissant. Une fois les diplômes et les notes abolis, ou traités pour ce qu'ils valent, la poursuite de la connaissance devient positive, car les étudiants sont au moins obligés de se demander pourquoi ils étudient. A notre époque, tous le font pour le chancelier et beaucoup des meilleurs, pour leurs parents, leurs professeurs, ou leurs futures femmes, afin de ne pas paraître ingrats envers ceux qui ont dépensé tant d'argent pour leurs études, ou par reconnaissance pour un professeur qui est gentil et consciencieux, ou parce qu'ils gagneront de hauts salaires quand ils sortiront de l'école. N'est-il pas vrai que toutes ces pensées sont immorales ? La poursuite de la connaissance devrait rester une affaire personnelle, et seulement alors l'éducation deviendrait un plaisir et serait positive.

II. L'ART COMME JEU ET COMME MANIFESTATION DE LA PERSONNALITÉ

L'art est à la fois création et récréation. Des deux, je pense que l'art comme récréation, ou comme pur jeu de l'esprit, est le plus important. Autant j'apprécie toutes les formes d'œuvres immortelles, que ce soit en peinture, en architecture ou en musique, autant je pense que le véritable esprit de l'art ne peut devenir plus général et imprégner la société que lorsque beaucoup de gens en jouissent comme d'un passe-temps, sans aucun espoir d'acquérir l'immortalité. Comme il est plus important que tous les élèves d'un collège puissent jouer au tennis ou au football, que de voir le collège produire quelques champions pour les compétitions nationales, de même il est plus important que tous les enfants et tous les jeunes gens soient capables de créer quelque chose d'eux-mêmes comme passe-temps, plutôt que la nation produise un Rodin*. Je préférerais voir tous les enfants des écoles apprendre à modeler et tous les présidents de banque et tous les experts économiques capables de dessiner eux-mêmes leurs cartes de Noël, quelque ridicules qu'elles puissent être, plutôt que d'avoir quelques rares artistes qui considèrent l'art comme une profession. Je suis pour l'amateurisme dans tous les domaines. Je prends autant de plaisir à écouter un ami jouer une sonatine d'une manière quelconque, qu'à entendre un concert donné par des professionnels de première classe. Chacun jouit d'un magicien de salon amateur, autant que d'un professionnel sur la scène, et tous les parents écoutent les essais dramatiques de leurs enfants avec plus de cœur qu'ils ne le font pour une pièce de Shakespeare. Nous savons que c'est spontané et dans la spontanéité seule réside le véritable esprit de l'art. C'est pourquoi je considère comme si important qu'en Chine, peindre soit essentiellement le passe-temps des lettrés et non des artistes professionnels. Ce n'est qu'en conservant l'esprit de jeu que l'art peut échapper à la commercialisation.

Or la caractéristique du jeu est que l'on joue sans raison, et qu'il ne doive pas y en avoir. Le jeu est à lui-même sa propre fin. Cette vue est confirmée par l'histoire de l'évolution. La beauté ne se justifie pas dans la lutte pour l'existence, il y a des formes de beauté destructrices, comme les bois du cerf. Darwin s'en aperçut et fut obligé d'introduire le grand principe secondaire de la sélection sexuelle. Nous ne pouvons comprendre l'essence de l'art que si nous le considérons comme une simple surabondance de l'énergie physique et mentale, libre, détaché et n'existant que pour lui-même. C'est la formule si décriée de l'art pour l'art, qui n'est qu'un fait incontestable concernant l'origine psychologique de toute création artistique. Hitler a dénoncé comme immorales plusieurs formes de l'art moderne, mais je trouve que ces peintres, qui font des portraits de Hitler pour les exposer au nouveau musée d'Art, en vue de plaire au chef tout-puissant, sont les plus immoraux de tous. Ce n'est pas de l'art, mais de la prostitution. Si l'art commercial blesse souvent l'esprit de création, l'art politique est sûr de le tuer. Car la liberté en est l'âme véritable. Les dictateurs tentent l'impossible quand ils essayent de produire un art politique. Ils ne semblent pas réaliser qu'on ne peut pas produire de l'art par la force des baïonnettes, pas plus que l'on ne peut acheter de l'amour véritable à une prostituée. Pour comprendre l'essence de l'art, il nous faut revenir à sa base physique qui est une impulsion artistique ou créatrice. L'emploi du mot inspiration montre que l'artiste lui-même sait à peine d'où elle provient. Ce n'est qu'une question de poussée intérieure, comme celle qui conduit le savant à la découverte de la vérité, ou l'explorateur à la recherche d'une île nouvelle. Cela ne se justifie pas. Nous commençons à voir, à l'aide de la science biologique, que toute l'organisation de notre vie mentale est réglée par l'augmentation, la diminution et la distribution des hormones qui agissent sur les divers organes et sur le système nerveux les contrôlant. Même la colère ou la crainte dépendent d'une certaine quantité d'adrénaline. Le génie lui-même, me semble-t-il, n'est qu'une sursécrétion glandulaire. Un obscur romancier chinois, sans connaître les hormones, fit une supposition juste sur l'origine de toute activité en l'attribuant à des « vers » dans notre corps. L'adultère est une question de vers rongeant nos intestins et obligeant l'homme à satisfaire son désir. L'ambition, l'amour de la gloire et du pouvoir sont également dus à d'autres vers qui ne laissent pas à l'homme de repos, tant qu'il n'a pas atteint l'objet de son ambition. Ecrire un livre, par exemple un roman, est aussi dû à des espèces de vers qui poussent l'auteur à créer sans aucune raison. Entre les hormones et les vers, je préfère croire aux seconds. Le terme est plus vivant.

S'il se produit un excès de vers, ou même un afflux normal, un homme est amené à créer une chose ou une autre, parce qu'il ne peut pas faire autrement. Quand un enfant a un surplus d'énergie, sa marche normale est transformée en bondissements. Quand un homme a un surplus d'énergie, il se met à piaffer ou à danser. Ainsi, la danse n'est pas autre chose qu'une promenade sans but en ce sens que d'un point de vue utilitaire, mais non esthétique, il y a perte d'énergie. Au lieu d'aller droit vers un point, ce qui est le chemin le plus court, un danseur valse et fait des cercles. Personne n'essaye réellement d'être patriote quand il danse, et commander à un homme de danser selon l'idéologie capitaliste ou fasciste ou prolétarienne, c'est détruire l'esprit de jeu et de glorieuse inutilité de la danse. Si un communiste essaye d'atteindre un objectif politique, ou d'être un communiste loyal, il vaut mieux qu'il marche et qu'il ne danse pas. Les communistes semblent connaître le caractère sacré du travail, mais pas celui du jeu. Comme si dans la civilisation l'homme ne travaillait pas déjà trop, comparé aux autres espèces du règne animal, et les maigres loisirs qu'il peut consacrer à l'art et au jeu seraient encore soumis aux exigences de ce monstre : l'Etat !

Cette conception de l'art consistant en un simple jeu peut nous aider à éclairer ses relations avec la morale. La beauté est simplement la belle forme et il y a une belle forme dans la conduite aussi bien que dans la bonne peinture, ou que dans un beau pont. L'art est beaucoup plus vaste que la peinture, la musique et la danse, car il y a de belles formes dans toutes choses. Il y en a dans un athlète qui court, dans un homme menant bien sa vie, à travers l'enfance, la jeunesse, l'âge mûr et la vieillesse ; il y en a dans une campagne présidentielle bien dirigée, bien manœuvrée et conduite graduellement vers la victoire finale et il y en a aussi dans la forme d'un sourire, tel que l'ont si bien pratiqué les vieux mandarins de la Chine. Toute activité humaine a une forme et une expression et toutes les formes d'expression entrent dans la définition de l'art. C'est pourquoi il est impossible de reléguer l'art de l'expression dans les seuls domaines de la musique, de la danse et de la peinture.

Avec cette interprétation plus large, la belle forme dans la conduite et la personnalité dans l'art sont étroitement reliées et aussi importantes l'une que l'autre. Il peut y avoir du luxe dans les mouvements de notre corps, aussi bien que dans ceux d'un poème symphonique. Etant donné ce surplus d'énergie, il y a une aisance, une grâce, une présence de la forme dans tout ce que nous faisons. Or l'aisance et la grâce proviennent de la conscience de ses capacités physiques, de l'habileté à faire une chose mieux, parfaitement. Dans les domaines les plus abstraits, nous apercevons cette beauté dans quiconque fait un beau travail. Le besoin de faire un beau travail est essentiellement un besoin esthétique. Même un meurtre bien fait, une conspiration bien menée sont beaux à voir, quelque condamnable que puisse être l'acte. Dans les détails les plus concrets de notre vie, il y a, ou il peut y avoir aussi, de l'aisance et de la grâce. Toutes les choses que nous appelons « les commodités de l'existence » appartiennent à cette catégorie. Un compliment placé avec à-propos s'appelle un beau compliment, exprimé avec mauvais goût, il s'appelle un compliment gauche.

Venons-en maintenant au problème de l'art et de la morale. La profonde confusion de l'art et de la propagande dans les pays fascistes et communistes et sa naïve acceptation par tant d'intellectuels rendent nécessaire, pour toute personne intelligente, une claire compréhension de ce problème. Les communistes et les fascistes font un faux départ quand ils ignorent le rôle de l'individu, soit comme personnalité créatrice, soit comme objet de la création, et quand ils mettent à sa place les exigences supérieures de l'Etat ou de la classe sociale. Alors que la littérature et l'art doivent tous deux être construits sur des émotions individuelles, personnelles, les communistes et les fascistes ne mettent en relief que les émotions de groupes ou de classes, sans postuler la réalité des émotions dans les divers individus. Avec la personnalité individuelle mise de côté, on ne peut même pas commencer à discuter sainement le problème de l'art et de la morale.

L'art n'est en relation avec la morale que dans la mesure où la qualité particulière d'une œuvre d'art est une expression de la personnalité de l'artiste. Un artiste avec une grande personnalité produit du grand art ; un artiste avec une personnalité triviale produit un art trivial ; un artiste sentimental produit un art sentimental ; un artiste voluptueux, un art voluptueux et un artiste délicat, un art délicat. Nous avons là en résumé les relations de l'art et de la morale. Celle-ci n'est donc pas une chose qui peut être surajoutée de l'extérieur selon l'humeur changeante d'un dictateur, ou selon le code variable du chef de la propagande. Elle doit venir de l'intérieur, comme l'expression naturelle de l'âme de l'artiste. Un artiste vil ne peut pas produire de la grande peinture et un artiste noble ne peut pas produire de la peinture vile, même si sa vie est en jeu.

La notion chinoise de *pin* en art est extrêmement intéressante, on l'appelle parfois *renpin* (personnalité de l'homme) ou *pinge* (personnalité de caractère). Il existe aussi une idée de degré lorsque nous parlons d'artistes ou de poètes de premier *pin* ou de second *pin* ; nous désignons aussi l'action de goûter du thé comme « *pin* du thé ». Il y a donc toute une catégorie d'expressions en rapport avec la personnalité, telle qu'elle s'exprime dans une action particulière. En premier lieu, d'un mauvais joueur, ou d'un joueur qui montre de la mauvaise humeur, on dit qu'il a un mauvais *dupin*, ou une mauvaise personnalité de joueur. D'un buveur qui se tient mal après avoir trop bu, on dit qu'il a un mauvais *jiupin*, ou une mauvaise personnalité de vin. D'un bon ou d'un mauvais joueur d'échecs, on dit qu'il a un bon ou un mauvais *qipin*, ou personnalité d'échecs. Le plus ancien livre chinois de critique poétique est connu sous le nom de *shipin* (« personnalités en poésie ») avec un classement des différents poètes ; il y a évidemment des livres de critique d'art connus sous le nom de *huapin* ou « personnalités en peinture ».

C'est pourquoi, en relation avec cette idée de *pin*, existe la croyance généralement acceptée, que l'œuvre d'un artiste est strictement déterminée par sa personnalité. Celle-ci est à la fois morale et artistique. Elle tend à mettre en lumière la notion de compréhension humaine, d'élévation d'esprit, d'absence d'irritabilité, de vulgarité ou de trivialité. En ce sens, elle est proche de la manière ou du style des Anglais. Un artiste fantasque aura un style fantasque, une personne qui a du charme aura naturellement du charme et de la délicatesse dans son style et un artiste qui a du goût ne tombera pas dans le « maniérisme ». Ainsi conçue, la personnalité est l'âme véritable de l'art. Les Chinois ont toujours admis implicitement qu'un peintre ne peut pas être grand à moins que sa personnalité morale et esthétique ne soit grande, et pour juger la calligraphie et la peinture, le plus haut critère n'est pas que l'artiste fasse montre d'une belle technique, mais qu'il ait ou n'ait pas une haute personnalité. Une œuvre, avec une technique parfaite, peut néanmoins exprimer une « basse » personnalité et alors, comme nous dirions en anglais, cette œuvre manque de « caractère ».

Nous sommes ainsi parvenus au problème central de tout art. Le grand général chinois, Zeng Guofan*, a dit, dans une de ses lettres familières, que les deux seuls principes vivants de l'art de la calligraphie sont la forme et l'expression, et que l'un des plus grands calligraphes de son temps, He Shaoji*, approuvait sa formule et appréciait sa pénétration. Puisque tout art est concret, il y a toujours un problème mécanique, le problème de la technique, qui doit être dominé, mais comme l'art est aussi esprit, l'élément vital dans toute forme de création est l'expression personnelle. C'est l'individualité de l'artiste, bien plus que sa simple technique, qui est la seule chose significative. Dans un livre, la seule chose importante est le style personnel de l'auteur et sa manière de sentir, tels qu'ils apparaissent dans ses jugements, ses goûts et ses haines. Cette personnalité, ou son expression personnelle, est en danger constant d'être submergée par la technique, et la plus grande difficulté de tous les commençants, que ce soit en peinture, en littérature, en théâtre, est de « se laisser aller ». La raison en est que le commençant est effrayé par la forme ou la technique. Mais aucune forme n'est belle sans cet élément personnel. Toute belle forme a du rythme, et c'est ce rythme qui est beau à voir, que ce soit celui d'un champion de golf, ou d'un homme qui court, ou d'un joueur de football poussant la balle sur le terrain. La puissance d'expression ne doit pas être gênée par la technique, mais se manifester librement et heureusement par elle. Il y a ce rythme – si beau à voir – dans un train qui s'avance dans une courbe, ou dans un voilier glissant à pleine vitesse. Il y a ce rythme dans le vol d'une hirondelle, ou dans celui d'un faucon se lançant sur sa proie, ou dans un cheval de course « en bonne forme », comme nous disons.

Nous exigeons que tout art ait du « caractère » et le caractère n'est rien d'autre que ce que l'œuvre d'art suggère ou révèle de la personnalité de l'artiste, ou de son âme, ou de son cœur, ou, comme disent les Chinois, de son « sein ». Sans ce caractère, une œuvre d'art est morte et aucune virtuosité, aucune perfection technique ne peut la sauver de cette absence de vie. Sans cette chose hautement individuelle appelée personnalité, la beauté elle-même devient banale. Cultiver le charme de cette personnalité est la base importante de tout art, car, quoi que fasse un artiste, son caractère apparaît dans son œuvre.

Cette culture est à la fois morale et esthétique, elle requiert de la science et du raffinement. Le raffinement se rapproche du goût et peut être inné, mais le plaisir plus élevé de regarder un livre d'art n'est ressenti que s'il est supporté par le savoir. C'est particulièrement clair dans la peinture et la calligraphie, où nous pouvons voir toutes sortes de qualités esthétiques ou différents types de beauté, et personne n'est capable de séparer la beauté du produit achevé de la beauté, de l'âme de l'artiste. Il peut y avoir la beauté du caractère fantasque, de la force brutale, de la puissance massive, de la liberté spirituelle, du courage et de l'impétuosité, du charme romantique, de la contrainte, de l'élégance, de l'austérité, de la simplicité et de la « stupidité », de la simple régularité, de la rapidité et parfois même de la laideur affectée. Il n'y a qu'une forme de beauté qui est impossible, parce qu'elle n'existe pas, et c'est la beauté de l'acharnement ou de la vie faite d'effort.

III. L'ART DE LIRE

La lecture ou le plaisir des livres ont toujours été rangés parmi les charmes d'une vie cultivée ; ils sont respectés et enviés par ceux qui s'accordent rarement ce privilège. Cela est facile à comprendre lorsque nous comparons la vie d'un homme qui ne lit pas, à celle d'un homme qui lit. L'homme qui n'a pas l'habitude de lire est enfermé dans un monde étroit en ce qui concerne l'espace et le temps. Sa vie tombe dans la routine ; il est limité dans ses contacts et ses conversations à quelques amis et connaissances et il ne voit ce qui se passe que dans son voisinage immédiat. Il ne peut s'échapper de cette prison. Mais dès qu'il prend un livre, il pénètre aussitôt dans un monde différent et si c'est un bon livre, il est immédiatement en rapport avec l'un des meilleurs causeurs du monde qui le conduit dans un autre univers, ou dans une autre époque, ou lui fait part de ses regrets personnels, ou discute avec lui certains aspects de la vie dont lui, lecteur, ne savait rien. Un auteur ancien le met en communion avec un esprit mort il y a longtemps et à mesure qu'il avance dans sa lecture, il se met à imaginer comment était cet ancien auteur, à quel type d'homme il appartenait. Mencius et Sima Qian, le plus grand historien chinois, ont exprimé la même idée. Or, être capable de vivre deux heures sur douze dans un monde différent, de quitter ses préoccupations immédiates, est évidemment un privilège que doivent envier les gens enfermés dans leur prison charnelle. Un tel changement de milieu est véritablement semblable à un voyage dans ses effets psychologiques.

Mais il y a plus. Le lecteur est toujours conduit dans un monde de pensées et de réflexions. Même si c'est un livre qui parle d'événements matériels, il y a une différence entre voir ou vivre en personne de tels événements et les lire ; ils prennent alors le caractère d'un spectacle et le lecteur devient un spectateur détaché. La meilleure lecture est donc celle qui nous introduit dans cette humeur contemplative et non celle qui nous occupe simplement par le récit des événements. Je ne considère pas comme de la lecture l'effrayante quantité de temps perdu avec les journaux, car la moyenne de leurs lecteurs est surtout préoccupée par le récit de faits ou d'événements sans valeur contemplative.

A mon avis, la meilleure formule sur l'objet de la lecture a été découverte par Huang Tingjian*, un poète Song et un ami de Su Dongpo. Il disait : « Un lettré qui n'a rien lu depuis trois jours sent que sa parole n'a pas de saveur (devient insipide) et que son propre visage devient odieux à voir (dans un miroir). » Il veut dire évidemment que la lecture donne à un homme un certain charme et une certaine saveur, ce qui est le véritable objet. On ne doit pas lire pour « orner son esprit », car quand on commence à penser enrichir son esprit, tout le plaisir se perd. Il y a le type d'homme qui se dit : « Je dois lire Shakespeare, Sophocle* et les cinq pieds de livres du Dr Eliot*, ainsi je deviendrai un homme cultivé. » Je suis certain que cet homme ne le deviendra jamais. Il se forcera un soir à lire Hamlet et le quittera comme un mauvais rêve, avec le seul profit de pouvoir dire qu'il « a lu » Hamlet. Quiconque lit un livre avec un sentiment d'obligation ne comprend rien à l'art de lire.

Lire pour développer le charme de son apparence personnelle et la saveur de sa parole, est donc, selon Huang, la seule façon admissible. Ce charme de l'apparence doit évidemment être interprété comme autre chose que la beauté physique. Ce que Huang veut dire par « odieux » n'est pas la laideur physique. Il y a des visages laids qui ont un charme fascinant et de beaux visages qui sont insipides. Parmi les visages des auteurs occidentaux dont j'ai vu les portraits, le plus beau est celui de G. K. Chesterton. Il y a un assemblage si diabolique de moustaches, de lunettes, de sourcils et de rides, à l'endroit où les sourcils se rencontrent ! On sent qu'il y a un grand nombre d'idées jouant derrière ce front, prêtes à jaillir de ses yeux railleusement pénétrants. C'est ce que Huang aurait appelé un visage magnifique, un visage qui n'est pas fait par la poudre et le rouge, mais par la force vive de la pensée. Quant à la saveur de la parole, elle dépend de la manière de lire. Si un lecteur trouve de la saveur dans les livres, il en montrera dans sa conversation et s'il a de la saveur dans sa conversation, il ne pourra pas s'empêcher d'en avoir dans ses écrits.

C'est pourquoi je considère la saveur ou le goût comme la clef de toutes les lectures. Le goût est nécessairement sélectif et individuel, comme dans le choix d'un mets. La façon la plus hygiénique de manger, après tout, est de manger ce qu'on aime, car on est ainsi sûr de sa digestion. Pour lire, comme pour manger, ce qui est de la viande pour l'un est du poison pour un autre. Un professeur ne doit pas obliger ses élèves à aimer ce qu'il aime et les parents ne doivent pas attendre de leurs enfants qu'ils aient les mêmes goûts qu'eux. Si un lecteur n'aime pas ce qu'il lit, il perd son temps. Comme disait Yuan Hongdao : « Vous pouvez abandonner les livres que vous n'aimez pas et les laisser à d'autres gens. »

Il n'y a donc pas de livres qui doivent absolument être lus. Car notre intérêt intellectuel croît comme un arbre ou coule comme une rivière. Tant qu'il a de la sève l'arbre croît de toute façon et tant que la source jaillit, l'eau coule. Quand l'eau rencontre une falaise de granit, elle la contourne ; quand elle se trouve dans une vallée agréable, elle s'y attarde et fait des méandres ; quand elle se trouve dans un lac de montagne profond, elle se contente d'y rester ; et quand elle se trouve dans des rapides elle fuit. Ainsi, sans effort et sans but précis, elle est certaine d'atteindre un jour la mer. Il n'y a pas de livres en ce monde que chacun devrait lire, il n'y a que des livres qu'une personne devrait lire à un certain moment, dans un certain endroit, dans des circonstances données et à une certaine époque de sa vie. Je crois assez que la lecture, comme le mariage, est déterminée par le destin. Même s'il y a certains livres que chacun devrait avoir lus, comme la Bible, il y a un temps pour le faire. Quand la pensée et l'expérience n'ont pas atteint un certain point, un chef-d'œuvre ne laissera qu'un mauvais goût dans la bouche. Confucius disait : « Quand on a cinquante ans, on peut lire le *Livre des Mutations** », ce qui signifie qu'on ne devrait pas le lire à quarante-cinq ans. La saveur extrêmement douce des paroles de Confucius et sa sagesse mûrie ne peuvent pas être appréciées tant que l'on n'est pas mûr soi-même.

La lecture est donc un acte qui comporte deux parties, l'auteur et le lecteur. Le gain provient autant de la contribution du premier que de celle du second. Parlant des *Entretiens* de Confucius, le confucianiste Cheng Yi* disait : « Il y a lecteurs et lecteurs. Certains lisent les *Entretiens* et sentent qu'il n'est rien arrivé, certains sont frappés par une ou deux lignes, et certains commencent d'agiter leurs mains et de danser inconsciemment sur leurs jambes. »

Je considère la découverte d'un auteur favori comme l'événement le plus décisif du développement intellectuel. Il y a une affinité des esprits, et parmi les auteurs anciens ou modernes, on peut essayer d'en trouver un dont l'esprit soit proche du nôtre. C'est la seule manière de retirer un bien véritable de la lecture. On doit être indépendant et découvrir ses maîtres. C'est comme le coup de foudre. On ne peut dire au lecteur d'aimer tel ou tel, mais lorsqu'il a trouvé l'auteur qu'il aime, il le sait par une sorte d'instinct. Il y a des cas célèbres de découvertes d'auteurs. Des lettrés peuvent avoir vécu à des époques différentes, séparées par des siècles, et cependant, leur mode de penser et de sentir était si semblable que leur rencontre à travers les pages d'un livre a été comme celle d'une personne découvrant sa propre image. Dans la phraséologie chinoise, nous parlons de ces parentés d'esprits comme des réincarnations d'une même âme, ainsi Su Dongpo passait pour être la réincarnation de Zhuangzi ou de Tao Yuanming. Su Dongpo disait que lorsqu'il avait lu Zhuangzi pour la première fois, il lui avait semblé que tout le temps depuis son enfance, il avait pensé les mêmes choses. George Eliot* décrit sa première lecture de Rousseau comme un choc électrique. Nietzsche ressentit la même chose avec Schopenhauer*, mais Schopenhauer étant un maître maussade, et Nietzsche un élève violent, il était naturel que plus tard l'élève se rebelle contre le maître. Comme un homme qui est amoureux trouve tout parfait dans sa maîtresse, ainsi le lecteur trouve tout parfait dans l'auteur qu'il aime : son style, son goût, son point de vue, sa manière de penser. Il s'emploie à dévorer chaque mot et parce qu'il y a une affinité spirituelle, il absorbe et digère tout. L'auteur lui a jeté un sort, il est heureux de s'y soumettre et imite la voix, la façon de sourire et de parler de son idole. Après quelques années, le charme est épuisé, il est quelque peu fatigué de son amour et en cherche d'autres. Il y a de nombreux lecteurs qui ne tombent jamais amoureux, comme beaucoup de jeunes gens et de jeunes femmes qui flirtent et sont incapables d'un attachement profond. Ils peuvent lire tous les auteurs, mais n'arrivent jamais à rien.

Une telle conception exclut complètement l'idée de la lecture comme devoir ou comme obligation. En Chine, on encourage souvent les étudiants à étudier « avec acharnement ». Il y avait un savant célèbre qui étudiait ainsi et qui enfonçait une alène dans son mollet quand il s'endormait la nuit en travaillant. Un autre avait une servante chargée de le réveiller chaque fois qu'il s'assoupissait. Cela n'avait pas de sens. Si l'on a un livre devant soi et que l'on s'endorme alors qu'un auteur plein de sagesse vous parle, il vaut mieux aller se coucher.

Les lettrés de quelque valeur n'ont jamais connu ce qu'on appelle « le travail forcé », ni ce que signifie « travailler avec acharnement ». Simplement ils aiment les livres et lisent parce qu'ils ne peuvent pas faire autrement.

Cette question résolue, se pose alors celle du moment et de l'endroit propice à la lecture. Il n'y en a pas. Quand l'envie vous en prend, on peut lire n'importe où. Celui qui connaît le plaisir de la lecture lira dans une école, ou en dehors d'elle, et en dépit de toutes les écoles. Il peut étudier, même dans les meilleures. Zeng Guofan, dans une de ses lettres familières, répondait à son jeune frère qui exprimait le désir d'aller dans la capitale et d'étudier dans une meilleure école : « Si quelqu'un a le désir d'étudier, il peut le faire dans une école de campagne, ou même dans un désert ou dans une rue animée et même comme bûcheron ou comme porcher. Mais s'il n'a pas le désir d'étudier, alors non seulement une école de campagne n'est pas propre à l'étude, mais même une maison de campagne tranquille, ou une île. »

Quel est donc le véritable art de lire ? La réponse est simple : il n'y a qu'à prendre un livre et à l'ouvrir, quand l'envie vous en prend. Pour être vraiment goûtée, la lecture doit être entièrement spontanée. On prend un extrait du *Lisao** de Qu Yuan ou un mince volume d'Omar Khayyam, et l'on s'en va au bord de la rivière. Si l'on a de beaux nuages au-dessus de sa tête, on peut les regarder et oublier les livres et contempler les nuages en même temps. Une bonne pipe ou une tasse de thé rendent le plaisir encore plus parfait.

Ou peut-être par une nuit de neige, quand on est assis devant le feu et qu'une marmite chante dans l'âtre et que l'on a une solide provision de tabac, on rassemble dix ou douze volumes sur différents sujets, on les feuillette négligemment et l'on choisit celui qui plaît sur le moment. Jin Shengtan considère la lecture d'un livre interdit, derrière des portes closes, par une nuit de neige, comme un des plus grands plaisirs de la vie.

IV. L'ART D'ÉCRIRE

L'art d'écrire est beaucoup plus vaste que le simple art d'écrire, ou technique. En fait, il serait utile de dissiper, chez un commençant qui aspire à écrire, toute préoccupation de technique, de lui dire de ne pas s'attarder à ces matières superficielles et de descendre dans les profondeurs de son âme en vue de développer une personnalité littéraire originale, ce qui constitue le fondement de toute profession d'écrivain. Quand la base est bien posée et qu'une personnalité originale a été développée, le style en est la conséquence naturelle et les petits points de technique se résoudront d'eux-mêmes. Cela n'a réellement pas d'importance qu'il ne soit pas très clair sur quelques points de rhétorique ou grammaire, pourvu qu'il ait quelque chose à dire.

Il y a toujours dans les maisons d'édition des lecteurs professionnels, dont le travail est de corriger les virgules et les points-virgules. D'autre part, aucun vernis grammatical ou littéraire ne peut faire d'un homme un écrivain, s'il a négligé de cultiver sa personnalité. Comme le dit Buffon* : « Le style c'est l'homme. » Le style n'est pas une méthode, un système, ou même un élément décoratif, mais l'impression totale que le lecteur ressent de la qualité d'esprit d'un écrivain, de sa profondeur ou de sa superficialité, de sa perspicacité ou de son manque de pénétration, de ses autres qualités et de son attitude générale envers les choses. Il est clair qu'il ne peut y avoir de manuel pour apprendre la « technique de l'humour », ou un « cours de bonté cynique », ou « quinze règles de sens pratique », ou onze « de délicatesse de sentiments ».

Il faut voir plus profond et dès qu'on le fait, on s'aperçoit que le problème englobe toute la question de la littérature, de la pensée, du sentiment, de la lecture et de l'écriture.

Dans la campagne que j'ai menée en Chine pour la restauration de l'Ecole expressionniste dans le sens de l'expression du moi et pour le développement dans la prose d'un style plus vivant et plus personnel, je me suis vu obligé d'écrire de nombreux essais sur la littérature en général et sur l'art d'écrire en particulier. J'ai tenté aussi de composer une série d'épigrammes littéraires sous le titre général de *Cendres de cigares*. En voici quelques-unes :

Technique et personnalité

Les professeurs de composition parlent de littérature comme les charpentiers parlent d'art. Les critiques analysent une composition littéraire à l'aide de la technique, comme les ingénieurs mesurent la hauteur et la structure du mont Taishan* à l'aide de compas.

Pour écrire, il n'existe pas de technique. Tous les écrivains chinois qui, à mon avis, valent quelque chose, en ont rejeté le principe.

La technique est à la littérature ce que les dogmes sont à l'église: la préoccupation de choses insignifiantes par des esprits insignifiants.

Un débutant est généralement aveuglé par les discussions techniques: la technique du roman, du drame, de la musique et du jeu théâtral. Il ne réalise pas que celle-ci n'a rien à voir avec la naissance d'un auteur, pas plus que celle du jeu avec l'apparition d'un grand acteur. Il ne se doute même pas qu'il existe une chose comme la personnalité, qui est le fondement de tout succès en art et en littérature.

L'appréciation de la littérature

Lorsque quelqu'un a lu beaucoup de bons auteurs et qu'il a senti que l'un d'eux décrit les choses avec beaucoup de vie, qu'un second fait preuve d'une grande délicatesse, qu'un troisième exprime délicieusement les choses, qu'un quatrième a un charme indescriptible, que les écrits d'un cinquième sont comme un bon whisky, ceux d'un sixième, comme un vin parfait, il ne doit pas avoir peur de dire qu'il les aime et les apprécie, si son appréciation est sincère. Après une telle expérience, il a la base nécessaire pour savoir ce que sont la douceur, le moelleux, la force, la puissance, l'éclat, l'acuité, la délicatesse et le charme. Lorsqu'il a goûté toutes ces saveurs, il sait ce qu'est la bonne littérature sans avoir lu un seul manuel.

La première règle pour un étudiant en littérature est d'apprendre à distinguer différentes saveurs. La meilleure est la douceur et le moelleux, mais c'est la plus difficile à obtenir pour un écrivain. Entre la douceur et la simple platitude, il n'y a qu'une marge étroite.

Un écrivain dont les pensées manquent de profondeur et d'originalité, peut essayer d'écrire dans un style simple, mais il finit par devenir insipide. Seul le poisson frais peut être cuit dans son propre jus ; le poisson avancé doit être assaisonné avec de l'anchois, du poivre et de la moutarde, et plus il y en a, mieux cela vaut.

Un bon écrivain est comme la sœur de Yang Guifei, qui pouvait se présenter devant l'empereur lui-même, sans poudre et sans rouge. Toutes les autres beautés du palais étaient obligées d'en mettre. C'est la raison pour laquelle si peu d'écrivains osent écrire une langue simple.

Style et pensée

Un texte est bon ou mauvais selon qu'il a du charme et de la saveur ou qu'il en manque. Quant à ce charme, il n'y a pas de règles pour l'obtenir. Il se dégage d'un écrit comme la fumée monte d'une pipe, ou un nuage, de derrière une colline, on ne sait pas d'où il vient. Le meilleur style est celui « des nuages qui passent et des eaux qui coulent », comme la prose de Su Dongpo.

Le style est un composé de la langue, de la pensée et de la personnalité. Certains styles ne sont faits que de la langue.

Il est très rare que l'on trouve des pensées claires revêtues d'une langue obscure. On trouve plus souvent des pensées obscures exprimées clairement. Un tel style est clairement obscur.

Exprimer des pensées claires dans une langue obscure, c'est le fait d'un célibataire endurci. Il n'a jamais rien eu à exprimer à une femme. Exemple, Emmanuel Kant*. Même Samuel Butler* devient souvent ainsi risible.

Le style d'un homme est toujours coloré par celui de l'auteur qu'il aime. Il lui ressemble de plus en plus dans ses manières de penser et ses moyens d'expression. C'est la seule manière, pour un débutant, de développer son style. Plus tard, on trouve son vrai style en découvrant son propre moi.

On n'apprend rien d'un livre dont on hait l'auteur. Les professeurs devraient avoir ce fait toujours présent à l'esprit.

Le caractère d'un homme est partiellement inné, de même que son style. Le reste n'est que de la contamination.

Un homme sans un auteur favori est une âme perdue. Il est comme un pistil qui n'est pas fertilisé. Un auteur favori, ou un amour littéraire est le pollen d'une âme.

Il existe pour tout homme un auteur favori dans le monde, mais il ne s'est pas donné la peine de le trouver.

Un livre est comme un tableau de la vie ou d'une ville. Il y a des lecteurs qui regardent les tableaux de New York ou de Paris, mais qui n'ont jamais vu New York ou Paris. L'homme sage lit à la fois les livres et la vie. L'univers est un grand livre, et la vie une grande école.

Un bon lecteur retourne l'intérieur d'un auteur, comme un mendiant sa veste pour y chercher des puces.

Certains auteurs provoquent constamment leurs lecteurs, comme une veste de mendiant pleine de puces. Une démangeaison est une grande chose.

Wang Chong* (27-100) distinguait entre les spécialistes et les savants, entre les écrivains et les penseurs. Je crois qu'un spécialiste devient un savant quand sa science s'élargit et un écrivain, un penseur, quand sa sagesse s'approfondit.

Un savant est comme un corbeau qui nourrit ses petits avec ce qu'il a mâché dans son bec, un penseur est comme un ver à soie, qui ne donne pas des feuilles de mûrier, mais de la soie.

La plume s'aiguise par la pratique comme une alêne de cordonnier. Mais les idées s'arrondissent de plus en plus comme la vue quand on s'élève sur une montagne.

L'Ecole expressionniste

L'Ecole du Xingling*, fondée par les trois frères Yuan à la fin du XVIe siècle, ou Ecole Gong'an (Gong'an étant le lieu de naissance des trois frères), est une école d'expression du moi. *Xing* signifie la « nature personnelle » et *ling*, l'âme ou l'esprit vital.

Ecrire est donc l'expression de sa propre nature et le jeu de son esprit vital. Le prétendu *divine afflatus* n'est que le flot de cet esprit vital et se trouve provoqué en fait par un afflux d'hormones dans le sang.

En regardant un vieux maître, ou en lisant un auteur ancien, nous ne faisons que regarder le flot de son esprit vital. Parfois, quand ce flot d'énergie se dessèche ou que l'esprit du lecteur est fatigué, même les meilleurs écrivains manquent d'esprit ou de vitalité.

Le « moi », ou personnalité, consiste en un assemblage de membres, de muscles, de nerfs, de raison, de sentiments, de culture, de pénétration, d'expérience et de préjugés. Il résulte en partie de la nature et en partie de la culture, il est partiellement acquis. La nature d'un homme est déterminée au moment de sa naissance, ou même avant. Certains sont naturellement durs et grossiers, d'autres naturellement francs et chevaleresques. Ces choses sont dans « la moelle des os » et le meilleur professeur ou les parents les plus sages n'y peuvent rien changer. D'autres qualités sont acquises après la naissance par l'éducation et l'expérience, mais comme les pensées, les idées et les sentiments proviennent des sources les plus diverses, ils présentent la plus étonnante diversité. C'est pourquoi l'étude des différents types de personnalités humaines est la plus compliquée de toutes les sciences.

L'Ecole expressionniste demande que nous n'exprimions en écrivant que nos pensées, nos sentiments, nos amours et nos haines sincères, nos peurs et nos manies véritables. Cela se fera sans essayer de cacher ce qu'on peut avoir de bon ou de mauvais, sans peur de paraître ridicule aux yeux du monde, et sans crainte de contredire les anciens sages et les autorités contemporaines.

Dans son amour des sentiments sincères, l'Ecole expressionniste a un mépris naturel pour l'ornementation du style. Elle accepte l'axiome de Mencius selon lequel « le seul but de la littérature est la force d'expression ». La beauté littéraire n'est que la force d'expression.

La littérature orthodoxe chinoise ne tendait qu'à exprimer l'esprit des sages et non pas celui des auteurs, c'est pourquoi elle était morte ; l'Ecole du Xingling tend à exprimer l'esprit des auteurs et non pas celui des sages, c'est pourquoi elle est vivante.

La littérature sincère n'est pas autre chose qu'un sentiment d'émerveillement devant l'univers et la vie.

Celui qui garde sa vision saine et claire aura toujours ce sentiment d'étonnement ; il n'a donc pas besoin de forcer la vérité pour qu'elle paraisse merveilleuse. Les idées et les conceptions des écrivains de cette école ne paraissent si nouvelles et si étranges que parce que les lecteurs sont habitués à fausser leur vision.

Tous les écrivains de l'Ecole expressionniste sont contre l'imitation des anciens ou des modernes, et contre les règles de la technique littéraire. Les frères Yuan croyaient « en laissant aller leur bouche et leur poignet, obtenir naturellement de belles formes » et tenaient que « la chose importante en littérature est la sincérité ». Li Yu pensait que « la chose importante est le charme et l'intérêt ». Yuan Mei estimait qu'« il n'y a pas de technique pour écrire ». Un ancien écrivain Song, Huang Tingjian, croyait que « les lignes et les formes se produisent accidentellement, comme les trous dans un bois mangé par les vers ».

Qu'est-ce que la beauté ?

La beauté en littérature et dans les choses dépend du changement et du mouvement, et trouve son fondement dans la vie. Ce qui vit est toujours doué de changement et de mouvement, et ce qui est doué de changement et de mouvement est naturellement beau. Comment pourrait-il y avoir des règles en littérature, quand nous voyons que les falaises des montagnes et les ravins et les torrents possèdent une beauté étrange et rude bien au-dessus de celle des canaux, et que cependant elles ont été formées sans les calculs d'un architecte ? Les constellations sont la littérature des cieux, les montagnes célèbres et les grands fleuves celle de la terre. Le vent souffle, les nuages changent, et nous avons le modèle d'un brocart ; il gèle, les feuilles tombent, et nous avons la couleur de l'automne.

Ainsi toutes les choses vivantes de l'univers ont leur beauté. Celle des sarments de vigne est plus grande que la calligraphie de Wang Xizhi et l'austérité d'une paroi de rochers, plus imposante que les pierres tombales de Zhang Menglong. C'est pourquoi nous savons que la beauté des choses découle de leur nature et que celles qui s'accomplissent selon leur nature se revêtent de beauté. C'est pourquoi la beauté des lignes et des formes est intrinsèque et non pas extrinsèque. Les sabots du cheval sont dessinés pour un galop rapide, les griffes du tigre pour fondre sur sa proie, les pattes de la grue pour marcher dans les marais, et celles de l'ours pour avancer sur la glace. Le cheval, le tigre, la grue ou l'ours ont-ils jamais pensé à la beauté de leurs lignes et de leurs proportions ? Ils se bornent à vivre et à adopter la position convenable pour se mouvoir. Mais de notre point de vue, nous voyons que les sabots du cheval, les griffes du tigre, les pattes de la grue et celles de l'ours ont une beauté frappante, soit dans la plénitude de leurs contours et leur suggestion de puissance, soit dans leur élégance et leur force, soit dans la pureté de leurs formes ou dans la rudesse de leurs attaches. Leur beauté découle de leurs postures et la forme de leurs corps est la résultante de leurs fonctions et cela est aussi le secret de la beauté en littérature. Quand le *shi*, ou souffle du mouvement, le requiert, il ne doit pas être réprimé, et quand il ne le requiert pas, il doit être arrêté. Un chef-d'œuvre littéraire est comme une extension de la nature elle-même, parfaitement formée dans son informité : son charme et sa beauté lui viennent par accident. Car cette chose que nous appelons *shi* est la beauté du mouvement et non pas la beauté d'une position statique. Tout ce qui vit et se meut a son *shi*, donc sa beauté, sa force, ou beauté des formes et des lignes.

Chapitre XIII

Les relations avec Dieu

I. LA RESTAURATION DE LA RELIGION

Tant de gens présument connaître Dieu et que Dieu les approuve ou les désapprouve, qu'il est impossible d'aborder ce sujet sans s'exposer à être traité de sacrilège par les uns, ou de prophète par les autres. Nous, créatures humaines qui, individuellement, sommes moins que la milliardième partie de la croûte terrestre, qui elle-même est moins que la milliardième partie de l'immense univers, nous supposons connaître Dieu !

Cependant, aucune philosophie n'est complète, aucune conception de la vie spirituelle de l'homme n'est juste, tant que nous n'avons pas trouvé des relations satisfaisantes et harmonieuses avec la vie de l'univers qui nous entoure. L'homme a suffisamment d'importance, il est le principal sujet de nos études ; c'est là l'essence de l'humanisme. Cependant l'homme vit dans un univers magnifique, tout aussi merveilleux que lui-même ; de celui qui ignore le monde, ses origines et son destin, on ne peut pas dire qu'il ait une vie véritablement satisfaisante.

La difficulté, avec la religion orthodoxe, est que dans son processus de développement historique, elle a été trouvée mêlée à de nombreuses activités strictement en dehors de son domaine moral : physique, géologie, astronomie, criminologie, conception du sexe et de la femme. Si elle s'était confinée dans son domaine, le travail de réorientation ne serait pas aujourd'hui si énorme. Il est plus facile de détruire une notion du « Ciel et de l'Enfer » à laquelle on tient, que de détruire l'idée de Dieu.

D'autre part, la science donne au chrétien moderne un sentiment nouveau et plus profond du mystère de l'univers, et une nouvelle conception de la matière en tant que convertible en énergie ; enfin, en ce qui concerne Dieu lui-même, selon les paroles de Sir James Jeans* : « L'univers semble plus près d'une grande pensée que d'une grande machine. » Les mathématiques elles-mêmes prouvent l'existence du mathématiquement incalculable. La religion devra se tenir à sa place, et au lieu de tant intervenir dans le domaine des sciences naturelles, reconnaître simplement que celles-ci ne sont pas de son ressort ; pas plus qu'elle ne fera dépendre la validité de l'expérience spirituelle de questions totalement insolubles, comme de savoir si l'âge de l'homme est de quatre mille ans ou d'un million, ou si la terre est plate, ronde, en forme de table démontable, portée sur le dos d'un éléphant hindou ou d'une tortue chinoise. La religion devrait se confiner, et se confinera, dans le domaine de la conscience morale, qui a une dignité comparable en tous sens à l'étude des fleurs, des poissons et des étoiles. Saint Paul accomplit la première opération chirurgicale, et, séparant la cuisine de la religion, lui en fit retirer un immense bénéfice. Elle gagnerait beaucoup à être séparée non seulement de la cuisine, mais aussi de la géologie, et de l'anatomie comparée. Que la religion se taise quand parlent les professeurs de biologie, elle en paraîtra infiniment moins ridicule, et gagnera incommensurablement en respect dans l'humanité.

Dans la religion, telle qu'elle peut être dans la vie moderne, chacun aura à se garder des églises. Il est toujours possible de faire sa soumission au Grand Esprit dans une atmosphère de rite et de respect ; alors qu'on s'agenouille en priant sans paroles et en contemplant les vitraux, en dépit de ce que l'on peut penser des dogmes de théologie. Dans ce sens, le respect devient une véritable expérience esthétique, assez semblable en fait à celle de contempler le soleil se couchant derrière une ligne d'arbres sur les montagnes. Pour un homme la religion est un fait de conscience, qui se rapproche beaucoup de la poésie.

Mais quel mépris l'homme aura pour les églises, telles qu'elles sont devenues. Car le Dieu qu'il vénère ne sera pas de ceux que l'on peut séduire par de petits présents journaliers. Il ne commandera pas au vent de souffler au nord quand il naviguera vers le nord, ni de souffler au sud quand il naviguera vers le sud. Remercier Dieu pour un vent favorable est une pure impudence, et aussi de l'égoïsme, car cela implique que Dieu ne doit pas aimer les gens qui naviguent vers le sud, lorsque lui, l'individu important, navigue vers le nord. Ce sera une communion des esprits, sans que l'une des parties essaye de demander une faveur à l'autre. Il ne sera pas capable de comprendre le sens des églises telles qu'elles sont. Il s'étonnera de l'étrange métamorphose que la religion a subie. Est-elle une glorification du statu quo par une sorte d'émotion mystique ? Ou bien un certain ensemble de vérités si mystifiées, si camouflées qu'elles permettent au clergé de vivre. La révélation a-t-elle avec la religion la même relation qu'un secret patenté avec certains charlatans avisés ? Ou la religion est-elle une jonglerie avec l'invisible et l'inconnaissable, parce que ceux-ci se prêtent particulièrement à la jonglerie ? Est-elle un moyen de conserver pur le sang aryen et nordique, ou une simple barrière contre le divorce et le contrôle des naissances, ou une manière de désigner tout réformateur social comme un « rouge » ou un « communiste » ? Le Christ a-t-il réellement reçu Tolstoï* dans ses bras dans une apothéose, après qu'il eut été excommunié par l'Eglise orthodoxe ? Ou Jésus se tient-il en dehors de la cathédrale de l'évêque Manning*, et fait-il signe aux enfants des riches en répétant sa douce requête : « Laissez venir à moi les petits enfants » ?

Nous restons donc avec le sentiment inconfortable, et cependant pour moi étrangement satisfaisant, qu'il ne nous reste de la religion qu'une vénération beaucoup plus simple de la beauté, de la grandeur, du mystère de la vie, et de ses responsabilités, mais dépourvue des vieilles et joyeuses certitudes que la théologie avait accumulées et déposées à sa surface. Sous cette forme, la religion est simple, et pour beaucoup d'hommes modernes, suffisante. La théocratie spirituelle du Moyen Age s'est définitivement éloignée; quant à l'immortalité personnelle, qui est le second des grands appels de la religion, beaucoup d'hommes aujourd'hui sont pleinement contents de n'être que morts, quand ils meurent.

Notre préoccupation d'immortalité a quelque chose de pathologique. Il est compréhensible que l'homme désire l'immortalité, mais sans l'influence du christianisme, ce sentiment n'aurait jamais attiré sur lui une telle part de notre attention. Au lieu d'être une belle pensée, une noble fantaisie, se tenant entre la fiction et les faits, c'est devenu une question mortellement sérieuse, et dans le cas des moines, la pensée de la mort, ou de ce qui la suit, est devenue la principale préoccupation de cette vie. En fait, beaucoup de gens qui ont plus de cinquante ans n'ont pas peur de la mort et pensent assez peu au ciel et à l'enfer. Nous les trouvons souvent plaisantant sur leurs épitaphes, et les mérites de la crémation. Et je ne pense pas seulement à ceux qui sont certains d'aller au ciel, mais aussi à beaucoup qui croient que, quand ils meurent, la vie s'éteint comme la lueur d'une chandelle. Beaucoup des meilleurs esprits de notre temps ont exprimé leur incroyance au sujet de l'immortalité personnelle, et ne s'en préoccupent pas du tout; mais il n'est pas nécessaire d'être un esprit de premier ordre pour vaincre cette peur de la mort. Beaucoup ont substitué à cette immortalité personnelle une immortalité d'une autre sorte, beaucoup plus convaincante: celle de l'œuvre et de la postérité. Il leur suffit que lorsqu'ils meurent, l'œuvre qu'ils laissent derrière eux continue d'exister et de jouer un rôle, si petit soit-il, dans la vie de la communauté. Nous pouvons cueillir une fleur et jeter ses pétales sur le sol, cependant son parfum subtil persiste dans l'air. C'est une sorte d'immortalité meilleure, plus raisonnable et moins égoïste. Dans ce sens très réel, nous pouvons dire que Louis Pasteur*, Luther Burbank* et Thomas Edison vivent toujours parmi nous. Qu'importe que leurs corps soient morts, puisque le « corps » n'est rien d'autre que la généralisation abstraite d'une combinaison toujours changeante de constituants chimiques ! L'homme commence à concevoir sa propre existence comme une goutte dans une rivière éternelle, et se trouve heureux de contribuer pour sa part au grand courant de la vie. S'il n'était qu'un peu moins égoïste, il en serait pleinement satisfait.

II. POURQUOI JE SUIS UN PAÏEN

La religion est toujours une chose individuelle, personnelle. Tout homme peut avoir sur elle ses propres vues, s'il est sincère, Dieu ne le blâmera pas, quoi qu'il ait pensé. L'expérience religieuse de chacun est valable pour lui-même, car, comme je l'ai dit, ce n'est pas une chose qui puisse être démontrée. Mais l'histoire d'une âme honnête, en lutte avec les problèmes religieux, et racontée d'une manière sincère, sera toujours de quelques profits pour les autres. C'est pourquoi il me faut abandonner les généralités et exposer mon propre cas.

Je suis un païen. La constatation peut paraître impliquer une révolte contre le christianisme ; et cependant révolte est un mot bien dur pour décrire l'état d'esprit d'un homme qui s'en est éloigné pas à pas, par une très lente évolution, durant laquelle il s'est accroché désespérément, avec amour et piété à ce qui, contre sa volonté, glissait loin de lui. Parce qu'il n'y a jamais eu aucune haine, il est donc impossible de parler de rébellion.

Comme j'étais né dans une famille de pasteurs et que j'avais suivi un moment la préparation au ministère chrétien, durant tout ce combat, mes émotions naturelles étaient plutôt du côté de la religion que contre elle. Dans ce conflit d'émotions et d'idées, je suis graduellement parvenu à une position dans laquelle j'ai, par exemple, définitivement renoncé à la doctrine de la rédemption, position qui peut être décrite de la manière la plus simple comme celle d'un païen. C'était et c'est encore un ensemble de croyances dans lequel je me sens naturellement à l'aise, sans avoir à lutter contre moi-même. Le processus s'est accompli aussi naturellement que le sevrage d'un enfant ou la chute d'une pomme mûre sur le sol ; et quand le temps fut venu pour la pomme de tomber, je n'ai pas voulu empêcher sa chute. En langage taoïste, ce n'est que vivre selon le Dao, et en langage occidental, ce n'est qu'être sincère envers soi-même et envers l'univers, selon ses propres lumières. Je crois que personne ne peut être naturel et heureux sans être intellectuellement sincère avec lui-même, et être naturel, c'est être dans le ciel. Pour moi, être un païen, c'est simplement être naturel.

« Etre un païen » n'est rien de plus qu'une phrase, comme « être un chrétien ». Ce n'est qu'une constatation négative qui, pour le lecteur moyen, signifie simplement ne pas être un chrétien, et puisque « être un chrétien » est un terme très large et très ambigu, le contraire est également mal défini. C'est encore pire, lorsque l'on définit un païen comme quelqu'un qui ne croit ni à la religion, ni à Dieu, car il faut alors préciser ce que l'on entend par Dieu, et par « l'attitude religieuse envers la vie ». Les grands païens ont toujours eu une attitude profondément respectueuse envers la nature. Pourquoi donc prendre le mot dans son sens conventionnel et lui faire signifier un homme qui ne va pas à l'église (sauf sous une inspiration esthétique, dont je suis encore capable), qui ne fait pas partie du troupeau des chrétiens, et ne croit pas à ses dogmes.

Sous l'angle positif, un païen chinois, la seule espèce dont je puisse parler avec quelque intimité, est celui qui considère cette vie terrestre comme tout ce dont nous pouvons nous inquiéter, qui désire vivre intensément et joyeusement tant qu'elle dure, qui a souvent le sentiment de sa tristesse poignante et le supporte joyeusement, qui a un sens très vif de la beauté et de la bonté, et considère que faire le bien est sa propre récompense. J'admets cependant qu'il éprouve un peu de pitié ou de mépris pour l'homme religieux qui ne fait le bien que pour gagner le ciel, et qui, par conséquent, ne le ferait pas s'il n'était attiré par le ciel ou effrayé par l'enfer. Si cet exposé est juste, je crois qu'il y a dans ce pays beaucoup plus de païens que de gens qui aient conscience de l'être. Les chrétiens libéraux modernes et les païens sont réellement très proches, et ne diffèrent que lorsqu'ils parlent de Dieu.

Je pense que je connais les profondeurs de l'expérience religieuse, car je crois que l'on peut avoir cette expérience sans être un grand théologien, comme le cardinal Newman* ; sinon le christianisme n'aurait pas de valeur, ou aurait été horriblement mal interprété. Telle que je la considère maintenant, la différence de vie spirituelle entre un croyant chrétien et un païen est simplement celle-ci : le chrétien vit dans un monde gouverné par Dieu avec lequel il est en constantes relations personnelles, donc dans un monde présidé par un père plein de bonté ; sa conduite est souvent élevée, à un niveau digne de sa conscience d'être un enfant de Dieu ; un niveau qu'il est difficile pour un être humain de maintenir durant toutes les périodes de la vie, ou durant une semaine, ou même un jour ; sa vie oscille entre le niveau humain et le niveau vraiment religieux.

De l'autre côté, le païen vit dans ce monde comme un orphelin, sans ce sentiment consolant qu'il y a toujours quelqu'un dans le ciel qui se soucie de lui, et qui, dès que cette relation spirituelle appelée prière est établie, s'occupera de son bien-être personnel. C'est sans doute un monde moins gai, mais il y a le bénéfice et la dignité d'être un orphelin qui a appris à être indépendant par nécessité, à prendre soin de lui-même, et à être plus mûr, comme le sont tous les orphelins. C'était ce sentiment de plonger dans un univers sans l'amour de

Dieu, plutôt qu'une croyance intellectuelle, qui réellement m'effraya jusqu'à l'ultime moment de ma conversion au paganisme ; je sentais, comme beaucoup d'êtres nés chrétiens, que si un dieu personnel n'existait pas le monde s'effondrerait.

Et cependant un païen peut parvenir à un état où il considère ce monde comme peut-être plus chaud et plus gai et en même temps comme plus enfantin, je serais tenté de dire plus adolescent ; comme utile et exploitable, s'il garde son illusion, mais ni plus ni moins justifiable qu'une manière de vie vraiment bouddhiste ; ce sera aussi un monde plus magnifiquement coloré, mais par conséquent moins solidement vrai et donc moins valable. Pour moi, personnellement, le soupçon que quelque chose de coloré n'est pas solidement vrai est fatal. Il faut payer pour avoir la vérité, acceptons-le, quelles qu'en soient les conséquences. Cette position est comparable, et psychologiquement semblable, à celle d'un meurtrier : si l'on a commis un meurtre, ce qu'on peut ensuite faire de mieux c'est de l'avouer. C'est pourquoi je dis qu'il faut un certain courage pour devenir un païen. Mais, après que l'on a accepté le pire, on perd toute crainte et l'on trouve la paix de l'âme. (Je vois là l'influence de la pensée bouddhiste ou taoïste.)

Je devrais aussi montrer la différence entre un monde chrétien et un monde païen de la manière suivante : le païen en moi renonça au christianisme en dehors de l'orgueil et de l'humilité, de l'orgueil émotionnel et de l'humilité intellectuelle, mais peut-être dans l'ensemble, moins en dehors de l'orgueil que de l'humilité. En dehors de l'orgueil, parce que je haïssais l'idée qu'il pouvait y avoir à notre comportement d'hommes et de femmes décents, d'autres raisons que le simple fait que nous étions des êtres humains ; théoriquement, si vous désirez des classifications, vous pouvez considérer cela comme une pensée typiquement humaniste. Mais plus encore en dehors de l'humilité intellectuelle, simplement parce que, avec nos connaissances astronomiques, je ne pouvais pas croire plus longtemps qu'un être humain soit si terriblement important aux yeux de ce Grand Créateur, étant donné ce qu'est un individu : un point infinitésimal sur cette terre, qui est un point infinitésimal dans le système solaire, qui est à son tour un point infinitésimal dans l'univers des systèmes solaires. L'audace de l'homme, et sa présomptueuse arrogance, étaient ce qui me confondait. Quel droit avons-nous de concevoir un être suprême dont l'œuvre que nous connaissons n'en est qu'une infime partie, et de lui donner des attributs ?

L'importance de l'individu est sans doute un des dogmes fondamentaux du christianisme. Mais voyons à quelle ridicule arrogance cela conduit dans la pratique habituelle de la vie chrétienne.

Quatre jours avant les funérailles de ma mère, la pluie se mit à tomber à torrent : si elle devait continuer comme cela se produisait habituellement à Changzhou, la ville serait inondée et il ne pourrait pas y avoir de funérailles. Beaucoup d'entre nous venaient de Shanghai, l'ajournement aurait entraîné certains inconvénients. Une de mes parentes – un exemple plutôt extrême, mais qui n'est pas rare parmi les chrétiens de la Chine – me dit qu'elle avait confiance en Dieu qui pourvoyait toujours aux besoins de ses enfants. Elle pria et la pluie s'arrêta, apparemment pour qu'une petite famille de chrétiens pût assister sans délai aux funérailles. Mais l'idée implicite que sans nous, Dieu aurait soumis les dizaines de milliers d'habitants de Changzhou à une inondation dévastatrice, comme c'était souvent le cas, ou qu'il n'avait pas arrêté la pluie pour eux, mais parce que nous désirions des funérailles sans pluie, me frappa comme un type incroyable d'égoïsme. Je ne puis imaginer Dieu pourvoyant des enfants si égoïstes.

Il y avait aussi un pasteur chrétien qui écrivit l'histoire de sa vie pour glorifier Dieu, en montrant de nombreuses interventions de la main du Seigneur. Une des preuves citées était que lorsqu'il eut réuni six cents dollars d'argent pour payer son passage jusqu'en Amérique, Dieu fit baisser le taux du change le jour où cet individu si important acheta son billet. La différence de taux pour six cents dollars pouvait avoir été, au plus, de dix ou vingt dollars, et Dieu avait voulu secouer les Bourses de Londres, de New York et de Paris pour que ce curieux personnage pût économiser dix ou vingt dollars. Souvenons-nous que cette manière de glorifier Dieu n'est pas rare dans certaine partie de la chrétienté.

Oh, l'impudence et la suffisance de l'homme dont la durée de vie est de soixante-dix ans. L'humanité, comme ensemble, peut avoir une signification historique, mais l'homme comme individu, selon les paroles de Su Dongpo, n'est rien de plus qu'un grain de millet dans un océan, ou un éphémère né à l'aube et qui meurt au crépuscule, comparé à l'univers. Le chrétien ne sera pas humble. Il ne sera pas satisfait de l'immortalité collective de ce grand courant de vie dont il fait partie, et qui coule vers l'éternité, comme un fleuve puissant qui se déverse dans la mer, qui change et cependant ne change pas. Le vase d'argile demandera au potier : « Pourquoi m'avez-vous donné cette forme, et pourquoi m'avez-vous fait si fragile ? » Le vase d'argile n'est pas content de ne pouvoir laisser que quelques petits vases du même genre lorsqu'il se brise. L'homme n'est pas satisfait d'avoir reçu ce corps merveilleux, ce corps presque divin. Il veut vivre toujours. Et il ne laissera pas Dieu en paix. Il dira ses prières, et il les dira chaque jour pour obtenir des petits présents de la Source de Toute Chose. Pourquoi ne peut-il pas laisser Dieu tranquille ?

Il y avait une fois un lettré chinois qui ne croyait pas au bouddhisme, et dont la mère mourut. Elle était pieuse et désirait acquérir des mérites pour elle-même en murmurant *« Namu Omitabha »* des milliers de fois par jour. Mais chaque fois qu'elle se mettait à invoquer le nom de Bouddha, son fils l'appelait : « Maman ! » La mère commença à être ennuyée. « Eh bien, dit le fils, ne croyez-vous pas que Bouddha serait également ennuyé, s'il pouvait vous entendre ? »

Mon père et ma mère étaient de pieux chrétiens. Il suffisait pour s'en convaincre d'entendre mon père dire la prière du soir en famille. Comme fils de pasteur j'ai bénéficié des facilités de l'éducation missionnaire, j'ai profité de ses avantages et souffert de ses faiblesses. Des avantages j'ai toujours été reconnaissant, et des faiblesses j'ai tiré ma force. Car, selon la philosophie chinoise, il n'y a rien de tel dans la vie que la bonne et la mauvaise chance.

On me défendait d'assister au théâtre chinois, d'écouter les chanteurs chinois, et j'étais entièrement coupé de la grande tradition et de la mythologie de la Chine. Lorsque j'entrai au collège missionnaire, les éléments de chinois classique donnés par mon père furent entièrement négligés. C'était peut-être tout aussi bien, car plus tard, après une éducation entièrement occidentale, je pus y revenir avec la fraîcheur et le plaisir d'un enfant de l'Ouest qui découvre les merveilles de l'Orient.

La pensée fut toujours dangereuse. Bien plus, elle fut toujours l'alliée du démon. Durant mon adolescence qui, comme d'habitude, fut ma période la plus religieuse, le conflit entre un cœur qui ressentait les beautés de la vie chrétienne, et une tête qui avait tendance à raisonner de tout, éclata. Assez curieusement, je ne me souviens d'aucun moment de tourment ou de désespoir, dans le genre de ceux qui conduisirent Tolstoï presque au suicide. A chaque étape, je me sentais un chrétien unifié, en harmonie avec ma croyance, seulement un peu plus libéral que les autres et acceptant moins de dogmes. D'ailleurs je pouvais toujours revenir au Sermon sur la Montagne. La poésie de phrases comme « Considérez les lys des champs » était trop belle pour ne pas être vraie. C'était cela, et la conscience d'une vie intérieure chrétienne, qui me donnaient de la force. Mais les doctrines s'enfuyaient d'une manière terrible. Des choses superficielles commencèrent à m'ennuyer. La « Résurrection de la chair », depuis longtemps réfutée par le fait que la seconde venue du Christ au Ier siècle ne s'était pas produite, et que les corps des Apôtres étaient restés dans leurs tombes, se trouvait encore dans le Symbole des Apôtres. C'était une de ces choses.

Ensuite j'entrai dans la classe de théologie et pénétrai dans le saint des saints ; j'y appris qu'un autre article du credo, la naissance de la Vierge, était une question ouverte et que les doyens des différents séminaires américains de théologie y apportaient des solutions diverses. Cela m'exaspérait que les croyants chinois dussent admettre catégoriquement cet article avant de pouvoir être baptisés, alors que les théologiens de la même Eglise le considéraient comme une question discutable. Cela ne me paraissait pas sincère, et de toute manière ce n'était pas juste.

Les études ultérieures et les commentaires savants sur des matières insignifiantes me déchargèrent de prendre au sérieux une telle conception de la théologie, et je fus pitoyable à mes examens. Mes professeurs jugèrent que je n'étais pas fait pour le ministère chrétien, et l'évêque pensa qu'il valait mieux que j'abandonne. Ils ne voulaient pas gaspiller leur instruction pour moi. Cela me paraît encore maintenant une grâce déguisée. Si j'avais continué et pris l'habit clérical, je doute que plus tard j'aurais pu si facilement rester honnête envers moi-même. Mais ce sentiment de rébellion contre la divergence des croyances exigées des théologiens et de l'ensemble des convertis, a été ce que j'ai éprouvé de plus proche du sentiment appelé « révolte ». A cette époque, j'avais déjà atteint le stade d'où je considérais les théologiens comme les plus grands ennemis de la religion chrétienne. Je n'ai jamais pu surmonter deux grandes contradictions. Les théologiens font dépendre toute la structure de la croyance chrétienne de l'existence d'une pomme. Si Adam n'avait pas mangé une pomme, il n'y aurait pas eu de péché originel, et s'il n'y avait pas eu de péché originel, il n'y aurait pas eu besoin de rédemption. C'était évident pour moi, quelle que fût par ailleurs la valeur symbolique de la pomme. Cela me paraissait absurdement déloyal envers les enseignements du Christ qui n'a jamais dit un mot du péché originel ou de la rédemption. D'ailleurs, comme beaucoup d'hommes modernes, je n'ai aucune conscience du péché, simplement je n'y crois pas. Tout ce que je sais, c'est que si Dieu m'aimait seulement la moitié autant que ma mère, il ne m'enverrait pas en enfer. Telle est l'expression définitive de ma conscience intime, et pour aucune religion, je ne pourrais en nier la vérité.

Une autre proposition me semblait encore plus absurde. Lorsqu'Adam et Eve eurent mangé une pomme durant leur lune de miel, Dieu fut si fâché qu'il condamna leur postérité à souffrir de génération en génération pour cette petite offense ; mais lorsque la même postérité assassina le fils unique du même Dieu, il fut si content qu'à tous il leur pardonna. Quels que soient les arguments et les explications des gens, je ne puis me remettre de ce simple mensonge. Ce fut la dernière des choses qui me troublèrent.

Cependant, même après mon examen, j'étais un chrétien zélé, et je dirigeais volontairement une classe du dimanche à Qinghua, un collège non chrétien de Pékin, à la consternation de plusieurs membres de la faculté. La classe de Noël fut une torture pour moi, car là je racontais aux enfants chinois l'histoire des anges chantant dans le clair de lune, alors que je n'y croyais pas. Tout avait déjà été décidé, seuls l'amour et la crainte restaient : une sorte d'amour pour un Dieu très sage qui me donnait la joie et la paix, et je suspecte que je n'aurais pas été si joyeux et si tranquille sans cet amour rassurant, et la peur d'entrer dans un monde d'orphelins.

Finalement, je fus sauvé. Je discutais avec un collègue : « Mais s'il n'y avait pas de Dieu, les gens ne feraient pas le bien, et le monde serait sens dessus dessous.

— Pourquoi ? répliqua mon collègue confucianiste. Nous devons mener une vie décente, simplement parce que nous sommes des êtres humains décents. »

Cet appel à la dignité de la vie humaine coupa mes derniers liens avec le christianisme, et dès lors j'étais un païen.

Tout est si clair pour moi maintenant. Le monde païen est un monde plus simple. Il ne postule rien, et n'est obligé de rien postuler. Il semble rendre la bonne vie plus immédiatement attirante par son seul appel. Il justifie mieux le bien que l'on fait en ne rendant pas nécessaire de le faire pour se justifier. Si l'on accepte la proposition que faire le bien contient sa propre justification, on ne peut s'empêcher de considérer toutes les amorces théologiques à une vie juste comme superflues et tendant à voiler le lustre de la vérité morale. L'amour entre les hommes doit être un fait décisif, absolu. Nous devons être capables de nous regarder les uns les autres et de nous aimer sans le rappel d'une troisième partie dans le ciel. Le christianisme me paraît rendre la morale inutilement difficile et compliquée, et le péché tentant, naturel et désirable. Le paganisme, d'autre part, me semble seul capable de sauver la religion de la théologie, et de la restaurer dans sa magnifique simplicité de croyance et dans sa dignité de sentiments.

En fait, je crois avoir découvert comment de nombreuses complications théologiques s'élevèrent dans les premiers siècles et transformèrent les simples vérités du Sermon sur la Montagne en une structure rigide et particulière, destinée à soutenir un clergé, comme le ferait une fondation. La raison en était contenue dans le mot « révélation »: la révélation d'un mystère spécial ou d'un schéma divin révélé à un prophète et conservé par un clergé, se trouve nécessairement dans toutes les religions, du mahométisme au mormonisme, et du lamaïsme à la Christian Science, en vue, pour chacune d'elles, de détenir le monopole exclusif et patenté du salut. Les simples vérités enseignées par le Christ sur la Montagne doivent être embellies, et les lys dont il s'émerveillait doivent être dorés. D'où le « premier Adam », « le second Adam » et ainsi de suite.

Mais la logique paulinienne qui semblait si convaincante et si irréfutable aux premiers jours de l'ère chrétienne, paraît faible et sans poids à la conscience critique plus subtile des modernes. Dans la différence entre la rigoureuse logique asiatique, et l'appréciation plus souple et plus subtile de la vérité par les modernes, réside la faiblesse de la révélation chrétienne, et de toute révélation. Ce n'est qu'en revenant au paganisme et en renonçant à la révélation que l'homme moderne peut retrouver le christianisme primitif (plus satisfaisant pour moi).

Il est donc faux de parler d'un païen comme d'un homme irréligieux : il ne l'est que dans la mesure où il refuse de croire à toute révélation. Un païen croit toujours en Dieu, mais ne voudrait pas le dire, de crainte d'être incompris. Tous les païens chinois croient en Dieu, le mot le plus courant dans la littérature étant le terme *Zaowu*, ou le Créateur des Choses. La seule différence est que le païen chinois est assez honnête pour laisser le Créateur des Choses dans un halo de mystère, qui lui fait éprouver une sorte de piété craintive et de respect. De plus, ce sentiment suffit. De la beauté de l'univers, de l'arrangement intelligent des myriades de choses de la création, du mystère des étoiles, de la grandeur du ciel et de la dignité de l'âme humaine, il est généralement conscient. Mais cela de nouveau lui suffit, il accepte la mort, comme il accepte la peine et la souffrance, et les met en balance avec le don de la vie, le vent frais des campagnes, la lune claire des montagnes, et il ne se plaint pas. Il considère qu'accepter la volonté du ciel est la véritable attitude religieuse et l'appelle « vivre dans le Dao ». Si le Créateur des Choses désire qu'il meure à soixante-dix ans, il meurt gaiement à soixante-dix ans. Il croit aussi que « les voies du ciel font toujours un détour » et qu'il n'y a pas d'injustice permanente dans ce monde. Il n'en demande pas plus.

Chapitre XIV

L'art de penser

I. LE BESOIN D'UNE PENSÉE HUMANISÉE

Penser est un art et non une science. Un des plus grands contrastes entre les sciences chinoise et occidentale réside dans le fait qu'en Occident se trouvent tant de connaissance spécialisée et si peu de connaissance humanisée, alors qu'en Chine il y a beaucoup plus d'intérêt pour les problèmes de la vie, tandis qu'il n'y a pas de science spécialisée. Nous constatons dans le propre domaine de la connaissance humanisée occidentale une invasion de pensée scientifique, caractérisée par une haute spécialisation et un usage abusif de terminologie scientifique ou semi-scientifique. Je parle de pensée « scientifique » dans le sens actuel, et non de la véritable pensée scientifique qui ne peut être séparée du bon sens d'une part, et de l'imagination d'autre part. Dans son sens actuel, cette pensée « scientifique » est strictement logique, objective, hautement spécialisée, et atomique dans ses méthodes et sa vision. Le contraste entre les deux types de sciences, l'orientale et l'occidentale, se réduit finalement à l'opposition entre la logique et le bon sens. La logique, dépourvue de bon sens, devient inhumaine, et le bons sens, dépourvu de logique, est incapable de pénétrer les mystères de la nature.

Que trouve-t-on en parcourant le champ de la littérature et de la philosophie chinoise ? On découvre qu'il n'y a pas de sciences, pas de dogmes, pas de théories extrêmes, et réellement pas de grandes écoles divergentes de philosophie. Le bon sens et l'esprit raisonnable ont écrasé toutes les théories et tous les dogmes. Comme le poète Bai Juyi, le lettré chinois « utilise le confucianisme pour régler sa conduite, le bouddhisme pour purifier son intelligence, et l'histoire, la peinture, les montagnes, les rivières, le vin, la musique et le chant pour calmer son esprit ». Il vivait dans le monde et cependant n'y était pas.

La Chine nous apparaît donc comme un pays où personne n'essaye beaucoup de penser, mais où chacun essaye beaucoup de vivre, un pays où la philosophie elle-même est une simple affaire de bon sens et peut tout aussi bien être exposée en deux lignes de vers qu'en un lourd volume, un pays où largement parlant, il n'y a pas de système de philosophie, pas de logique, pas de métaphysique, pas de jargon académique ; où il y a beaucoup moins de dogmatisme, moins de fanatisme intellectuel ou pratique, peu de termes abstraits et de longs mots. Aucune sorte de rationalisme mécanique n'y est possible, et il s'y trouve une forte haine pour l'idée de nécessité logique. C'est aussi un pays où il n'y a pas de juristes dans les affaires de la vie, comme il n'y a pas de logiciens dans la philosophie. Au lieu de systèmes bien pensés, les

Chinois n'ont qu'un sentiment intime de la vie, au lieu de Kant ou de Hegel, ils n'ont que des essayistes, des auteurs d'épigrammes, d'énigmes bouddhistes et de paraboles taoïstes.

Dans l'ensemble, la littérature de la Chine se présente à nous comme un désert de courts poèmes et de courts essais, pareillement interminables pour celui qui ne les apprécie pas, et cependant pleins de la variété et de la beauté inexprimables d'un paysage sauvage. Nous n'avons que des essayistes et des auteurs de lettres qui tentent d'exprimer leur sentiment de la vie dans une courte note, ou dans un essai de trois ou cinq cents mots, généralement plus court qu'une composition d'écolier. Dans ces écrits occasionnels, dans ces journaux, dans ces lettres, dans ces notes littéraires et ces essais réguliers, on trouve tantôt un bref commentaire sur les vicissitudes de la fortune, tantôt le récit du suicide de quelque femme dans le village voisin, ou d'une joyeuse fête de printemps, ou d'un festin dans la neige, ou d'une partie de bateau par une nuit de lune, ou d'une soirée passée dans un temple avec un orage au dehors, et comportant généralement les remarques faites durant la conversation qui rendit l'occasion mémorable. Nous découvrons une foule d'essayistes qui sont en même temps poètes, et de poètes qui sont en même temps essayistes, n'écrivant jamais plus de cinq à sept cents mots, dans lesquels toute une philosophie de la vie est réellement exprimée par une simple ligne. Nous trouvons des auteurs de paraboles, d'épigrammes, et de lettres familières qui ne tentent pas d'ordonner leurs pensées dans un système rigide. Ce qui a empêché la naissance des écoles et des systèmes. L'intellect est toujours tenu en suspens par l'esprit de raison, et plus encore par la sensibilité artistique de l'écrivain. Véritablement l'intellect est considéré avec méfiance.

Il est à peine besoin de montrer que la faculté logique est une arme très puissante de l'esprit humain, qui rend possibles les conquêtes de la science. Je suis aussi conscient que le progrès humain en Occident est encore essentiellement contrôlé par le bon sens et par l'esprit critique, qui est plus grand que l'esprit logique, et qui, je pense, représente la plus haute forme de pensée occidentale. Il n'est pas nécessaire que j'admette qu'il y a un esprit critique beaucoup plus développé en Occident qu'en Chine. En montrant les faiblesses de la pensée logique, je ne vise qu'un défaut particulier de la pensée occidentale, et parfois aussi de sa politique, comme par exemple la *Machtpolitik* des Allemands et des Japonais. La logique a aussi son charme, et je regarde le développement des romans policiers comme un produit très intéressant de l'esprit logique, comme une forme de littérature qui fait défaut en Chine. Mais la pure préoccupation de la pensée logique a aussi son revers.

La caractéristique extérieure de la science occidentale est sa spécialisation et sa séparation de la connaissance en différents départements. La spécialisation, avec sa phraséologie technique, a entraîné ce fait curieux de la civilisation moderne : la philosophie a été reléguée si loin à l'arrière-plan, bien loin derrière la politique et l'économie politique, que la moyenne des hommes peut passer à côté sans un remords de conscience. Le sentiment de l'homme moyen, même de l'homme éduqué, est que la philosophie est un « sujet » qu'il vaut mieux laisser de côté. C'est là certainement une étrange anomalie de la culture moderne, car la philosophie, qui devrait reposer tout près du cœur et des affaires des hommes, s'est beaucoup éloignée de la vie. Il n'en était pas ainsi dans la civilisation classique des Grecs et des Romains, et il n'en était pas ainsi en Chine, où l'étude de la sagesse de la vie formait la principale occupation des lettres. Ou l'homme moderne n'est pas intéressé par les problèmes de la vie, ou bien nous avons fait un long chemin depuis la conception originale de la philosophie. L'étendue de notre science a été si élargie, et nous avons de si nombreux « départements » de connaissances jalousement gardés par leurs spécialistes respectifs, que la philosophie, au lieu d'être la première des études de l'homme, n'a gardé pour elle que le domaine dans lequel personne ne veut se spécialiser. En attendant, la Reine des Sciences est comme l'Empereur de Chine au temps des Seigneurs de la guerre, qui au lieu de recevoir le tribut des états vassaux voyait son autorité et son domaine chaque jour diminués, et ne conservait la fidélité que d'une petite population de sujets bons et loyaux, mais pauvrement nourris.

Car nous sommes arrivés maintenant à un stade de culture dans lequel nous avons des compartiments de science, mais pas de science ; la spécialisation, mais pas l'intégration ; des spécialistes, mais pas de philosophes de la sagesse humaine. La super-spécialisation de la science n'est pas très différente de la super-spécialisation dans une cuisine impériale chinoise. Durant l'effondrement d'une dynastie, un riche fonctionnaire put s'assurer les services d'une servante qui s'était échappée du palais impérial. Très fier, il envoya des invitations à ses amis pour venir goûter un dîner préparé par quelqu'un qu'il pensait être un cuisinier impérial. Comme le jour approchait, il demanda à la servante de préparer un repas royal. Celle-ci répondit qu'elle ne pouvait pas préparer un dîner.

« Que faisiez-vous donc ? demanda le fonctionnaire.

— Oh, j'aidais à faire les petits pâtés pour le dîner, répliqua-t-elle.

— Eh bien, allez et faites quelques bons pâtés pour mes hôtes. »

A sa grande consternation, la servante répondit :

« Je ne peux pas faire les petits pâtés. J'étais spécialisée dans le découpage des oignons pour la farce des pâtés du dîner impérial. »

Telles sont aujourd'hui certaines conditions dans le domaine de la connaissance humaine et de la science académique. Nous avons un biologiste qui connaît une partie de la vie et de la nature humaine, un psychiatre, une autre partie, un géologue, l'ancienne histoire de l'humanité, un anthropologiste, la mentalité des sauvages, un historien qui, s'il lui arrive d'être génial, peut nous enseigner quelque chose de la sagesse et de la folie humaine telles qu'elles se reflètent dans le passé, un psychologue qui peut souvent nous aider à comprendre notre comportement, mais qui, aussi souvent, nous raconte un morceau d'imbécillité académique. Certains psychologues pédagogues m'ont toujours paru stupéfiants quand ils se trompaient mais plus encore quand ils avaient raison. Cependant, en même temps que le procès de la spécialisation, on n'a pas fait le procès urgent de l'effort d'intégrer tous ces aspects de la connaissance et de les faire servir au but suprême, qui est la sagesse de la vie. Tant que les savants d'Occident ne procéderont pas à leur tâche d'une manière plus simple et moins logique, cette intégration ne pourra s'accomplir. La sagesse humaine ne peut pas être uniquement l'addition de connaissances spécialisées, ni ne peut être obtenue par l'étude de statistiques ; elle ne s'acquiert que par la perspicacité, la prédominance de plus de bon sens, par plus d'intelligence, et par une intuition plus claire, plus subtile.

Il y a entre la pensée logique et la pensée raisonnable, une distinction évidente, la même qu'entre la pensée académique et la pensée poétique. Nous trouvons dans le monde moderne beaucoup de pensée académique, mais très peu de pensée poétique. Aristote* et Platon sont remarquablement modernes, non pas peut-être parce que les Grecs ressemblaient aux modernes, mais parce qu'ils ont été strictement les ancêtres de la pensée moderne. En dépit de ses vues humanistes et de sa doctrine du Juste Milieu, Aristote a été le grand-père des auteurs contemporains de manuels, car il fut le premier à découper la science en compartiments distincts : de la physique et de la botanique, à l'éthique et à la politique. Comme il était inévitable, il a été l'initiateur de cet impertinent jargon académique, incompréhensible au commun des hommes, et dans l'emploi duquel les sociologues et les psychologues se surpassent aujourd'hui. Bien que Platon ait eu une véritable pénétration humaine, il est pourtant responsable de la vénération des idées et des abstractions qui régna parmi les néoplatoniciens, tradition qui, au lieu d'être tempérée par plus d'entendement, est devenue si familière aujourd'hui aux écrivains qui parlent des idées et des idéologies, comme si elles avaient une existence indépendante. Seule la psychologie, à une époque toute récente, nous a privés des compartiments étanches de « la raison », de « la volonté », de « l'émotion » et a aidé à tuer « l'âme » qui était une entité très réelle pour les théologiens médiévaux. Nous avons tué « l'âme », mais nous avons créé un millier de slogans sociaux et politiques qui tyrannisent nos pensées (révolutionnaire, contre-révolutionnaire, bourgeois, capitaliste, impérialiste) et des entités comme « la classe », « le destin », « l'Etat », et nous procédons logiquement à la transformation de l'état en un monstre qui avale l'individu.

Il semble qu'une forme régénérée et plus poétique de la pensée, considérant la vie sérieusement et comme un tout, soit éminemment désirable. Comme James Harvey Robinson nous en avertissait : « Certains observateurs perspicaces expriment l'honnête conviction qu'à moins d'une élévation considérable du niveau de la pensée, un recul de la civilisation est inévitable. » Le professeur Robinson fait sagement remarquer que : « La conscience et la pénétration semblent se défier l'une de l'autre, alors qu'elles devraient être amies. » Les économistes et les psychologues modernes me paraissent avoir une forte dose de conscience et pas assez de pénétration. Un point sur lequel on ne saurait trop insister, c'est le danger d'appliquer la logique aux affaires humaines. Mais la force et le prestige de la pensée scientifique sont si grands qu'en dépit de tous les avertissements, cette espèce de pensée académique empiète constamment sur le domaine de la philosophie, avec la croyance stérile que l'esprit humain peut être étudié, comme un système d'égouts, et les ondes de la pensée, comme celles de la radio. Les conséquences n'entraînent que peu de trouble dans nos réflexions quotidiennes, mais sont désastreuses dans la politique pratique.

II. LE RETOUR AU BON SENS

Les Chinois détestent l'expression « nécessité logique », parce qu'il n'y a pas de nécessité logique dans les affaires humaines. Leur méfiance pour la logique commence avec leur mépris des mots, elle se poursuit par leur horreur des définitions, et se termine par une haine instinctive de tous les systèmes et de toutes les théories. Car seuls les mots, les définitions et les systèmes ont rendu possibles les écoles de philosophie. La décadence commence avec la préoccupation des mots. Un écrivain chinois, Gong Zizhen*, disait : « Le Sage se tait, celui qui a du talent parle, et celui qui est stupide discute », bien que lui-même aimât beaucoup discuter.

Car c'est la triste histoire de la philosophie : les philosophes appartiennent au genre des Parleurs, et non des Silencieux. Tous aiment à entendre leur propre voix. Même Laozi, qui le premier nous enseigna que le Créateur (le Grand Silencieux) ne parle pas, se persuada néanmoins de laisser cinq mille mots à la postérité avant de se retirer dans la solitude et l'oubli. Plus typique du philosophe parleur de génie fut Confucius qui visita « soixante-douze royaumes » en vue d'avoir une entrevue avec leurs rois, ou, mieux encore, Socrate, qui se promenait dans les rues d'Athènes et arrêtait les passants pour leur poser des questions dans le but de s'entendre lui-même leur donner de sages réponses. La proposition selon laquelle « le Sage ne parle pas » n'est donc que relative. Il existe pourtant une différence entre le Sage et Celui qui a du Talent, parce que le Sage parle de la vie telle qu'il la connaît directement ; Celui qui a du Talent parle de ce qu'a dit le Sage, et le stupide discute les paroles de Celui qui a du Talent. Nous avons dans les sophistes grecs le type pur du Parleur qui s'intéresse au jeu des mots en tant que tels. La philosophie, qui était l'amour de la sagesse, devint l'amour des mots, et à mesure que le nombre des sophistes augmentait, le divorce entre la philosophie et la vie devenait plus complet. Les philosophes employaient de plus en plus de mots, et des sentences de plus en plus longues ; les épigrammes faisaient place aux sentences, les sentences aux arguments, les arguments aux traités, les traités aux commentaires, et les commentaires aux recherches philologiques ; des mots toujours plus nombreux furent nécessaires pour définir et classifier les termes qu'ils employaient, et de nouvelles écoles, pour se différencier et succéder aux écoles déjà établies ; le processus continua jusqu'à ce que le sentiment immédiat et intime de la vie fût complètement perdu de vue, et que le profane eût parfaitement le droit de demander : « De quoi parlez-vous ? » Dans l'intervalle quelques rares penseurs indépendants, qui avaient subi le choc direct de la vie – un Goethe, un Samuel Johnson*, un Emerson, un William James – avaient refusé d'employer le jargon des Parleurs et s'étaient toujours opposés à l'esprit de classification. Car ce sont eux les sages qui ont gardé pour nous la vraie signification de la philosophie, qui est la sagesse de la vie. Dans beaucoup de cas, ils ont abandonné les arguments et sont revenus à l'épigramme. Quand l'homme ne sait plus parler par épigramme, il écrit des paragraphes ; quand il est incapable de s'exprimer clairement en paragraphes, il développe un argument ; et quand il ne parvient pas à rendre clairement sa pensée par un argument, il écrit un traité.

L'amour de l'homme pour les mots est son premier pas vers l'ignorance, et son amour des définitions, le second. Plus il analyse, plus il a besoin de définir, et plus il définit plus il aspire à une impossible perfection logique ; dont la recherche n'est qu'un signe d'ignorance. Puisque les mots sont le support de notre pensée, le besoin de définition est entièrement louable et Socrate en fut l'initiateur.

Le danger est qu'après avoir pris conscience des mots que nous définissons nous sommes obligés de définir ceux qui les définissent, de sorte que finalement, à côté des mots qui définissent ou expriment la vie elle-même, nous avons une classe de mots qui en définissent d'autres, et qui deviennent alors la principale préoccupation de nos philosophes. Il y a évidemment une distinction à faire entre les mots utiles et inutiles, ceux qui ont un emploi dans notre vie de chaque jour, et ceux qui n'existent que dans les séminaires de philosophie ; il y a aussi une différence entre les définitions de Socrate et de Francis Bacon*, et celles de nos modernes professeurs. Shakespeare, qui eut le plus intime sentiment de la vie, a certainement passé son chemin sans essayer de définir quelque chose, ou plutôt, parce qu'il n'a pas essayé de le faire, ses mots ont « un corps » qui manque à ceux des autres écrivains, et sa langue est imprégnée de ce sens de la tragédie humaine et de la grandeur, qui fait souvent défaut aujourd'hui. Nous ne pouvons pas plus attribuer à ses mots une fonction particulière, que nous ne pouvons lui attribuer une conception particulière de la femme. Car il est de la nature des définitions de tendre à étouffer nos pensées et à leur ôter cette couleur brillante et imaginative, caractéristique de la vie.

Mais si, par nécessité, les mots découpent nos pensées dans le processus de l'expression, l'amour du système est encore plus fatal à une conscience aiguë de la vie. Un système n'est qu'un regard louche sur la vérité, et plus logiquement le système est développé, plus horrible est ce strabisme mental.

Le désir de ne voir qu'une phase de la vérité qu'il nous arrive de percevoir, de la développer et de l'élaborer dans un système logique parfait, est une des raisons qui rendent notre philosophie étrangère à la vie. Celui qui parle de la vérité lui nuit par le fait même; celui qui essaye de la prouver, l'estropie et la défigure; celui qui lui colle une étiquette et un nom d'école, la tue; et celui qui se déclare un croyant l'enterre. C'est pourquoi, toute vérité érigée en système est à la fois morte et enterrée. L'hymne qu'ils chantent tous à ses funérailles est: « J'ai entièrement raison, et vous avez entièrement tort. » La vérité n'importe pas, l'essentiel ce sont les funérailles. Car toutes les factions, toutes les écoles de philosophie, anciennes ou modernes, ne sont occupées à prouver qu'un seul point: « J'ai entièrement raison, et vous avez entièrement tort. » Les Allemands, avec leur *Gründlichkeit*, écrivent un gros livre pour prouver une vérité limitée, au point de la rendre absurde, ils sont peut-être les plus grands coupables, mais la même maladie peut se remarquer plus ou moins chez tous les penseurs occidentaux, et elle s'aggrave à mesure qu'ils deviennent plus abstraits.

Le résultat de cette logique déshumanisée est une vérité déshumanisée. Nous avons aujourd'hui une philosophie étrangère à la vie, qui a presque perdu toute intention d'enseigner la signification et la sagesse; et qui n'a plus ce sentiment intime, cette conscience de la vie, dont nous avons dit qu'il est sa véritable essence. C'est ce sentiment intime que William James appelait « l'étoffe de l'expérience ». A mesure que le temps passe, je sens que la philosophie et la logique de William James deviendront de plus en plus fatales à la pensée moderne de l'Occident. Avant de pouvoir humaniser la philosophie occidentale, nous devons d'abord humaniser sa logique. Il nous faut revenir à une manière de penser plus impatiente d'être en contact avec la réalité, et par-dessus tout avec la nature humaine, plutôt que d'être simplement correcte, logique et consistante. Au mal qu'indique la phrase célèbre de Descartes* : « Je pense, donc je suis », nous devons substituer la proposition plus sensible et plus humaine de Walt Whitman : « Je me suffis tel que je suis. » La vie n'a pas à s'agenouiller et à demander à la logique de prouver qu'elle existe.

William James s'usa à essayer de prouver et de défendre la manière de penser chinoise, sans la connaître. La seule différence est que s'il avait été chinois il n'aurait pas tant écrit, mais aurait simplement constaté dans un essai de trois ou cinq cents mots, ou dans une de ses notes quotidiennes, qu'il y croyait parce que c'était ainsi. Il se serait défié des mots, sachant que plus il en emploierait, plus grandes seraient les chances d'être incompris. Mais William James était chinois par sa conscience aiguë de la vie et des variétés de l'expérience humaine, par sa révolte contre le rationalisme mécanique, par son anxiété à maintenir constamment la pensée fluide, par son impatience envers les gens qui pensent avoir découvert l'absolue et universelle vérité, et qui l'ont enfermée dans un système. Il était chinois aussi, par l'importance qu'il s'obstinait à donner au sentiment artistique de la réalité perceptible sur la réalité conceptuelle. Le philosophe est un homme qui porte sa sensibilité au plus haut point et considère attentivement le flux de la vie, prêt à toujours s'émerveiller des paradoxes les plus étranges et les plus nouveaux, des inconsistances, et des exceptions inexplicables, à la règle. Dans son refus d'accepter un système, non parce qu'il est incorrect, mais parce que c'est un système, il fait de grands ravages dans toutes les écoles de philosophie occidentales. Réellement, comme il le dit, la différence entre la conception moniste et la conception pluraliste de l'univers est une distinction très grosse de conséquences. Il a donné à la philosophie la possibilité d'oublier ses magnifiques châteaux en Espagne et de retourner vers la vie.

Confucius disait : « La vérité ne doit pas se séparer de la nature humaine ; si ce qui est considéré comme la vérité se sépare de la nature humaine, il ne faut pas le considérer comme la vérité. » Il disait encore, dans une phrase pleine d'esprit, qui pourrait être sortie des lèvres de James : « Ce n'est pas la vérité qui grandit l'homme, mais l'homme qui grandit la vérité. » Non, le monde n'est pas un syllogisme ou un argument, c'est un être ; l'univers ne parle pas, il vit ; il ne discute pas, simplement il est là. Selon les paroles d'un écrivain anglais de talent : « La raison n'est qu'un détail dans le mystère, et derrière la plus fière conscience qui ait jamais régné, la raison et l'étonnement rougissent face à face. L'inévitable perd son intérêt, tandis que le doute et l'espoir sont frères. Heureusement l'univers est sauvage et sent le gibier comme l'aile d'un faucon. La nature est tout miracle, les mêmes retours ne l'empêchent pas d'être différente. » Il semble que les logiciens occidentaux n'aient besoin que d'un peu d'humilité ; leur salut dépend de celui qui guérira leurs têtes gonflées d'hégélianisme.

III. ÊTRE RAISONNABLE

En opposition avec la logique, il y a le bon sens, ou mieux encore, l'Esprit de Raison. Je considère l'Esprit de Raison comme le plus haut et le plus sain idéal de culture humaine, et l'homme raisonnable, comme le plus haut type d'être humain cultivé. Chacun ne peut pas être parfait, il ne peut que tendre à devenir un être aimable et raisonnable. En fait, je soupire après le temps où les peuples du monde seront pénétrés de cet esprit, à la fois dans leurs affaires personnelles et nationales. Les nations raisonnables vivent en paix, et les époux raisonnables vivent heureux. Dans le choix des maris pour mes filles, je n'aurai qu'un seul critère : est-ce un homme raisonnable ? Nous ne pouvons pas imaginer des maris et des femmes parfaits qui ne se querellent jamais, mais seulement des maris et des femmes raisonnables qui se querellent raisonnablement, puis se réconcilient raisonnablement. Ce n'est que dans un monde d'êtres raisonnables que nous pouvons concevoir la paix et le bonheur. L'Age Raisonnable, s'il vient jamais, sera l'Age de la Paix, dans lequel prévaudra l'Esprit de Raison.

Cet esprit est ce que la Chine a de meilleur à offrir à l'Occident. Je ne prétends pas que les seigneurs de la guerre sont raisonnables quand ils imposent le peuple cinquante ans d'avance ; je pense seulement que cet Esprit de Raison est l'essence et le meilleur côté de la civilisation chinoise. Cette découverte me fut accidentellement confirmée par deux Américains qui avaient longtemps vécu en Chine. L'un d'eux disait que toute la vie sociale chinoise est basée sur le mot *jiangli*, ou « parler raison ». Dans une dispute chinoise, l'argument final est : « Cela est-il raisonnable ? » La pire condamnation, et la plus répandue, est qu'un homme *bu jiangli* ou « ne parle pas raison ». L'homme qui admet ne pas être raisonnable est déjà battu dans une dispute.

J'ai dit, dans *La Chine et les Chinois*, que pour un Occidental, il suffit généralement qu'une proposition soit logiquement construite. Pour un Chinois, il faut qu'elle soit en même temps en accord avec la nature humaine. En fait, être en accord avec la nature humaine, être *jinqing* (c'est-à-dire être « humain ») est d'une plus grande considération que d'être « logique ». Le mot chinois pour « raison » est *qingli*, il est composé de deux éléments, *qing (renqing)* ou nature humaine, et *li (tianli)* ou raison éternelle. *Qing* représente l'élément souple et humain, tandis que *li* représente la loi immuable de l'univers. Un homme cultivé est celui qui comprend le cœur humain et les lois des choses. En vivant en harmonie avec les voies du cœur humain et de la nature, le confucianiste aspire à devenir un sage. Mais alors le sage n'est rien d'autre qu'un être raisonnable, comme Confucius qui est surtout admiré pour son clair bon sens et ses qualités naturelles, c'est-à-dire pour sa grande « humanité ».

Une pensée humanisée n'est qu'une pensée raisonnable. L'homme logique est toujours pharisien, donc inhumain, et donc dans l'erreur, tandis que l'homme raisonnable soupçonne qu'il est peut-être dans l'erreur, et a donc toujours raison. Le contraste entre l'homme logique et l'homme raisonnable apparaît souvent dans les post-scriptum des lettres. J'ai toujours aimé les post-scriptum dans les lettres de mes amis, spécialement ceux qui contredisent entièrement ce qui a été dit dans le corps de la lettre. Ils contiennent toutes les arrière-pensées raisonnables, les hésitations et les étincelles d'esprit et de bon sens. Le penseur génial est celui qui, après avoir travaillé opiniâtrement à prouver une proposition par de longs arguments, a tout à coup une intuition, et, dans un éclair de bon sens, détruit tous ses arguments et admet qu'il se trompe. C'est ce que j'appelle une pensée humanisée.

Nous pouvons imaginer une lettre où l'homme logique parle dans le corps de la lettre, et l'homme raisonnable, l'esprit véritablement humain, dans le post-scriptum. Car la tâche de l'esprit n'est pas de construire des arguments stupidement logiques, mais essayer de maintenir une saine balance dans une mer changeante d'impulsions, de sentiments et de désirs qui se combattent. Dans les affaires humaines, la conduite illogique est souvent la plus convaincante. La loi elle-même admet l'imperfection de son aspiration à la justice absolue quand elle se réfère à l'interprétation « raisonnable » d'une clause, ou quand elle accorde le droit de grâce au chef de l'exécutif.

L'esprit raisonnable humanise toute notre pensée, et nous rend moins sûr de notre propre correction. Sa tendance est d'arrondir nos idées, et d'adoucir les angles de notre conduite. L'esprit opposé à l'esprit raisonnable est le fanatisme et le dogmatisme de toute sorte dans la pensée et le comportement, dans notre vie individuelle, nationale, dans le mariage, la religion et la politique. Je prétends que nous avons en Chine moins de fanatisme intellectuel et moins de dogmatisme. Tandis qu'une foule chinoise est irritable, l'Esprit de Raison a humanisé notre autocratie monarchique, notre religion, et la soi-disant « suppression des femmes ». Tout cela doit être compris avec certaines réserves, mais reste cependant vrai, et fait de nos empereurs, de nos dieux, de nos maris, simplement des êtres humains. L'empereur chinois n'est pas un être semi-divin comme celui du Japon, et les historiens ont développé la théorie selon laquelle l'empereur règne par un mandat du ciel ; mais quand il gouverne mal, il perd ce mandat céleste. Dans ce cas, nous lui coupons simplement la tête, et nous avons coupé la tête de trop de rois et d'empereurs, pour croire qu'ils sont « divins » ou « semi-divins ». Nos sages ne sont pas canonisés comme des dieux, mais toujours regardés simplement comme des maîtres de sagesse, et nos dieux ne sont pas des modèles de perfection, mais ils sont vénaux, corruptibles comme nos fonctionnaires. Tout ce qui va au-delà de la raison est immédiatement condamné comme *bujin renqing* (s'éloignant de la nature humaine) et un homme qui est trop saint ou trop parfait peut être un traître, parce qu'il est psychologiquement anormal.

En politique, dans certains états d'Europe, il y a quelque chose de terriblement inhumain dans la logique des hommes et dans la conduite des affaires. Je suis moins effrayé par les doctrines du fascisme et du communisme que par l'esprit fanatique qui les pénètre, et par la méthode suivant laquelle les hommes poussent opiniâtrement leurs théories jusqu'à l'absurde. Le résultat est une confusion des valeurs, un inquiétant mélange de politique et d'anthropologie, d'art et de propagande, de patriotisme et de science, de gouvernement et de religion, et par-dessus tout un renversement des relations entre les exigences de l'Etat et celles de l'individu. Seul un esprit malsain peut ériger l'Etat en Dieu et en faire un fétiche qui dévore tous les droits individuels.

Le communisme et le fascisme sont tous deux les produits d'un même esprit. Comme le dit Albert Pauphilet* : « Aucun type d'esprit n'est semblable à celui de l'extrême droite comme celui de l'extrême gauche. » Les caractéristiques des deux régimes et des deux idéologies sont, premièrement, la pure croyance dans la force et la puissance, croyance que je considère comme la plus stupide et la plus superficielle de l'esprit occidental, et secondement, la foi en la nécessité logique, car après tout le fascisme, aussi bien que le communisme, est basé sur la dialectique marxiste, qui se fonde finalement sur la logique de Hegel. Certains comprendront-ils combien l'homme, dans le second quart du XXe siècle, souffre des suites des péchés logiques de ses pères, commis il y a quelque cent ans.

Dans un sens, nous pouvons dire que l'Europe d'aujourd'hui n'est pas gouvernée par l'esprit raisonnable, ni même par l'esprit de raison, mais bien plutôt par l'esprit de fanatisme. Contempler aujourd'hui le tableau de l'Europe vous donne un sentiment de nervosité, qui ne provient pas tant de la simple présence de conflits d'aspirations nationales, de frontières d'Etats et de revendications coloniales que la raison pourrait amplement résoudre que de la condition d'esprit des hommes qui en sont les dirigeants.

C'est comme de prendre un taxi dans une ville étrangère et d'être tout à coup saisi de méfiance pour le chauffeur. Non seulement il ne semble pas connaître le plan de la ville, mais le passager assis à l'arrière s'alarme de l'entendre parler avec incohérence, et commence à suspecter sa sobriété. Cette nervosité est fortement augmentée quand le chauffeur soûl est armé et que le passager n'a aucun moyen d'en sortir. Il a raison celui qui croit que cette caricature de l'esprit humain n'est pas l'esprit lui-même, mais de pures aberrations, de simples maladies temporaires, qui s'en iront d'elles-mêmes comme toutes les vagues de peste. Il a raison d'exprimer une certitude dans les capacités de l'esprit, de croire que tout mortel et limité qu'il est, il représente quelque chose d'infiniment plus haut que l'intellect des dirigeants imprudents de l'Europe, et que nous serions éventuellement capables de vivre en paix parce que nous aurions appris à penser raisonnablement.

Répertoire

Sont réunies ici de courtes notices sur les personnes, œuvres ou mouvements intellectuels, scientifiques ou religieux, et institutions auxquels Lin Yutang fait référence dans son ouvrage. Ces microrubriques visent à fournir à qui le juge nécessaire des éléments pour un meilleur entendement et des pistes d'approfondissement sous forme de renvoi bibliographique.

Pour poursuivre sa découverte de la culture chinoise, le lecteur curieux pourra se plonger dans la lecture des ouvrages auxquels nous l'avons occasionnellement renvoyé :

Jacques GERNET, *Le Monde chinois.* Paris : Colin, coll. « Destins du Monde », (1972) 1999.

Anne CHENG, *Histoire de la pensée chinoise*. Paris : Le Seuil, coll. « Points/Sagesse », (1997) 2002.

Jacques PIMPANEAU, *Chine, histoire de la littérature.* Arles : Picquier, (1989) 2004.

Jacques PIMPANEAU, *Anthologie de la littérature chinoise classique.* Arles : Picquier, 2004.

André LÉVY (dir.), *Dictionnaire de littérature chinoise*. Paris : PUF, coll. « Quadrige », (1994) 2000.

Jacques DARS, CHAN Hingho, *Comment lire un roman chinois.* Arles : Picquier, 2001.

Pascal MOUGIN, Karen HADDAD-WOTLING (éd.), *Dictionnaire mondial des littératures*. Paris : Larousse, 2002.

TABLEAU DES PRINCIPALES DYNASTIES CHINOISES

Xia	XXIe-XVIe av. J.-C.
Shang	XVIe-1066 av. J.-C.
Zhou	1066-221 av. J.-C.
– Zhou de l'Ouest	1066-770 av. J.-C.
– Zhou de l'Est	770-221 av. J.-C.
Qin	221-207 av. J.-C.
Han	206 av. J.-C-220 apr. J.-C.
– Han de l'Ouest	206 av. J.-C.-24 apr. J.-C.
– Han de l'Est	25-220
Trois Royaumes (Wei, Shu, Wu)	220-265
Jin de l'Ouest	265-316
Jin de l'Est	317-420
Dynasties du Sud et du Nord	420-589
Sui	581-618
Tang	618-907
Cinq Dynasties	907-960
Song	960-1279
– Song du Nord	960-1127
– Song du Sud	1127-1279
Yuan	1271-1368
Ming	1368-1644
Qing	1644-1911
République de Chine	1912-1949

AMIEL, Henri-Frédéric (1821-1881). C'est grâce à l'édition des quelque 16 500 pages d'un journal qu'il tint de 1838 jusqu'à sa mort que cet écrivain suisse d'expression française, maître de l'introspection et du doute, qui fut sa vie durant un discret professeur d'esthétique et de philosophie à Genève, doit sa gloire toute posthume. A peine deux ans après leur parution en Suisse, les premiers fragments en seront rapidement traduits notamment en anglais (Londres, 1885). Le *Journal* d'Amiel fait semble-t-il son apparition aux Etats-Unis en 1899. Il y est toujours présent en 1935 dans plusieurs traductions et formats.

ANDERSEN, Hans Christian (1805-1875). Puisant dans ses souvenirs d'enfance, l'écrivain danois Andersen commence à rédiger et à publier des contes dès 1832. Il franchit un pas en composant de toutes pièces des contes à la portée symbolique évidente. *La Petite Sirène* (*The Little Mermaid*, 1836) est un de ceux-là.

ARISTOTE (384-322). Aristote est avec Platon*, son maître, le principal fondateur de la tradition intellectuelle occidentale.

ARNOLD, Matthew (1822-1888). Cet écrivain anglais est entre autres l'auteur d'un *Culture et anarchie* (1869) dans lequel il critique le matérialisme, et d'essais de critique littéraire et sociale.

AVENTURES DE BARBE-FRISÉE (LES). Le texte qui ravit autant Jin Shengtan* est un récit en langue classique datant de la dynastie Tang. Il s'intitule *Qiuran ke zhuan* et narre comment un personnage fabuleux à la barbe frisée, du type redresseur de torts, aide à propulser Li Shimin (598-649) à la tête de l'empire, contribuant ainsi à la fondation de la dynastie Tang. Il a été traduit par André Lévy sous le titre de *Barbe-Bouclée, l'étranger à la barbe et aux favoris bouclés* dans *Histoires extraordinaires et récits fantastiques de la Chine ancienne*, tome II. Paris : Aubier, coll. « Domaine chinois », 1993, p. 179-191.

BACON, Francis (1561-1626). Après une carrière politique brillante, Bacon finit ses jours dans la disgrâce et se livre à la philosophie et dessine une utopie avec sa *Nouvelle Atlantide* (1626), réalisant « un alliage significatif entre science et littérature ».

BAI Juyi (772-846). Bai Letian de son nom personnel, Bai Juyi fut l'un des plus grands poètes chinois et sans aucun doute le plus prolixe de la dynastie Tang. Contrairement à beaucoup de ses contemporains, il attacha une grande attention à la transmission de ses écrits parmi lesquels figurent pas moins de 3000 poèmes. Les fonctions administratives, toujours mineures, qu'il occupa après son succès à l'âge de vingt-huit ans au doctorat, ne parvinrent jamais à le détourner de l'écriture qui fut son souci premier. Il acquiert la célébrité de son vivant avec le *Chant des regrets éternels* (*Changhenge*, 806) qui narre en cent vingt vers la passion tragique de l'empereur Xuanzong* des Tang pour sa concubine Yang Guifei. Reconnaissance méritée car il prenait garde à composer ses poèmes, teintés pour la plupart d'un réalisme poignant, dans une langue simple et directe ne répugnant jamais à user de la langue parlée.

BALFOUR, Arthur James (1848-1930). Auteur d'une œuvre politique importante dans son pays (il sera premier ministre de 1902 à 1906 et à la tête du Foreign

Office en 1917 pour ne renoncer à la politique qu'en 1922), Lord Balfour est le rédacteur de la déclaration du 2 novembre 1917 qui porte son nom et qui promet au peuple juif l'appui du Royaume-Uni dans l'« établissement en Palestine d'un foyer national ».

BERKELEY, George (1685-1753). Homme d'Eglise de confession anglicane et philosophe irlandais. Tout au long d'une œuvre riche et entamée dès l'âge de vingt ans, George Berkeley combattit le matérialisme et l'incroyance. Le monde était pour lui l'ensemble des idées que Dieu suggère aux esprits humains.

BRYCE, James (1838-1922). Le vicomte Bryce fut non seulement un homme politique britannique qui occupa le poste d'ambassadeur aux USA de 1907 à 1913, mais un historien reconnu (*History of the Holy Roman Empire*, 1864), et un essayiste apprécié, auteur de *The American Commonwealth* (1888), très tôt devenu un classique.

BUCK, Pearl (1892-1973). Première Américaine à obtenir le prix Nobel de littérature (1938), Pearl Buck passa la première partie de sa vie en Chine, d'abord à Zhenqiang (Jiangsu) aux côtés de ses parents missionnaires presbytériens, puis dans l'Anhui, auprès de son premier mari John L. Buck, enfin à Nankin où elle enseigna de 1920 à 1933. En 1934, déjà auteur d'articles et de nouvelles, ainsi que de plusieurs romans (*Vent d'est, vent d'ouest*, 1929), elle rentre définitivement aux Etats-Unis où sa *Terre chinoise* (*The Good Earth*, 1931) reçut le prix Pulitzer et la médaille de l'Académie américaine des arts et lettres. A travers ses nombreux écrits, Pearl Buck fait découvrir au lecteur occidental la réalité quotidienne de la Chine et lui offre en 1933 une traduction très personnelle de la version de Jin Shengtan* du roman chinois *Shuihuzhuan* (Au bord de l'eau)* sous le titre d'*All Men Are Brothers*.

BUFFON, comte de (1707-1788). Le grand naturaliste français Georges Louis Leclerc, comte de Buffon, est souvent cité pour cette formule qui sort tout droit de son discours de réception à l'Académie française : « Bien écrire, c'est avoir en même temps de l'esprit, de l'âme et du goût. (...) Le style est l'homme même. » De fait, en plus de son œuvre scientifique indéniable, il mérite de rester dans les mémoires pour la précision et l'élégance de son écriture.

BURBANK, Luther (1849-1926). Naturaliste américain, Burbank a mis au point un grand nombre d'espèces végétales, dont une pomme de terre qui porte son nom. Il a consigné sa méthode dans un gros ouvrage livré en huit volumes dès 1921 *(How Plants Are Trained to Work for Man)*.

BUTLER, Samuel. De nombreux points communs semblent lier Samuel Butler, poète anglais né en 1612, mort en 1680, auteur du poème burlesque inspiré de Cervantès, Rabelais et Scarron, *Hudibras* (1663-1678), et le romancier et essayiste britannique né en 1835, mort en 1902, auteur de *Erewhon* (1872), des *Nouveaux Voyages en Erewhon* (1901), deux satires de la société victorienne, et d'*Ainsi va toute chair* (1903), roman autobiographique : ils meurent tous deux à Londres dans le plus grand dénuement, partagent la même hostilité vis-à-vis du puritanisme ambiant, la même haine de l'hypocrisie de leurs contemporains. Malheureusement,

Lin Yutang ne fournit aucun élément pour nous permettre de savoir à qui il pense.

BYRON, George Gordon (1788-1824). Le sixième des écrivains de génie sélectionnés par Baudelaire derrière Goethe, Shakespeare, l'Arioste, Dante et Virgile, étonne par son parcours : un lord anticonformiste, un séducteur boiteux, romantique ultrasensible, cynique, angoissé, britannique amoureux de la Grèce qui méprise la fiction, n'ayant sous sa plume qu'un seul héros, lui-même, toujours aussi fascinant, sans cesse renouvelé, auteur d'une des œuvres les plus fécondes du siècle.

CARREL, Alexis (1873-1944). Ce chirurgien et biologiste français qui s'établit aux Etats-Unis de 1905 à 1939, reçut le prix Nobel de physiologie et de médecine en 1912 pour sa contribution à l'essor de la chirurgie vasculaire. Egalement philosophe et moraliste, il fut notamment l'auteur d'un ouvrage spiritualiste qui connut un énorme succès, *L'Homme, cet inconnu* (1935).

CHENG Yi (1033-1107). Cheng Yi est avec Cheng Hao (1032-1085), son frère aîné, et Zhu Xi (1130-1200), un des penseurs les plus importants de ce qu'on a appelé le néoconfucianisme, courant de pensée qui va s'imposer en Chine et qui deviendra le terreau du pouvoir impérial, courant qui a commis selon son détracteur le plus virulent, Yan Yuan*, le crime le plus horrible, à savoir d'avoir « fait un amalgame du bouddhisme et du taoïsme avec les *Classiques*, amenant ainsi tout le monde à errer et à divaguer ». (A. Cheng, *Histoire de la pensée chinoise*, p. 554).

CHESTERTON, Gilbert Keith (1874-1936). L'inventeur du « distributisme » (alternative au capitalisme et à l'étatisme) fut non seulement un antifasciste convaincu mais aussi un humoriste, inventeur avec *L'Innocence du Père Brown* (1911) d'un genre nouveau de roman policier qui donnait pour la première fois la vedette à un prêtre détective.

CHRISTIAN SCIENCE. Fondé en 1879 à Boston par Mary Baker Eddy (1821-1910), ce mouvement religieux considère que le mal peut être vaincu par la seule volonté spirituelle. Présent essentiellement dans les pays anglo-saxons et aux Etats-Unis, il rassemble quelque deux millions de disciples.

COLERIDGE, Samuel Taylor (1772-1834). Poète et philosophe anglais, il laisse une œuvre poignante dont le maître mot semble bien être « désespoir ». On y trouve aussi une curiosité, son *Kubla Khan*, prétendue transcription d'un rêve fait sous l'influence de l'opium, ainsi que ses *Ballades lyriques,* fruit d'une collaboration avec Wordsworth* avec qui il voyagea en Allemagne.

COMMUNAUTÉ ONEIDA. En 1834, John Humphrey Noyes (1811-?) fournit la base de la doctrine de la Communauté Oneida (The Oneida Community) : une dénonciation de l'institution du mariage. En 1938, il se marie néanmoins avec Harriet Holton qui lui apporte le soutien financier et la respectabilité qui lui manquaient. Vers 1848, la communauté religieuse compte une centaine de fidèles et quitte New York pour s'installer dans une propriété près de la frontière canadienne. Sa vie s'organise autour du travail de la terre, de la mise en commun de tous les biens, de la critique mutuelle, de l'égalité des sexes en droit et en devoir, de l'union libre ouverte à tous les membres de la communauté et de l'obligation pour les hommes de pratiquer le *coïtus reservatus*. En 1878, plus de trois cents membres adhèrent à la même doctrine dans plusieurs lieux distincts, situation qui conduira à des scissions et finalement à l'éclatement de la communauté en 1881.

CONFUCIUS (551-479 av. J.-C.). C'est sous ce nom que l'on fait d'ordinaire référence à Maître Kong, latinisation par les Pères Jésuites de Kongfuzi, personnalité incontournable de la civilisation chinoise dont l'importance se fit sentir (presque de manière continue) depuis les Han. Pourtant, le sage eut beaucoup moins de succès de son vivant, même si un millier de disciples auraient reçu son enseignement, ce dont témoignent des bribes de discours ou de déclarations réunies de longue date sous le nom de *Lunyu*, ouvrage fondamental abondamment traduit. Cf. Confucius, *Entretiens avec ses disciples* (André Lévy, trad.). Paris : Garnier-Flammarion, n° 799, 1994.

CRAWFORD, Joan (1904-1977). Ceux qui ont vu et apprécié *Grand Hôtel* dirigé par Edmund Goulding, Oscar du meilleur film de l'année 1932, se souviennent encore de la beauté de cette actrice texane qui fut danseuse puis comédienne avant de devenir une des plus grandes vedettes du cinéma américain d'avant et d'après-guerre : *Mannequin* (1938, F. Borzage), *Femmes* (1939, G. Cukor), *Johnny Guitar* (1954, N. Ray), *Qu'est-il arrivé à Baby Jane ?* (1962, R. Aldrich).

DARWIN, Charles (1809-1882). C'est le père de la théorie de l'évolution, selon laquelle l'homme descend du singe, conception révolutionnaire qui aura une portée immense sur le plan philosophique. Elle amena à remettre définitivement en cause la croyance dans la centralité de la place de l'homme dans l'univers, conception déjà fortement ébranlée par Copernic trois siècles plus tôt.

DAUDET, Alphonse (1840-1897). Daudet est de loin plus connu du grand public pour ses *Lettres de mon moulin* (1866) et son *Tartarin de Tarascon* (1872) que pour ce *Sapho* (1884), court roman narrant la chute d'un homme faible aux prises avec une femme perverse.

DAY, Clarence (1874-1935). Cet essayiste américain connut le succès populaire avec des écrits autobiographiques dont un *Vie avec Père* (*Life with Father*, 1939) qui fournit la base d'une adaptation qui fera les beaux jours de Broadway. Day est également l'auteur d'un *Monde simiesque* (*The Simian World*, 1920) dans lequel il rend visible ce qui dans les comportements humains peut faire penser à nos amis les singes et ce qu'il adviendrait de nous si le monde était dominé par d'autres espèces. Il s'agit d'une remise en question humoristique et provocante de la pyramide de l'évolution animale.

DE QUINCEY, Thomas (1785-1859). Dandy rendu célèbre pour ses *Confessions d'un Anglais mangeur d'opium* (1821, remanié en 1856), récit d'une « (dés) intoxication », mais aussi pour son *De l'assassinat considéré comme un des beaux-arts* (1827) dans lequel il s'applique à saisir le crime d'une manière intellectuelle et esthétique et dont l'influence se fera sentir sur Alfred de Musset, Gérard de Nerval ou encore Baudelaire et au-delà chez Kafka.

DÉMOCRITE (v. 470-360 av. J.-C.). Ce philosophe « riant », comme l'appelle Lin Yutang, et qui remit en cause l'existence des dieux ou d'un principe créateur du monde est le fondateur d'un matérialisme auquel Platon* et Aristote* s'opposeront. Il développa l'atomisme (« De toute éternité, les atomes se meuvent dans l'univers en errant çà et là »), montrant que les dieux ne sont que des rêves humains, rendant inutile le recours à un principe créateur extérieur.

DESCARTES, René (1596-1650). Le *Discours de la méthode* que Descartes publia, en 1637, à Leyde mais en français, est à la fois « la narration de son propre itinéraire intellectuel et le manifeste de la révolution cartésienne » basée sur une méthode : le doute qui doit permettre d'atteindre la vérité. De là découle la première vérité, l'affirmation du moi pensant, qui veut que pendant que je doute de tout, il faut bien que je sois quelque chose : *Cogito, ergo sum* (« Je pense, donc je suis »).

DU Fu (712-770). Surnommé « le Sage de la poésie », il est, avec Li Bai* (701-762) dont il était l'ami, une des figures les plus marquantes de la poésie chinoise de la dynastie Tang. Bien que descendant d'une famille de mandarins, il n'occupa de toute sa vie que deux postes mineurs. Il laisse 1 458 poèmes dont une bonne partie date des douze dernières années de sa vie qui se termine dans l'errance à laquelle il semblait voué. En dehors de poèmes répondant directement aux événements politiques et militaires contemporains, les thèmes principaux de Du Fu tournent autour de la famille, de la nostalgie de la capitale, de l'histoire ancienne, de l'inutilité de sa vie, la maladie et la vieillesse. Cf. Florence Hu-Sterk, *L'Apogée de la poésie chinoise : Li Bai et Du Fu*. Paris : You-Feng, 2000.

EDISON, Thomas (1847-1931). Auteur, seul ou avec ses collaborateurs, de 1 093 brevets d'invention, Edison s'impose comme un des inventeurs les plus prolifiques de son époque, dont les inventions majeures auront un impact immense sur la vie de tous les jours.

EINSTEIN, Albert (1879-1955). Une sortie prématurée de l'école et un échec à l'Ecole Polytechnique n'ont guère constitué un handicap pour celui dont le nom est associé à des découvertes majeures de la physique moderne du XXe siècle. Juif né à Ulm, il se fait naturaliser suisse en 1900, puis sentant l'influence grandissante des nazis, il s'installe aux Etats-Unis dès 1932. Il reçut le prix Nobel de physique en 1921.

ELIOT, Charles W. (1834-1926). Charles W. Eliot, lequel présida l'université de Harvard de 1869 à 1909, est le compilateur de la monumentale anthologie *The Harvard Classics* sous-titrée *The Five Foot Shelf of Books* (« Le rayonnage de livres de cinq pieds ») comprenant cinquante volumes, qui sera complétée d'un ensemble de vingt volumes de fiction (P. F. Collier & Son, 1909-1917). L'ambition de l'entreprise était de réunir ce qu'un honnête homme devait acquérir comme connaissances pour compléter son éducation dans tous les domaines des activités humaines sans oublier la littérature.

ELIOT, George (1819-1880). Derrière ce nom d'emprunt se cache la romancière anglaise Mary Ann Evans, laquelle réussit le tour de force de s'émanciper d'une éducation calviniste des plus strictes. Devenue agnostique, elle entame une vie littéraire intense, dirigeant la *Westminster Review*, affichant son union libre avec G. H. Lewe, journaliste et biographe de Goethe* qui l'encourage à écrire. A la mort de Lewe, à l'âge de soixante-deux ans, elle se marie à un homme de vingt-deux ans son cadet. Virginia Woolf salua en elle une pionnière du féminisme.

EMERSON, Ralph Waldo (1803-1882). Poète et philosophe américain, il reste fameux pour avoir prôné un anticonformisme religieux et un retour à la nature. Il opposa à tous les systèmes de pensée celui de la croyance en soi-même, option qui reçut un accueil enthousiaste en Amérique.

ENGELS, Friedrich (1820-1895). Le nom de ce philosophe et théoricien socialiste allemand est irrémédiablement lié à celui de Karl Marx* qu'il rejoint à partir de 1844 à Paris. Engels collabore notamment à la rédaction du *Manifeste du parti communiste* (1848).

ÉSOPE (v. 620-560 av. J.-C.). Les *Fables* d'Esope sont un témoignage très indirect de l'art de ce fabuliste grec. Recueillies au IVe siècle avant J.-C. sous forme de prose, puis mises en vers au Ier siècle avant J.-C., il faudra attendre le XIVe siècle pour les retrouver sous la forme que nous leur connaissons aujourd'hui. On sait l'intérêt que leur porta Jean de La Fontaine (1621-1695), auteur d'une *Vie d'Esope le Phrygien.*

EURIPIDE (480-406 av. J.-C.). Poète tragique grec dont ne subsistent plus que dix-sept tragédies et un drame satirique.

FRANCE, Anatole (1844-1924). Le penseur Anatole France (Jacques Anatole François Thibault, de son vrai nom), membre fondateur de *L'Humanité* (1904), auquel fait référence Lin Yutang, a beaucoup moins bien résisté au temps que le conteur (*La Rôtisserie de la reine Pédauque*, 1892), prix Nobel de littérature en 1921. Quoi qu'il en soit, on ne peut négliger celui qui inspira le personnage de Bergotte à Marcel Proust (*A la recherche du temps perdu*).

GALILÉE (1564-1642). Physicien et astronome italien dont la notoriété tient non seulement à ses démêlés avec l'Eglise et à son retentissant procès, mais au fait qu'il est l'un des artisans de la science moderne : c'est lui qui a introduit les mathématiques dans le monde de la physique, et qui grâce à sa découverte de la lunette astronomique a pu prouver que la Terre n'est pas le centre de tous les mouvements célestes.

GAYNOR, Janet (1906-1984). Si Lin Yutang évoque cette actrice américaine née à Philadelphie, c'est sans doute qu'il a encore en tête les images de *Ladies in Love* de David O. Selznick (1936), dans lequel elle tient le rôle principal.

GOETHE, Johann Wolfgang von (1749-1832). L'auteur des *Souffrances du jeune Werther* (1774), et de tant d'autres chefs-d'œuvre, vécut avec Christiane Vulpus (1765-1816) à partir de 1788. Il ne l'épousa qu'en 1806. Un seul de leurs cinq enfants survivra, c'est Auguste von Goethe (1789-1830).

GONG Zizhen (1792-1841). Ce penseur et écrivain est un de ceux qui ont le mieux perçu les tares du régime mandchou et le plus tôt senti le danger que représentait pour l'empire l'impérialisme anglais. Il laisse beaucoup de traités et d'essais dans lesquels la « profondeur de vue s'allie à un style clair, vivant et incisif » (Jacques Dars).

HALDANE, John Burdon Sanderson (1892-1964). Le grand biochimiste anglais Haldane se fit connaître du public anglo-saxon par une œuvre de vulgarisateur et d'essayiste.

HAN FEIZI (280-233 av. J.-C.). Chacun peut dorénavant juger du bien-fondé de la comparaison souvent faite entre la pensée de Han Feizi avec celle de Machiavel (1469-1527) car ses écrits – le *Han Feizi* –, qui fournissent la brillante synthèse du légisme chinois, sont accessibles dans la brillante version qu'en a récemment donnée Jean Lévi : *Han-Fei-tse ou le Tao du Prince. La stratégie de la domination absolue.* Paris : Le Seuil, coll. « Points-Sagesses », n° 141, 1999.

HANSHAN. On ne sait qui fut ou qui furent les auteurs des quelque 300 poèmes inspirés par le bouddhisme *chan* (zen*) attribués à un certain Hanshan (ou « Froide Montagne ») aimant à chanter les joies de l'érémitisme et à faire la satire du monde. Quoi qu'il en soit, la légende en a fait une sorte de moine fou capable de toutes les excentricités.

HE Shaoji (1799-1873). He Shaoji, qui grandit dans un environnement lettré recherché – son père était un fameux bibliophile – décrocha à vingt-sept ans le titre de *jinshi* (l'équivalent de notre doctorat), sésame indispensable pour entrer dans l'administration. Son nom est associé à la calligraphie, art dans lequel il brilla. On peut admirer certaines de ses réalisations dans *L'Art chinois de l'écriture* de Jean-François Billeter (Genève : Skira, 1989).

HEGEL, Georg Wilhelm Friedrich (1770-1831). Ce n'est qu'après la publication de son *Encyclopédie des sciences philosophiques* (1817) que l'auteur de la

Phénoménologie de l'esprit (1807) commença à attirer des disciples et qu'après sa mort des suites d'une épidémie de choléra que l'étendue de son apport philosophique fut révélée au monde et que se concrétisa son impact sur la pensée allemande avec la prééminence donnée au concept et à la rigueur de la pensée.

HÉGÉMON DE CHU ou CHU *BAWANG*. Longtemps avant son unification par Qin Shi Huangdi* en 221 avant notre ère, la Chine est un ensemble de fiefs sous la conduite vertueuse des rois Zhou. Puis, pendant la période dite des Printemps et Automnes (770-476), les chefs des différentes principautés ont de plus en plus souvent tendance à se sentir rois chez eux. De 685 à 591, les chefs de cinq des plus puissantes entités politiques nées d'alliances entre royaumes rivalisent entre eux pour se hisser au rang de « Protecteur du Trône ». C'est la période dite des Hégémons *(ba)*. Chu (royaume du Sud) et son chef, le roi *(wang)* Zhuang, l'emporte pendant un temps, s'imposant à Jin en 597.

HEINE, Heinrich (1797-1856). Mort à Paris à moins de soixante ans, ce poète allemand a suivi un parcours littéraire très complet, passant d'une poésie dans laquelle s'exprimait une sensibilité exacerbée mêlée d'ironie et où la musicalité de la langue se renforçait du recours au chant populaire (« Loreley », *Livre des chants*, 1827), à la satire politique (*Allemagne, conte d'hiver*, 1844).

HELLIS, Havelock (1859-1939). L'œuvre majeure de ce professeur de médecine britannique qui cessa d'exercer pour se consacrer à ses recherches et à l'écriture est *Studies in the Psychology of Sex* (1897-1928) qui aborde la sexualité sous tous ses angles. La publication de ces études lui valut un procès et l'ouvrage ne put circuler par la suite que dans le milieu médical jusqu'en 1935. Ellis ne voyait dans les activités sexuelles que l'expression naturelle de l'amour. Il s'engagea également dans la lutte pour les droits des femmes.

HOBBES, Thomas (1588-1679). Philosophe anglais qui a contribué avec d'autres à fonder la philosophie politique moderne.

HONGLOUMENG ou *LE RÊVE DANS LE PAVILLON ROUGE*. L'auteur de ce merveilleux roman en langue vulgaire est Cao Xueqin (1715 ?-1763). Descendant d'une famille Han au service des Mandchous jusqu'en 1627, date qui marque le début de son déclin, il vécut à Pékin et connut la misère jusqu'à sa mort, ne devant sa subsistance qu'à ses qualités de peintre et de poète. Dix ans durant, s'y reprenant à cinq fois, il se consacra à cette œuvre unique qu'il laissa inachevée. Egalement intitulée *Shitou ji (Mémoires d'une pierre)*, elle circula de son vivant sous forme de manuscrits. Sa première édition typographique date de 1791 et propose le texte en 120 chapitres dont les 40 derniers, qui en infléchissent le propos en lui donnant une fin moins tragique que celle imaginée par Cao, sont attribués à Gao E (1763-1815). Tout à la fois saga familiale défiant toute tentative de résumé, récit encyclopédique, satire du pouvoir mandchou, fresque romanesque prenante, le *Rêve* est unanimement considéré comme le plus grand roman chinois. Son lecteur reste fasciné par la multiplicité des personnages, la vivacité des dialogues, la profusion des descriptions et l'enchevêtrement des intrigues qui s'organisent autour de la narration du destin amoureux d'une poignée de personnages centraux émergeant avec une force évocatrice irrésistible : Jia Baoyu préfère partager l'intimité oisive des jeunes filles, sœurs, cousines, servantes de la maison, plutôt que de devenir mandarin. Amoureux fou de sa maladive cousine Lin Daiyu qui meurt de désespoir, il est contraint d'épouser Xue Baochai, une autre cousine, avant de décider de se faire moine, ayant pris conscience de la vacuité des choses terrestres. Son message fondamental en faveur de la liberté de chacun à choisir son destin et surtout de l'égalité entre les sexes, lui assure une portée universelle.

HUAINAN ZI. Ce recueil, qui vient d'accéder à la « Bibliothèque de la Pléiade » (*Les Philosophes taoïstes*, tome II, Charles Le Blanc, Rémi Mathieu, éd., Paris : Gallimard, 2003), est dû à Liu An (v. 180-122), prince de Huainan et petit-fils de l'empereur Gaozu qui fut le fondateur de la dynastie Han. C'est un ouvrage de type encyclopédique sur la société de son époque, une somme philosophique autant que politique d'une grande richesse puisqu'y sont discutés les principes taoïstes, mais aussi les sciences et la littérature.

HUANG Jiuyan. Huang est un ami de Zhang Chao* sur lequel on ne sait rien sinon qu'il dut vivre retiré et avoir assez de loisirs pour apporter quelques commentaires aux écrits de son camarade, notamment au *Youmengying*.

HUANG Tingjian (1045-1105). Poète et calligraphe, son nom est associé à celui de Su Dongpo* dont il était l'ami. Tous deux étaient de leur vivant aussi célèbres l'un que l'autre, mais l'influence de Huang s'essouffla après les Ming.

HUIZI (v. 380-305 av. J.-C.). Hui Shi ou Huizi est un penseur représentatif du courant des logiciens. Sa foi dans le langage n'a d'égale que la défiance à l'égard du discours dont fait preuve Zhuangzi*. C'est grâce à ce dernier que l'on connaît ce penseur dont les écrits ont presque entièrement disparu.

HUME, David (1711-1776). Philosophe et historien écossais, Hume reçut en France, où il séjourna de 1746 à 1750, puis de 1763 à 1766, un accueil chaleureux de la part des Encyclopédistes et fut un hôte apprécié des salons parisiens du Siècle des Lumières.

IBSEN, Henrik (1828-1906). Poète et dramaturge norvégien, Ibsen figure parmi les principaux initiateurs de la dramaturgie moderne. Sa pièce *Hedda Gabler* (1890) est sans aucun doute à mettre en relation avec sa liaison avec une jeune personne de dix-huit ans qu'il rencontra pendant l'été 1889, Emilie Bardach, de quarante ans sa cadette. C'est, en effet, dans le mois qui suivit la fin de cette aventure que le grand dramaturge composa ce drame jugé la pièce « la plus froide et la plus impersonnelle de son œuvre » (Herman Weigand, *The Modern Ibsen, A Reconsideration,* New York : Holt, 1925).

JAMES, William (1842-1910). Ce William James auquel Lin Yutang fait à sept reprises référence est le psychologue et philosophe américain, une des grandes figures du pragmatisme, fils du théologien Henry James (1811-1882), frère de l'écrivain du même nom (1843-1916). Son œuvre phare, fruit d'un travail de douze ans, dans lequel il présentait quelques-unes de ses propres découvertes et faisait la synthèse de l'ensemble des recherches psychologiques du XIXe siècle, parut en deux volumes en 1890. Ces *Principes de la psychologie* connurent un succès immédiat. Il y traitait la psychologie comme une science de la nature, soulignant que penser est toujours « un acte personnel et subjectif ».

JEANS, James (1877-1946). Ce mathématicien et astronome britannique fut, à partir de 1928, un grand vulgarisateur des notions de l'astronomie et de la physique.

JIA Fuxi (1590 ?-1676 ?). Originaire comme Confucius* de Qufu, ce poète occupa sur le tard divers postes dans l'administration avant la chute des Ming (1644). Il se distingua surtout dans le genre de la poésie chantée.

JIANG Tan (1818-1863). Hormis ces *Réminiscences sous la lampe automnale (Qiudeng suoyi)* dans lesquels il se remémore les moments passés en compagnie de son épouse Qiufu, Jiang Tan, qui se serait contenté d'un modeste grade de bachelier, laisse plusieurs collections de poèmes.

JIDIAN (fin XIIe-début XIIIe). Au départ Jidian, « Ji le Fou », également appelé Jigong, était un obscur moine excentrique de la région de Hanzhou. Celui-ci devint tout à la fois une divinité de la religion chinoise et le héros d'un long cycle romanesque. Il inspira également des dramaturges, et ses aventures, toujours désopilantes et troublantes, ont stimulé bon nombre de genres de la littérature folklorique.

JIN PING MEI ou *FLEUR EN FIOLE D'OR*. Qu'à l'instar de son préfacier, on le considère comme « obscène pour la bonne cause » ou « aucunement licencieux », comme son plus fervent commentateur Zhang Zhupo qui l'édita dans une version allégée de bon nombre de ses poèmes en 1695, le *Jin Ping Mei* (début du XVIIe siècle) est un livre véritablement extraordinaire, peut-être le plus extraordinaire des grands romans des Ming. Bien qu'il emprunte une part de sa matière à *Au bord de l'eau (Shuihuzhuan*)*, c'est la première œuvre romanesque d'ampleur (100 chapitres) à sortir, pour l'essentiel, du pinceau d'un seul auteur. Celui-ci, toujours inconnu, était un génie habile conteur capable de varier les registres, sans s'interdire le recours à un érotisme parfois torride qui condamna le roman à être mis à l'index. Il narre l'ascension puis le déclin d'un marchand nommé Ximen Qing, avide de richesses, d'honneurs, tout autant que de conquêtes féminines. André Lévy en a fourni une traduction magistrale : *Jin Ping Mei, Fleur en Fiole d'Or*, Paris : Gallimard, « Bibliothèque de La Pléiade », 1985, ou en collection « Folio », 2004.

JIN Shengtan (1608-1661). Le nom de pinceau de Jin Renrui est resté dans les mémoires moins pour son œuvre personnelle pourtant d'une grande fraîcheur (cf. ses « Trente-trois moments de bonheur* ») que pour son travail d'édition et de commentaires des grandes œuvres de la littérature chinoise. La grande originalité de celui qu'on appelle souvent le « Prince des commentateurs » est d'avoir associé aux monuments de la tradition lettrée tels que le *Zhuangzi**, les *Mémoires historiques (Shiji)* de Sima Qian*, le *Lisao** de Qu Yuan (340 ?-270 ?), des œuvres alors méprisées puisque recourant à la langue vulgaire, à savoir la pièce de théâtre *Xixiangji* (Le Pavillon de l'Ouest)* et le roman-fleuve *Shuihuzhuan* (Au bord de l'eau)*. Ses engagements esthétiques et sa défense d'un roman qui selon les moralistes engageait à la rébellion, lui valurent de connaître un sort tragique. Impliqué dans des émeutes dans son Suzhou natal, il fut décapité en compagnie de dix-sept autres bacheliers frondeurs.

JOHNSON, Samuel (1709-1784). Poète satirique avec la *Vanité des souhaits humains* (1749), directeur de revues *(The Rambler*; *The Idler)*, il accéda à la notoriété avec un *Dictionnaire de la langue anglaise* (1747-1755). Johnson exerça une grande influence sur la vie littéraire anglaise en se posant comme le défenseur du classicisme (*Vies des poètes anglais*, 1779-1781).

JOUBERT, Joseph (1754-1824). Moraliste français inspiré par la philosophie des Lumières, il influença Chateaubriand (1768-1848) qui publia les écrits de son mentor sous le titre de *Pensées* en 1838. Parmi ses notes sur ses expériences et ses lectures, on peut notamment lire cette pensée : « L'erreur agite ; la vérité repose. »

JUGE LINDSAY. Le juge J. M. Lindsay a donné son nom à une bourgade du Texas qui fut fondée grâce à ses dons en 1891. Cette petite communauté d'émigrés d'origine allemande, composée au départ de quelque trente-cinq familles, chercha à préserver un cadre de vie lui correspondant dans un environnement harmonieux et parvint, semble-t-il, à rester à l'écart des autres communautés voisines jusqu'à la fin des années 1950.

KANT, Emmanuel (1724-1804). Kant inaugura la philosophie critique et fonda l'idéalisme allemand. Son œuvre, d'une exceptionnelle densité, constitue toujours l'une des références indispensables de toute culture philosophique.

KEITH, Arthur (1866-1955). Très influencé par Darwin*, Sir Arthur Keith n'est pas seulement le grand spécialiste des fossiles humains et l'auteur d'un bon demi-millier de publications scientifiques, ce fut aussi un personnage engagé dans le débat public autour de sa croyance dans le modèle darwinien et de son agnosticisme.

KHAYYAM, Omar (1048-1131). Mathématicien, astronome et poète persan dont les *Roba'iyat* (poèmes de deux vers à deux hémistiches) furent révélés au public occidental grâce à une paraphrase donnée par l'écrivain anglais Edward Fitzgerald (1809-1883). Il s'y montre humaniste sceptique et aimable épicurien.

KIPLING, Rudyard (1865-1936). Né à Bombay, ce Britannique restera marqué par ses six premières années passées en Inde ; en 1894, il écrit le premier volet du *Livre de la jungle*, l'année suivante le second, qui assurèrent sa notoriété dans le monde entier. Il reçut le prix Nobel en 1907. Ses *Souvenirs,* publiés l'année qui suit sa mort, viennent juste de paraître lorsque Lin Yutang note qu'il les a trouvés décevants.

LAC DE L'OUEST. Le Xihu ou Lac de l'Ouest est un des sites touristiques les plus fameux de Chine. Il est situé à Hangzhou (province du Zhejiang) où les Song du Sud (1127-1279), qui contribuèrent à le rendre encore plus attrayant, installèrent leur capitale. Un ensemble de temples et de jardins se trouve réparti autour des 15 kilomètres de périmètre d'un lac peu profond qu'on peut parcourir en barque. On peut notamment y voir la digue que Su Dongpo* y fit construire durant son mandat de magistrat de la ville.

LAOZI. Un grand mystère entoure la personnalité de ce « Vieux Maître », Laozi, qui (selon Sima Qian*,

Mémoires historiques, chap. 63) se serait appelé Li Er ou Li Dan, auteur supposé d'une série de 81 « comptines aphoristiques chargées d'une force incantatoire indéniable », connues et diffusées sous le titre de *Dao De jing (Classique de la Voie et de la Vertu)*; composé de quelque cinq mille mots, c'est le texte chinois le plus souvent traduit. Rien, non plus, n'est venu attester que Laozi, s'il a existé, ait pu rencontrer Confucius* de vingt ans son cadet aux alentours de 518 avant notre ère, ni même que Zhuangzi* soit son continuateur comme l'affirmait candidement Lin Yutang (cf. son introduction à sa traduction du *Zhuangzi*). Réel ou imaginaire, Laozi devint l'objet d'un culte dès le IIe siècle de notre ère et passe pour être le « fondateur » de l'école taoïste. Pour remettre chaque chose à sa place et déjouer les contresens, il convient pour le moins de jeter un coup d'œil curieux à l'*Histoire de la pensée chinoise* d'Anne Cheng (Seuil, 1997, chap. 4 et 7) et de lire Isabelle Robinet, *Lao Zi et le Dao*. Paris: Bayard, coll. « L'aventure intérieure », 1996.

LI Bai (701-762). Li Bai ou Li Bo, Li Taibai ou Li Taipo, selon les usages, est sans conteste le poète chinois le plus connu au monde. Surnommé le « génie de la poésie », il se passionna dès sa jeunesse pour la poésie, refusant de passer les examens. Présenté à la cour, il y fut choyé par la haute société de Chang'an. Mais, déçu de n'avoir reçu aucune fonction à la hauteur de ses ambitions, il reprit sa liberté. Il mena dès lors une vie sans attaches, au gré de sa fantaisie, de ses amis et de ses protecteurs. Lui qu'on appelle souvent l'« Immortel en exil » se noie en voulant, dit-on, attraper par une nuit d'ivresse le reflet de la lune sur une rivière. Sa vie et son œuvre ont trouvé en France un accueil particulièrement chaleureux puisque de nombreux travaux et traductions leur ont été consacrés, dont *Le ciel pour couverture, la terre pour oreiller. La vie et l'œuvre de Li Po*, de Ferdinand Stoc es (Arles : Picquier, 2003).

LI Mi'an (XVIIe siècle). Il semblerait que ce *Ban ban ge*, « Chanson de la moitié de la moitié », soit l'œuvre d'un poète de la fin des Ming et du début des Qing.

LI Yu (1611-1680). Li Yu occupe une place tout à fait originale dans l'histoire des lettres chinoises tant il prit la peine de renouveler les genres qu'il aborda sa vie durant : le théâtre bien sûr (il laisse dix pièces et un traité de dramaturgie), sa poésie (avec un penchant prononcé pour le genre chanté), ses essais, et notamment son *Xianqing ouji (Notes au gré d'humeurs oisives)* dont Lin Yutang aime à citer les meilleurs passages et dont on vient de redécouvrir la qualité et la séduction grâce à l'art consommé de la traduction de Jacques Dars (*Les Carnets secrets de Li Yu. Un art du bonheur en Chine*. Arles : Picquier, 2003), mais aussi ses romans en langue vulgaire (*A mari jaloux, femme fidèle,* traduction de Pierre Kaser, Arles : Picquier poche n° 95 ; *De la chair à l'extase,* traduction de Christine Corniot, Arles : Picquier poche n° 19). Mais, celui qu'on appelle le plus souvent (Hushang) Liweng, « le Vieux Pêcheur (du bord du Lac de l'Ouest*) », s'est également singularisé par une manière très personnelle de concevoir l'existence et d'assurer sa survie et celle d'une famille qui deviendra pléthorique. Comptant plus sur le fruit de son imagination que sur l'appui souvent défaillant des mandarins qu'il côtoyait, Li Yu, qui abandonna très tôt (1642) la poursuite d'un hypothétique succès aux examens, fut, en plus d'un écrivain prolixe qui s'édita lui-même, libraire, décorateur de jardin, directeur d'une petite troupe de comédiennes et inventeur en tout genre.

LI Zhi (1527-1602). Penseur de premier plan qui s'en prit violemment au néoconfucianisme de Zhu Xi (1130-1200), Li Zhi (Zhuowu) se retira en 1580 dans un monastère après une carrière mandarinale très modeste. Ses goûts iconoclastes, notamment pour le roman *(Shuihuzhuan* – Au bord de l'eau)* et le théâtre *(Xixiangji* – Le Pavillon de l'Ouest)*, et ses écrits *(Fenshu – Livre à brûler ; Cangshu – Livre à cacher)* jugés scandaleux lui valurent de connaître la prison où il se donna finalement la mort, laissant une œuvre d'une grande puissance longtemps frappée d'interdit.

LIEZI. Le *Liezi*, ouvrage attribué à Lie Yukao (450-375 av. J.-C.), devenant *ipso facto* Maître Lie ou Liezi, est en fait un ouvrage composite datant vraisemblablement des IIIe et IVe siècles et dans lequel s'exprime le fatalisme caractéristique de l'école néotaoïste propre à cette période. Il a été plusieurs fois traduit, notamment en français. Il livre outre une version de la philosophie de Yang Zhu*, des apologues fameux. La plus récente traduction est celle de Jean-Jacques Lafitte parue sous le titre discutable (comme bon nombre de ses choix de traduction) de *Traité du vide parfait*. Paris : Albin Michel, coll. « Spiritualités vivantes », n° 149, 1997.

LISAO ou *LAMENTATIONS SUR LA SÉPARATION*. Ce long poème de quelque 374 vers est un de ceux contenus dans le recueil poétique *Chuci (Elégies de Chu)* qu'on attribue avec une quasi-certitude à Qu Yuan (vers 340-278 av. J.-C.). Le premier poète chinois connu fut au service du roi de Chu, principauté du Sud ayant développé une culture originale aux marges de l'espace chinois, jusqu'à ce que des calomniateurs le chassent. Blessé au plus profond de son âme, il coucha son amertume dans un genre poétique empreint d'un lyrisme débridé, offrant une profusion d'images, de symboles. Lorsque son pays tomba aux mains de Qin, il se jeta dans la rivière Miluo. C'était le 5e jour du 5e mois lunaire, dit-on ; sa mort est commémorée encore de nos jours par des fêtes aquatiques.

LIU Rushi (1618-1664). Courtisane d'exception, Liu devint à l'âge de vingt-deux ans la concubine d'une des célébrités littéraires de l'époque, Qian Qianyi (1582-1664), de quatorze ans son aîné. Elle se fit accorder les mêmes égards que ceux d'ordinaire réservés aux épouses principales alors même que Qian n'était pas encore veuf. Vingt-trois ans plus tard, à la mort de son mari, elle n'hésita pas à se suicider pour régler les problèmes de succession en faveur de sa fille et de son gendre. Elle laissait alors une œuvre de poète à la hauteur de sa forte personnalité.

LIU Zhongyuan (773-819). Dans l'esprit des Chinois et les histoires de la littérature, Liu Zhongyuan est un des huit plus grands prosateurs des dynasties Tang et Song. Son œuvre est représentative du retour à la prose antique (*guwen*) et ouvre la voie à la littérature de voyage. Cf. J. Pimpaneau, *Anthologie de la littérature chinoise classique*, p. 352-372.

LIVRE DES MUTATIONS ou *YIJING*. C'est à Confucius* qu'on attribue l'élaboration des Cinq Classiques qui constituent la base de la doctrine confucéenne. L'un d'eux est le *Yijing* ou *Livre des Mutations* (également appelé *Zhouyi*, *Mutations des Zhou*) qui est (selon A. Cheng, qui lui consacre un chapitre entier de son *Histoire de la pensée chinoise*, p. 254-275) « l'une des sources essentielles de la pensée cosmologique, et de la philosophie chinoise en général ». Ouvrage de divination et de pensée, « livre de vie autant que de connaissance qui contient toute la vision spécifiquement chinoise des mouvements de l'univers et leur rapport avec l'existence humaine » (*ibid.*, p. 255), le texte du *Yijing* a évolué sur une très longue période qui remonte pour le moins au XIe siècle avant J.-C. Il a été plusieurs fois traduit en français.

LOCKE, John (1632-1704). Philosophe, humaniste et médecin anglais, fondateur de la conception moderne du droit, Locke fut le modèle des philosophes français du Siècle des Lumières.

LÜSHI CHUNQIU ou *PRINTEMPS ET AUTOMNES DE LÜ BUWEI. Printemps et Automnes du sieur Lü*, ouvrage collectif compilé entre 241 et 235 avant J.-C., est représentatif de la volonté de synthèse qui se fit jour à l'époque de sa réalisation, laquelle constitue un des premiers tournants majeurs de l'histoire de Chine. Lü Buwei, son commanditaire, fut du reste un acteur des changements qui se dessinaient là, puisqu'il fut premier ministre du premier empereur Qin Shi Huangdi*. La matière, très riche, peut être découpée selon les douze principaux courants de pensée qui coexistaient avant l'unification de l'empire en 221 avant notre ère. Cf. Ivan P. Kamenarovic (trad.). Paris : Les Editions du Cerf, coll. « Patrimoines *Confucianisme* », 1998.

LUXUN (1881-1936). Luxun ou Lu Xun, Lou Sin, Zhou Shuren, de son vrai nom, a été hissé par la critique communiste au rang de père fondateur de la littérature chinoise moderne. Il doit un honneur dont il se serait bien passé non seulement à son choix, très tôt affirmé, en faveur d'une littérature engagée, mais aussi à la puissance de ses écrits. Ses plus célèbres nouvelles sont sans aucun doute *La Véridique Biographie d'A Q (A Q zhengzhuan)* et *Le Journal d'un fou* (*Kuangren riji*, 1918), qui ont été abondamment traduites. Les travaux qui lui sont consacrés encore aujourd'hui nous le montrent sous un jour moins univoque. Cf. Lu Xun, *Errances, les chemins divergents de la littérature et du pouvoir*, traduits et expliqués par Sébastian Veg. Paris : Editions Rue d'Ulm, 2004.

MA GU. Ma Gu, taoïste, originaire du Shanxi (Nord de la Chine), s'installa vers 1333 au Yunnan (Sud de la Chine). Elle y sera vénérée en tant que protectrice des femmes âgées.

MANNING, Henry Edward (1808-1892). Anglican de confession, Manning se convertit au catholicisme en 1850 et fut ordonné cardinal en 1875. Il milita notamment pour permettre aux catholiques britanniques de recouvrer leurs droits civiques et d'ouvrir des écoles.

MAO Xiang (1611-1693). Mao Xiang est l'auteur de ce qui peut passer pour l'œuvre fondatrice d'un genre nouveau : la narration en langue classique de souvenirs d'une union avec une épouse ou une concubine, récit mêlé de réflexions sur le passé, sorte de chronique du quotidien. Dans ses *Souvenirs de l'ermitage des Pruniers Ombreux (Yingmei'an yiyu)*, Mao parle de son attachement pour Dong Xiaowan, morte à vingt-sept ans, et de sa peine de l'avoir perdue. Le texte a été traduit par Martine Vallette-Hémery sous le titre de *La Dame aux pruniers ombreux*. Arles : Picquier poche n° 71.

MARX, Karl (1818-1883). A travers son ouvrage, Lin Yutang ne s'en prend pas tant directement à Marx lui-même, le théoricien et philosophe, l'explorateur des conditions de la genèse, de la maturité et de l'effondrement du capitalisme (*Le Capital*, 1867-1873) qu'à ceux qui useront de sa théorie. Il a l'élégance de ne pas le rendre responsable « du développement actuel des théories socialistes et de l'apparition de Staline ».

MENCIUS (372-289 av. J.-C.). Contemporain de Zhuangzi*, Meng Ke aurait été un disciple de Zisi*, petit-fils de Confucius*. S'il perpétue le message du Maître, il le « radicalise » et le « systématise », pour reprendre les termes de son traducteur français le plus récent (André Lévy, *Mencius*. Paris : You-Feng, 2003). Mengzi, Maître Meng, latinisé en Mencius, nous a transmis sa pensée à travers des écrits rassemblés à sa mort par ses disciples. Le *Mengzi* possède un ton absent du *Lunyu*, qui réunit l'enseignement de Confucius : il est « destiné à convaincre des tiers plus qu'à instruire des disciples déjà acquis » (A. Cheng, *Histoire de la pensée chinoise*, p. 152). Son style deviendra un modèle de composition pendant l'ère impériale.

MI Fu (1051-1107). Mi Fu, ou Mi Fei selon la prononciation d'usage dans certains ouvrages, est de loin le peintre qui a eu la plus grande influence sur le développement de la peinture chinoise et l'art calligraphique.

Mais c'est surtout ses excentricités qui sont le plus souvent évoquées, au premier chef desquelles une obsession pathologique de la propreté ou son audace qui l'amena un jour à préférer saluer un rocher célèbre avant le mandarin local.

MILTON, John (1608-1674). Milton, poète, homme d'Etat et théologien, est considéré, avec Shakespeare* et Chaucer (1340-1400), comme l'un des plus grands auteurs de la littérature anglaise. Abandonné par sa femme un mois après son mariage, il rédige aussitôt *La Doctrine et la Discipline du divorce* (1643). Il n'a donc pas soixante-dix ans comme l'annonce Lin Yutang, mais seulement trente-cinq !

NEWMAN, John Henry (1801-1890). Prêtre anglican, ayant rompu avec l'anglicanisme au profit du catholicisme, il deviendra cardinal en 1879, après avoir été recteur de l'université de Dublin de 1851 à 1858. L'ouvrage dans lequel il a évoqué son aventure spirituelle, *Apologia pro Vita sua* (1864), est devenu un des classiques de l'art autobiographique.

NEWTON, Isaac (1642-1727). Mathématicien, physicien et astronome qui a bouleversé le cours de la science et modifié radicalement la conception que l'homme se faisait du monde. Il est principalement révéré pour sa théorie de la gravitation.

NI Zan (1301-1374). Ni Zan est considéré comme le « plus pur » des quatre grands maîtres de la peinture de la période mongole. Egalement poète et calligraphe, il peignait des paysages dans un style très personnel en rapport avec une personnalité hors du commun, qui lui avait fait se débarrasser d'une fortune héritée pour vivre les vingt dernières années de sa vie une vie d'ermite errant sur les rives du lac Taihu, proche de son Wuxi (Jiangsu) natal.

NIETZSCHE, Friedrich (1844-1900). « Que je n'oublierai pas, pour finir, de dire l'essentiel : on revient régénéré de pareils abîmes, de pareilles maladies graves, même de la maladie du grave soupçon, on revient comme si l'on avait changé de peau, plus chatouilleux, plus méchant, avec un goût plus subtil pour la joie, avec une langue plus tendre pour toutes les choses bonnes, avec l'esprit plus gai, avec une seconde innocence, plus dangereuse dans la joie ; on revient plus enfant et, en même temps, cent fois plus raffiné qu'on ne le fut jamais auparavant... » écrit en avant-propos du *Gai Savoir* (1882-1887) celui que Lin Yutang appelle l'« élève violent » de Schopenhauer*. L'ouvrage, au titre si engageant et si riche en formules comme les aimait Lin, est souvent considéré comme le sommet de l'œuvre de Nietzsche. Lin a sans aucun doute longtemps médité le passage suivant : « L'aimable brute homme perd à chaque fois sa bonne humeur, à ce qu'il paraît, quand elle se met à penser ! elle se fait sérieuse ! Et "là où ne prévalent que rire et gaieté, on pense à tort et à travers", tel est le préjugé de cette brute sérieuse à l'égard de tout "gai savoir". Eh bien ! montrons que c'est un préjugé ! »

PASTEUR, Louis (1822-1895). Les travaux du chimiste et biologiste, fondateur et directeur jusqu'à sa mort de l'institut qui porte son nom, ont permis le développement des vaccins.

PAUPHILET, Albert (XXe siècle). Historien du Moyen Age et grand spécialiste de la littérature de cette époque, pour laquelle il œuvra sans relâche, on lui doit un grand nombre d'éditions et de traductions de référence. Bien difficile d'identifier l'ouvrage dans lequel Lin Yuntang est allé puiser cette citation : « Aucun type d'esprit n'est semblable à celui de l'extrême droite comme celui de l'extrême gauche. »

PÉRICLÈS (v. 495-429 av. J.-C.). L'époque de Périclès, qui voit la prééminence politique de la démocratie, fut sans doute l'époque la plus brillante de l'histoire athénienne et grecque, car elle favorisa l'émergence d'œuvres aussi importantes que celles de l'historien Hérodote, la philosophie de Socrate*, les tragédies de Sophocle* et d'Euripide.

PLATON (427-347 av. J.-C.). Dans une œuvre composée essentiellement de dialogues, ce philosophe grec, ami de Socrate*, a abordé la plupart des domaines qui constituent encore aujourd'hui la discipline philosophique dont il a profondément marqué l'histoire.

POE, Edgar Allan (1809-1849). Nouvelliste saisissant (*Histoires extraordinaires*, 1840) mais aussi journaliste directeur de revues, poète et essayiste, Poe doit son introduction en Chine à Luxun* (Zhou Shuren, 1881-1936) qui l'avait découvert au Japon en 1904. Enthousiasmé par la lecture de *The Golg Bug (Le Scarabée d'or)*, il l'envoya à son frère resté à Nankin, l'essayiste Zhou Zuoren (1885-1967), qui le traduisit et le publia la même année dans la revue *Nüzi shijie (Le Monde des femmes)*. Dès lors, beaucoup d'écrivains marquants de la première moitié du XXe siècle chinois le liront et le traduiront avec plus ou moins de bonheur.

QIANLONG (r. 1735-1795). L'ère Qianlong, qui correspond au règne de l'empereur Gaozong de la dynastie Qing (1644-1911), poursuit l'ère de paix et de prospérité commencée sous le règne précédent (ère Kangxi, 1661-1722). La Chine connaît alors une très forte croissance économique et démographique et l'empire mandchou est sans nul doute le plus vaste et le plus puissant du monde.

QIN SHI HUANGDI (259-210 av. J.-C.). Dans un de ses livres magistraux que tout amateur de la Chine devrait avoir lu, Marcel Granet (*La Civilisation chinoise,* Paris : Albin Michel, (1929) 1979, p. 114 et 124) évoque l'œuvre du premier empereur (Shi Huangdi) des Qin et le regard que l'histoire a porté sur elle : « Le premier empereur ne régna que onze ans (221-210). Il eut le temps de donner à la Chine les frontières qui devaient lui permettre d'avoir une politique extérieure. Il prétendit même lui donner l'organisation centralisée qui aurait fait d'elle un Etat puissant. [Les] historiens pénétrés d'esprit traditionaliste n'ont voulu mettre en lumière que la dureté [de son] gouvernement. Il fut mauvais, car sa dynastie ne dura pas. Ban Gu (32-92), qui se plaît à le traiter de bâtard, affirme qu'il fut méchant et cruel. Afin de dénigrer l'homme à leur aise, les historiens ont masqué la grandeur de son œuvre. Sans doute ne la comprenaient-ils point. Qin Shi Huangdi n'est, pour eux, qu'un exemple magnifique du roi de perdition dont tous les succès sont néfastes. Ils ont déguisé tous ses actes et fait de lui un héros conventionnel. (...) Il avait, en quelques années, fait parvenir la Chine à un état d'unité et de concentration qu'elle ne devait jamais dépasser. Grâce à lui, l'idée de l'unité chinoise devint un idéal agissant, mais la Chine ne retrouva jamais un génie dominateur pareil au sien et qui eût l'audace de vouloir réaliser l'unité nationale sous la forme d'un Etat centralisé. » De même, la politique « anti-confucéenne » dont on le crédite mérite d'être reconsidérée avec moins de passion, comme l'a bien montré Nicolas Zufferey dans un article intitulé « Le premier empereur et les lettrés. L'exécution de 212 avant J.-C. » (*Etudes chinoises,* vol. XVI, n° 1, printemps 1997, p. 59-100).

ROBINSON, James Harvey (1863-1936). Fondateur de la « Nouvelle Ecole d'études historiques », cet historien américain a élargi le champ des études historiques aux sciences humaines. Une de ses principales œuvres est *L'Esprit en gestation (The Mind in the Making)* que cite Lin Yutang à plusieurs reprises, et dont le sous-titre est *De la relation de l'intelligence à la réforme sociale*.

RODIN, Auguste (1840-1917). Sans doute le sculpteur le plus connu au monde après Michel-Ange, Rodin fut aussi un artiste coutumier du scandale et qui connaîtra le sommet de sa gloire en 1900 à l'occasion de l'Exposition universelle.

ROUSSEAU, Jean-Jacques (1712-1778). Ecrivain, musicien et philosophe genevois dont l'œuvre monumentale a enthousiasmé et suscité la critique, Rousseau est l'auteur le plus lu de son siècle avec sa *Nouvelle Héloïse* (1761) et l'inventeur d'un nouveau *Contrat social* (1762), par lequel il entendait « trouver une forme d'association qui défende et protège de toute la force commune la personne et les biens de chaque associé, et par laquelle chacun s'unissant à tous n'obéisse pourtant qu'à lui-même et reste aussi libre qu'auparavant ».

RUAN Ji (210-263). Comme l'a montré Donald Holzman qui lui a consacré une monographie (*Poetry and Politics : The Life and Works of Juan Chi.* Cambridge U.P., 1976), « Ruan Ji essaie de se servir de la philosophie taoïste pour choquer les bien-pensants du jour et réanimer leurs vrais sentiments moraux ». Donc, Ruan Ji n'est pas un taoïste à proprement parler, mais un confucéen d'un genre nouveau. Dans sa *Biographie du Maître Grand Homme (Daren xiansheng zhuan)*, « il se réfugie dans l'évasion mystique, préconisant même l'anarchie, sans doute pour la première fois en Chine ». Sa poésie transpire de son angoisse à vivre pendant une des périodes les plus noires de l'histoire de Chine.

SANTAYANA, George (1863-1952). « Il n'y a aucun remède contre la naissance et la mort, sinon de profiter de la période qui les sépare. » On doit cette formule à celui que Lin Yutang appelle « l'un des esprits les plus doux de la génération présente », c'est-à-dire le philosophe essayiste, poète et humaniste hispano-américain George Santayana dont les écrits proposent une synthèse entre idéalisme et matérialisme, innovation et conservatisme, Est et Ouest, et lui valurent d'être reconnu comme un penseur majeur aux Etats-Unis.

SCHOPENHAUER, Arthur (1788-1860). Celui qui aura une influence marquante sur le jeune Nietzsche* et le Thomas Mann (1875-1955) des *Buddenbrook* (1901) n'acquit une renommée que sur la fin de ses jours, surtout grâce à ses disciples qui répandirent sa doctrine du pessimisme métaphysique.

SCOTT, Walter (1771-1832). Homme de loi écossais, libraire-éditeur, romancier-historien, Sir Walter Scott peut passer pour l'inventeur du roman historique qu'il pratiqua avec beaucoup de bonheur, notamment avec son *Ivanhoé* (1820) qui lui fit atteindre l'apogée de la célébrité.

SHAKESPEARE, William (1564-1616). L'œuvre et la personnalité du poète dramatique anglais ont été connues des Chinois dès le début du XXe siècle. Les jugements enthousiastes que porta sur lui Karl Marx* ont favorisé la réception de l'œuvre, laquelle est dorénavant entièrement accessible en chinois dans de prestigieuses éditions ou sur Internet.

SHELLEY, Percy Bysshe (1792-1822). Il s'agit ici du poète anglais, auteur de *De l'amour* (1820) et du *Triomphe de la vie* (1822), l'ami de Byron et non de sa femme Mary Golwin Shelley (1797-1851) qui livra *Frankenstein ou le Prométhée moderne* (1818). Shelley, qui avait été exclu d'Oxford pour avoir publié en 1811 un pamphlet intitulé *La Nécessité de l'athéisme,* laisse l'image d'un génie poétique « apôtre de la non-violence militante et de la rupture avec l'hypnose sociale ».

SHEN Fu (1763-apr. 1808). Lettré pauvre de la fin du XVIIIe siècle ayant occupé par intermittence de petits postes dans l'administration, Shen Fu ou Shen Sanpo ne fut connu comme écrivain qu'à partir de 1877, date à laquelle on publia pour la première fois le *Fusheng liuji* qui constitue le récit de sa vie. Des six chapitres que comptait l'original, il n'en reste plus que quatre. Avec une égale liberté de ton et dans un style d'une élégance spontanée, Shen Fu y évoque successivement les bonheurs de la vie conjugale et les petits agréments de l'existence, ces joies fugaces que procurent la nature, les arts, sans oublier les plaisirs simples comme ceux de la table. Vient ensuite la narration des épreuves subies par son ménage qui fut en butte aux conventions d'un système familial tyrannique, mais aussi à de cruelles difficultés économiques et pour finir à la maladie qui emporta Chen Yun, l'épouse chérie. Il en existe deux traductions françaises, l'une de Pierre Ryckmans – Shen Fu, *Six récits au fil inconstant des jours*, Paris : Christian Bourgois, coll. « 10-18 », (1966) 1996 –, l'autre de Jacques Reclus – Chen Fou, *Récits d'une vie fugitive,* Paris : Gallimard/Unesco, coll. « Connaissance de l'Orient », n° 10, (1967) 1986.

SHI Tao (1641-v. 1720). Descendant de Zhu Yuanzhang (1328-1398), fondateur de la dynastie Ming, Shi Tao, Zhu Ruoji de son vrai nom, est sans conteste le peintre chinois qui a reçu le plus d'attention de la part de la critique autant en Chine qu'en Occident. Son œuvre picturale manifeste encore aujourd'hui son incroyable modernité et ses *Propos sur la peinture (Hua yulu)* touchent encore par leur profondeur. Ils ont été traduits en français par Pierre Ryckmans (Bruxelles, 1985).

SHUIHUZHUAN ou *AU BORD DE L'EAU*. Ce roman d'aventures chinois, le premier roman-fleuve à être interdit officiellement en 1642 pour incitation au « banditisme », est le fruit d'un long et complexe processus d'élaboration mettant à contribution des sources d'époques et de natures différentes. La version complète serait redevable à Shi Nai'an (1296-1370), lettré dont on ignore tout, et à Luo Guanzhong, l'auteur du *Roman des Trois Royaumes.* L'édition la plus ancienne ne date que du milieu du XVIe siècle. Ses 100 chapitres font la relation du rassemblement progressif de 108 héros, de leurs combats héroïques pour venger les torts causés par les puissants dirigeants d'un empire en pleine déliquescence, avant qu'ils ne se mettent finalement au service de l'empereur. Ce revirement, diversement apprécié selon les époques, cause la disparition progressive et tragique de toute la confrérie fidèle à son chef charismatique. En 1614, le philosophe Li Zhi* en fournit une nouvelle édition en 120 chapitres et lui donne une préface mettant en avant le sens de la loyauté et de l'honneur des rebelles. Ces éditions furent occultées jusqu'au XXe siècle par celle en 71 chapitres concoctée en 1644 par le lettré iconoclaste Jin Shengtan*, lequel condamne la troupe dans un ultime chapitre afin de décourager quiconque de se livrer au brigandage et l'entoure d'un commentaire brillant et abondant. Couchée dans une langue parlée pleine de verve, l'œuvre est à ce point réussie qu'elle a eu une influence marquante sur la production littéraire chinoise, livrant notamment au *Jin Ping Mei** *(Fleur en Fiole d'Or)* ses principaux personnages.

SIMA Qian (vers 145-85 av. J.-C.). Gentilhomme de la cour en 123 avant notre ère, il succède en 107 à son père dans la charge de Grand Historien. En 99, ayant défendu un général vaincu, il est condamné à la prison et à la castration. Après vingt années d'un labeur acharné, qui lui ont permis d'explorer les archives impériales et de visiter les lieux historiques pour rassembler des documents, il termine les *Mémoires historiques (Shiji)*, monumental ouvrage qui couvre une période de plus de deux mille cinq cents ans. Le *Shiji,* reconnu par décret comme « Première Histoire officielle de Chine », servit de modèle aux futures vingt-quatre *Histoires dynastiques* et constitue une mine de morceaux choisis, comme ses succulentes biographies dessinées par un lettré pour qui l'histoire était principalement l'histoire des hommes, de leurs actions, de leurs paroles et de leurs écrits. Cf. J. Pimpaneau (trad.), *Mémoires historiques. Vies de Chinois illustres*. Arles : Picquier poche n° 187, 2002.

SOCIÉTÉ DU LOTUS. Selon sa propre tradition, la secte ou société secrète du Lotus Blanc (Bailianjiao) aurait été fondée sur la montagne sacrée du Lushan au début du Vᵉ siècle. De fait, ce grand mouvement syncrétiste et populaire, qui souleva les masses paysannes chinoises en plusieurs occasions (lutte nationaliste au moment de l'invasion mongole, résistance à l'envahisseur mandchou), ne devait voir le jour qu'au XIIᵉ siècle.

SOCRATE (470-399 av. J.-C.). Comme Confucius*, Socrate, philosophe grec, ne laisse pas d'écrit qui lui soit directement attribuable. Comme le grand penseur chinois, son quasi-contemporain, Socrate nous est connu par ses élèves dont Platon*, lequel restitua son enseignement dans ses dialogues parmi lesquels le *Phédon* et le *Banquet* qu'évoque Lin Yutang.

SOPHOCLE (496-406 av. J.-C.). Digne représentant de l'apogée de l'empire athénien et du « siècle de Périclès* », Sophocle reste pour toujours le génial tragédien auteur de sept tragédies dont *Antigone*.

SPENCER, Herbert (1820-1903). Spencer, philosophe et sociologue anglais, auteur des *Principes de sociologie* (1876-1896), pensait que « les sociétés avancées de son temps représentaient le terme ultime de l'évolution historique : elles ne pouvaient donc perdre leur équilibre, ou changer, qu'en régressant ».

STERNE, Laurence (1713-1768). Sterne est non seulement l'auteur génial d'« un roman qui les contient tous », intitulé *La Vie et les Opinions de Tristram Shandy*, génialement traduit sous ce titre par Guy Jouvet (Auch : Editions Tristram, 2004), mais aussi de bien d'autres morceaux de choix dont une « fantaisie semi-autobiographique » retraçant un voyage réalisé en France pour raison de santé, le *Voyage sentimental* (1768). Sa « désinvolture et son humour » influenceront profondément Diderot.

STEVENSON, Robert Louis (1850-1894). La critique a été souvent injuste vis-à-vis de cet écrivain écossais qui signa deux des romans qui ont fait le plus rêver jeunes et vieux : *L'Ile au trésor* en 1883 et *Docteur Jekyll et Mister Hyde* en 1886.

STRACHEY, Lytton (1880-1932). Biographe anglais réputé pour avoir révolutionné l'art de la biographie en s'éloignant du style sinistre et convenu des biographies officielles et des panégyriques du XIXe siècle.

SU Dongpo (1037-1101). Su Shi, que l'on connaît sous son nom de pinceau de Su Dongpo, Su « Versant de l'Est », incarne à merveille le génie chinois : poète prolifique et inspiré (il laisse quelque 2500 poèmes), essayiste puissant et humoristique, esprit engagé épris de liberté qui fut dans ses fonctions un confucianiste scrupuleux, mais, dans sa vie privée, un admirateur du taoïsme de Zhuangzi* très versé dans le bouddhisme. Cf. *Sur moi-même*, traduit du chinois et présenté par Jacques Pimpaneau. Arles : Picquier poche n° 183.

SUN Simiao (581 ?-682 ?). Médecin à la cour de l'empereur Gaozong (r. 650-683) des Tang pendant la première partie de sa vie, il est l'auteur du *Qianjinfang* ou *Prescriptions valant mille pièces d'or*, grand classique de la médecine chinoise.

SWIFT, Jonathan (1667-1745). Le grand écrivain irlandais, auteur des fabuleux *Voyages de Gulliver* (1726), épousa en 1716 et en secret Esther Johnson de quatorze ans sa cadette dont il était devenu le précepteur, sans pouvoir partager sa vie. Esther, qu'il appelle Stella, meurt en 1728. Les lettres qu'il lui écrira régulièrement de 1710 à 1713 constitueront le *Journal à Stella* (1766-1768).

TAISHAN. Culminant à 1 524 mètres, le Taishan est la montagne sacrée la plus révérée et célébrée de Chine. Elle est située dans la province du Shandong à quelque 80 kilomètres de sa capitale Jinan. C'est un lieu de pèlerinage. Pendant les 9 kilomètres d'une ascension parfois douloureuse, le visiteur peut se purifier avant d'atteindre un sommet souvent noyé dans les brumes, où se déroulaient jadis des sacrifices conduits par l'empereur en personne.

TAO Yuanming (365-427). Le génie poétique de l'époque des Six Dynasties (222-589) est sans aucun doute Tao Yuanming (ou Tao Qian à partir de 420). Les 126 poèmes qu'il laisse montrent que l'on peut « être profond en usant de mots simples » et permettent de mieux comprendre son goût pour la liberté, même si cette liberté se gagne au prix de la vie rude du paysan. Ils reflètent son amour de la vie simple, de l'alcool et des livres. Son style atteint la perfection dans le naturel et la transparence, ce qui fait de lui un poète universellement apprécié. Cf. *Œuvres complètes*, Paul Jacob (trad.). Paris : Gallimard, coll. « Connaissance de l'Orient », 1990.

THACKERAY, William Makepeace (1811-1863). Thackeray fut un journaliste et un écrivain anglais d'un genre un peu particulier. Né à Calcutta d'un père fonctionnaire de la Compagnie des Indes, il ne découvrit l'Angleterre qu'à l'âge de six ans. Il fréquenta Cambridge, avant de venir étudier la peinture à Paris et de se retrouver ruiné l'année suivante, deux ans avant un mariage avec une femme qui sombre dans la folie. A partir de 1848 et de la publication d'un pamphlet intitulé *Le Livre des snobs (The Book of Snobs)*, il vit de sa plume, collaborant à des revues et à des journaux, publiant beaucoup et notamment dans le genre du roman historique mis en vedette par Walter Scott*. Il fera aussi une carrière de conférencier, se spécialisant sur les humoristes anglais, allant porter son message jusqu'aux Etats-Unis.

THOREAU, Henry David (1817-1862). Poète et essayiste américain, disciple de R. W. Emerson*, Thoreau lutta avec passion contre l'esclavage, le puritanisme et la société mercantile de son temps. Il élabora une théorie de la résistance non violente au pouvoir politique (*De la résistance civile*, 1849) qui marquera Gandhi, ne trouvant le bonheur que dans une communion avec la nature, dans les joies de la vie primitive dont son *Walden* (1854) rend admirablement compte.

TIAN Yiheng (fin du XVIe siècle). Il est l'auteur du *Zhuquan xiaopin (Essai sur la cuisson des eaux de source)*, ouvrage qui s'inscrit dans une tradition d'écrits sur le thé, tradition initiée par un excentrique de la dynastie des Tang, Lu Yu (733-804), avec un ouvrage de référence portant le titre de *Cha jing* ou *Classique du thé*. On peut dénombrer plus de cent textes sur le même sujet, souvent signés par des lettrés peu ou pas connus. Citons les deux auxquels Lin Yutang emprunte des citations : le *Chalu*, œuvre de Cai Xiang (1012-1067), et le *Chashu* d'un certain Xu Cishu, actif pendant l'ère Wanli (1573-1620) des Ming.

TOLSTOÏ, Léon (1828-1910). Sans jamais cesser de travailler à aider les paysans de son pays, Tolstoï a donné à la littérature russe deux de ses plus beaux chefs-d'œuvre, *Guerre et Paix* (1863-1869) et *Anna Karénine* (1876-1877).

TRENTE-TROIS MOMENTS DE BONHEUR (LES) de JIN SHENGTAN. Ce texte existe dans une traduction de Simon Leys sous un titre différent : « Les trente-trois délices de Jin Shengtan », que l'on trouve à la fois dans Paul Martin (dir.), *Pour Etiemble*, Arles : Picquier, 1993, et dans Simon Leys, *L'Ange et le Cachalot*, Paris : Seuil, coll. « Points/Essais » n° 480, p. 184-190.

TU Long (1542-1605). Plus connu pour sa prose et ses aphorismes dont le *Suoluoguan qingyan* (*Propos détachés du pavillon du Sal*, traduits par Martine Vallette-Hemery, Rezé : Séquences, 2001) précurseur d'une vogue de recueils de « propos détachés », que pour son œuvre dramatique, Tu Long, *alias* Chishui, occupa d'importants postes dans l'administration des Ming avant de quitter définitivement, en 1584, le monde vicié de la bureaucratie impériale. Ses écrits tardifs, tel le *Mingliaozi you* (*Le voyage de Mingliaozi*, traduit par Martine Vallette-Hemery, Rezé : Séquences, 1997), parleront de son dégoût du mode de vie imposé par une charge administrative et de son aspiration à une vie simple et errante. Outre son intérêt pour ce texte qu'il traduisit en partie, Lin Yutang cite le *Kaopan yushi (Examen attentif des affaires secondaires)* dans lequel Tu explore avec minutie toute une gamme de sujets secondaires comme savaient merveilleusement le faire les lettrés iconoclastes de son époque.

VOLTAIRE, François-Marie Arouet (1694-1778). C'est vraisemblablement plus le philosophe, en tant que pourfendeur de la théologie, que le nouvelliste, créateur du *Candide*, ou le fervent amoureux de la Chine qui s'en inspira pour une de ses pièces, *L'Orphelin de la Chine* (1755), qu'évoque à plusieurs reprises Lin Yutang sans que l'on sache vraiment quelles œuvres de lui il avait lues et appréciées.

WANG Chong (27-97). Wang Chong est l'une des figures les plus originales de la philosophie chinoise. L'œuvre de sa vie, *Lunheng* ou *Théories mises dans la balance,* au titre généralement rendu par *Essais critiques*, est la remise en question des conceptions erronées de ses contemporains par un esprit indépendant d'une grande érudition, ermite par la force des choses. Le ton est amer, mais l'entreprise stimulante. Des extraits en ont été traduits en français par Nicolas Zufferey (*Discussions critiques*. Paris : Gallimard, coll. « Connaissance de l'Orient », 1997).

WANG Xizhi (321-379). Celui qui passe pour avoir été le plus grand calligraphe de tous les temps fut aussi poète, ce qu'il prouva avec le recueil qu'il intitula *Le Pavillon des Orchidées*. La préface qu'il rédigea en 353 et qui chante la joie de se retrouver entre amis alors que la vie est si brève, est devenue un morceau d'anthologie.

WEN Wang ou Roi WEN. C'est le nom posthume que l'on donna au père fondateur de la dynastie des Zhou (1066-221), lequel mourut dans sa lutte contre le dernier souverain des Yin. Cf. J. Gernet, *Le Monde chinois*, p. 54.

WHITMAN, Walter (1819-1892). Ce qui dans l'œuvre abondante de l'Américain Walter Whitman semble le plus séduire Lin Yutang est moins sa poésie, ses *Feuilles d'herbes (Leaves of Grass)*, l'œuvre d'une vie (1855-1892), que ses essais dont le *Democratic Vistas* (1871), texte de synthèse de ses aspirations démocratiques et de sa certitude que l'Amérique qu'il a parcourue d'est en ouest est la terre de l'avenir et du bonheur de l'homme.

WILDE, Oscar Fingal O'Flahertie Wills (1854-1900). Héritant d'un goût prononcé pour le merveilleux d'une mère poétesse, Wilde apparaît comme un esprit brillant, capable de toutes les audaces langagières et vestimentaires, et surtout un conteur d'une puissance rare (*Le Portrait de Dorian Gray*, 1891).

WORDSWORTH, William (1770-1850). Son ami Coleridge* voyait en lui le plus grand poète de leur temps. Cédant à son insistance, Wordsworth entreprit dès 1798 un vaste poème philosophique, *Le Reclus*, sur la nature, l'homme et la société. Son œuvre la plus connue, et son chef-d'œuvre incontesté, est une autobiographie en vers, *Le Prélude* (1805-1850), qui ne sera publiée que trois mois après sa mort.

XIE Lingyun (385-433). Fervent bouddhiste comme l'attestent ses écrits, insouciant, frivole et sans doute trop insolent, Xie Lingyun fut un des grands poètes de son temps. Malheureusement pour lui, il vécut à une époque troublée, et alors que sa naissance laissait présager un avenir brillant, fut décapité à quarante-huit ans.

XIE Taoyun (fin IVe-début V^e^). Il reste bien peu de témoignages du génie poétique de Xie Taoyun, qui reçoit une biographie dans l'*Histoire des Jin (Jinshu)* comme seulement trente-quatre autres femmes de la période des Jin orientaux (317-420).

XINGLING (ÉCOLE DU). Egalement appelée Ecole de Gong'an en raison de son lieu d'origine, cette école esthétique qui fait la promotion de l'inspiration personnelle, de l'invention et du « génie naturel » *(xingling)*, a été créée par Yuan Hongdao* et ses frères Yuan Zongdao (1560-1624) et Yuan Zhongdao (1570-1624). Ses options sont à mettre en relation avec la pensée de Li Zhi*, le philosophe qui préconisait aux créateurs de retrouver leur esprit d'enfance *(tongxin)*.

XIXIANGJI ou *LE PAVILLON DE L'OUEST*. Le *Xixiangji* ou *Pavillon de l'Ouest* est le chef-d'œuvre incontesté du théâtre de la période mongole. C'est l'œuvre de Wang Shifu (1260 ?-1336 ?). Il conte l'histoire d'amour entre le jeune lettré Zhang et Cui Yingying, fille d'une grande famille : tous deux incarnent « le triomphe de l'amour sincère et de la fidélité sur les conventions et l'intérêt ». Jin Shengtan* l'intégra en sixième et dernière position dans sa liste des œuvres les plus marquantes de la littérature chinoise. Il l'édita et lui adjoignit un abondant et brillant commentaire auquel il mêla des écrits de son cru n'ayant que peu ou pas de lien avec l'intrigue. On peut se faire une idée de la pièce en lisant la réédition chez Fleuron (Paris/Genève, 1997) de la première (et la seule) traduction française, due à Stanislas Julien (1799-1873) : Wang Shifu, *Histoire du pavillon d'Occident*.

XIYOUJI ou *LA PÉRÉGRINATION VERS L'OUEST*. Depuis peu accessible dans une traduction intégrale sous le titre de *La Pérégrination vers l'Ouest* (traduction d'André Lévy, Paris : Gallimard, « Bibliothèque de la Pléiade », 1991), ce monument de la littérature chinoise constitue le versant fantastique du roman-fleuve en langue vulgaire. En attribuer la rédaction à Wu Cheng'en (vers 1500-1582), lettré réputé génial mais malchanceux aux examens impériaux, lequel l'aurait composé sur le tard, est fort séduisant, mais probablement erroné. Le texte final qui semble atteindre sa forme définitive en cent chapitres aux alentours de 1570 est le fruit d'un lent processus qui commence sept siècles plus tôt. Il met en scène un personnage bien réel, à savoir l'illustre moine bouddhiste Xuanzang (602-664) qui entre 629 et 645 se rendit en Inde à la recherche des classiques du bouddhisme dont il entreprit la traduction à son retour, et des êtres imaginaires mi-humains mi-animaux, chargés de le défendre contre la convoitise des démons en tout genre qui cherchent à dévorer un morceau de sa chair d'une totale pureté, ce qui leur donnerait la vie perpétuelle. Ce sont un cheval-dragon d'une blancheur immaculée, Sablet (un monstre des sables mouvants rencontré chemin faisant), Porcet (un personnage porcin toujours prompt à suivre ses penchants les plus immédiats), et surtout Singet (Sun Wukong ou Conscient-de-la-Vacuité) dont la présence et la place dans le roman pourraient bien avoir été inspirées par le *Râmâyana*. Sorti d'un œuf de pierre pondu par une roche engrossée par le Ciel et la Terre, ce « Roi des singes » est aussi irrespectueux que sûr de ses dons, lesquels sont fort nombreux. Soutenu par une verve pleine d'humour qui laisse souvent transparaître une ironie mordante, le roman est organisé en une suite de quatre-vingt-une épreuves toutes plus extraordinaires les unes que les autres et qui font parfois oublier le but du voyage.

XU Wei (1521-1593). Xu Wei ou Xu Wenchang fut un excentrique talentueux qui appréciait plus sa calligraphie que tout le reste de sa production pourtant diverse et de qualité. Si sa peinture, sa prose et sa poésie furent célébrées par Yuan Hongdao*, ce sont ses écrits sur le théâtre qui lui valent d'être encore prisé. Ses quatre pièces de théâtre *(Sishengyuan)* manifestent également une grande liberté. Sa vie créatrice fut néanmoins coupée par une crise profonde faisant suite à la perte de ses appuis et à plusieurs tentatives de suicide. Il fera également un séjour de sept ans en prison pour s'être mutilé le sexe et avoir tué sa seconde femme.

XUANZONG (r. 712-756). Xuanzong est le nom de règne pris par l'empereur Minghuang de la dynastie des Tang (618-907). Li Longji (685-762), de son vrai nom, installa la Chine dans une période d'euphorie jusqu'au moment où il se désintéressa de la gestion de l'Etat et tomba sous l'influence d'une de ses concubines, la belle Yang Yuhuan (719-756), entrée au palais en 745. Celle qu'on appelle plus généralement Yang Guifei (« concubine précieuse » Yang) sera la cause (et une des victimes) d'une crise majeure (755-763), la rébellion militaire connue sous le nom de son instigateur le général An Lushan (?-757). Ayant pris la fuite, l'empereur se vit obligé de sacrifier sa chère concubine dont ses dernières troupes fidèles réclamaient la mort pour continuer à le soutenir. L'empereur accepta qu'elle soit pendue, mais il en conçut un immense chagrin, que les poètes chanteront en disant qu'il fut éternel. Déjà exploité par Bai Juyi*, le thème de l'amour tragique de Xuanzong et Yang Guifei sera repris maintes fois. La pièce que Hong Sheng (1645-1704) en tira en 1688 est sans doute la plus réussie : *Le Palais de la longue vie (Changsheng dian).*

YAN Hui. De quelque trente ans son cadet, Yan Hui (Ziyuan Yuan ou Yan Yuan) fut le disciple préféré de Confucius*. Son nom apparaît une bonne trentaine de fois dans le *Lunyu*, comme au livre VI lorsque Confucius évoque celui de ses disciples qui aimait le plus apprendre : « Il ne s'emportait jamais et ne commettait pas deux fois la même faute. Malheureusement sa vie fut brève ; depuis sa mort je n'ai plus entendu parler de qui que ce soit qui aimât vraiment les études » (traduction d'André Lévy, *Entretiens avec ses disciples*, p. 53).

YAN Yuan (1635-1704). Dans son *Histoire de la pensée chinoise* (p. 554-557), Anne Cheng revient sur l'apport de celui dont Lin Yutang dit qu'il fut « l'un des plus grands chefs confucianistes du XVIIe siècle ». Il se singularisa notamment en critiquant violemment les interprétations fournies aux textes confucéens par les lettrés des Song. Sa remise en cause fut aussi définitive que complète.

YANG GUIFEI. Cf. XUANZONG.

YANG Zhu (IVe siècle av. J.-C.). Celui que l'on appelle parfois Yangzi ou Maître Yang est la bête noire de Mencius* qui lui reproche son égoïsme dans une formule célèbre : « Eût-il pu sauver le monde entier en s'arrachant un seul poil qu'il ne l'aurait pas fait » (A. Cheng, *Histoire de la pensée chinoise*,

p. 158). Sa philosophie, qui donne la primauté à la préservation du principe vital sur toute morale, ne nous est connue qu'à travers des bribes figurant dans le *Liezi** (chap. 7).

YANZI (mort avant 500 av. J.-C.). Les exploits de Yan Ying, *alias* Yanzi, Maître Yan, en tant qu'envoyé des princes de Qi, sont rapportés dans un ouvrage intitulé *Les Printemps et Automnes de Maître Yan*. Dans ses *Mémoires historiques,* Sima Qian* en dresse un portrait très enthousiaste. Cf. J. Pimpaneau, *Anthologie de la littérature chinoise classique*, p. 164-166.

YUAN Hongdao (1568-1610). Connu des lettrés sous son nom de pinceau de Yuan Zhonglang, Yuan Hongdao est un des représentants les plus attachants de la prose poétique en vogue à la fin des Ming. Autant influencé par le bouddhisme *chan* (le zen* des Japonais) que par le taoïsme : il laisse une œuvre d'une grande fraîcheur dont on peut lire des bribes (*Nuages et pierres,* Arles : Picquier poche n° 62) grâce à Martine Vallette-Hémery qui lui consacra naguère une magistrale étude : *Yuan Hongdao (1568-1610). Théorie et pratique littéraires*, Collège de France/Institut des Hautes Etudes Chinoises. Mémoires de l'IHEC, vol. îXVIII, 1982.

YUAN Mei (1716-1798). Très tôt rentré dans la fonction publique, Yuan Mei *alias* Zicai en sortit très rapidement pour se livrer dans un espace créé à sa mesure, son fameux Suiyuan (Jardin à mon gré) dans les environs de Nankin, à la composition littéraire. Dans ses écrits (poésie et prose), qui dessinent un art de vivre dont le maître mot semble bien être liberté, s'exprime un esprit turbulent peu respectueux des dogmes confucéens. Le plus fameux témoignage de son ouverture d'esprit toute teintée d'ironie est une collection d'histoires de fantômes composée en langue classique et intitulée *Ce dont le maître ne parle pas (Zi bu yu)*, le maître en question n'étant nul autre que Confucius*.

ZEN. Il est un peu anachronique de qualifier les fervents bouddhistes du mont Lushan d'adeptes du zen, car « historiquement et géographiquement, le zen est une des écoles du bouddhisme Mahâyâna (le "Grand Véhicule"), apparue en Chine au VIe siècle et introduite au Japon au XIIIe, qui, donnant une primauté absolue à la découverte de la "nature propre", n'accorde que peu d'importance aux rites et récuse toute approche intellectuelle », comme le signale Jacques Brosse dans un ouvrage intitulé *Les Maîtres zen* (Paris : Bayard, coll. « L'aventure intérieure », 1996, p. 8). *Chan* est la transcription chinoise du caractère qui sert à désigner cette variante du bouddhisme très en vogue parmi les élites lettrées chinoises de l'ancien régime.

ZENG Guofan (1811-1872). Sa stature d'homme d'Etat, pourfendeur de la rébellion des Taiping (1850-1864) qui fit chanceler la dynastie mandchoue, cache celle de l'homme de lettres prosateur talentueux, poète à ses heures, et de moraliste que l'on aime à citer.

ZHANG Chao (1650-1715 ?). Aspirant à la retraite, ce lettré sensible dont on ne sait presque rien sinon qu'il édita plusieurs anthologies à succès, égraine dans un petit opuscule d'apophtegmes intitulé *Youmengying* ses « propos détachés » *(qingyan)* dont l'accumulation (en tout 217) échappe à toute thématique précise. A peine si on y distingue les contours d'un certain art de vivre qui aurait fait du sentiment (notion que le XVIIIe chinois ne cessa d'explorer) son vecteur directeur. Edité après 1698, ce recueil a été entièrement traduit en français par Martine Vallette-Hémery sous le titre de *L'Ombre d'un rêve* (Paris : Zulma, 1997). Lin Yutang présente le même contenu mais en l'organisant de manière thématique (chapitre X.v. : « Les épigrammes de Zhang Chao »).

ZHANG Dai (1597-1681). Dernier rejeton d'une longue lignée d'hommes de lettres, le jeune Zhang Dai connut l'opulence d'un riche lettré oisif, s'adonnant tout à loisir à sa passion pour la littérature et à son goût très marqué pour le théâtre, avant de tout perdre au moment de la chute des Ming (1644). Resté fidèle à la défunte dynastie, il brava les interdits en en rédigeant l'histoire. Dépouillé et traqué, il éprouva la misère et la clandestinité, ce qui explique que la plupart de ses écrits n'ont malheureusement pas été conservés. Parmi les rares qui lui ont survécu, on compte les *Souvenirs rêvés de Tao'an (Tao'an mengyi)* qu'il rédigea dans le calme forcé de sa retraite. Cf. la traduction de Brigitte Teboul-Wang. Paris : Gallimard, coll. « Connaissance de l'Orient », 1995.

ZHANGUO CE. Ces *Intrigues des Royaumes combattants*, pour certains l'ouvrage le plus attrayant de la Chine antique, se trouvent à mi-chemin entre l'histoire (celle de la période qui précède l'unification des principautés par Qin Shi Huangdi*) et le roman (ce que montrent les incohérences chronologiques et les libertés prises avec les faits). Le texte qui nous en est parvenu doit beaucoup au travail de reconstruction d'un lettré de la fin des Han antérieurs, Liu Xiang (77-6 av. J.-C.).

ZHENG Banqiao (1693-1765). Zheng Xie, plus connu des historiens de l'art sous le nom de Zheng Banqiao ou « Zheng du Pont de Planches », fut un magistrat exemplaire à la carrière tardive et expéditive, un peintre apprécié pour ses bambous et un calligraphe fort recherché. Les poèmes qu'il nous laisse et un choix de seize lettres rédigées pendant ses années de service (1742-1753) prouvent qu'il était non seulement un lettré de grande valeur, mais aussi un homme sensible et profond. Destinées à l'origine au fils d'un frère cadet, Zheng les intégra dans son œuvre complète sous le titre de *Lettres familiales (Jiashu)*, sans manquer de signaler que bien que « familières et touchant uniquement les affaires courantes de la vie quotidienne, elles ouvraient parfois sur de vastes perspectives ». Le recueil a été rendu en français par Jean-Pierre Diény (*Lettres familiales.* La Versanne : Encre de Chine, 1996).

ZHU Yizun (1629-1709). Poète et prosateur, Zhu Yizun laisse surtout son nom dans l'histoire des lettres chinoises pour avoir collaboré à la rédaction de la monumentale *Histoire de la dynastie Ming (Mingshi).*

ZHUANGZI (369-286 av. J.-C.). Ce Maître Zhuang est Zhuang Zhou, contemporain de Mengzi*, auteur pour partie (la meilleure) du chef-d'œuvre hors catégorie de la littérature chinoise, le *Zhuangzi*, texte d'une prose souvent poétique qui met magnifiquement en question la capacité de l'écrit à rendre compte du réel et offre de saisissants apologues. Ce recueil, au ton si personnel, s'ouvre sur la narration d'un voyage extatique, expérience ultime de l'homme réalisé *(zhenren)* qui ne s'attache plus au monde et au sens des mots pour communier avec l'Univers. La pensée qu'il porte s'est trouvée « imbriquée jusqu'à y perdre une partie de sa profonde originalité » (Anne Cheng, *Histoire de la pensée chinoise*, p. 103) dans le discours de l'école de pensée taoïste *(daojia)* qui émerge au début des Han. La sinologie actuelle (Jean Lévy, *Propos intempestifs sur le Tchouang-tseu*, Allia, 2003 ; Jean-François Billeter, *Leçons sur Tchouang-tseu*, Allia, 2002, *Etudes sur Tchouang-tseu*, Allia, 2004) tente de retrouver la spontanéité du message laissé par Zhuangzi et de débarrasser le *Zhuangzi* du fatras d'interprétations dans lequel il s'est trouvé englué. Ce nouvel élan d'intérêt pour un texte d'une incroyable modernité devrait aboutir à une traduction enfin acceptable reléguant aux oubliettes celles dont on doit encore se contenter: Tchouang-Tseu, *Le Rêve du papillon.* (J.-J. Lafitte, trad.), Paris: Albin Michel, 1994 ; *L'Œuvre complète de Tchouang-tseu*, (Liou Kia-hway, trad.), Paris: Gallimard, coll. « Connaissance de l'Orient », (1969) 1997.

ZISI (v. 485-420 av. J.-C.). Zisi, Yuan Xian de son nom, de trente-six ans plus jeune que son grand-père Confucius*, est tenu pour responsable du *Zhongyong* ou *Invariable Milieu* qui deviendra à partir des Song un des Quatre Livres de la tradition confucéenne. Plus probablement, l'ouvrage est le résultat d'un travail de compilation réalisé par des confucéens très proches des conceptions défendues par Mencius*. Cf. A. Cheng, *Histoire de la pensée chinoise*, p. 171, qui traduit le passage retenu par Lin Yutang à la fin du chapitre VI.

Achevé d'imprimer
sur les presses de
l'imprimerie France Quercy
à Mercuès

Dépôt légal : février 2007
N° d'impression : 70209